应用型本科经济管理系列教材

管理学概论（第2版）

黄国庆　巢莹莹　编著

清华大学出版社
北　京

图书在版编目(CIP)数据

管理学概论／黄国庆，巢莹莹编著．—2版．—北京：清华大学出版社，2014
（应用型本科经济管理系列教材）
ISBN 978-7-302-34659-3

Ⅰ．①管…　Ⅱ．①黄…　②巢…　Ⅲ．①管理学－高等学校－教材　Ⅳ．①C93

中国版本图书馆 CIP 数据核字(2013)第 290918 号

责任编辑：周　菁
封面设计：傅瑞学
责任校对：王凤芝
责任印制：宋　林

出版发行：清华大学出版社
网　　址：http://www.tup.com.cn，http://www.wqbook.com
地　　址：北京清华大学学研大厦 A 座　　**邮　　编**：100084
社 总 机：010-62770175　　**邮　　购**：010-62786544
投稿与读者服务：010-62776969，c-service@tup.tsinghua.edu.cn
质 量 反 馈：010-62772015，zhiliang@tup.tsinghua.edu.cn
印 刷 者：清华大学印刷厂
装 订 者：三河市新茂装订有限公司
经　　销：全国新华书店
开　　本：185mm×230mm　　**印　　张**：22　　**字　　数**：455 千字
版　　次：2010 年 10 月第 1 版　　2014 年 1 月第 2 版　　**印　　次**：2014 年 1 月第1次印刷
印　　数：1～4000
定　　价：35.00 元

产品编号：054021-01

前言 FOREWORD

弹指间，我们主编的《管理学概论》发行已三年了，承蒙全国各地读者的厚爱，本书连年重印。随着时间的推移，本书的内容自然应当适应变化、适时更新，以满足读者的需要。

管理学是应用型本科院校许多专业学生必须学的一门重要的专业基础课，搞好这门课的教学，需要有一本教与学都较为适合的教材。为此，编者根据长期的教学与实践，并参阅各类相关书籍，针对同济大学浙江学院此类新建本科院校学生特点，编写了应用型本科经管类系列教材《管理学概论》这本书。本书力求重点突出，理论正确，知识体系完整，书中适当引用一些资料来增强本书的说理性、可读性、应用性。各章均有学习目标要求和练习题，供学生预习与复习思考。各章配以相关案例供学生讨论与分析，以增强理论与实践相结合的能力。以求适合应用型本科院校的教学。

21世纪是经济信息化、全球化的时代，国际竞争空前激烈，科学技术突飞猛进，知识经济已见端倪。面对这种严酷的现实，不论从事自然科学研究的专家们，还是从事社会科学研究的学者们，都为我国步入知识经济时代、占领科学技术的制高点而努力拼搏！为增强我国综合国力而勇于攀登！而管理学在完成历史赋予我们的使命中必将发挥更为重要的作用。正如当代美国管理学家彼得·德鲁克所说："在人类历史上，还很少有什么比管理学的出现和发展更为迅猛，对人类具有更为重大和更为激烈的影响。"因此，学习管理学的知识，掌握管理理论与方法并在实践活动中应用它、解决处理好各类问题，对每个人特别是正在或者将要从事管理工作的人具有十分重要的意义。

现代社会随着开放性不断加大，企业的竞争日趋激烈，如何更好地从管理的角度，进一步加强企业自身的软实力，是许多企业值得思考和研究的问题。同时，高校经管类专业学生的培养也必须跟上时代的要求。为此，作者设想在教材内容方面做适当的补充，从而提高教学的有效性。本次再版添加了企业道德和社会责任方面的内容，全文框架主要由管理学、管理理论演变、管理环境、企业道德和社会责任、管理原理和方法、决策、计划、组织、人力资源管理、领导、激励、沟通、控制等部分组成。为了培养和提高学生学习管理学的综合能力，书后还附有各种类型习题和参考答案，供学生参考之用。

本书是合作研究的结果。参与本教材编写的是：黄国庆（第1、5、6、7、8、9、13、14章）、巢莹莹（第2、3、4、10、11、12章、各章导读、习题集）。

本书受同济大学浙江学院教改项目资金支持，在此表示衷心感谢。

在本书再版之际，感谢清华出版社的大力支持，并提出了许多切实的修改意见，在此表示衷心感谢。

在本书编写过程中，编者参考了大量的书籍和参考文献，主要参考资料和书籍目录附于书后，在此向有关作者表示衷心感谢。

由于编者的水平有限，书中的错误和遗漏在所难免，真诚希望读者批评指正。

作　者

2013年10月4日

目录 CONTENTS

第一章　管理学导论 …… 1

第一节　管理的概念与基本职能 …… 2
第二节　管理的主体——管理者 …… 8
第三节　管理学概述 …… 12

第二章　管理理论的形成与发展 …… 19

第一节　传统管理思想形成阶段 …… 20
第二节　古典管理理论形成阶段 …… 23
第三节　现代管理理论形成阶段 …… 33

第三章　管理环境 …… 41

第一节　环境概述 …… 42
第二节　一般环境 …… 43
第三节　任务环境 …… 47
第四节　组织环境的管理 …… 50

第四章　社会责任与管理道德 …… 57

第一节　企业生存与社会责任 …… 58
第二节　企业社会责任的体现 …… 63
第三节　企业管理道德践行的途径 …… 67

第五章　管理的基本原理 …… 76

第一节　系统原理 …… 77
第二节　人本原理 …… 82
第三节　动态原理 …… 87

第四节 效益原理 …… 89

第六章 管理的基本方法 …… 95

第一节 管理的法律方法 …… 96
第二节 管理的行政方法 …… 99
第三节 管理的经济方法 …… 101
第四节 管理的教育方法 …… 104

第七章 管理决策 …… 109

第一节 决策概述 …… 110
第二节 决策的程序 …… 113
第三节 决策的影响因素和合理性 …… 116
第四节 决策的方法 …… 119

第八章 管理计划 …… 131

第一节 计划概述 …… 132
第二节 计划程序 …… 136
第三节 计划的技术和方法 …… 143

第九章 组织设计与优化 …… 150

第一节 组织设计的基础 …… 151
第二节 部门化 …… 159
第三节 组织运行关系的优化 …… 163

第十章 人力资源管理 …… 173

第一节 人员配备概述 …… 174
第二节 管理人员的配备 …… 183

第十一章 领导理论 …… 198

第一节 领导与领导者 …… 199
第二节 领导理论 …… 204
第三节 领导艺术 …… 211

第十二章 激励理论 …… 217

第一节 激励的过程和作用 …… 218
第二节 激励理论 …… 222
第三节 激励实务 …… 228

第十三章 沟通理论 …… 234

第一节 信息沟通的基本过程 …… 235
第二节 信息沟通的方式及其结构 …… 238
第三节 信息沟通障碍及其克服 …… 243

第十四章 管理控制 …… 250

第一节 管理控制的职能 …… 251
第二节 管理控制的基本类型 …… 254
第三节 管理控制的基本过程 …… 257
第四节 管理控制的基本方法 …… 262

习题库 …… 270

参考文献 …… 342

后记 …… 343

第一章 管理学导论

本章学习目标

1. 理解管理的定义、管理的有效性、管理的基本职能。
2. 明确管理者与操作者的区分，掌握管理者的责任、层次及角色。
3. 掌握管理学的研究对象、管理学的性质。
4. 理解管理学的特点及研究方法。

导读 授人以渔

有一个老渔翁在河边钓鱼，旁边有一个小孩在看着他。

老渔翁技术纯熟，所以只花了一上午的时间，就钓到满篓的鱼。渔翁看小孩很可爱，要把整篓的鱼送给他。

小孩摇头。

渔翁诧异地问道："我送你鱼，你为什么不要呢？"

小孩说："我要你手中的钓鱼竿。"

渔翁说："你要钓鱼竿干吗？"

小孩说："一篓的鱼，我三天就吃完了；要是我有钓鱼竿，自己可以钓，一辈子也吃不完。"

渔翁笑着说："光有钓鱼竿也不行，还得学会钓鱼的技术。"

渔翁不但赠与小孩钓鱼竿，还将钓鱼技术一一相授，小孩道谢而去。

管理启示 鱼和渔竿就好比企业的有形资产，而钓鱼的技术，就是"渔"，是管理企业的理论和技巧。不授鱼，而授予"渔"，说明只有掌握了管理理论和技巧，企业和管理者才会受用不尽。

自从有了人类社会和社会组织以来，就存在着管理问题。管理的历史可以追溯到几千年前，而管理科学也是随着人类历史的发展与科学技术的进步而发展起来的，至今约有一百多年的历史。如今管理科学已成为系统完整、内容充实、理论丰富、方法先进、效果显著的边缘科学。管理已成为人类各项活动中重要活动之一。各类、各级管理人员辛勤劳动，共同努力在各个领域开展卓有成效的管理活动，确保人类生存、发展的各项工作能正常有效地进行。促进了经济增长、科技进步、文化发展。

第一节　管理的概念与基本职能

管理，古今中外，无处不在。自从人们开始形成群体去实现个人无法达到的目标，管理工作就成为协调个人努力的必不可少的因素。管理的范围与人类活动的范围同样宽广。现实生活中的每一个人实际上都在不同领域、不同层次上担负着一定的管理工作，或是行政管理，或是企业管理，或是科学文化管理，或是家庭管理，等等。然而，要给管理下一个简洁明晰的定义并非易事。

一、管理的概念

管理是共同劳动的产物，只要许多人在一起共同劳动就必须对劳动过程进行有效的管理，以协调各个劳动者的活动，使劳动达到预期的目的。因此，从 20 世纪以来，管理运动和管理热潮取得了令人瞩目的成果。成果之一就是形成了较为完整的管理理论体系。那么，什么是管理呢？许多管理专家都作过不同的表述。

(1)“科学管理之父”F. 泰罗认为：“所谓管理，乃是要准确地计划你要人们做什么？并务必使人们以最好的和最经济的方法来完成交给他们的工作任务。”①

(2) 法国著名管理学家法约尔则把管理定义为：“管理，就是实行计划、组织、指挥、协调和控制。”②

(3) 美国洛杉矶加州大学教授哈罗德·孔茨在其《管理学》一书中指出：“管理就是设计和保持一种良好环境，使人在群体里高效率地完成既定目标。”③

(4) 现代著名管理学者和高级咨询专家彼得·德鲁克说：“管理是一种客观职能，它取决于任务，也取决于文化条件，从属于一定的价值观念和生活习惯。”④

(5) 决策学派创始人之一，诺贝尔经济学奖获得者西蒙认为：“管理就是决策，决策贯穿于管理的全部过程。”⑤

---

① 泰罗. 科学管理原理. 北京：中国社会科学出版社，1984.33

② 法约尔. 工业管理与一般管理. 北京：中国社会科学出版社，1982.5

③ 哈罗德·孔茨、海因茨·韦里克. 管理学. 北京：经济科学出版社，1993.2

④ 彼得·德鲁克. 管理——任务、责任与实践. 北京：中国社会科学出版社，1987.5

⑤ 西蒙. 管理行为. 北京：北京经济学院出版，1988.10

(6) 美国学者丹尼尔·A.雷恩认为："管理就是发挥某些职能，以便有效地获取、分配和利用人的努力和物质资源，来实现某个目标。"[①]

上述定义从不同侧面、不同的角度揭示了管理的含义，或者揭示了管理某一方面的属性。对此进行深入剖析，可以发现，这些相互区别的定义中，也包含着一些共同的东西。

第一，管理是一个组织实现目标的活动或工作。凡是两个人以上具有共同使命或利益的人群，可以成为一个组织。组织一旦形成，就有了它的目的与任务。组织要实现目标与任务，就要对它的活动进行管理。管理是有组织、有目的的活动，为实现组织的任务而服务。组织目标实现的程度取决于管理的效果，高水平的管理活动能高效率实现组织的目标。

第二，管理活动受环境的影响与制约。环境是影响事物各种因素的综合力量。组织存在于一定的环境条件之中，它的活动必然受环境条件的影响与制约。环境既能形成对组织有利的条件因素，也会产生不利因素。通常，一个组织只能接受适应外部环境的影响与制约，却不能去改变外部环境的状况。因此，就要求组织扬长避短，充分利用环境的有利因素，努力克服或避免环境的不利因素，用最好的办法来实现组织的目标。同样，一个组织也受其内部环境的影响。这些环境有优势，也有不足，组织可以通过自身的努力有限度地去改变内部环境对它的影响与制约，化解不利因素，避开劣势的影响，为实现组织目标提供良好的支持和帮助。因此，管理工作重要的内容就是要进行环境分析，掌握环境因素对组织的影响，充分利用有利因素去实现组织的目标。

第三，管理理念与方法应该是科学的，与时代相适应的。管理理念是指管理的指导思想，它是由组织的价值观念、组织精神、组织信仰、组织目标、组织方针、组织风格等内容构成的。不同理念指导不同的管理活动，会带来不同的管理效果。时代的变迁必将会赋予组织形成符合时代进步需求的新的管理理念，对现代管理将产生不可估量的影响。同样，管理科学的发展也为管理活动提供了许多新方法，组织应不断采用更新更好的方法来开展管理活动，才能不断提高管理活动的效率和效益，才能实现组织的新目标。

第四，管理的实质是一个过程。开展管理活动就是实现管理的过程。管理目标的实现要依赖于管理过程的有效实施，因此，重视管理过程的实施，确保过程的顺利进行，才能取得圆满的结果。管理过程的实施也是管理的决策、计划、组织、指挥、协调与控制等基本职能作用的体现。

第五，管理是对资源的有效协调和整合。资源是组织内部环境的重要组成部分，它包括人、财、物、信息、技术、公共关系、无形资产等，组织所拥有和使用的资源是有限的，不均等的。开展管理活动，就是对资源进行优化配置与合理组合，使有限的资源发挥出最大的效益。

---

① 丹尼尔·A.雷恩.管理思想的演变.北京：中国社会科学出版社，2004.6

综上所述,一种被普遍接受的观点认为,管理就是依据组织的内在活动机理,综合运用组织中的人力资源和其他资源,从而有效地实现组织目标的过程。

二、管理的两重性

管理是人们的劳动过程。马克思指出:"一切规模较大的直接社会劳动或共同劳动,都或多或少地需要指挥,以协调个人活动;并执行生产总体的运动——不同于这一总体的独立器官的运动——所产生的各种一般职能。"他又指出:"凡是直接生产过程具有社会结合的过程形态,而不是表现为独立生产者的孤立劳动的地方,都必然产生监督劳动和指挥劳动。"由于许多劳动是由众多人合作共同完成的,管理就成为有效地组织众人共同劳动所必不可少的活动。这就赋予管理两重性,即管理既有与生产力、社会化大生产相联系的自然属性,又具有与生产关系相联系的社会属性。

1. 管理的自然属性

管理的自然属性是为了组织共同劳动而产生的,它反映了社会协作劳动本身的要求,力求用先进的科学方法合理地组织生产力,以保证社会结合的生产过程的顺利进行。

管理由人类活动的特点所产生,人类的任何社会活动都必定具有各种管理职能。如果没有管理,一切生产、交换、分配活动都不可能正常进行,社会劳动过程就要发生混乱和中断,社会文明就不能继续。管理也是生产力。任何社会任何企业,其生产力是否发达,都取决于它所拥有的各种经济资源,各种生产力是否得到有效的利用,取决于从事社会劳动的人的积极性是否得到充分的发挥,而这两者都有赖于管理。

管理的上述性质并不以人的意志而转移,也不因社会制度意识形态的不同而有所改变,这完全是一种客观存在,所以我们称之为管理的自然属性。

2. 管理的社会属性

管理的社会属性是由社会生产关系决定的,它反映了一定社会形态中管理者的要求,受到生产关系或经济基础的影响和制约,按管理者意志调整人们之间的相互关系,维护和完善生产关系。

管理是为了达到预期目的所进行的具有特殊职能的活动。谁的预期目的?什么样的预期目的?实质上就是"为谁管理?"的问题。在人类漫长的历史中,管理从来就是为管理者、为生产资料的占有者服务。管理不能不是一定社会生产关系的反映。国家的管理、企业的管理,以至于各种社会组织的管理概莫能外。在我国,企业管理的形式正在发生着急剧的变化,但管理的社会属性并没有发生根本性质的改变。管理的预期目的都是为了使人与人之间的关系以及国家、集体和个人的关系更加和谐。人民是国家的主人,也是各种社会组织的主人。因此,任何层次的管理者都应当真正地成为人民的公仆,但是,我国尚处在社会主义初级阶段，封建主义残余思想和资本主义的某些腐朽观念，总是要在管理实践中不同程度地表现出来。这正反映了社会主义初级阶段管理属性的一个侧面。

三、管理职能

在日常生活中，存在着各种各样的管理现象：工厂的厂长管理着生产经营活动；学校的校长管理着学校的教学活动……尽管这些组织的目标不同，管理的要求也不同，但若去掉管理的具体形式做法，就可以看到有些基本工作是任何管理者都在做的，而且都共同遵循着一定的规律，这些工作就是所谓的管理职能（management functions）。管理职能的另一种含义是指管理过程中的要素或基本步骤或手段。

20世纪初期，法国工业家亨利·法约尔（Henri Fayol）指出，所有的管理者都履行着五种管理职能：计划（plan）、组织（organize）、指挥（command）、协调（coordinate）和控制（control）。到了20世纪50年代中期，加利福尼亚大学洛杉矶分校的两位教授：哈罗德·孔茨（Harold Koontz）和西里尔·奥唐奈（Cyril O'Donnell）采用计划、组织、人事、领导和控制五种职能作为管理教科书的框架，在此以后的20年中，他们合著的《管理学原理》一书成为销量最大的管理教科书。时至今日，最普及的管理教科书仍按照管理职能来组织内容，不过一般将其职能精简为五个基本职能：决策、计划、组织、领导和控制。

1. 决策职能

现代组织及其管理者经常面临许多需要决策的问题，不论何种类型的组织或者管理者在什么层次，他们所面临的管理问题，既有常规性的，又有非常规性的，解决常规性的问题可以采用已定的程序去处理，而非常规性的问题，特别是关系到组织全局性、长远性、整体性的较为复杂的问题，都需要寻找到解决问题的各种不同的方案并用科学的方法对不同的方案实行“抉择”。这就是管理的决策职能（decision making）。任何组织，只有对重大问题进行正确的决策，才能保障组织能沿正确的方向正常地运作，健康地成长。如果决策失误，组织可能导致管理工作失败，甚至使组织陷于困境。决策正确才能使组织的计划管理职能收到切实的成效，如果决策错误，计划即使做得再好，最终的结果也可能使组织走上错误的道路。因此，决策职能是管理第一位职能。

2. 计划职能

在组织正确决策的前提下，组织要完成使命，实现目标，就应对各项工作制订切实可行的周密计划。计划职能（planning）就是对未来需要做的各项工作预先作出安排和筹划。计划的使命是通过对任务与时间进度、执行机构与人员等关系作出正确的处理，解决任务与能力的综合平衡问题。每一个组织要实现组织的使命，必然需要有一定的资源。资源是完成任务的前提与保证，但资源的供给时间、数量与质量、种类等必然要与任务各阶段工作要求保持一致，否则就难以完成任务。计划职能就是对资源与任务及其时间科学合理地组合，实现任务与能力的综合平衡，确保任务按时、按质、按量地完成。

3. 组织职能

管理者还承担着设计组织结构的职责，我们称之为组织职能(organizing)。它包括决定组织要完成的任务是什么；谁去完成这些任务；这些任务怎么分类组合；谁向谁报告；以及各种决策应在哪一级上制定等。组织工作中一项特别重要的工作是人员配备，即为各岗位配备适当的员工人选。因此，组织工作是把计划变成行动的过程，涉及对所需的资源加以组合，以达成组织的目标，以及建立组织的活动与职权间的关系。

4. 领导职能

每一个组织都是由人组成的，管理的任务是要指导和协调组织中的人，这便是领导职能(leading)。领导是一门影响人们自愿并热情地为实现组织和群体目标而努力奋斗的艺术。当管理者激励下属，指导他们的活动，选择最有效的沟通渠道，解决组织成员之间的冲突时，他就是在进行领导。领导涉及做人的工作，调动人的积极性。因此，包括激励、领导的方式、方法，与他人沟通等问题。在领导工作中应注意两个要点：一是努力搞好组织的工作；二是努力满足组织成员的个人需要。

5. 控制职能

管理者要履行的最后一项是控制职能(controlling)。当设定了目标后，就开始制订计划，向各个部门分派任务，雇用人员，对人员进行培训和激励。尽管如此，有些事情还可能出岔子。为了保证事情按照既定的计划进行，管理者必须监控组织的绩效，必须将实际的表现与预先设定的目标进行比较。如果出现了明显的偏差，管理的任务就是使组织回到正确的轨道上来。这种监控、比较和纠正的活动就是控制职能的含义。因此，控制工作的目的是规范组织的活动，以使实际的绩效与预期的标准和目标一致。

上述五大管理职能带有普遍性，所有管理人员不论其头衔，在何岗位，处于哪一管理层次，都要执行这些基本的管理职能。而五大管理职能之间又是相互联系，相互制约的。其中决策是管理的首要职能，是计划、组织、领导和控制职能的依据；计划、组织、领导和控制职能是有效管理的重要环节和必要的手段，是决策得以实现的保障。只有统一协调这五个方面，使之形成相互关联、连续进行的管理活动整体过程，才能保证管理工作的顺利进行和组织目标的完满实现。

四、管理的地位和作用

目前，世界上无论是发达国家还是发展中国家，都在自己社会经济发展的实践中认识到，管理具有重要的社会作用。主要体现在：

(1) 管理是维系人类正常社会生活的条件，是人类一切有组织的社会生活所不可缺少的。早在原始社会，人类就懂得了组织的重要性。而有组织，就必须有管理。管理的重要性，从我们每个人的日常生活中就可以体验到。

(2) 管理决定着生产力的实现程度，并能创造新的生产力。马克思有过这样的论述："不论生产的社会形式如何，劳动者和生产资料始终是生产的因素。但是，二者在彼此分离的情况下只在可能性上是生产因素。凡要进行生产，就必须使他们结合起来。"生产力中的这些因素怎么结合呢？管理是必不可少的一个重要因素。任何社会都存在一定水平的生产力，但在不同管理条件下，其存在状态和实现程度是不一样的。好的政策、制度，只是给生产力的实现提供了必要前提，却不是其实现本身。生产力的具体实现还要靠具体管理。没有具体的生产组织，生产力不可能实现。所以，管理决定着生产力的实现程度。

在社会化大生产的条件下，管理可以使千百万人同心协力，发挥出移山倒海的力量，这种力量远比个人力量的"机械总和"大得多。这里管理创造出一种"新的力量"，马克思曾在论述协作问题时指出："且不说由于许多力量融合为一个总的力量而产生新的力量。在大多数生产劳动中，单是社会接触就会引起竞争心和特有的精神振奋，从而提高每个人的个人工作效率。"通过科学管理充分调动人们的积极性，不仅能减少生产力的浪费，还会产生新的生产力。

(3) 管理使科学技术这个最先进的生产力得到充分发挥。科学技术是第一生产力。没有先进的科学技术，现代工业就不可能高速度发展。但是，有了先进的科学技术，如果没有先进的管理作保证，科学技术的力量就得不到充分的发挥。科技发展史上有很多这方面的例证。例如，1942 年的美国"曼哈顿工程"。在当时的条件下，它能围绕一个目标一下子动员了 15 万科技人员，耗资 20 亿美元，用 3 年时间，制造出第一批原子弹。如果没有科学管理，这是难以想象的。1961 年美国又组织了更大规模的"阿波罗登月计划"，它发射的火箭"土星——5"有 560 万个零部件，飞船有 300 万个零部件，先后参加这项计划的研制人员有 400 万，最多时一次就动员了 42 万人、200 家公司、120 所大学奋战 3 年，用去 300 亿美元，终于获得成功。"阿波罗登月计划"的总负责人韦伯博士说："我们没有使用一项别人没有的技术，我们的技术就是科学的组织管理。"科学管理已经显示出巨大的作用，没有科学管理就不可能有现代社会的一切重大成就。

(4) 管理先进是社会经济迅速发展的关键。世界上许多国家的历史经验证明，一个国家经济上要高速发展，必须有先进的管理才行。第二次世界大战以后，世界各国经济发展的格局发生了很大的变化。作为工业革命发源地的英国，由于过多地强调管理人员的出身、修养，采取贵族态度对待企业管理，墨守成规，缺乏创新精神，经济衰退了。日本本是一个各种资源都比较贫乏的岛国，在狭小的土地上居住着 1.5 亿人，可耕地只占国土的 1/6，30%的粮食依赖进口，几乎没有石油、铁砂、煤炭等矿物资源，能源的 85%依靠进口，又是一个战败国，人们都曾担心这个资源贫乏的小国靠什么来养活1亿多人口。可是在1953—1976年20多年间，日本以资本主义国家第一位的增长速度发展着，国民生产总值每年增长11.3%，于1966年超过法国，1968年超过德国，1978年按人均计算的国民生产总值已接近美国，据1989年12月15日世界银行的报告，日本人均收入于当年超过美国，在许多产业领域已处于"世界第一"的地位。对这种状况，国外学者进行了大量的研究，其结果认为关键在于管理的差异，日本式管理是创造其经济奇迹的主要原因。于是，美国、欧洲等许多国家一度掀起了比较管理研究的热潮，向日本式管理学习，热衷于寻求"最优经营战略"和"最佳管理方法"，以便赢得优势。可见，管理先进，资源利用得当，就能创造出巨大的社会经济效益，增强一国的实力。

小平台

作为全球最成功的企业之一，微软公司在过去的20多年里为全世界数以亿计的用户提供了无数杰出的软件产品，并以自己的实践经历揭示了软件产业内蕴藏的旺盛生命力和巨大商业价值。微软公司目前的市值是3 100亿美元。在2005财政年度里，微软公司的销售收入达约400亿美元，实现利润165亿美元。2004年派发330亿美元的股息后，微软公司仍有350亿美元的现金储备。

微软不断走向成功的最主要的原因是管理，它主要从四个方面加强管理：(1)技术：用创新的精神把握技术发展的脉搏，以合理的研发体系保证企业的效率，以执着的态度专注软件业的发展；(2)领导艺术：最高决策者拥有卓越的才识、明确的分工和完美的合作；(3)人才：多渠道发现和聘用人才，有效的人才筛选机制，对人才的持续培养以及知人善用；(4)企业文化：不惧挑战、自我批评、灵活平等以及对客户负责的态度已经在微软形成了一种传统，并得到了制度化的保证。

第二节　管理的主体——管理者

一、管理者

就一般意义而言，管理者就是指全部或部分从事管理工作的人员。所以，要研究管理者，首先应对企业的人员有大致的分析。"人"是企业的主要财富，正所谓："欲造物，先造人。"要创造企业价值，首先应使人的价值形成企业最重要的资产。作为组织拥有的人力资源，既可以作为管理的对象，又可以作为管理的主体。在组织的所有资源中人力资源最为重要,一方面是因为在组织的资源配置过程,人要与组织其他资源进行有效合理的配合才能有较好的配置效率;另一方面是因为组织的资源配置过程本身是作为管理主体的人管理的结果。

在企业的成员中,管理人员是每个企业中富有活力的、赋予企业生机的因素。缺乏管理人员的领导,生产资源仍然是资源,绝不会成为产品。尤其是在一种竞争环境中,管理人员的素质和工作状况决定着企业的成败,甚至决定着企业的生存。因此,管理人员的素质和工作能力是一个企业在一个竞争的经济中唯一能够拥有的有效的优势。

并非所有在组织中工作的人都是管理者。为了简化,我们将组织的成员分为两种类型:操作者和管理者。操作者(operatives),他们直接从事某项工作的任务,不具有监督其他人工作的职责。例如汽车装配线上安排防护板的装配工人。相反,管理者(managers)是从事管理工作的人,是指挥别人活动的人。他们处于操作者之上的组织层次中。管理者也可能担任某些作业职责,但我们定义假定作为一个管理者,一定要有下级。

1. 管理者的责任

既然管理是让人与自己一道去实现既定目标,管理者对管理的效果从而对组织的效果将承担重大责任。那么,管理者在管理活动中将扮演什么角色,即管理者的责任究竟是什么呢?美国管理学家彼得·德鲁克(Peter F. Drucker)通过三个层次对这一问题作了明确的回答。

德鲁克认为,管理者的第一个责任是管理一个组织,组织是一个整体,为此,管理者应明确:我们的组织是什么,它的目标是什么,如何实现目标。唯有如此,组织才能取得最大的效益,更好地服务社会。管理者的第二个责任是管理管理者。对管理者应该通过目标管理和自我控制进行;管理者应该培养其下属。管理者的第三个责任是管理工作和工人,主要是激励组织成员发挥其创造的热情,求得组织的最佳效果。

2. 管理者的层次

一个组织可能很庞大,成员众多,而每个管理者的管理能力又是有限的,即不可能一个人把所有的事都管好,因此,在组织内进行分工,进而划分管理的层次十分必要。通过划分组织内的管理层次,一方面,可以使高一级的管理者通过委派工作给下一级管理者而减轻压力,从而保证工作的有效性;另一方面,使自己管理的下属保持合理数量,也使协调变得容易。

根据管理者在组织中地位的不同,我们通常可以把管理者分为基层管理者、中层管理者和高层管理者。如图 1-1 所示。

图 1-1　组织层次

组织层次划分通常呈现为金字塔式，即高层管理者少，中层管理者多一些，基层管理者更多。层次之间存在着上、下级的指令、控制关系。每个层次各自要负责做好与本层次对应的工作。

高层管理者(top manager)是组织中的高级领导人，他们对整个组织的管理负全面责任，负责制定大政方针、沟通与外界的交往等，并且对组织的资源拥有分配权，尤其是对人力资源的调配。所以一般高层管理者是战略管理者，关注长期问题并侧重于组织的生存、成长和总体有效性。例如一些大公司中的董事长、总裁、首席行政长官、首席执行官等都是高层管理者。在政府部门中，市长以上的官员也属于高层管理人员。现在高层管理者更经常地被叫做真正的组织领导者，而不仅是战略建筑师。作为领导者，他们必须创造和阐述一个为人们所认知和积极认同的公司目标。

中层管理者(middle manager)介于高层管理人员和基层管理人员之间，有时被叫做战术管理者，他们负责贯彻高层管理者制定的大政方针，指挥基层管理者的活动，起到承上启下的作用。例如部门经理、分部负责人、地区经理，或生产厂、车间的负责人等，都是中层管理者。

基层管理者(first-level manager)或一线管理者(first-line manager)是组织中对他人工作进行管理的最低一层。他们不能监督其他管理者，只能直接指挥和监督现场作业人员，保证上级下达的指令、计划完成。他们直接与作业人员打交道，协调和解决工作中遇到的各种问题，是整个管理系统的基础。例如，一家制造工厂的工长或生产监督人员，一个研究部门的技术监督人员，或者大办公室中的文书管理人员等，都是基层管理者。

不仅不同层次的管理者所拥有的职责与权限不同，而且所从事的管理性工作的量也是不同的。一般说来，管理者的层次越高，管理性的工作就越多；所处层次越低，管理性工作就越少。所以，越是中、下层管理者所需要的硬科学知识比例就越大，专业技术就越熟练；越是高层管理人员，管理能力就越重要，软科学知识的要求就越高。

二、管理者的角色

管理者角色(management roles)这个术语指的是对完成某项管理工作或举动的预期设定。20 世纪 60 年代末期，著名管理学家亨利·明茨伯格(Henry Mintzberg)对五位总经理的工作进行了一项仔细的研究，他的发现对长期以来对管理者工作所持的看法提出了挑战。例如，当时流行的观点认为管理者是深思熟虑的思考者，在作决策之前，他们总是仔细地和系统地处理信息。而明茨伯格发现，他所观察的经理们常陷入大量变化的、无一定模式的、短期的活动中，他们几乎没有时间静下心来认真思考，因为他们的工作经常被打断。有半数的管理者活动持续思考的时间少于 9 分钟。在大量观察的基础上，他提出了一个管理者究竟在做什么的分类纲要。

明茨伯格的结论是，管理者扮演着十种不同的，但却是高度相关的角色。

(1) 挂名首脑。挂名首脑是象征性的首脑,比如迎接来访者、签署文件等。当管理者以挂名首脑角色出现在外来和内部人员面前时,人们一般是把管理者当做法定的组织化身和代表。

(2) 领导者。领导者要负责用目标、愿景来激励和动员下属,发现、培养和培训下属。比如,一名在公司年度总结大会上作讲话的总经理,此时扮演的角色就是一位"领导者"。

(3) 联络者。联络者角色要求管理者注意开发、建立和维护组织发展需要的与外部各种人和组织之间的联系。管理者要通过正式的和非正式的渠道,形成和保持与外部的联系。

(4) 监听者。管理者应当是耳聪目明的,需要了解和掌握的信息包括:内部的业务信息、外部相关信息、各种分析报告、各种意见和倾向、来自外界和组织内部各方面的压力等。

(5) 传播者。传播者角色说明管理者应当把从外界和上、下级那里得到的信息,按照必要性原则,传递给组织的相关成员,使组织成员获得更多的、必要的信息资源。

(6) 发言人。发言人的角色要求管理者向外界发布有关组织的计划、政策、行动、结果等方面的信息,使组织更好地、更恰当地为外界所了解和认可。

(7) 企业家。企业家的角色要求管理者寻求组织和环境中的机会,制订组织改进的方案,在组织内部发动变革。

(8) 混乱驾驭者。任何组织都会面临意料之外的变化和事件。管理者面对意外出现的事件,必须作出及时的反应。混乱驾驭者也可称为"故障排除者"、"救火队长"。

(9) 资源分配者。管理者的重要权力在于,将组织或管理范围内拥有的各种资源进行分配。一定意义上,作出管理决策就是资源分配。管理者在进行管理决策时,必须考虑资源的匹配。

(10) 谈判者。谈判者是高层管理人员在同外部交往时经常出现的角色。谈判者角色同时隐含着组织首脑、发言人和资源配备者等角色。

管理者上述十种角色是一个相互连接的整体,不能轻易地割裂开来。大量涉及不同的组织和不同的管理层次的后续研究试图检验明茨伯格的角色理论的有效性。研究证据一般都支持这样一种观点,即不论何种类型的组织和在组织的哪个层次上,管理者都扮演着相似的角色。

小平台

新闻记者出身的佐佐木明,1976 年产生了专门从事设计计算机向大公司出售"智慧"的想法,便同两位朋友白手起家,开办了"头脑公司"——微型系统科技公司。当时日本的科技开发机构大多属于官方或大公司,如松下、日立、东芝等电器公司，均设有开发新产品的科技研究所。佐佐木明的公司能生存下去吗？能够同大公司的科研机构竞争吗？特别是佐佐木明本人，既没有计算机的科技知识，也没有开发公司的资本，用什么来建立新的公司呢？头脑公司为自己的出现动起了头脑：他们的第一个奋斗目标就是："要用并不比别人高明的技术，向别人还没有注意到的社会需要开发，力求赶在大公司前面研制出新产品。"他们的第二个奋斗目标是：在千百万人司空见惯的社会现象中，发现别人还没有的路子，即了解潜在的需要。佐佐木明在观察到社会的潜在市场后，立即着手"学习机"的设计与制造。"业精于勤，功成于思。"经过一年半的刻苦钻研，克服了技术和经费上的困难，终于研制成了"学习机"，头脑公司也从此享有盛誉，从几个人发展到18个人，但仍然保持着初建时期的勤奋作风。

第三节　管理学概述

管理作为一种社会行为是非常古老的。历史上最成功的主管是埃及人，他们在4700年前甚至更早就想到了金字塔，在没有任何先例的情况下设计建造了它，并以创纪录的时间完成了它。和人类当时建造的任何建筑都不一样，第一座金字塔今天仍然矗立着。然而，作为一个学科，管理在第一次世界大战期间，还处于萌芽阶段，直到第二次世界大战才真正产生，当时主要是在美国。自那时起，它成为发展最快的新的活动，对管理的研究成为发展最快的学科。历史上没有一种活动像过去五六十年里的管理和经理人员那样迅速地崛起，在如此短暂的时间里在世界范围广泛传播。

管理在长期实践中，随着社会和组织单位的发展，日趋复杂和重要。自20世纪初泰罗开始研究科学管理以来，研究管理的学者们大量涌现，而且形成许多种学派，管理学科已为举世公认。但管理学是不是一门科学？它是什么性质的科学？都曾有过争论。

一、管理学的研究对象

任何一门科学都有它特有的研究对象，管理学的研究对象是什么？就是社会管理现象。社会管理活动虽然十分复杂，性质多样，但是这些表面复杂多样的管理活动之间存在着内在的必然性，即本质规律。管理学研究的目的就在于寻找这些客观规律，总结管理的知识原理以指导管理实践。对管理的研究涉及不同领域和不同层次，因此也就形成各种不同门类的管理学。例如，企业管理学、行政管理学、学校管理学、军队管理学等。这些专门管理学根据具体的研究对象还可进一步细分。例如，企业管理学还可以进一步分为工业企业管理学、商业企业管理学、银行管理学和旅游饭店管理学等。但是，这些专门管理学中又都包含着共同的普遍的管理原理和管理方法。管理学并不研究一切特殊管理领域的特殊规律，而只是研究一般管理的规律性，为各具体管理类学科提供一般性的管理概念、方法和理论。由此而来，我们可以给管理学下一个简短的定义：管理学是一门研究管理的一般原理和理论的科学，管理学是以各种管理工作中普遍适用的基本原理和基本方法作为研究对象的。

二、管理学的性质

1. 管理学是一门独立的科学

首先，管理学具有其他一切学科所具有的基本特征。作为一般管理学，它区别于“宏观管理学”和“微观管理学”。它是研究所有管理活动中的共性原理的基础理论学科，无论是“宏观管理学”还是“微观管理学”，都需要管理学的原理作为基础来加以学习和研究。管理学是各门具体的或专门的管理学的共同基础。其次，管理学又是一门独立的科学，有自己的独立学科体系。它有特定的研究范围和研究对象；它具有一系列含义明确的最基本概念；它具有经过实践检验证明其正确的原理和原则；它能够形成一个完整的且比较严密的理论体系；最根本也是最重要的，它能够反过来指导人们的实践，并使人们顺利地达到预期的目的。

2. 管理学是一门应用性科学

管理学研究的内容尽管繁多，但概括起来，不外乎生产力、生产关系和上层建筑三方面，它同许多学科如经济学、技术学、心理学、数学、计算机科学等发生联系，要吸收和运用与之联系的这些学科的研究成果。因此，管理学的性质是一门介于社会科学和自然科学之间的边缘科学，是一门综合性学科。管理学的实践性很强，属于应用科学。

管理工作存在于各行各业、各个领域，其实现的目标各不相同。结合其各个专业问题，更是包罗万象。例如工厂管理、商业管理、教育管理、行政管理等。管理学的目的是阐明管理的基本理论和基础知识，它研究的是管理活动的普遍规律性，它并不深入涉及各个领域专业管理工作的具体内容，而只是将管理的基本原理、原则以及管理活动的核心内容概括出来作为管理学的内容，它可以用以指导各类专业管理。因此，管理学可作为各专业管理的基础理论。

3. 管理学既是一门理论科学，又是一门艺术科学

科学是以对两组或两组以上客观事物的分析中找出其相互联系的自然合理性为依据的。这些依据的系统化，使我们可以找到存在于客观事物发展中的某些“规律”，这些“规律”，经过实践的反复验证，我们就认为是“原理”。原理是最基本的、带有普遍性的、可以作为其他规律的基础的规律，具有普遍意义的道理，它是知识系统化的结晶。一个科学成

熟与否的重要标志就是其系统理论的水平。

通过 20 世纪以来，特别是近半个世纪以来大量学者、企业家的总结研究，管理学有了很大发展，它包括了有关管理工作的理论、原理、原则、方法以及系统化的管理知识，这已为实践所证明。管理的科学性表现在：经过几十年的探索、总结，已经开始形成了一套比较完整的理论知识体系，反映了管理过程的客观规律性。管理学研究的是管理工作的客观规律性，即如何按照客观规律的要求来建立一定的理论、原则、组织形式、制度和方法等，以指导人们从事管理的实践，实现管理的预期目标。管理者如果不掌握科学的理论知识，他们要进行管理就必然靠运气、靠直观、靠过去的经验办事。而有了系统化的管理知识，他们就有可能对管理上存在的问题，找到可行的、有远见的、正确的解决方法。当然，管理学同数学、物理学等自然科学相比，还只是一门不精确的科学。管理的对象如公司、银行、学校、政府机关等都是社会组织，社会现象复杂多变，许多因素难以量化，对未来的预测、决策、计划更难做到精确。同时，科学飞速进步，经济不断发展，环境也在变化，管理学正面临不少新的问题，管理上不同论点、不同学派林立，还难以统一，管理的理论来自于实践，实践在不断发展，管理的理论与方法也在不断丰富。管理学这门科学仍是一门正在发展的科学。

除此之外，仅仅掌握原理和理论知识还不能保证实践的成功，管理者还必须懂得如何去运用它。实践中并不存在对任何条件都是已知的、所有关系都是明确的科学。理论不是万能工具，如果只凭书本来诊断，仅仅借助公式来设计，靠背诵原理来管理，而无视现实，那工作肯定要失败的。

管理的原理、理论知识并不能为管理者提供解决一切问题的标准答案。它要求管理工作者以这些管理的管理原则、基本方法为基础，结合实际，对具体情况作具体分析，以求得问题的解决，从而实现组织的目标。从这个角度看，管理又是一种艺术，是利用了系统化的知识——科学，并根据实际情况，发挥创造性的艺术。最富有成效的艺术总是以它所依据的科学的解释为基础的。管理作为一项实践活动，需要有一系列根据实际情况行事的经验、诀窍和准则。管理者为了取得一个满意的结果，需要在各种因素之间进行协调权衡。这种既能取得比较满意的结果，又使消极后果减少到最小的协调能力，正是管理的艺术性的本质体现。

管理工作就像其他各种技艺一样，都要利用经过组织的基本的知识(科学)，并且基于现实的需要应用它以取得预想的实际效果。在做这些工作时，为了取得实际的结果，必须设计一种工作方法。而艺术就是达到这种预期结果的“窍门”。总之，管理实践是一门艺术，而指导这种实践活动的有条理的知识，可以被称为一门科学，因为，科学与艺术不是互相排斥而是互相补充的。随着科学进步，艺术也就会更加发展。强调管理的艺术性，丝毫没有轻视或否定管理理论和管理知识的意思；相反，掌握了科学的管理知识体系，就能大幅度地提高管理实践活动的质量。强调管理的科学性，并不是说它的知识体系已经“定型化"了,"管理权变理论"的出现,正说明了管理的科学性和艺术性的交融和统一。

三、管理学的特点

管理学是一门系统地研究管理过程的普遍规律、基本原理和一般方法的科学,是一门不精确的,有待于发展的科学,表现出以下特点。

1. 一般性

管理学有别于其他种种专门管理学,例如,工业企业管理、商业企业管理、行政事务部门管理……既然管理是具有普遍性的,管理学就试图从各种不同的组织中概括、抽象、提炼出共同的东西,并形成系统的理论。

2. 多样性

管理学广泛运用自然科学、社会科学,以及其他现代科学技术成果,如数学、运筹学、经济学、社会学、心理学等,管理学属于边缘科学。

3. 历史性

管理学是对前人的管理实践、管理思想和管理理论的总结、扬弃和发展。割断历史,不了解前人对管理经验的理论综合与管理历史,就难以理解管理学发展的依据,也就难以把握管理学的发展趋势,更说不上用它指导实践了。

4. 实践性

管理学是一门应用性科学。管理学的理论与方法要通过实践来检验其有效性;同时,有效的管理理论与方法只有通过实践,才能带来实效,发挥其指导实际工作的作用,并在不断反复的实践中,完善管理学的理论和方法。

四、管理学的研究方法

管理学的研究方法基本上有三种:归纳法、试验法和演绎法。

1. 归纳法

归纳法也称为实证研究,是一种从典型到一般的研究方法,主要通过对客观存在的一系列典型事物(或经验)进行观察,从掌握典型事物的典型特点、典型关系、典型规律入手,进而分析研究事物之间的因果关系,从中找出事物变化发展的一般规律。

由于在管理工作中,影响管理活动的因素非常繁多,并且各种因素之间相互交叉,而人们所能够观察的仅仅是最终的综合结果,很难在管理过程中把各个因素的影响程度分离出来,进行单个分析,所以在管理过程中许多的管理问题需要我们运用归纳法进行实证研究。

2. 试验法

试验法是人为地为某一试验创造一定条件，观察其实际试验结果，并与未给予这些条件的对比试验的实际结果进行比较分析，寻找外加条件与试验结果之间的因果关系。如经过多次试验并总是得到重复的相同结果，则可以认为存在某种普遍适用的规律性。

在管理工作中有许多问题，如关于企业生产管理、设备布置、工作程序、操作方法、现场管理、质量管理、营销方法以及工资奖励制度、劳动组织、组织行为、商务谈判等许多问题都可以采用试验法来进行研究。

3. 演绎法

演绎法是从某种概念出发，或从某种统计规律出发，或在实证研究的基础上，用归纳法找到的一般的规律性，加以简化，形成某种出发点，建立起能反映某种逻辑关系的经济模型（或模式）。这种模型是从简化了的事实前提推广而来，完全合乎逻辑的推理，与被观察的事物并不完全一致。

从理论概念出发建立的模型一般被称为解释性模型，如投入产出模型、企业系统动力学模型等。从统计规律出发建立的模型一般被称为经济计量模型，如柯普—道格拉斯生产函数模型，以及建立在回归分析和时间序列分析基础上的各种预测模型和决策模型。而建立在经济归纳法基础上的模型被称为描述性模型，如现金流量模型、库存储蓄量模型、生产过程中在制品变动量模型等。

小平台

5S 管理就是（1）常组织（Seiri Structure）：清除、分开处理；（2）常整理（Seiton Systemize）：整理、定量定位；（3）常清洁（Seiso Samitize）：清理、清洁检查；（4）常规范（Seiketsu Standandizc）：规格化、立法守法；（5）常自律（Shitsuke Self-discipline）：训练与纪律、守纪守法。因日语的罗马拼音均以“S”开头，所以被简称为 5S 管理。5S 管理起源于日本，通过规范现场、现物，营造一目了然的工作环境，培养员工良好的工作习惯，其最终目的是提升人的品质，养成良好的工作习惯。

本章小结

管理是依据组织内在活动机理，综合运用组织中的人力资源和其他资源，从而有效地实现组织目标的过程。决策、计划、组织、领导和控制职能是管理的五项基本职能。管理者是组织中最重要的成员，可以划分为不同的层次，承担不同的责任，扮演不同的角色。

管理学是一门研究一般管理的原理和理论的科学。有其特有的研究对象和性质。管理学的特点表现为一般性、多样性、历史性和实践性。研究方法包括归纳法、试验法和演绎法三种。

案例聚焦　升任公司总裁后的思考

郭宁最近被一家生产机电产品的公司聘为总裁。在他准备去接任此职位的前一天晚上，他浮想联翩，回忆起他在该公司工作20多年的情况。

他在大学学的是工业管理，大学毕业获得学位后就到该公司工作，最初担任液压装配单位的助理监督。他当时感到真不知道如何工作，因为他对液压装配所知甚少，在管理工作上也没有实际经验，他感到几乎每天都手忙脚乱。可是他非常认真好学，他一方面仔细参阅该单位所制定的工作手册，并认真阅读有关的技术书刊；另一方面，监督长也对他主动指点使他渐渐摆脱了困境，胜任了工作。经过半年多时间的努力，他已有能力独担液压装配的监督长工作。可是，当时公司没有提升他为监督长，而是直接提升他为装配部经理，负责包括液压装配在内的四个装配单位的领导工作。

在他当助理监督时，他主要关心的是每日的作业管理，技术性很强。而当他担任装配部经理时，他发现自己不能只关心当天的装配工作状况。他还得做出此后数周乃至数月的规划，还要完成许多报告和参加许多会议，他没有多少时间去从事他过去喜欢的技术职责。当上装配部经理不久，他就发现原有的装配工作手册已基本过时，因为公司已安装了许多新的设备，吸收了一些新的技术，这令他花了整整一年时间去修订工作手册，使之切合实际。在修订手册过程中，他发现要让装配工作与整个公司的生产作业协调起来是需要有很多研究的。他还主动到几个工厂去访问，学到了许多新的工作方法，他也把这些吸收到修订的工作手册中去。由于该公司的生产工艺频繁发生变化，工作手册也不得不经常修订，郭宁对此都完成得很出色。他工作了几年后，不但自己学会了这些工作，而且还学会了如何把这些工作交给助手去做，教他们如何做好，这样，他可以腾出更多时间用于规划工作和帮助他的下属工作得更好，以及花更多的时间去参加会议、批阅报告和完成自己向上级的工作汇报。

当他担任装配部经理6年之后，正好该公司负责规划工作的副总裁辞职应聘于其他公司，郭宁便主动申请担任此职务。在同另外5名竞争者较量之后，郭宁被正式提升为规划工作副总裁。他自信拥有担任此一新职位的能力，但由于此高级职务工作的复杂性，仍使他在刚接任时碰到了不少麻烦。例如，他感到很难预测一年之后的产品需求情况。可是一个新工厂的开工，乃至一个新产品的投入生产，一般都需要在数年前做出准备。而且，在新的岗位上他还要不断处理市场营销、财务、人事、生产等部门之间的协调，这些他过去都不熟悉。他在新岗位上逐渐感到，越是职位上升，越难于仅仅按标准的工作程序去进行工作。但是，他还是渐渐适应了，做出了成绩，以后又被提升为负责生产工作的副总裁，而这一职位通常是由该公司资历最深的、辈分最高的副总裁担任的。到了现在，郭宁又被提升为总裁。他知道，一个人当上公司最高主管之时，他应该自信自己有处理可能出现的任何情况的才能，但他也明白自己尚未达到这样的水平。因此，他不禁想到自己明天就要上任了，今后数月的情况会是怎么样？他不免为此而担忧！

（资料来源：黄孟藩、赵苹、王凤彬. 管理概论. 台北：五南图书出版有限公司，1995）

练习题

1. 什么是管理？管理的基本职能有哪些？
2. 简述管理的两重性。
3. 管理者的责任包括哪些？其层次如何划分？
4. 管理者扮演着哪些角色？
5. 管理学的研究对象是什么？
6. 简述管理学的性质。

第二章 管理理论的形成与发展

本章学习目标

1. 了解传统管理思想的基本内容和特点。
2. 理解和掌握古典管理理论的主要内容和特点。
3. 理解和掌握现代管理理论的主要内容和特点。

导读 袋鼠与笼子

有一天，动物园管理员们发现袋鼠从笼子里跑出来了，于是开会讨论，一致认为是笼子的高度过低。所以他们决定将笼子的高度由原来的10公尺加高到20公尺。结果第二天他们发现袋鼠还是跑到外面来，所以他们又决定再将高度加高到30公尺。

没想到，隔天居然又看到袋鼠全跑到外面来，管理员们大为紧张，于是决定一不做二不休，将笼子的高度加高到100公尺。

一天，长颈鹿和袋鼠们在闲聊。“你们看，这些人会不会再继续加高你们的笼子?”长颈鹿问。

“很难说。”袋鼠说，“如果他们再继续忘记关门的话!”

管理启示 无论简单或者复杂的事情，都有本末、轻重，舍本而逐末，当然就不得要领了。管理是什么？管理在很大程度上是针对事情的“本”而解决问题。

管理理论是指导管理人员从事各项管理活动的路标和蓝图，它是由一系列观念或观点构成的知识体系，是人们对管理过程中发生的各种关系的认识的总和。管理理论的发展和生产力的发展以及生产组织方式的变化紧密相连，时代的发展决定了管理理论的发展变化。研究管理理论的形成和发展，能了解到管理理论及其研究方法的起源，追溯其发展过程，透析每个时期的文化环境，从而给我们提供一个能加快知识综合进程的概念轮廓。研究过去有助于更合理、更有条理地了解现在。

纵观管理的整个历史，众多学者和研究人员针对管理实践提出了各种各样的观点。我们以系统的方法追寻这些学者的思想轨迹以及他们对管理作出的贡献，能认识到昔日观念的发展是如何对当前的管理实践作出贡献的。许多理论背景知识将有助于我们更好地理解管理实践和管理概念。

第一节　传统管理思想形成阶段

一、传统管理思想的形成

传统管理思想阶段开始于 18 世纪后期资本主义工厂制度的兴起，止于 19 世纪末资本主义自由竞争的发展，其间约 100 多年。

1781 年瓦特发明了蒸汽机，在英国引发了一场产业革命，由机器以及机器体系为主要特征的现代大工业代替了工场手工业。无论是生产产量的规模，还是参加生产过程共同劳动人数的规模都有了空前的扩大。大规模的工业生产导致单位产品成本的下降，使工业进一步脱离对农业的依附而成为一个独立的产业部门，大大推动了经济的发展、劳动分工和专业化的加速、市场的日益扩大和相互渗透。

产业革命的兴起，促使各国相继确立了工厂制度。生产的基本组织发生了变革，工厂成为主要的组织形式，流水生产、分工协作、减少浪费、增加产量、追求最大限度的利润，越来越成为关注的目标，这一切都对加强管理提出了要求。

在当时，人们虽然感到了管理的重要，并从许多方面对管理工作的开展进行探索，但尚未形成完整的管理理论，更谈不上在理论指导下系统地开展管理工作。究其原因，主要在于以下几点。

(1) 社会化大生产尚未形成。生产规模和范围均较小，实际管理活动的内容、方式、方法都很简单。在当时，即使缺乏系统的、完整的、科学的管理理论，也足以应付解决所面临的一些实际问题。

(2) 商品经济不发达。商品和交换的概念尚未引起应有的重视。人们进行生产活动主要是满足并不太高的需求，至于如何去进行有效的活动，获得更大的经济效益，则不重要，也不作过多的考虑。

(3) 对管理学科认识上的偏见和误解。其一是把管理学混同于政治经济学，或认为它只是政治经济学中的一个内容。其二是认为管理学指的即是政治理论体系中的政府行政管理。其三是认为管理学主要就表现为管理学自身的技巧、手段、才智，并未认识到管理学是一门科学。

(4) 忽视人在生产活动中的积极能动作用。认为生产活动的开展主要取决于劳动资料和劳动对象，人的作用并不重要，仅仅是“有生命的物”而已。不注意对人的需求、人的积极性、创造性发挥的研究，从而大大减小了管理的作用范围和重要性。

由此可见，管理学科作为一门科学是和社会经济的发展紧紧相连的。管理学科随着经济的发展、社会化大生产的发展、科学技术的发展而发展。经济发展缓慢、社会化大生产规模的狭小和生产力水平的低下、科学技术的落后，是管理学科长期未能取得突破性进展的主要原因。正是产业革命的兴起、社会化大生产的迅猛发展，才使管理学科取得突破性的进展。

二、传统管理思想的特点

传统管理思想中，对管理的研究引起了人们的重视，也作出了许多有益的探索，但是由于当时工厂的规模较小，缺乏必要的实践，难以形成完整的管理理论。概括而言，这一阶段的管理思想有以下几个特点。

1. 由资本家直接担任企业管理者

资本家凭借手中的资本，将劳动者、劳动资料和劳动对象集中到一起，在资本主义的工厂中进行资本主义的商品生产。资本是生产的组织者和领导者，拥有资本的资本家就是当然的企业管理者。在这一阶段也确实涌现出一批成功的资本家，被称为“天才管理”。

2. 靠个人的经验从事生产和管理

工人没有统一的操作规程，凭自己的经验来操作，产品也缺乏严格的规格、性能要求，生产出来的产品往往各不相同，缺乏互换性。管理人员没有统一的管理方法，凭自己的经验来管理，管理工作的成败主要取决于管理者个人的经验、个性、特点和作风。工人和管理人员的培养也主要采取“师傅带徒弟”传授个人经验的办法，没有统一的基本训练要求。由于这些做法未完全摆脱小生产的传统，所以也称为“经验管理”。

3. 管理的重点是解决分工与协作问题

这一阶段的管理主要着眼于解决企业内部生产过程中如何进行加工、如何进行协作配合，以保证生产过程的顺利进行；如何减少资金的消耗，如何提高工人的日产量指标，以赚取更多的利润。因此，管理的内容局限于生产管理、工资管理和成本管理，基本上局限于简单再生产的范畴。

三、主要人物及其贡献

1. 尼古拉·马基雅维里——《君主论》

尼古拉·马基雅维里(Niccolo Machiavelli，1469—1527)是意大利著名的政治思想家和历史学家，在其著作《君主论》中他提出了四条领导原则。

(1) 争取群众的赞同。强调凡事应征求群众的意见，每个领导人都应懂得，权力来自于基层群众。君主可能通过武力或继承而登上王位，但要牢固地控制国家，还必须得到群众的支持。这事实上就是权力接受论，即权力是自下而上的，而不是自上而下的。

(2) 维护组织的团结。要使国家能持续存在，必须有内聚力。一个君王要维持组织的统一，使自己事业成功，必须紧紧地抓住自己的朋友，仔细地注意和抚慰他们、利用他们。对给予你帮助和支持的人要回以报偿、感谢他们，并维护相互间的忠诚和团结。

(3) 保持旺盛的斗志。任何组织的主要目标之一是使自己存在下去。领导要保持清醒的头脑，注意保护自己的地位和事业的成功，不致遭受到危险的打击，尤其是在困难时，要有坚强的生存意志，挺身而出，鼓舞人心。

(4) 努力以身作则。领导应在品德、能力等方面成为大家的表率，并以此来统一大家的思想和行动。

2. 亚当·斯密——《国民财富的性质和原因的研究》

亚当·斯密(Adam Smith，1723—1790)是英国著名的古典经济学家，在其著作《国民财富的性质和原因的研究》(简称《国富论》)中提出了以下主要观点：

(1) 劳动是国民财富的源泉的思想。他认为只有减少非生产性劳动，增加生产性劳动，同时提高劳动者的技能，才能增加国民财富。

(2) 生产合理化的概念。他强调了劳动分工的重要性，指出分工可以提高每个工人的操作熟练程度；可以节省不同劳动环节转换的时间；可以将人的注意力完全集中到一件事上，为更好地利用新机器创造了条件。今天广泛普及的工作专业化无疑是由于斯密在200多年前就提出的劳动分工所产生的经济效益。

(3) 经济人的观点。他认为经济现象是基于具有利己主义目的的人们的活动所产生的。认为人们在经济活动中主要是为了追求个人利益，但社会上每个人的利益又总是要受到他人利益的制约，要兼顾到他人的利益，由此而产生了共同利益、社会利益。因此，社会利益是以个人利益为基础的。斯密的经济人的观点后来成为资本主义管理理论的重要依据之一。

3. 罗伯特·欧文

罗伯特·欧文(Robert Owen，1771—1858)是英国空想社会主义代表人物，也是一名企业管理改革家，被人们誉为现代人力资源管理的前驱，“人事管理之父”。

欧文的管理思想主要体现在其人事管理方面的实践。1800—1828年间，他在英格兰的新拉那克工程任总经理一职。期间，他致力于大力减轻劳动强度，改善劳动条件，为工人提供福利设施，希望以此来改善工人生活状况并使工厂获得很高的利润。他较早地注意到企业中人事管理的重要性。他嘲笑其他管理者不理解人的因素，认为只要对工人加以训练与指挥，就可以取得50%～100%的报酬，从而使工厂主的收入大大增加。

欧文在人事管理方面的理论与实践，为以后的行为科学理论产生了很大的影响。

4. 查尔斯·巴贝奇

查尔斯·巴贝奇(Charles Babage，1792—1871)，是英国的数学家、机械学家、科学管理的先驱者。代表作是1832年出版的《论机器和制造业的经济》。

巴贝奇提出了劳动分工、用科学方法有效地使用设备和原料。他极详细地描述了工厂使用的工具和机器，探讨了“制造业的节约原则”，对作业的操作、有关的各种技术以及每一道工序的成本等进行了分析，并对当时流行的一些做法提出了指导改进的意见。

他还提出采用利润分配制以谋求劳资之间的调和。他试图说明工人与工厂主有着一致的利益，认为分享利润的计划包括两个方面：(1)工人的部分工资要视工厂的利润而定；(2)工人如果能提出任何改进建议，他就应获得另外的好处，即建议奖金。除了分享利润外，工人们将按照他们所承担任务的性质获得固定工资。他认为，他的计划可以消除工人们“组织起来”的必要性，因为他们的利益同雇主的利益是一致的。由于工人和管理人员利益一致，因而谁也不会压迫谁，结果是大家都将富起来。他努力寻求在管理人员和工人之间建立新的和谐关系。

查尔斯·巴贝奇对管理思想作出了重大贡献，为以后古典管理理论的形成，提供了一定的思想依据。

小平台

15世纪初，拥有近两千名工人的威尼斯兵工厂，开始采用流水作业的生产和管理方法。这一方法规定：工厂管事直接指挥工头和技术顾问，全权管理生产，并建立早期成本会计制度，负责独立核算。全厂的工作划分为若干职能部门，每一部门都有一名工头负责，分阶段、有计划地进行，重要事情要集中管理。这种集权与分权的统一，初次体现出近代管理思想的雏形。

第二节　古典管理理论形成阶段

19世纪末20世纪初，西方开始形成了所谓的“古典管理理论”。代表人物主要有泰罗、法约尔和韦伯，分别反映了那个时代在管理理论发展中的三个重要方面，即“科学管理”理论、“一般管理”理论和“行政组织”理论。这些理论成为现代管理学的先驱，对现代管理思想有很大影响。

一、泰罗的科学管理理论

弗雷德里克·温斯洛·泰罗(F. W. Taylor，1856—1915)对科学管理的研究是从米德维尔钢铁公司当工长时开始的，当时工人的生产积极性很低，消极怠工的现象相当普遍。针对这种情况，泰罗首先以进行工时测定开始他的研究，进而发展到研究作业分析、工资制度、生产进度、车间组织、人员选择和训练等一系列管理的基本问题。经过毕生的努力，他为管理的革新奠定了基础，出版了著名的《科学管理原理》一书，成为古典管理学派的创始人。泰罗被誉为“科学管理之父”，是科学管理学派的杰出人物。

1. 科学管理的主要内容

泰罗的科学管理的主要内容包括：工时研究与标准化、差别计件工资制、职能原理、例外原理等。

(1) 工时研究与标准化。泰罗在工厂里当一名普通工人时，就看到了工人磨洋工的现象。当时工人们害怕如果生产多了，会使自己失业，因而宁愿少生产而不愿多干活。泰罗认为，生产率是劳资双方都忽视的问题，忽视的部分原因是由于主管人员与工人都不了解构成“一天合理的工作量”和“一天合理的报酬”是什么。此外，他认为主管人员和工人都过分关心如何分配取得的盈余(即在工资和利润之间如何分盈余)，他们不是为相互的利益而合作，把他们之间的关系看做一种零和对策——任何一方的收益同时又是另一方的损失，而对如何提高盈余，从而使双方都能取得更多的报酬则关心不够。泰罗认为应把生产率看做取得较高工资和较高利润的保证。他通过对工作的精心调查，用科学的方法来确定工人用现有设备和原料所应能完成的任务，这就是“科学管理”的真正开端。科学的方法区别于传统的方法(即凭经验和估计)，是对一项规定的任务作实际的调查研究，以确定完成该任务的正确方法和工作时间。

工时研究作为泰罗制的基础，并非简单对一个工厂完成一件规定任务作出时间上的统计，而是把一件工作分解成各种基本的组成部分，并作测试，然后根据其合理性，重新进行安排，以此确定最佳工作方法，即所谓的动作研究。泰罗的探索主要反映在他的三个最有名的试验中，即搬运铁块试验、铁砂和煤炭的铲掘试验和金属切削试验。

工时研究通常分为“分析阶段”和“建设阶段”。在分析阶段，每一件工作都将被分成尽可能多的简单基本动作，然后去掉无用的动作，并通过对最熟练工人的每一个操作动作的观察选出每个基本动作的最快和最好的方法，并把每个动作的时间测量记录下来，加上不可避免的耽搁和停顿所需的百分比。在建设阶段，基本动作和时间的档案材料被建立起来以便能尽可能被用于其他工作。此外，还需要考虑对工具、机器、原料和方法等进行改进并使与任务有关的所有要素都最终实行标准化。

工时研究与标准化为了解如何更为合理地完成一件工作找到了一条较科学的途径。用泰罗的话来说，“我们希望做到的仅仅是想找到一个比我们以前所了解的更为精确的大约时间”。

(2) 差别计件工资制。泰罗在其《计件工资制》中，批判了普通计件工资制，指出“这种制度败坏了工人士气的后果是严重的”，它迫使工人弄虚作假，为维护自身利益和反对雇主迫害而斗争。泰罗认为，车间要达到最大产量，又符合工人与管理方面的合法要求的最有效的办法，就是差别计件工资制。其基本内容是，对同一种工作设有两个不同的工资率：对那些用最短时间完成工作、质量又高的工人，按高的工资率付酬(而这个高工资率应使工人按此报酬所得收入比他在原机构工资制度下所得的收入要高)；对那些用时长、质量差的工人则按低工资率计算收入。

泰罗在米德维尔钢铁公司进行试点，证明实行差别计件工资制效果十分显著，使产量增加 2～3 倍，而成本降低很多，使工人和企业都感到满意，还提高了定额机构工作的准确性。

(3) 职能原理。泰罗认为在企业中应把计划职能同生产操作分开，成立专门的计划部门承担计划工作，而所有的工人及部分工长只承担执行职能。对于工长对工人的管理，他提出了一种“职能工长制”。泰罗认为作为一名工长，要全面抓起一个班组的工作，应具备以下几种品质，即智能、教育、专门知识或技术、手艺和体力、机智老练、有干劲、刚毅不屈、忠诚老实、判断力和常识、身体健康。要找到兼备这几种品质的人难乎其难。为解决这种矛盾，泰罗则认为可设立“职能工长制”，把原来旧式组织中一个班组长所做的工作分成八项职能，由八个人分管，以此解决当时缺少综合管理人才的矛盾。

(4) 例外原理。泰罗强调了企业中经理人员的特殊作用，即抓大事，处理出现的一些特殊问题，而把日常例行化的事务留给专门的人员去办。例外原理帮助经理人员摆脱日常具体事务，能集中精力对重大问题进行决策监督。例外原理非常必要，而且能使日常业务工作标准化、制度化，提炼出科学的原则。

2. 科学管理的四项原则

泰罗在《科学管理原理》中，把上述科学管理思想归纳为以下四条最根本的管理原则。

(1) 建立真正科学的劳动过程。泰罗指出，科学管理原理的最大特点在于“科学”二字，其含义是指提高生产效率而又不增加雇主和工人的劳动量，从而使双方都可从中受益并获取精神上的动力。

泰罗认为应用科学的方法调查和研究一个普遍工人在最适当的条件下所能完成的最大日工作量，进而在此基础上确定合理的日工作定额。如工人能努力完成这一定额，则可获得高额报酬，如未能完成定额，他就有失去正常收入的危险。

(2) 科学地挑选和渐进地培养工人。为了得到上述高额报酬，工人必须经过科学的挑选，保证他们具备与工作相应的体力和智力上的条件，从而有完成定额的可能。另外还必须接受能使其成为“第一流”工人的系统训练。泰罗认为要给工人以进一步发展的机会，最终使其能胜任“最高级、最有兴趣和最有利可图的工作”，而这样他们就能够成为第一流的工人。

(3) 把科学的劳动过程与科学地选择、培训出来的工人结合在一起，保证一切工作都按已发展起来的科学原则办事。

(4) 计划职能与执行职能分开。泰罗认为，过去每个工人按自认为最佳的办法干自己的活，经理人员则对之很少协助和过问，工人孤军作战，不可能按一种科学的规律去干活。为使工人遵循科学法则，有必要在资方和工人之间推行一种更均等的责任制。认为计划职能归企业管理当局，并设立专门的计划部门来承担。工人则从事执行职能，即按照计划部门制定的操作方法和指令，使用规定的标准化工具，代替经验的工作方法。劳资双方亲密协作是科学管理的精髓。

3. 评述

科学管理理论一经提出，风靡欧美，至今仍在西方具有强大的生命力。泰罗不仅提出了许多科学管理的制度、原则和方法，而且阐述了许多深刻的科学管理思想。

首先，科学管理促进了当时工厂管理的普遍改革。在应用科学管理原理的工厂中，生产率成倍增长，工人工资大幅度提高，工作时间缩短了，工人在体力和脑力上的紧张程度减轻了。与此同时，企业的销售额和利润上升了，产品价格下降了。很快，科学管理被推广到营销、一般行政管理和企业的其他方面。虽然它最早出现于作业管理，但它的价值和基本观念已广泛运用于各级管理和工业企业的各个方面。

其次，科学管理的一些基本概念为现代管理理论的形成和发展奠定了基础，为解决管理问题开阔了眼界。科学管理从本质上讲是思维方式的彻底革命，是一种改变当时人们对管理实践重新审视的管理哲学。在科学管理中，劳资双方思想观念发生巨大转变，他们都把眼光从单纯的盈余分配上转移开来，而是共同致力于增加盈余。以和平代替争斗，以真诚合作代替互相敌对。双方都认识到在创造最大盈余中的责任；认识到无论是工人还是老板，在企业运行中的所有问题上，都必须以科学的、准确的调查研究来代替过去的个人经验和个人专断。科学管理是一种最佳管理模式，即工人发挥最大程度的积极性，作为回报，则从雇主那里取得某些特殊的刺激或报酬，即“积极性加刺激性”。

科学管理第一次对管理知识进行了系统的综合整理，提出了一系列的管理原则，为管理部门提出了一条有效管理的道路。同时，科学管理用科学研究逐步代替了单凭经验的方法。新的管理方式不断进行试验改进，并把新事物作为健全管理方法的一种基本要素。管理各方面的定额工作也得到完善。企业开始重视复杂的生产过程中所必须有的高度严密的计划性。第二次世界大战以后，科学管理又得到进一步发展，运筹学、概率论、博弈论等一一被应用于管理，形成管理科学的新浪潮。

泰罗的"科学管理"虽然有很大的历史贡献，但它也存在如下的局限性。

(1) "经济人"的假设。泰罗认为，企业家的目的是获得最大限度的利润；工人的目的是获得最大限度的工资收入。这些都是从把经济动机当做唯一的动机这种"经济人"假设的观点出发的。在"人际关系学派"兴起后，对泰罗这方面的观点指责更多。

(2) 机械模式。泰罗把管理职能与执行职能分开后，工人被看成是仅仅接受监督人员命令，从事作业的被动生产工具，就像机器那样，被当做时间和动作研究的对象。由于泰罗以建立基于科学原理的系统管理体制来取代主要依靠个人经验和主观判断的人的因素的作用，因此，他没有对人的因素进行充分的考察。

二、法约尔的一般管理理论

法国的亨利·法约尔(Henri Fayol，1841－1925)是和美国的泰罗并驾齐驱的古典管理理论的创始人之一。他在《工业管理和一般管理》一书的序言中声称："在一切企、事业组织中，无论这些组织的规模是大还是小，也无论它们是工业的、商业的、政治的、宗教的还是其他的方面，管理都起着非常重要的作用。"法约尔意在创立一种能为各种组织所广泛适用的理论方法，被后人称为"管理过程理论之父"。

1. 法约尔的管理概念

法约尔认为，尽管人们对管理探讨得很多，但有关管理的定义却模糊不清，而且管理职能与组织其他方面的职能也没有明确的界限。因此，法约尔首先研究并明确了管理的概念，在此基础上才来研究一般管理。

(1) 企业的职能

法约尔认为，所有的企业组织，无论其内部是简单的还是复杂的，也无论其规模是大还是小，总存在以下六类基本的职能(或活动)。

① 技术职能：主要指企业所从事的生产、制造和加工活动。

② 商业职能：主要指企业所从事的采购、销售和交换活动。

③ 财务职能：主要指企业所从事的资本筹集活动，以及对已筹集的资本的有效运用。

④ 安全职能：主要指企业所从事的保护企业资产、保障企业人员人身安全的种种活动。

⑤ 会计职能：主要指企业所从事的存货的盘点、资产负债表的制作、成本核算、统计等活动。

⑥ 管理职能：主要指企业所从事的计划、组织、命令、协调和控制。

在企业绝大部分的工作中，都包含这六项基本职能。但在不同的工作中，这六项职能所占的比例各不相同。例如，在高层的管理工作中，管理活动所占的比重最大；而在直接的生产工作和事务性工作中，管理活动所占的比例就较小。

（2）管理职能

法约尔对究竟什么是管理作出了当时独一无二的回答。他给管理下了这样的定义："所谓管理，就是计划、组织、指挥、协调和控制。"如图 2-1 所示。

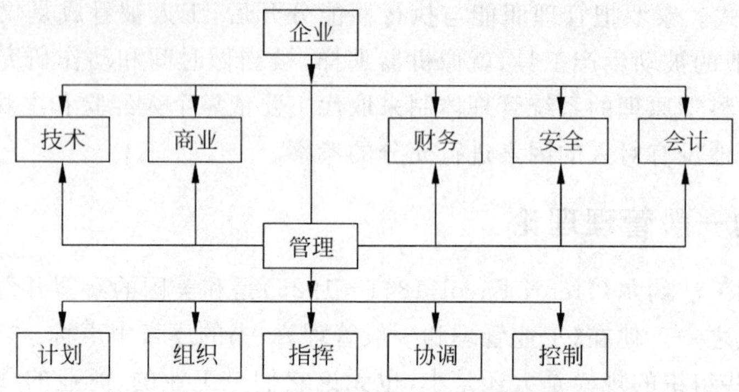

图 2-1　企业与管理的各种职能活动

① 计划，即"预测未来并制订行动计划"。法约尔认为，管理意味着要考虑未来，这就使预测和计划过程成为主要的经营管理活动。企业必须制订计划，才能有效地发挥管理的功能。计划的本质是为了最有效地利用企业的资源，因此计划必须具有"统一性、连续性、灵活性和精确性"。管理部门必须把企业中的各个局部目标牢牢地结合成一个整体，以实现计划的"统一性"；必须对未来作长期和短期的预测，以保证计划的"连续性"；必须调整计划使之适应变化的环境，以保证计划的"灵活性"；必须准确预见企业的行动方向，以保证计划的"精确性"。

② 组织，即"确立企业在物质资源和人力资源方面的结构"。法约尔认为，确立企业的组织结构是管理部门所要解决的中心问题。这种组织结构必须能以最有效的方式从事基本的活动，必须能使企业的计划得到很好的制订和实施。企业组织内部的命令应该统一，职责应该明确。企业还应精心选拔和培养管理人员，使其组成有效的系统以保证决策的正确。

③ 指挥，即"保证企业人员能履行赋予他的职能"。指挥是为了使企业人员的活动得到保证。管理人员应依靠自己的指挥能力，尽可能使下级有上乘的工作表现，增进下级的工作责任感，使整个企业的活动最有效。

④ 协调，即"让企业人员团结一致，使企业中的所有活动和努力得到统一和谐"。指挥主要涉及的是管理人员与下级人员间的关系。而协调则是要保证组织中各部门的努力

都相互一致起来，并使组织中所要进行的一切活动与组织的总目标相统一。

⑤ 控制，即“保证企业中所进行的一切活动符合制订的计划、既定的原则和发布的命令”。控制的目的是检验其他四种要素在实际发挥作用时是否得当。为保证控制要素的有效性，法约尔建议应把检查人员同被检查者分开，成立独立、公正的检查部门，使控制能迅速及时地发挥作用。

法约尔明确了管理的概念，也就界定了平常混淆不清的管理与经营的关系。法约尔在《工业管理和一般管理》一书中谈道：“所谓经营，就是努力确保六种固有职能的顺利运转，以便把事业拥有的资源变成最大的成果，从而导致事业实现它的目标。”因此，经营是六项职能的总体运动，而管理只是通过经营而得以运转的六项职能中的一种。但管理职能的重要性却在其他五项职能之上。

2. 法约尔的十四条管理原则

法约尔认为管理原则是灵活的，不是绝对的，而是无论条件如何变化和特殊，它们都是适用的。法约尔在概括了管理工作的实践经验的基础上，提出了十四条主要的管理原则。

(1) 分工。法约尔认为专业化分工能提高个人的专业技能，从而提高工作效率，应将此原则应用到所有的各种管理工作和技术工作。

(2) 权力与责任。法约尔认为两者是有联系的，后者是前者的必然结果，同时又是由前者产生的，权力应当同责任相等。如果要一个人对某一工作的结果负责，就应该给予确保事情成功的应有权力。

(3) 纪律。他认为纪律是管理所必须的，把纪律看成是“尊重协议，以达到服从、专心、尽力和重视外部声誉”。要求所有的管理层次上都要有好的领导人。纪律既涉及管理人员，又涉及一般雇员。

(4) 命令的统一。法约尔认为每一个雇员只能听命于一个上司，否则无法把事情搞好。这与泰罗的职能工长制的思想相反。

(5) 指挥的统一。法约尔认为在某个单一的计划中，从上到下同类活动的组织成员只能有相同目标，而且目标相同的一组活动，只能有一个领导和一个计划。

(6) 个人利益服从整体利益。法约尔认为在企业组织中，企业的总目标永远享有至高无上的地位。“个人利益不应超越公司的利益。为保证这一点，管理人员必须作出良好的榜样，与雇员建立合理的协议并执行经常的监督。”

(7) 报酬。报酬的制定方法应当是公平的，并为雇员和雇主提供最大可能的满足。法约尔认为，制定报酬制度应考虑三个条件：待遇公平；奖励成绩优良者；奖励不应超过合理界限。

(8) 集权与分权。这是指权力的集中或分散，在任何组织中都是一个程度问题。集权与分权应具有一定的弹性,合理确定集权、分权的程度应视企业规模、企业所面临的环境、所具备的条件以及企业人员的素质而定。

(9) 等级组织原则与跳板原则。等级链是指"从最高的权威者到最低层管理人员的等级系列"。它表明权力等级的顺序和传递信息的途径,来自上级的命令、指示或下级向上级的报告都应按这个途径逐级传递。法约尔认为,对于保证指挥的统一来说,等级制度是必不可少的。但是,平级之间的横向沟通同样十分重要。这就是著名的"法约尔跳板原则"。

(10) 秩序。这是指"有地方安置每件东西,而每件东西都放在该放置的地方;要有职位安排每个人,而每个人都安排在应该安排的职位上。"实质上是一项关于事物和人的组织原则,即"每一事物(每个人)各有其位;每一事物(每一个人)各在其位"。

(11) 公平。法约尔认为在对待企业人员的态度上,管理人员必须做到"善意与公道结合",这样才能使职工忠诚、热心地尽职尽责。

(12) 人员的稳定。法约尔认为"成功的企业其管理人员必较为稳定;而不成功的企业则多欠稳定"。他主张人员稳定,尤其是管理人员不要频繁更换,因为培养他们要付出一定的时间和代价。但对不称职的,必须调离;对成绩优良的,则要提拔。

(13) 首创精神。法约尔认为所有的管理部门都应允许企业成员以某种方式显示其首创精神。组织成员的首创精神是组织力量的源泉。他劝告主管人员要"牺牲个人的虚荣心",让下属去发挥首创精神。

(14) 集体精神。法约尔认为管理人员应当鼓励员工紧密团结和发扬集体精神。他提出"企业组织要求管理人员具有的真正才干是,协调企业内部的各种力量,激发起企业人员的工作热情,发挥每个人的才能,奖励每个人的功绩而不引起其他人的嫉妒,以免破坏企业成员之间的和谐关系"。

法约尔强调指出,以上十四条原则在管理工作中不是死板和绝对的东西,原则是灵活的,是可以适应于一切需要的,真正的本质是懂得如何加以运用。法约尔的十四条原则对企业组织的严密化和合理化有着很大的指导意义,并为继续研究组织理论提供了良好的基础。

三、韦伯的行政组织理论

德国的马克斯·韦伯(Max Weber,1864—1920)是与泰罗、法约尔同时代的另一位古典理论的代表人物,他提出了所谓理想的行政组织体系理论,从而被称为"组织理论之父"。

1. 三种类型的权威和组织形态

韦伯对组织问题的研究,是从组织内部的权威关系问题开始的,他以此揭示出不同的组织所具有的特性。

韦伯首先提出了一个基本的问题，即个人为什么会服从命令，人们为什么会按他们被告知的方式去行事？为解答这一问题，他引入了“权威”这一概念，认为权威与权力不同。权力是无视人们反对，强制使人们服从的能力；而权威则意味着人们在接受命令时是出于自愿。因此，在权威制度下，下级把上级发布的命令看做是合法的。韦伯认为有三种类型的权威，相应的有三种完全不同的组织形态。

(1) 个人崇拜式权威——“神秘化组织”。

这种组织形态行使权威的方式是以“对个人的明确而特殊的尊严、英雄主义或典范的品格的信仰……”为基础的。韦伯用“超凡魅力”一词来说明领袖人格的特性，借助这一特性，领袖被赋予了超自然、超人的权力。先知、救世主、政治领袖就属于这类人物。韦伯认为，典型的“神秘化组织”是以宗教或政治形式出现的小规模革命运动。许多组织都有这种具有“超凡魅力”的创始人，如亨利·福特。但这种组织内在基础并不稳固。领袖死后，组织和其所从事的运动就开始了分裂的过程。最终“神秘化组织”会演变成后两种组织形态。

(2) 传统式权威——“传统的组织”。

这种权威的基础是先例和惯例。领袖由于他在组织中因继承而拥有权威，权威的内容则是根据习惯确定的。在这种组织里，往往不是在理性分析的基础上来考虑组织所采取的工作方式是否合适，而只是根据组织以往一直采用的那种工作方法，来看待其目前的工作方法是否正确。因为这些组织认为，其过去一直采用的工作方式就是合理本身。

(3) 理性—合法的权威——“合理化—法律化组织”。

这种权威是以“法律”或“升上掌权地位的那些人……发布命令的权力”为基础的。下级之所以服从是由于有了依法建立的等级制度。这种类型的组织是以行政性组织的形式出现的。韦伯认为这是现代社会中占主导地位的组织形态。它被称为“合理化”是因为能有效地实现某些既定目标，即这种组织好比一架精心设计的机器，意在执行某些功能；而机器上的每一个部件都为机器发挥最大功能而起着其各自的作用；它被称为“法律化”是因为这种组织有着一系列的规则和程序，在组织中担负职务的组织成员，必须按相应的规则和程序去行使他的权威。因此，在三种组织形态中，这种才是理想的组织形态。

2. 理想的组织形态——行政性组织

韦伯提出的行政组织体系是一种理想的组织形态，他认为理想的行政组织体系具有如下一些特点：

(1) 明确的分工。实现劳动分工，组织中每个成员的权力和责任都要有明文规定，并且把这些权力和责任作为正式职责而使之合法化。

(2) 自上而下的等级系统。各种职位按权力等级组织起来，形成一个自上而下的指挥链或等级体系。每个下级都处于一个上级的控制和监督之下。每个管理者不仅要对自己的决定和行动负责,而且要对下级决定和行动负责。

(3) 人员的考评和教育。根据通过正式考试或训练和教育而获得的技术资格来选拔组织中所有的成员,并完全根据职务上的需要任用。

(4) 职业管理人员。行政管理人员不是他所管辖的那个企业的所有者,只能是其中的工作人员。行政管理人员是"专职的"管理人员,领取固定的薪金,有明文规定的升迁制度,是一种职业管理人员。

(5) 遵守规则和纪律。行政管理人员必须严格遵守组织中规定的规则和纪律,这些纪律和规则是不受个人情感的影响而在任何情况下都普遍适用的。

(6) 组织中人员之间的关系。组织中人员之间的关系完全以理性准则为指导,不受个人情感的影响。这种公正不倚的态度不仅适用于组织内部,而且适用于组织与外界的关系。

总的来说,韦伯提出的这种理想的行政组织体系代表了组织非人性化管理的最后阶段,因此效率最高。他认为,这种高度结构的、正式的、非人格化的理想行政组织体系是对人们进行强制控制的最合理的手段,是达到目标、提高劳动生产率的最有效的形式。

四、古典管理理论的主要特点

1. 资本所有者与企业管理者的分离

在传统管理思想阶段的工业企业中,经营者和管理者是由同一资本家担任的,他们只追求减少成本和增加利润,很少考虑其他方面的观点。

随着生产规模的扩大和生产过程的复杂化,这种管理方法终于暴露出致命的局限性。1841 年 10 月 5 日,在美国一条连接马萨诸塞和纽约的西部铁路上,两辆列车迎头相撞,造成多人死亡的重大事故,舆论哗然,严厉批评铁路公司的老板没有能力领导和管理现代化企业。在马萨诸塞州议会的推动下,这个铁路公司进行了改革,建立了各级责任制,选拔有管理才能的人担任领导,老板只拿红利不管企业业务,由此开始了财产所有权和经营管理权的分离,社会上出现了专门从事经营管理的管理者阶层。

于是,管理学家们在关注被管理者的行为规范和操作规程的同时,又将研究重点放在了管理者的作用和组织结构的合理化问题上。

2. 用科学管理代替单纯的经验管理

传统管理思想阶段的经验管理方法是与简单生产的生产方式相适应的,随着生产社会化程度的提高,就需要用科学的方法来进行管理。

管理学家们着重要解决的问题就是促使管理者们由传统的家长式的放任管理过渡到

制度化、标准化的科学管理。重点强调了严格分工、标准操作方法、按定额付酬、健全的组织机构和人员培训等。

3. 强调了组织形式而忽视了人的社会性

管理学家们的工作为管理科学思想的发展作出了重要的贡献，提出了很多有价值的见解，对管理实践的发展也产生了巨大的推动。但是缺点也很突出，例如把人看做是单纯的"经济人"、"活机器"，认为工人只能服从而没有主动性；在组织结构上是独裁式管理，强调了组织形式而忽视了对人格的尊重；等级层次和规章制度过于僵硬，缺乏灵活性等等。随着社会和经济的发展，这一阶段的管理思想也日益暴露出局限性，管理科学需要继续发展到新的阶段。

小平台

1898 年，泰罗受雇于伯利恒钢铁公司期间，进行了著名的"搬运生铁块试验"和"铁锹试验"。搬运生铁块试验，是在这家公司的五座高炉的产品搬运组大约 75 名工人中进行的。这一研究改进了操作方法，训练了工人，结果使生铁块的搬运量提高了 3 倍。铁锹试验是系统地研究铲上负载后，研究各种材料能够达到标准负载的锹的形状、规格，以及各种原料装锹的最好方法的问题。

此外，泰罗还对每一套动作的精确时间做了研究，从而得出一个"一流工人"每天应该完成的工作量。这一研究的结果是，堆料场的劳动力从 400～600 人减少为 140 人，平均每人每天的操作量从 16 吨提高到 59 吨，每个工人的日工资从 1.15 美元提高到 1.18 美元。金属切削试验延续了 26 年，进行的各项试验超过了 3 万次，80 万磅的钢铁被试验用的工具削成铁屑，总共耗费约 15 万美元。试验结果发现了能大大提高金属切削机工产量的高速工具钢，并取得了各种机床适当的转速和进刀量以及切削用量标准等资料。

第三节　现代管理理论形成阶段

一、行为管理理论

在泰罗、法约尔和其他人致力于研究科学管理和主管人员的任务的同时，还有许多学者和实践工作者却在工业心理学和社会理论领域进行着思考和试验。这两者在许多方面受到科学管理运动的促进。行为管理理论就是在一些管理学家、管理哲学家及一些相应理论运动的推动下产生的。有些行为学家从社会学的角度对组织中人类行为的理解作出了贡献。行为管理理论始于20世纪20年代，早期被称做"人际关系学说"，侧重于人际关系的研究，包括研究人的工作动机、情绪、行为等与工作间的关系，以及研究按人的心理发展规律来激发人的积极性和创造性。进而发展为行为科学，即组织行为理论。

1. 梅奥与霍桑试验

20世纪20年代前后，一方面，工人日益觉醒、工会组织日益发展，工人组织起来对雇主进行反抗和斗争；另一方面，经济发展和周期性危机的加剧，以及科学技术的发展和应用，单纯用古典管理理论和方法已不能有效地控制工人来达到提高生产率和增加利润的目的。在这种情况下，一些学者开始从生理学、精神病学和心理学方面进行"疲劳研究"和"智能检查"，提出了"性格检查"的办法，按工人的性格分配工作等。还有些学者从营养卫生、墙壁色彩、车间照明、空气调节和个人欲望方面进行试验和研究，力图平息工人的不满。位于芝加哥郊外的西方电气公司霍桑工厂，尽管具有较完善的娱乐设备、医疗制度和养老金制度，但工人们依然愤愤不平，生产效率也很低。为了探求其原因，由美国国家研究委员会帮助，西方电气公司邀请哈佛大学心理学专家梅奥和罗特利斯伯格等来厂进行现场研究和试验。这就是管理史上著名的"霍桑试验"(Hawthorne Experiment)，由此创建了"人际关系学说"。

霍桑试验的影响是巨大的，梅奥等人根据研究结果得出了以下主要论点。

(1) 企业职工是"社会人"。以前的管理把工人看成是单纯的"经济人"，认为金钱是刺激积极性的唯一动力。"霍桑试验"则证明，人是"社会人"。作为复杂的社会系统的成员，金钱并不是刺激积极性的唯一动力，社会和心理因素等方面构成的动力，如安全感、归属感、相互尊重和友情，对劳动生产率有极大的影响。

(2) 企业中存在着"非正式组织"。以前的管理只注重正式组织结构的作用。所谓"正式组织"是指企业组织体系中的环节，是指为了实现企业总目标而担当有明确职能的机构。"霍桑试验"发现，除了正式组织外，工人中还存在着无形的非正式组织，这些非正式组织有它特殊的感情倾向和精神领导，它以一种默契左右着成员们的行为。非正式组织建立基础是相同的兴趣、观点、地位、资历等，评价标准是接受与否、感情等；而正式组织建立基础是等级、权责等，评价标准则是成本、效率。

(3) 新的领导能力在于提高职工的"满意度"，以提高士气，从而提高劳动生产率。以前的管理认为生产率的升降主要取决于工作方法和工作条件。"霍桑试验"证明生产效率的高低还受到工人的态度和积极性，甚至还取决于职工家庭、社会生活、企业中的人与人的关系等社会影响。其中企业管理人员的身先士卒、平等待人、处事公平对鼓舞士气影响极大。以前的管理认为生产效率的提高主要依靠生产作业的安排和科学技术的应用。"霍桑试验"认为，提高生产率的关键还在于提高士气。组织好集体内部持久的真诚合作，改善人与人之间的关系和上下级意见交流的沟通,注意维护正式团体的经济需要与非正式组织的社会需要之间的平衡,通过满足职工需要,鼓舞职工的士气,来达到提高生产率的目的。工人对组织目标的满意感和所处的群体环境的舒适感,对组织目标的实现有巨大的动员作用。

2. 组织行为理论

后期行为科学研究的侧重点发展为研究有关人的需要动机和激励、组织中人的个性、非正式组织和群体行为、组织中的领导方式、组织结构等。

组织行为理论主要产生于20世纪50年代,认为人的行为要比人际关系学家所认识的远远复杂得多。组织行为学涉及的领域非常广泛,它是吸收了诸如心理学、社会学、人类学、经济学和医学等多种学科的基础上建立起来的,它从一个通盘的视角来考察个人、群体和组织的行为过程。

组织行为理论是当代管理理论的一个重要组成部分。在这个领域目前主要研究的课题包括:工作满意的理论、行为改造理论、激励理论、领导科学沟通理论、组织结构与组织设计等。有关内容将在组织和领导的职能中进一步展开。

3. 行为管理理论的主要特点

(1) 提出了以人为中心来研究管理问题。

古典管理理论强调了组织形式而忽视了人,行为科学思想阶段则主张以人为中心来研究管理问题,这是管理科学思想的一个重大转变。

由于研究的目的与方法不同,行为科学思想阶段出现了许多不同的理论和假说。但是,它们的一个共同特点是重视人在组织中的关键作用,认为人是组织中最重要的资源,因此,一个管理者必须学会激励和领导其他人,必须学会理解和处理好人际关系。

(2) 在"经济人"观点之后,更注重人的社会性和复杂性。

行为科学注意吸取心理学、社会学、人类学、经济学等多学科的研究成果,对人的行为规律进行了多方面剖析,认为人们工作不仅仅是为了物质利益,也不仅是为了建立社会关系,人的行为的动机和需要是非常复杂的,行为科学研究的重点就是人的动机、人的需求、人的行为的激励和领导方式等问题。

行为科学重视发挥人的主动性、创造性、参与式的领导方式。行为科学思想的发展,推动了由古典管理理论僵化的、专制式的管理方式到灵活的、激励式的管理方式的转变。

二、管理科学理论

管理科学是继科学管理、行为科学理论之后,管理理论与实践发展的结果。这一理论源于运用应用科学的方法解决生产和作业管理的问题。虽然应用科学的方法解决生产与作业问题早在18世纪末就有人尝试解决，但管理科学这一理论体系的形成并正式存在却是20世纪50年代的事。

管理科学产生于第二次世界大战期间，是从第二次世界大战中对军事问题的数学和统计解法的基础上发展起来的。战争结束后，许多用于解决军事问题的定量方法被移植到工商领域。

所谓管理科学理论是指以现代科技成果为手段，运用计量模型，对管理领域中的人、财、物、信息资源作系统定量分析，进行优化规划和决策的理论，强调应用定量和数学工具来解决管理中的问题。

1. 运筹学

在第二次世界大战期间，军事上出现了不少新的技术问题，如后勤工作装备和部队调动、潜水艇战术等。这些问题有的已超出了指挥员的知识范畴。为解决这些问题，军事当局组织了许多科学家与专家集体研究为作战和决策提供依据，这样就产生了运筹学(Operations Research，简称O. R.)。发展至今，它已比较成熟并被更多地运用于管理领域。

所谓运筹学，简单地说，即运用科学方法去研究解决可以数量化的管理问题的一套学问。运筹学权威人士丘奇曼(Churchman)把运筹学定义为："把科学的方法、技术和工具应用到一个系统的各种管理问题上，为掌管系统的人们提供最佳的解决问题的办法。"目前世界各地都在用运筹学来解决管理问题，主要是探讨事物的关联性，用数量加以表示，通过各种模型与变量(或用模拟的办法)进行演算，从而对各种方案作出具体比较，取得所需的解答。在现代的管理工作中，由于组织中的管理工作对象有各种各样不同的情况，运用数学或其他的科学方法也随之而不同，这就产生了各种不同的管理方法和技术，形成了运筹学的许多新的分支。

2. 系统管理理论

系统是指由相互作用和相互依赖的若干组成部分结合而成的，具有特定功能的有机整体，系统本身又是它从属的一个更大系统的组成部分。

一个系统本质上是一组或一群相互联系、相互依存的事物，形成一个复合的单元。这些事物可能是物的，如汽车发动机的各个部件；可能是生物的，像人体的各个部分；可能是理论的，如在管理工作领域里是一组概念、原则、理论和技术。所有的系统，也许除了宇宙系统以外，都同它们的环境相互作用并且受着环境的影响。

在物理科学和生物科学中运用系统理论和分析，已经产生了相当可观的系统知识。人们发现系统理论也可应用在管理上。系统在管理工作本身的领域里也占有重要的地位，有计划系统、组织系统和控制系统等。而在这些系统里面，我们可以看到许多子系统，如授权、预算等系统。一些有才智的、有经验的、老练的主管人员，把他们的问题和业务看做是公司的内外部环境之间日常相互作用的各种相关因素构成的一种网络。有意识地研究并强调系统方法，迫使许多主管人员和学者更深入地去考虑那些影响管理理论和实务的各种相互作用的因素。

由于管理者所属的部门、层次不同，看待事物角度也会不同，有时容易产生偏执，因此要求管理者以系统的观点整体地看待管理中的各种问题。所谓系统管理理论，即把管理对象看做是一个整体，是一个有机联系的系统，研究企业管理的任何个别事物，都要从系统的整体出发，既要研究此事物与系统内各组成部分之间的关系，又要研究事物同系统外部环境的相互联系。

三、现代管理理论丛林

如果说古典管理理论当初对管理学而言，尚处萌芽状态，那么后来这些萌芽茁壮成长，发展成为一片茂密的丛林。尤其是在第二次世界大战之后，随着现代自然科学和技术日新月异，生产和组织规模急剧扩大，生产力迅速发展，生产社会化程度提高，引起了人们对管理理论的普遍重视。管理学领域掀起了热潮，许多学者和管理学家结合前人的经验、理论，从各自所处的角度，结合自己本专业的知识，例如数学、法学、经济学、社会学、社会心理学、哲学等学科，研究现代管理问题，提出了各自的理论和新学说，并形成各种不同的学派，促使管理科学的内容更加丰富。但是，由于人们在研究问题时，多侧重本专业的特点，研究的对象又相同，因此，形成了多种管理学派，这些大大小小的理论流派加总起来有百余个之多。

美国著名管理学教授哈罗德·孔茨(Harold Koontz)在 20 世纪 80 年代继《管理理论的丛林》之后，又发表了《再论管理理论丛林》一文，在该文中他概要地叙述并分析了经验或案例学派、人际关系学派、群体行为学派、合作社会系统学派、社会技术系统学派、决策理论学派、系统学派、数理学派、权变管理学派、管理角色学派、经营管理学派等具有代表性的 11 个大学派。

各个学派都有自己的领头人，都有自己的语境，对一些基本概念都有各自的解释。他们都非常自豪地维护自己学派的理论观点和分析方法，并努力使之不受攻击和更改。这都给管理者理解和运用管理科学和管理理论带来了困难。

从“管理理论丛林”的发展和现代管理各学派的差异中我们可以得到以下启示：

(1) 理论来自实践。任何理论的建立、发展和应用都离不开实践经验的总结和提炼。自从有了人类社会，人们的社会实践活动就表现为集体的协作劳动形式，而有集体协作劳动的地方就有管理活动。在漫长而重复的管理活动中，管理思想逐步形成。随着社会生产力的发展，人们把各种管理思想加以归纳总结，形成了管理理论。人们运用管理理论去指导管理实践，以期取得效果，并在管理实践中修正和完善管理理论。

(2) 多学科的渗透。“丛林”的发展表明，一方面，管理理论已渗透到社会各个领域，从而扩大了它的应用范围；另一方面它也从各种学科的发展中吸取营养丰富和扩展自己的理论体系。

(3) 对一般原理的探索。“丛林”的发展，显示了各学派对一般原理努力探索的热情。

(4) 对随机制宜管理的认识。管理理论研究的任务并不是去规定什么是应当做的或什么是不应当做的。它的任务在于研究和探讨一些基本的关系、基本的方法、基本的概念。如何应用这些东西则要视情况而定。有效的管理总是一种随机制宜的或具体情况具体分析的管理。

(5) 不成熟的发展中的学派。“丛林”的形成表现为学术著作犹如雨后春笋般涌现，表明人们对管理理论研究兴趣的高涨，从而推动理论的前进。“丛林”也说明了管理理论正处于不成熟的发展期，还在发展。但“丛林”过于枝蔓，或对一些基本问题的众说纷纭，长期得不到解决，也会给实际管理工作者带来无所适从的感觉。

(6) 管理理论的殊途同归。各学派殊途同归的关键在于一些基本概念语义上的统一和一些基本理论观点上的互相取长补短。管理学派综合归趋，一则有赖于各个学派能排除门户之见和专业上的“隔阂”，开展思想交流和相互了解；二则有赖于客观实践的发展对真理的证实。因为任何理论体系的确立，从根本上说并不在于是否已达到尽善尽美，而是在于是否具有客观性，能否接受实践的验证并获得人们的确认。

小平台

贵州茅台集团在弥漫着国酒玉液之浓郁、芳香、悠长而经历史酿造的国酒文化中，结合茅台酒的品牌优势，精心提炼并努力建设以“爱我茅台，为国争光”为企业精神，以“以质求存，以人为本，恪守诚信，团结拼搏，继承创新”为核心价值观，以“酿造高品位生活”为经营理念，以“以顾客求生存，以质量求发展，以创新求完美”为质量方针，以“品质、环境、工艺、品牌、文化”为核心竞争力的企业文化。

本章小结

科学管理理论的产生，使管理由经验上升为理论。古典组织理论的最突出贡献是为管理整个企业提供了一系列原理和方法。“科学管理之父”泰罗、“经营管理之父”法约尔和“组织理论之父”韦伯是古典管理理论的主要代表。梅奥的霍桑试验，提出了“社会人”的人性假设。在此基础上形成了行为科学理论，行为科学理论为管理思想的发展开辟了新的领域，为组织行为学的发展奠定了基础，同时导致了管理上的一系列改革。20世纪60年代以后，西方管理理论出现了管理丛林，其中管理过程学派、社会系统学派、决策理论学派、系统理论学派、经验主义学派、权变理论学派、管理科学学派等为推动管理学理论作出了贡献。

案例聚焦　福特创建学习型组织

1995年，福特汽车步入学习型组织的第7年，也正是这一年，这家世界第二大汽车制造厂推出“福特两千”的全球重组计划。福特总裁杜特曼调兵遣将，宣布要在年内，陆续合并北美、欧洲、南美与亚洲各地分公司，未来的福特将在单一公司的结构、全球化的策略下，为21世纪的激烈竞争，开展除旧迎新的热身长跑。

从1988年开始，福特50位资深主管要求参加系统思考训练，学习如何突破思考方式。到今天，已有数千名员工主动参与。组织学习是改善团队绩效，提高团队共同行动能力的一种策略。福特与麻省理工学院合作，将组织学习列入资深主管与中级干部的专案训练计划，产品开发、行政管理与品质、主管训练等部门，推动主管团队学习，而且特别强调从实践中学习，在各种部门专案中，实际演练所学。

1991年，95新款大陆型轿车的开发小组开始了组织学习的革命性试验，专案领导人西蒙与纪纳克带领着近300名小组成员，勇敢地走上了学习型之路。他们开发的林肯新车在1994年年底问世。这是一张打破福特汽车每项产品记录的成绩单，品质不良率比一般的新车少了20%，因而省下6 500万美元的预算。

有人问，他们当初的愿景是什么？西蒙毫不迟疑地说：“开发出世界上最好的前轮驱动高级轿车。”他们的挑战是要在福特传统层级式、指挥控制式的管理文化中，利用组织学习的方法和工具，打破团队成员互不信赖、无法合作的根本问题，创造出一张沟通与彼此信任的安全网。他们发现，福特文化让员工极度缺乏信赖的原因出在情绪上：害怕做错，所以不愿意分享信息；不喜欢有太多的“老板”管东管西。于是，他们把学习的几个重点放在改善心智模式、系统思考与自我超越。利用推论阶梯等工具来帮助成员建立信赖；利用系统思考的各种基本模型来弄清种种问题之间的复杂关系。实际上，就是要学习如何沟通，了解对方。

练习带来的改变是渐进而微妙的。有人开始发现“老板不再是老板”。以前只听得进好消息的资深经理，现在越来越愿意耐心听下属遇到的各种问题与状况。有一次，一位工程师一早打电话给正在外地出差的西蒙，主动告诉他设计有问题，不知道该怎么办。这个经验让西蒙欣慰万分，“因为，在福特，这么做等于承认失败。在别的小组，工程师绝对不做这种事”。及早发现错误，及早改正，永远胜过问题恶化时再用更大的代价进行补救。

3年的林肯小组计划留下了辉煌的纪录。1995年3月的美国《汽车杂志》如此评论："我们认为，福特应将林肯小组缔造的组织传奇予以珍藏，因为它会对福特未来的产品开发过程带来启示。"

（资料来源：商战名家，2008(169)）

练习题

1. 传统管理思想阶段的主要特点是什么？
2. 古典管理理论阶段的主要特点是什么？
3. 泰罗科学管理的主要思想与贡献有哪些？
4. 法约尔的一般管理理论的主要思想有哪些？
5. 梅奥的霍桑试验得出的结论是什么？
6. 管理理论丛林主要包括哪些学派？

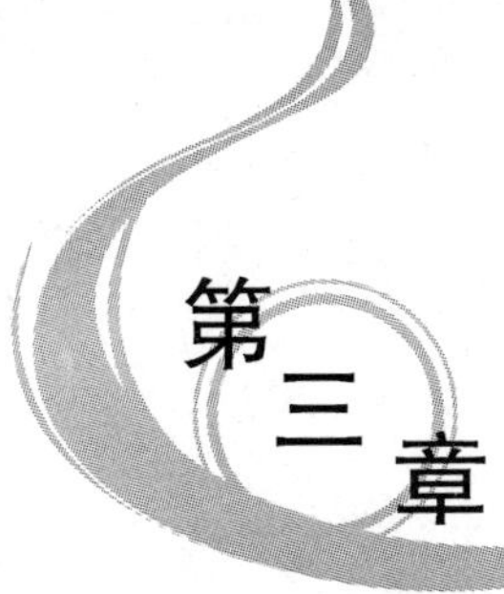

第三章 管理环境

本章学习目标

1. 了解管理环境的概念。
2. 学会分析管理环境的一般环境和任务环境。
3. 理解环境对管理实践的影响。

导读 青蛙实验

19世纪末，美国康奈尔大学做过一次有名的青蛙实验。他们把一只青蛙冷不防丢进煮沸的油锅里，在那千钧一发的生死关头里，青蛙用尽全力，一下就跃出了那势必使它葬身的滚烫的油锅，跳到锅外的地面上，安全逃生！

半小时后，他们使用同样的锅，在锅里放满冷水，然后把那只死里逃生的青蛙放到锅里，接着用炭火慢慢烘烤锅底。青蛙悠然地在水中享受"温暖"，等到它感觉到热度已经熬不住，必须奋力逃命时，却发现为时已晚，欲跃乏力。青蛙全身瘫痪，终于葬身在热锅里。

管理启示 外部环境瞬息万变，要想保持企业的竞争力，管理者必须要在变化中驾驭环境，变被动的适应为主动的应变。如果企业与管理者对环境变化没能保持高度警觉，将会面临如同这只青蛙一样的下场，输得一败涂地。

组织外部存在的一切因素都可称为环境。作为一个开放的系统，组织与其外部环境相互影响、相互渗透，环境中的不同因素对组织管理活动内容及其方式的影响程度也是不同的。环境的变化对管理者来说是敏感的和必须做出反应的方面，正确分析组织所面临的环境中的各种组成要素及其状况，这是任何一个管理者进行成功的管理活动所不可缺少的前提条件。

第一节　环境概述

一、环境的概念

管理环境是对组织运行和管理绩效起着潜在影响的各因素的集合。管理环境是组织生存发展的物质条件的综合体，它存在于组织界限之外，并可能对管理者的行为产生直接或间接影响。管理环境会随时间不断发生变化，其变化不仅要求组织为了自身的生存和发展，不断地适应环境的改变；也要求管理者调整管理的思路，改变管理活动的内容、手段、方式和方法等，合理地利用和控制环境。

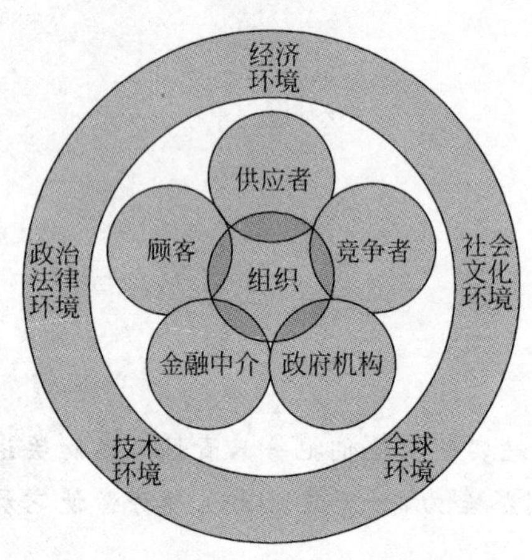

图 3-1　管理环境

通常影响组织运行绩效的环境因素可以分为两个层次，即一般环境和任务环境。一般环境包括经济环境、社会文化环境、政治法律环境、技术环境和全球环境等因素，一般环境因素对组织的影响是间接的、长远的，当外部环境发生剧烈变化时，会导致组织发展的重大变革。任务环境包括顾客、竞争者、供应者、政府机构、金融中介等因素，任务环境因素对组织的影响是直接的、迅速的。如图 3-1 所示。

二、环境的特征

管理环境的性质和内容都与管理者的行为息息相关。因此，对管理环境自身所具备的特征进行分析，有利于管理者在环境变化中能够把握住机会，尽可能地回避不必要的风险，使得组织得以健康发展。通常来讲，管理环境具有以下一些特征。

1. 客观性

管理环境是客观存在的，不随着管理者的主观意志为转移，管理环境都是客观存在的，而且它的存在客观地制约着管理者的行为选择。作为管理环境基础的、自然的和社会的各种条件，它们是组织赖以存在的物质条件，是一种客观存在。

2. 系统性

管理环境是由与组织相关的各种外部物质和条件相互有机联系所组成的整体，它也是一个系统。我们可以将它称为组织的外部系统。组成这个系统的各种要素，如自然条件、社会条件等相互关联，形成一定的结构，表现出管理环境的整体性。人们的管理活动就是在这种整体性的环境背景中进行的。

3. 动态性

管理环境的各种因素是不断变化的，各种管理环境因素又在不断地重新组合，不断形成新的管理环境。外部环境要向组织系统输入物质、能量和信息，组织也要向环境输出各种产品和服务，这种输入和输出的结果必然要使环境发生或多或少的变化，使得管理环境本身总是处于不断地运动和变化之中。

上述特征说明了管理环境本身就是一个复杂多变、不易控制的系统。它增加了管理者掌握环境因素的难度，从而难以预测管理环境的变化并据此采取相应措施，提高了企业对环境反应失败的风险。尤其在全球化发展快速的今天，组织赖以生存的环境越来越趋于多变、剧变，管理者有必要对影响组织的环境因素加以了解和认识。

小平台

20 世纪 90 年代末，美国有三四家金融机构并没有因亚洲金融危机而措手不及，能做到这一点的金融机构的确是屈指可数的。它们认真思考了涉及亚洲经济和货币的“信息”的内涵，逐渐剔除了它们在亚洲国家开设的分公司和分支机构提供的所有信息，它们开始认识到，这些只是“数据”。它们进而开始整理各种信息，如这些国家的固定投资和证券投资比率、证券投资（即短期借款）与国际收支差额比率以及偿还短期外国债务的能力。很早以前，这些比率就已经不利于亚洲国家，在亚洲引发危机在所难免。而这些金融机构的管理人员早就预见到金融危机已经迫在眉睫，意识到他们需要做出决策，是为了短期利益而撤出这些国家，还是出于长期战略考虑留在亚洲，但可能要冒些风险。换句话说，他们已经认识到，哪些经济数据对新兴国家来说是有意义的数据，并对这些数据进行整理、分析和解释。他们将这些数据转化为信息，并早早地决定了要采取的行动。

（资料来源：[美]彼得·德鲁克. 21 世纪的管理挑战. 15 页，北京：机械工业出版社，2006）

第二节 一般环境

一般环境(general environment)是影响组织运行和管理绩效的外在的、间接性因素的组合。虽然一般环境的作用是间接的，但是它是最不可控的环境因素。因此，管理的一般环境分析的任务主要有两个：一个是考察预测与组织有重大关系的一般环境因素将发生哪些变化；另一个是评价这些变化将会给组织带来哪些影响，以便为管理者决策奠定基础和提供依据。对一般环境因素的分析主要集中在经济环境、政治法律环境、社会文化环境、技术环境和全球环境。

一、经济环境

经济环境是指影响组织生存和发展的社会经济结构、经济发展水平、宏观经济政策等方面的因素。

社会经济结构指国民经济中不同的经济成分、不同的产业部门比例及关联的状况，主要包括产业结构、分配格局、消费结构、技术结构等，其中最重要的是产业结构；经济发展水平是指经济发展的规模、速度，反映一个国家经济发展水平的常用指标有国民生产总值(GDP)、国民收入、人均国民收入等；经济政策是指一定时期国家经济发展目标实现的战略与方针政策，它包括综合性的全国经济发展战略和产业政策、国民收入分配政策、价格政策、物资流通政策、金融货币政策、劳动工资政策、对外贸易政策等。

经济环境从市场需求、原材料供给、人力资源和资金配置等方面，对组织的投入和产出产生影响。例如，国家通过降低利率来刺激消费的增长；通过征收个人收入所得税调节消费者收入的差异，从而影响人们的购买：通过增加产品税，对香烟、酒等商品的增税来抑制人们的消费需求；通过加大教育投资增强人力资源的供应等都体现了经济环境对组织的作用。

就组织而言，若经济形势良好，行业周期处于上升阶段，组织发展较为有利；若经济萧条，组织发展会面临较多的困难。组织管理者只有在充分注重对经济环境进行研究和分析的基础上，同时考虑到组织自身的能力，才能制定出适应经济环境、适合组织发展的战略和对策，才能实现持续经营、快速发展的目标。

二、政治法律环境

政治环境指国家或地区政局的总体稳定性、国际关系、重大事件的发生和政局发展趋势等，这些因素编织成一张庞大而复杂的网，把身处其中的所有组织包围起来，组织的管理活动不可能不受这些因素的制约和影响。例如，国家或地区的政局稳定，有利于组织管理者制订长期发展计划，有利于吸引国际投资；若两个国家国际关系长期融洽和友好，会促进组织之间的合作和交流，促进跨国投资和建立合资公司等。

法律环境是指国家或地方政府所颁布的各项法规、法令和条例等。每个国家或地区都有着自身的法律、法规体系，我国为适应经济体制改革和对外开放的需要，近年来陆续制定和颁布了一系列诸如《企业法》、《经济合同法》、《食品卫生法》、《环境保护法》等法律、法规。例如，有关法律、法规明确规定了组织类型和企业登记注册的审批程序，对组织的经营范围、职工最低工资、工作环境条件等提出了明确要求，规定了组织或产品准入的条件和规范，以及监督和制裁组织不法行为的方式。法律的威力还在于它的严肃性和不可变通性，从而使得它对个人或组织的行为产生巨大的约束力。法律的制定，不仅使个人和组织的行为有法可依，做到以事实为依据，以法律为准绳，在法律面前人人平等。管理者必须对组织所处的政治法律环境有足够的认识，而且还要有一定的预见性和适应性。否则，组织的管理就可能不合潮流，不能对新的形势、国家法令和政府政策做出反应，以致组织的各项管理工作和组织的运作活动陷入被动。

对从事跨境经济活动的组织来说，不仅要遵守本国的法律制度，还要了解和遵守国外的法律制度和有关的国际法规、惯例和准则。例如，欧洲国家规定禁止销售不带安全保护装置的打火机，无疑限制了中国低端打火机的出口市场。日本政府也曾规定，任何外国公司进入日本市场，必须要找一个日本公司同它合伙，以此来限制外国资本的进入。只有了解并掌握了这些国家的相关法律和政策，组织才能在国际市场的拓展中不至于陷入被动局面。

政治法律环境是影响企业管理的重要宏观环境因素，它们决定了企业管理活动的方向和行为准则，共同对企业管理活动产生影响和发挥作用。

三、社会文化环境

社会文化环境是指一个社会所形成的传统习俗、人文历史、生活习惯、语言文字、道德观念和价值取向等。任何组织都是由人组成的，组织及其员工都处在一定的社会文化环境之中，会受到各种社会环境的影响和渗透。

在组织面临的诸方面环境中，社会文化环境是较为特殊和复杂的，它不像其他环境因素那样显而易见与易于理解。例如，在不同的社会文化背景下，人们有着各自的语言和文字，以及特殊的表达形式；若处于相同的社会文化背景下，人们之间的沟通就比较方便。因此，面对不同文化背景的员工，管理者应该了解其风俗的差异，加强沟通，采用不同的管理方法和手段。例如，人们在消费观念、需求欲望及特点、购买行为和生活方式上的不同，间接影响对组织产品的需求，而这种间接影响却又是每时每刻都存在的，同时又是不易改变的。

组织在进入一个新的社会文化环境中，通常尤其注重对当地教育程度、宗教信仰、价值观念、消费习俗的分析。组织管理者必须是对这些因素非常熟知，才能为组织制定正确的行动策略。在全球化发展深入人心的今天，本土化受到众多跨境组织的重视，本土化强调组织的一切经济活动，并不是以组织的偏好为前提，而是必须随地区社会文化的变化而适应和改变，注重尊重当地习惯、观念和爱好，与当地社会文化融合。

四、技术环境

技术环境是指组织所处的环境中的科技要素及与该要素直接相关的各种社会现象的

集合，包括国家科技政策、科技水平和科技发展趋势等。技术环境影响到组织能否及时调整战略决策，以获得新的竞争优势。

当代科学技术的发展日新月异，如信息技术、生物技术、新能源、新材料、航天科技等，其中有些技术对组织产生了非常深刻而广泛的影响。就我们已经熟知的现代信息技术的飞速发展和广泛应用，主要包括计算机技术和通信技术，它大大地降低了人们对信息的获取、解析和反应的限制，使信息的快速处理、实时传输与全方位共享成为可能，使我们的工作和生活方式发生巨大改变，同时，信息技术也通过高度灵活的生产模式提供高质量、多品种的产品来满足人们的个性化需求，比如，规模化定制、精益生产、集成制造系统、供应链管理、企业资源计划(ERP)等。

技术的发展和应用也从根本上改变了人们的生活方式和消费方式，进而改变产品结构、产业结构和社会组织。人们越来越倾向于消费科技含量高的产品，液晶电视、数码相机、电子导航替代了原先在其他产品消费方面的支出，导致组织产品结构发生变化；高科技企业受到国家和地区政策的鼓励而蓬勃发展，逐步取代技术含量低的传统企业。

五、全球环境

全球化是一个以经济全球化为核心，包含各国各民族各地区在政治、文化、科技、军事、安全、意识形态、生活方式、价值观念等多层次、多领域的相互联系、影响、制约的多元概念，从物质形态看，全球化是指货物与资本的越境流动。特别是经济全球化进程已经是数量众多的大型经济组织、经济集团所必然面临的环境因素，这些组织在评价环境因素中，几乎很少能够避免全球环境变化所带来的不确定性。因此，组织管理者越来越重视全球环境的认知和分析，是基于全球化进程的快速以及影响的深入，给组织所带来的不确定性引起的。

全球环境的变化给组织管理带来的变化主要表现为：

(1) 组织面临的市场竞争环境趋于复杂、竞争对手增多、经营风险增加，随着经济全球化进程的加快这些特征将变得越来越真切，考验管理者对新的市场环境准确分析和判断能力。

(2) 组织竞争对手发生重大变化，市场开放吸引大量实力雄厚的跨国公司，它们凭借先进的技术和管理经验以及企业文化，吸引着优秀人才。

(3) 组织竞争内容也发生变化，全球化进程的加快以及市场竞争的加剧，使得消费者更加注重产品和服务带来的心理感受，而品牌迎合了消费者的需要，因此市场竞争内容也就表现为除产品和服务以外的品牌、技术、人才、营销模式以及企业文化的综合实力竞争。

总之，任何组织都是处于特定的环境之中，要维持组织的可持续发展，组织管理者必须对所处的经济环境、社会环境、技术环境以及全球融合等环境因素有清楚的认识，并能预见这些环境的变化趋势。因此，对环境影响的科学评估，才能使组织的各项工作顺应环境，促使管理者变被动为主动进行组织革新，实现组织的目标与价值。

小平台

北京时间2010年3月23日凌晨3时零3分，谷歌公司高级副总裁、首席法律官大卫德拉蒙德公开发表声明，再次借黑客攻击问题指责中国，宣布停止对谷歌中国搜索服务的“过滤审查”，并将搜索服务由中国内地转至香港。

国务院新闻办公室网络局负责人2010年3月23日凌晨就谷歌公司宣布停止按照中国法律规定的对有害信息过滤，将搜索服务由中国内地转至香港发表谈话。

这位负责人指出，外国公司在中国经营必须遵守中国法律。谷歌公司违背进入中国市场时作出的书面承诺，停止对搜索服务进行过滤，并就黑客攻击影射和指责中国，这是完全错误的。我们坚决反对将商业问题政治化，对谷歌公司的无理指责和做法表示不满和愤慨。

第三节　任务环境

任务环境(specific environment)就是指与管理活动密切相关的，直接影响管理目标实现的利益主体，如顾客、供应者、竞争者、政府机构、金融中介等。与一般环境相比，任务环境的影响更加具体而且直接，其作用通过上述利益个体或集团的行为，在组织的对外经济活动中表现出来。任务环境的好坏直接影响到企业的生存与发展。

一、顾客

顾客通常就是组织所说的目标市场，组织是为了满足顾客需要而存在的，顾客是那些消费或使用组织产出的相关方。组织与顾客的关系实质上是一种生产与消费的关系、服务与被服务的关系。顾客的范围十分广泛，顾客可依据不同标准和特点划分成许多类别，如果按照市场形态可分为消费者市场、生产者市场、转卖者市场、政府市场和国际市场等。

组织存在的目的是为了满足顾客的需要，顾客及其需求是组织活动的出发点，是组织决策者的根本依据。一个组织是否能够获得成功，关键在于能否满足顾客的需要，提高顾客的满意和忠诚度，因此，组织活动都必须紧紧围绕顾客这一中心展开，识别顾客的需求与偏好，了解市场需求和发展趋势，及时开发满足顾客需要的产品和服务，提高产品和服务的质量，形成广泛而稳定的消费群体，只有如此，组织管理者才能在激烈的竞争中做到游刃有余。

很显然，对于一个组织，顾客代表着不确定性，顾客的不确定性是顾客的重要特征。

顾客的品位会发生变化，他们会对组织的产品或服务感到不满，当然，一些组织更是由于顾客的变化而面临更多的不确定性，不仅是营利性组织，包括公共组织、政府组织所面临的顾客群体也是如此。因此，对于组织的管理者来讲，必须看到顾客需求的不确定性，充分认识顾客的要求在不断发生变化，为适应这种变化，对组织的管理和产品进行革新是必然的。

二、供应者

供应者是向组织提供原料、材料、燃料、机器设备、技术、信息、资金和劳务等资源的单位。在谈到一个组织的供应者时，通常被认为是给组织供应原材料和设备的公司，实际上在现代的组织竞争当中，诸如为组织输入优秀人才的大学和高等院校，为组织提供市场信息或技术的相关方，都可界定为组织的供应者。

通常，供应者是依赖于需求方的，但随着市场竞争的加剧和经济组织方式的变化，需求方对供应者的依赖性也在逐渐增强，供应者与组织的关系演变成一种协作关系。组织与供应者的协作关系能否密切配合，对于组织的存在与发展有着重大影响，若组织在资源的供应方面得不到充分的保障，就无法完成组织的预定工作和目标。因而，组织的管理者应努力寻求高质量、低成本和运营可靠的供应者，谋求与供应者之间的合作和双赢。

随着组织对效率的追求，供应链管理也深入到组织管理的范畴之中，有效的供应链管理涵盖了从采购、制造、组装、分销、零售等将原产料转变成产品的全过程。它将组织与供应者的关系牢固地稳定在同一管理体系中，成为组织提升竞争力的重要方面。

三、竞争者

竞争者是指能够提供相同或替代产品的组织，任何组织都有一个或多个竞争者，而且竞争者之间也互为竞争对手。竞争者可能来自于提供同类不同型号产品，或来自于提供产品的替代品，以及提供相似品牌，甚至包括提供满足消费者相似购买愿望的组织。

组织之间的竞争主要表现为市场和资源方面的竞争，由于组织之间的竞争，对市场条件和资源配置会造成直接的影响，这是市场经济条件下的必然现象。比如，中国邮政服务公司虽然垄断了邮件服务，但它必须与联邦快递、DHL 和其他民营速递公司竞争，甚至诸如电话、电子邮件、传真等通信手段也可能成为邮政服务公司的潜在竞争者，通过各种形式的竞争，各竞争者不断争夺客户资源、推广服务产品、开发市场空间。

组织制定战略和策略时的其中一项重要任务就是了解竞争对手。通过分析竞争对手，可以了解竞争对手可能采取的战略行动和成功的可能性，了解竞争对手对行业变迁的反应和环境变化的应对措施等。因此，管理者不能忽视自己的竞争者，管理者必须正确估计自身和竞争对手的优劣势，根据竞争环境的特点，制定有效的组织发展战略和策略，掌握时机并时刻准备对此作出反应，以期在激烈的竞争中，形成自身的竞争优势。

四、政府机构

政府机构是负责制定各种法律、法规，规范各类组织的活动的行政管理部门。也可以将政府机构的职能理解为政府管制(govermental regulation)，是政府干预组织市场活动的总称。就政府机构与组织关系来看，还包含另外一个很重要的范畴，就是政府经济，即政府以更为直接的方式参与到经济活动中来，对组织发展产生影响。组织管理者要在政府法律、法规规定的范围内进行活动，一旦政府政策发生变化，或者政府的直接参与经济的活动发生变化，相关联的组织战略也应该随之而变。具体来看，政府对组织的作用可以理解为以下几点。

1. 经济性管制

政府直接对价格、市场进入和退出条件、特殊行业服务标准的控制。一般来说，是对某个特定行业进行管制。这些行业往往具有一些特点，如自然垄断性，像电信、电力、铁路等，它们必须具有合理的社会效应，如果它们的服务质量和价格不合理，很可能危及购买并使用这些产品的人的利益，在这种情况下，政府就需要在准入管制的同时进行价格管制。

2. 社会性管制

主要是指政府保护环境以及劳动者、消费者的健康和安全，像环境污染、自然资源的掠夺性和枯竭性开采等，政府就有必要对组织进行准入、设定标准和收费等管制。像假劣药品的制售、隐瞒工作场所的安全卫生隐患等，都属于政府社会性管制范畴。

3. 政府经济

即以政府为主体的资源配置及其宏观经济管理，其中，政府财政分配及其提供公共服务在政府经济活动中居核心地位。政府经济是社会资源合理配置不可或缺的重要组成部分。

五、金融中介

金融中介是指商业银行、证券公司、保险公司以及信息咨询服务机构等中介机构。金融是现代经济的核心，在现代市场经济中，金融活动与经济运行关系密切，金融活动的范围、质量直接影响到经济活动的绩效，几乎所有金融活动都是以金融中介机构为中心展开的。

组织在参与经济活动中,金融中介的资本和信息方面支持也是不可忽视的,甚至可以说金融中介在组织的经济活动中起到重要作用。它可以降低组织的交易成本和提升获取交易信息的效率,还能够使组织实现资金的合理配置、流动,以及优化组织资源,提升资本效率。金融中介也为组织的快速发展提供条件和基础,组织之间的兼并和融合都离不开金融支持。特别是在全球化发展的当今经济形势下,组织存在与发展与金融的关系更加密切,比如,出口信用担保、跨境并购等常见经济活动,就离不开金融机构的参与。

当然,组织发展的规模越大、速度越快,对金融服务的需求就越强烈,面临的金融风险可能也就越大。组织的决策者需要谨慎地辨别风险与机遇,既不因为存在金融风险就裹足不前,也不盲目地利用金融杠杆。组织决策者如何权衡及利用金融服务,更好实现组织目标,是极为重要的管理命题。

小平台

麦当劳的经营环境正在快速地发生改变。20 世纪 90 年代后期以来,公司面临着越来越多的问题。随着健康意识的转变,顾客的口味正在发生变化,越来越多的竞争者正在吸引着麦当劳的顾客。麦当劳一直以来都在想方设法加强对变得越来越暗淡、复杂、难以预测的环境的控制。

麦当劳的新生产办法是以灵活性为基础建立起来的。这种新方法已经试验了 200 多种食物,允许它分布在全球的 8800 间餐厅去设计自己的菜单。例如,马里兰州东海岸的麦当劳店供应 crab-cake 三明治;在墨西哥,麦当劳则向顾客介绍 guacamole 汉堡包。它同样允许特许经营者去设计适合当地的餐厅环境,比如说,华尔街的麦当劳店里就摆着一个大大的钢琴。同时,麦当劳还开设了许多不同类型的餐厅,比如 Wal-Mart store 和带空调的儿童游戏室餐厅。另外,麦当劳也在尝试着去拥有不同种类的餐厅——比如说,它在 1997 年买进了一家墨西哥餐厅,在 1999 年收购了一家小的比萨连锁店。

第四节　组织环境的管理

一、环境的不确定性

了解环境的各种构成因素对管理者来说具有重要意义。但是,理解环境是如何影响管理者的也同等重要。环境因素对管理者产生的影响,有些是显而易见的,有些是不易察觉的,即便如此,管理者也必须在没有获得足够有关环境信息的情况下做出应对措施,以保持组织的生存和发展,这通常被认为是由于环境不确定性(environmental uncertainty)

带来的决策困难。

组织所面临的环境不尽相同，不同环境所呈现出的不确定性也有差别，这些不确定程度可以从环境的动态程度和复杂程度进行理解。环境的动态程度是指组织环境变化是否稳定，如果组织环境的构成要素经常变动，我们就称之为动态环境；如果变化很小，则称之为稳定环境。环境的复杂程度是指组织环境中的因素数量和种类越多，对组织产生的影响就越复杂。

根据环境的动态和复杂程度的组合，组织环境的不确定性可分为四种典型的环境状况，如图 3-2 所示。

复杂程度 \ 动态程度	稳　定	动　态
简单	**简单的稳定环境** 1. 环境要素少，可预测。 2. 要素间性质相近，变化缓慢。	**简单的动态环境** 1. 环境要素少，不可预测。 2. 要素间性质相近，但处于连续变化中。
复杂	**复杂的稳定环境** 1. 环境要素多，可预测。 2. 要素间性质相异，变化缓慢。	**复杂的动态环境** 1. 环境要素多，不可预测。 2. 要素间性质相异，并处于连续变化中。

图 3-2　环境不确定性矩阵

(1) 简单的稳定环境，代表了不确定水平最低的环境，此时管理者对组织成果的影响力最大。例如一个小型食品商店所面临的就是这种类型的环境。

(2) 简单的动态环境，服装店或玩具制造公司所面临的就是市场供求经常发生变动的环境。

(3) 复杂的稳定环境，大学或保险公司所处的环境就是复杂但可以预测的。

(4) 复杂的动态环境，代表了不确定水平最高的环境，此时管理者对组织成果的影响力最小。例如由于成本价格、需求、战争、替代产品等因素，航空公司及通信公司所面临就是复杂而且不可预测的环境。

总之，由于环境的不确定性威胁着一个组织的成功，因此组织管理者应尽力将这种不确定性减至最低程度。假定可以选择，那么管理者都愿意在第一种环境中经营，但他们却很少能够完全控制这种选择。此外，如今大多数行业正面临着更为动态的变化，使得组织环境就更加不确定了。

二、组织对环境的反应

环境的不确定性，对组织自身的形成、发展和灭亡也存在着重大的影响。在环境与组织的互动中，并不是组织对环境做出单方面的适应性回应，组织对环境也具有积极的反作用。主要表现为以下几方面。

1. 主动适应环境

通常情况下，环境是占据主导地位的，组织则居于次要、被动的地位，组织的行为是被决定的、受制约的和适应性的，组织必须适应环境的需要，组织的成功与否取决于适应的效果如何。当然，组织也会主动地了解环境状况、获得环境信息，通过调整自己的目标，选择适合自己发展的环境。一些小型的公司，以及处于产业链末端的企业都属于需要主动适应环境的组织。

2. 主动控制环境

有些组织面对资源获取的不确定性，会不断改变自身的结构和行为模式，以便获取和维持来自环境的资源，并使对环境的依赖最小化。它们面对制度环境的要求时，会选择从默许、妥协、避免到抗拒、操纵等不同的应对战略，通过主动控制环境的状况和变化，使组织自身的利益最大化。例如，自由竞争行业的大型企业、部分垄断性行业组织以及在行业中具有独特竞争优势的组织等。

3. 主动创造环境

组织与环境之间是相互联系、相互作用的。可以通过自身的积极活动创造和开拓新的环境，并建立组织与环境新的互动关系。部分组织在自身的发展中，构筑了强有竞争力的市场地位，它们的产品或服务领先于同类组织。从一定角度看，这些组织具备根据自身的需要创造环境，选择环境的能力，往往会根据本组织的发展目标，或者创造性地制造需求，或者改变竞争格局以及影响政策标准的制定。例如，像 Apple 这样具有领导地位的科技创新型公司，以及我国在加入 WTO 组织过程中对全球市场环境做出的创造。

另外，组织对环境的反作用也有消极的一面，即对环境的破坏。这种消极的反作用又会影响组织的正常活动和发展。

三、管理者对环境的反应

面对环境不确定性的影响和制约，组织管理者应以开放的视野，观察环境变化，获取足够的信息和资源，积极主动地使组织发展与环境形成互动。优秀的管理者是引导组织适应环境，争取组织更大发展空间的主要动力。那么，管理者如何管理组织环境？可以分为四步走：

第一步是判断当组织由于环境变化导致的目标偏离或效率降低时，究竟是哪些环境因素发生了变化？环境因素变化与组织利益关系的程度如何？通过科学的分析和理性的判断，从错综复杂的环境因素中确认关键性的影响因素。例如，星巴克咖啡公司发现近年来咖啡豆的供应发生了变化，究竟是因为咖啡豆供应量减少，还是咖啡豆的采购商增加，导致咖啡豆品质下降和价格攀升，因此，管理者有必要对于影响品质和价格的环境因素进行筛选和辨别。

第二步是确定组织决策应该针对哪些方面做出管理调整，以及哪些是关键性的调整？是产品质量，还是财务问题？或者是工作条件等？例如，任务环境中顾客流失的变化，如果是由于产品质量引起的，管理者就应针对组织内部造成产品质量下降的各个环节进行分析，梳理出涉及影响产品质量的不合理的问题环节。

第三步是管理者在实现计划、组织、领导、控制的管理职能时，考虑如何把握关键性的环境因素来实现组织目标。这通常理解为影响组织的环境因素错综复杂，以及与组织有不同程度的利益关系的环境因素众多，管理者必须抓住关键性的环境因素，以期在执行管理职能时，不会出现管理目标的偏差。

第四步是采取何种行动管理组织环境。管理者这一行动取决于组织环境的不确定性程度，以及组织对环境的依赖性，管理者越是需要依赖环境因素，越是要与之建立明确的协作关系。

小平台

2003 年 12 月，微软的主席兼首席软件设计师比尔·盖茨，看到了竞争对手 Google 的公司网站，发现了一个“求助”的页面，页面描述了所有的空缺职位。引起他兴趣的是，这些公布的职位许多任职条件与微软的职位要求相似，他想弄清楚，为什么 Google 作为一家网络搜索公司会发布具有“与网络搜索毫无关系而与微软操作系统设计、编译程序最优化和分配系统设计等所有核心业务相关”的背景的软件工程师的职位空缺信息。盖茨给他的一些高层管理者发送了紧急邮件，说微软最好提高警觉，因为从很大程度上来说，Google 有转型成为一家软件公司的趋势。

无论是小型还是大型组织的管理者，都要运用环境扫描技术收集大量的环境信息，用以预测和解释环境正在发生的变化，以便对竞争对手的动向作出反应。

（资料来源：[美]斯蒂芬·P.罗宾斯，玛丽·库尔特.管理学.228 页，北京：中国人民大学出版社，2008）

本章小结

管理环境是对组织运行和管理绩效起着潜在影响的各因素的集合。通常可以分为两个层次，即一般环境和任务环境。一般环境包括经济环境、社会文化环境、政治法律环境、技术环境和全球环境等因素。一般环境因素对组织的影响是间接的、长远的，当外部环境发生剧烈变化时，会导致组织发展的重大变革。任务环境包括顾客、竞争者、供应者、政府机构、金融中介等因素，任务环境因素对组织的影响是直接的、迅速的。

环境是如何影响管理者，由环境的不确定性决定的，根据环境的动态和复杂程度的组合，组织环境可分为四种典型的环境状况：简单的稳定环境、简单的动态环境、复杂的稳定环境和复杂的动态环境。环境的不确定性不仅要求组织为了自身的生存和发展，主动地适应、控制和创造环境；也要求管理者调整管理的思路，改变管理活动的内容、手段、方式和方法等，合理地利用和控制环境。

案例聚焦　环境、生存与发展——TCL

任何企业都是在一定的环境下开展活动的，其生存环境的变化必然使其生存方式发生变化。

实际上，目前国内市场的竞争，尽管表现激烈，但远不能说是充分竞争，与完全市场经济条件下的竞争有根本区别。首先，国内市场并不是充分开放的市场，外国产品进入我国市场的难度大，成本高；其次，不合理的投资限制降低了民营资本和境外资本的参与力度；最后，体制因素介入阻止了市场机制发挥作用，如政府通过税收减免、优惠贷款等各种手段保护本地企业免遭淘汰。所以我们看到的是在国外产品、国外企业没有平等、充分参与情况下的市场竞争。

我国将大幅度降低关税、非关税壁垒，电子则是优先开放的领域，其中属于“信息技术协议”(ITA)范围内的多数产品在两三年内进口关税将降为零，进口计划、许可证取消，外贸经营权放开，国外产品竞争力将因此大大增强。而随着全球范围内的产业结构调整，信息电子企业将加速向我国转移，摩托罗拉、索尼、松下、三星、LG、西门子、飞利浦、诺基亚等都有今后几年内在中国进行巨额投资的计划。我国在外商投资政策方面，也会放松甚至取消投资审批、股权比例、产品内销等的限制。“入世”后，我国法律、法规和投资贸易政策的调整，将为各类企业提供一种新的制度环境，那就是在市场经济基础上按照国际规则进行充分、平等的竞争，将导致原来制约市场竞争的体制因素弱化以至消失，从而对不同企业的竞争能力产生直接影响。

当环境发生变化后，我国企业的竞争力是否还存在？下面从 TCL 的生产、营销、管理、品牌方面作出分析。

(1) 生产规模。TCL 彩电产销量占全球市场的 5%，国内数一数二，但似乎仍不能与索尼、西门子等巨头相比。2000 年 TCL 销售收入 205 亿元(25 亿美元)，规模经济水平不算高。国际同类企业飞利浦年销售收入 300 亿美元，松下 600 亿美元，三星 400 多亿美元。由于一般家电制造业的利润越来越微薄，日本、欧盟的生产厂商正进行战略调整，把原来国内生产能力转到中国来，入世将使这种战略转移顺利进行。包括 TCL 在内的国内家电企业面对跨国巨头，其企业的总资本实力和规模经济水平都无法与之相比。

(2) 产品系列。TCL 四大产业中，彩电、电话机、手机、电脑、高档开关等产品在国内同行业中名列前茅，但产品的系列化有所欠缺，尤其缺乏高端产品。

(3) 生产技术。这历来就不是中国家电企业的长项。TCL 拥有 5 个研发中心、700 名研发人员，具有较强研发能力，在适应中国市场需求方面具有独特的优势。

(4) 管理体制。TCL 拥有精干高效的管理团队和相对成型的管理体制，但似乎仍不能与在长期市场竞争中历练出来的跨国公司的管理体系和管理水平相比肩。

(5) 营销网络。TCL 用了十多年时间、花了十多亿资金煞费苦心建立起来的国内营销网络，年销售额达 130 亿元，这是任何一个跨国公司目前没有，今后短时期内也不容易建立的。但国外的营销网点却非常少，只有在越南、印度等少数几个国家有布点，在世界主流市场如欧盟、北美等几乎是空白。国外销售额 2000 年为 5.14 亿元，仅占 21%。市场布局如此失衡，将成为 TCL 和其他国内家电业与国外公司竞争的重大缺陷。若跨国公司以其全球市场为支撑在中国市场与我们竞争，我们将何以应对？

(6)品牌价值。TCL 已是国内名牌，品牌价值 106 亿元(12.8 亿美元)，得到了中国消费者的广泛认同。但也得承认，与那些可能形成竞争的跨国公司相比，如 IBM(电脑，527.5 亿美元)，诺基亚(通信设备，350.4 亿美元)、索尼(家电，150.1 亿美元)等，TCL 还远远不是一个国际著名品牌。

进行这样的对比分析，我们更加清楚地认识到，构成企业的环境及要素是多种多样且是动态的。环境的变化必然给企业的生存带来影响。TCL 应该在重新评估企业竞争要素优势的基础上，对企业资源进行战略性整合，建立自己的核心竞争力。

(资料来源：马宇. 新财经. 中国证券期货，2002(1))

练习题

1. 什么是管理环境？管理环境有哪些特征？
2. 管理环境因素包括哪些内容？
3. 一般环境由哪些要素构成？
4. 谈谈全球环境对组织管理的影响？
5. 如何理解管理的任务环境？
6. 环境的不确定性由哪两个维度构成？
7. 管理者如何应对环境的变化？

第四章 社会责任与管理道德

本章学习目标

1. 理解企业社会责任,管理道德的概念及内涵。
2. 了解企业生存与社会责任之间的辩证关系。
3. 了解学术领域对企业社会责任、管理道德的观点。
4. 明确企业管理道德的践行途径。

导读 责任

五岁的汉克和爸爸、妈妈、哥哥一起到森林干活,突然间下起雨来,可是他们只带了一块雨披。

爸爸将雨披给了妈妈,妈妈给了哥哥,哥哥又给了汉克。

汉克问道:"为什么爸爸给了妈妈,妈妈给了哥哥,哥哥又给了我呢?"

爸爸回答道:"因为爸爸比妈妈强大,妈妈比哥哥强大,哥哥又比你强大呀。我们都会保护比较弱小的人。"

汉克左右看了看,跑过去将雨披撑开来挡在了一朵风雨中飘摇的娇弱小花上面。

这个故事告诉我们,真正的强者不一定是多有力,或者多有钱,而是他对别人多有帮助。

责任可以让我们将事情做完整,爱可以让我们将事情做好。

管理启示 人要有责任和担当,企业也一样,作为社会的一个组织,不仅要处理好生存与发展的关系,也要注重与社会、环境的协调和融洽。

企业社会责任(corporate social responsibility,CSR)的概念最早由西方发达国家提出。第二次世界大战以后世界经济的繁荣,人们的维权意识、环境意识逐渐增强,对企业的要求不仅仅停留在提供满意的商品和服务上,而且也要求企业考虑长远利益和社会福利问题。因此,进入21世纪的今天,讨论管理问题时如果不包括社会责任,那是不切实际的。企业所要承担的社会责任越来越受到人们的关注和重视,作为企业的管理者为了企业的可持续发展,也开始考虑企业的社会责任问题。

第一节 企业生存与社会责任

一、社会责任的概念

1923年英国学者欧利文·谢尔顿(Oliver Sheldon)在对美国企业进行考察时提出了“企业社会责任”的概念,他在《管理的哲学》一书中把企业社会责任与公司经营者满足产业内外各种人类需要的责任联系起来,并认为企业社会责任包含有道德因素。

自20世纪70年代开始,国外企业社会责任的研究进入一个新的阶段,许多学者和组织提出了社会责任的概念,最有代表性的有三种。

一是“三个同心圆”。由美国经济发展委员会提出,内圆是指企业履行经济功能的基本责任,即为投资者提供回报,为社会提供产品,为员工提供就业,促进经济增长;中间圆是指企业履行经济功能要与社会价值观和关注重大社会问题相结合,如保护环境、合理对待员工、回应顾客期望等;外圆是企业更广泛地促进社会进步的其他无形责任,如消除社会贫困、防止城市衰败等。

二是“金字塔”。由美国佐治亚大学教授卡罗尔提出,认为企业社会责任是指企业的经济责任、法律责任、伦理责任和自愿的慈善责任之和,也就是社会在要求企业完成经济使命的同时,期望企业遵守法律、符合伦理、热心公益事业。

三是“三重底线”。由英国学者约翰·埃尔金顿提出,认为企业行为要满足经济底线、社会底线与环境底线,并且不仅是衡量和报告企业的经济、社会和环境业绩,而且包括一系列的价值观、问题和过程,企业要充分考虑利益相关方与社会的期望,以及经营活动对经济、社会和环境可能产生的不良影响。

为了阐述企业的社会责任概念,我们对社会义务和社会响应这两个相类似的概念加以比较。

所谓社会义务是指企业参与社会活动所履行的经济上和法律上义务,这是企业存在的社会基础;这意味着企业从事经营活动时,做的只是法律要求必须做的事情。例如一个企业从成立起,就必须遵守相应的法律,如《中华人民共和国公司法》、《中华人民共和国反垄断法》、《中华人民共和国消费者权益保护法》等,企业必须在法律许可的范围内,在追求正义、公平、公正的基础上,为其利益相关者寻求财富或价值的最大化。

所谓社会响应是指企业在社会活动中适应不断变化的社会环境的能力,这是企业能够生存下去和得以发展的重要因素。一个具有社会响应能力的组织,受到社会准则的引导，对某种普遍的社会需要作出反应。例如爱护环境是当今一项重要的社会准则，许多公司正在努力承担起对环境的责任。麦当劳在全球是餐饮行业内最大的可回收纸的使用者，作为环境保护积极的倡导者和推动者，麦当劳在能源保护、降低消耗、精简包装以及供应链的可持续发展等方面做了大量的工作。

社会责任综合并超越了社会义务和社会响应的概念，还包括了企业具有追求对社会利益的贡献和不损害社会利益的道德力量，这一力量使得企业从事有助于改善社会的事情，而绝不只限于法律要求必须做的或因为重要的社会需要而有选择地做事情。所谓的社会责任是指企业追求有利于社会长远目标的一种义务，它超越了经济和法律所要求的义务。这一定义主张一个组织要遵守法律，并追求经济利益，但是它同样强调了企业要明辨是非。也就是说，企业要怎样决策、怎样进行市场行为，才能既有利于经济效益的取得，又可以造福社会，至少不会损害社会。

如表 4-1 所示，社会责任加入了一种道德的要求，促使人们从事使社会变得更美好的事情，而不做那些有损于社会的事情。社会责任要求企业决策合乎道德标准、经营活动合乎道德规范，从长远考虑什么对社会有益。一个具有社会责任感的企业会去做正确的事情，因为它觉得有责任这样做。

表 4-1　社会义务、社会响应和社会责任

	社会义务	社会响应	社会责任
主要考虑	法律的	实际的	道德的
焦点	利益	手段	结果
强调	遵守	响应	义务
决策框架	短期	中短期	长期

二、有关社会责任的观点

对于社会责任的认识，有两种不同的观点主导着这个思想。一方面是古典或纯粹的经济学观点；另一方面是社会经济学观点。

1. 古典或纯粹的经济学观点

古典或纯粹的经济学观点(classsical view)认为管理的唯一社会责任就是利润最大化。支持这一观点的代表人物是经济学家、诺贝尔奖获得者米尔・佛里德曼(Milton Friedman)。他认为管理者的主要责任是最大限度满足股东的利益，而股东只关心一件事，就是财务收益。

他进一步提出，当管理者将组织资源用于承担社会责任时，势必要增加经营成本，这些成本要么通过高价转嫁给消费者;要么转嫁给股东而损失资金;要么通过降低工资和福利转嫁给企业员工。无论哪种结果,最终都会导致企业受损。但必须要说明,他不否认企业需要承担社会责任,但是在实现股东利润最大化的前提下。

2. 社会经济学观点

社会经济学观点(socioeconomic view)认为管理的社会责任不只是创造利润,还包括保护和增进社会福利。这个观点的支持者认为,利润最大化是当今企业的第二位目标,企业的第一位目标是获得社会的认同,保证自身的生存。为了实现这一点,他们并非只对股东负责,还要对社会负责,保护和增进社会福利,以此获得社会认同,即社会通过各种法律、法规认可公司的建立,并通过购买产品和服务对其提供支持。

如今企业在日益成为社会经济中最基本的市场主体和最重要的经济力量的同时,扮演的角色也越来越重要。为此,管理者必须关注社会对企业的接纳;必须考虑企业承担必要的社会责任及相应成本;必须关注维护社会利益和积极增进社会利益。现代企业已不再是纯粹的经济组织,它们已越来越多地参与到社会的、政治的和法律的事务当中。

比较上述两种观点,对于企业短期的发展来看,评价企业生存能力和经济绩效的主要标准就是财务指标,我们应该以历史的视角来看待这种古典社会责任观点,它阐述了传统的企业社会责任的合理和本质的部分,但由于经济社会的发展,传统的企业社会责任的观点有待补充和扩展。

在现代经济社会中,社会对企业的预期发生了变化,企业要获得长期的发展,应该考虑的是长期的资本收益率。企业对社会责任的承诺是不同的,很多的短期行为对企业来说可能会有巨大的经济效益,而社会责任更多的表现在长期利益的取得上,所以,对于企业来说就需要考虑牺牲短期利益来换取社会效益的尺度问题。社会责任和利润最大化本身并不矛盾,如果在承担社会责任的同时,又能获得自身的利润,这是最为理想的情况。

三、企业生存与企业社会责任

主张企业承担社会责任的人士援引的理由是,企业社会责任是通向企业可持续发展的重要途径,它符合社会整体对企业的合理期望,不但不会分散企业的精力,反而能提高企业的竞争力和声誉。

1. 企业社会责任与盈利能力

越来越多的企业实践和众多的研究成果充分说明,企业承担社会责任与企业的经济绩效呈正相关的关系,而不是完全像传统经济学理论所认为的会加重企业负担、影响其利益,企业完全可以将社会责任转化为实实在在的竞争力。

企业对外社会责任的承担,不仅有助于社会整体责任感的提高,而且为企业自身长远发展提供了基础，信誉、品牌和企业形象，对于企业长期经济利益的取得起到巨大的促进作用。所以说企业履行社会责任对其自身的发展是一种机会。实践表明：企业越注重社会责任，其产品和服务就越有可能获得更大的市场份额，可提高企业业绩；一旦企业做大了，有能力了，更愿意考虑企业的长期利益，越加主动承担社会责任。可以说，企业的经济利益和社会责任不是相互冲突，而是相辅相成的一个过程。企业要承担社会责任，才能实现真正意义上的生存和发展。

2. 企业社会责任与竞争力

企业承担一定的社会责任，虽会在短期内给企业增加经营成本，但无疑有利于企业自身良好形象的树立，形成企业的无形资产，进而形成企业的竞争优势，最终给企业带来长期的、潜在的利益。

责任与竞争力相辅相成，相互影响，共生共存，没有社会责任感的企业不可能有竞争力。企业在强化自身社会责任的过程中，可以不断提高自己的竞争力。同时，在这一过程中，企业通过拥有良好的文化机制和较高的创新水平，也能够提高应变能力，有助于建立科学的风险防范机制，提高风险管理水平，企业的经营形象和声誉也不断得到提高。企业承担多元社会责任，是提高劳动生产率和经济效益的有效途径，是企业在市场竞争中生存和发展的可靠保证。

3. 企业社会责任与企业创新

在竞争的市场上，以牺牲产品质量、劳工利益或是社区利益为代价，仅仅依靠廉价获取的产品竞争力不能保证企业长期稳定的成长和持续发展。而企业对社会责任的关注将促使企业转向对产品、设计、流程、管理和制度等环节进行创新，促进其盈利方式和增长方式的转变，而不是靠一味地压榨员工或用假冒伪劣产品欺骗消费者来获取利润和取得发展。实践证明，企业的持续发展最终仍然要依靠技术创新、管理创新和制度创新。企业通过承担社会责任，不断努力提高生产效率，节约能源的消耗，改变生产方式，从粗放型积极向集约型转变，进一步拓宽创新领域，改善经营环境，减少资源的占用和浪费，节省生产成本，发展循环经济，提高环境保护的能力，以获得更大的利润。

4. 企业社会责任与可持续发展

企业主动承担社会责任可以为自身创造更为广阔的生存空间。例如为了保护环境、保障生活质量、维持社会稳定和各项事业的发展，政府部门、社会团体、普通公众等都向企业提出了种种行为限制，有时还附有严厉的惩罚性措施。企业若不能符合要求，便会受到指责或惩罚，企业正常的生产经营活动会受到不同程度的干扰。相反，企业若能主动适应要求，在一定程度上解除企业发展过程中的一些限制条件，可使决策和经营具有更大的灵活性和自主性。

企业社会责任的生成并非完全是理论推演与突破的结果，更大程度的推广动力来源于企业自身的生存发展的需求，企业发展过程中对于社会责任问题的解决，以及政府和监管部门对企业发展环境的改善和完善，不仅提升了企业社会责任的担当意识，也同时强化了企业可持续生存和发展的能力。

5. 企业社会责任与企业文化

企业文化是指企业在发展过程中形成的理想信念、价值体系与行为规范的总和。从价值属性来看，企业社会责任是一种企业文化的外在表现和重要内容，也是企业文化逻辑发展的必然趋势和要求。二者在发展趋势、基本依据、基本目的、基本内容、基本走向上是一致的。而且，二者又相互作用，相辅相成，企业的社会责任为企业文化注入了新的活力，企业文化推进企业社会责任的建设。

小平台

2012 年社会责任问题事件

- 毒胶囊事件

2012 年 4 月 15 日，央视曝光浙江新昌个别企业使用皮革废料明胶作为原料生产药用胶囊，部分药品胶囊检出铬含量严重超标。

- “来伊份”事件

2012 年 4 月，央视《消费主张》与《今日观察》栏目曝光了山东、杭州等地部分工厂蜜饯生产加工过程中存在严重漏洞的情况，不仅生产环境污秽不堪，而且食品添加剂使用严重超标，还可以随便更改过期产品的生产日期，这其中就有知名品牌“来伊份”的部分蜜饯产品供应商。

- 哈尔滨大桥倒塌事件

2012 年 8 月 24 日，哈尔滨阳明滩大桥引桥坍塌造成人员 2 死 6 伤，其时距大桥通车不足 1 年。

- 塑化剂事件

2012 年 11 月 19 日，酒鬼酒被曝由上海天祥质量技术服务有限公司查出塑化剂超标 2.6 倍。

- 肯德基白羽鸡事件

2012 年 12 月 18 日，央视曝光了山东多个地方的养鸡场给白羽鸡喂食抗生素或抗病毒药物，有些地方甚至给鸡喂食国家明令禁用的激素类药物。 而这些抗生素鸡、激素鸡在没有经过检验检疫的情况下，被山东六和集团收购，最终运输到百胜集团上海物流中心，并配送给旗下多家肯德基门店。

第二节　企业社会责任的体现

一、社会责任的内容

在界定企业所要承担的社会责任内容上，国际上很多学者和组织都做过研究，也提出了很多观点，但在企业社会责任的核心内容上都基本一致。

1. 全球社会责任组织

全球社会责任组织(Business Social Compliance Initiative，BSCI)成员由零售公司及协会、进口商和生产公司组成，是欧洲社会一个监督企业遵守社会责任的普遍监控体系，旨在不断改进其成员设在全球各地的生产及供应企业的社会责任表现，围绕一个共同的行为准则，并支持他们努力遵守供应链的道德规范，为他们提供一个以发展为导向的社会责任系统，适用于所有部门和所有采购国家。

该组织认为只有在基本生活标准得到维持和改进的情况下，经济才可持续发展，社会才可进步。遵守社会责任方面的改进将使企业有能力满足现有和未来市场的需求以及法律要求，使企业在社会责任上的表现能够随着时日有系统地改进，并能避免遭受抵制的危机。

该组织认为，企业社会责任主要包含以下10个方面的要求：

①遵守法律。②结社自由和集体谈判权利。③禁止歧视。④补偿。⑤工作时间。⑥工作场所卫生与安全。⑦禁止使用童工。⑧禁止强制劳动与惩罚性措施。⑨环境和安全问题。⑩管理体系。

2. 联合国全球盟约

联合国全球盟约(The UN Global Compact)于2000年7月在联合国总部正式启动，计划号召各公司遵守在人权、劳工标准、环境及反腐败等方面的十项基本原则。“盟约”使得各企业与联合国各机构、国际劳工组织、非政府组织以及其他有关各方结成合作伙伴关系，建立一个更加广泛和平等的世界市场。“盟约”的目的是动员全世界的跨国公司直接参与减少全球化负面影响的行动，推进全球化朝积极的方向发展。目前已有2 900多家世界著名企业加入全球盟约。

这十项基本原则来自于《世界人权宣言》、国际劳工组织的《关于工作中的基本原则和权利宣言》以及关于环境和发展的《里约原则》，涉及四个方面。

(1) 人权方面包括：企业应该尊重和维护国际公认的各项人权；保证不与践踏人权者

同流合污。

(2) 劳工标准方面包括：企业应该维护结社自由，承认劳资集体谈判的权利；彻底消除各种形式的强制性劳动；消除童工；消除就业和职业方面的歧视。

(3) 环境方面包括：企业界应支持采用预防性方法应付环境挑战；采取主动行动促进在环境方面更负责任的做法；鼓励开发和推广环境友好型技术。

(4) 反腐败方面包括：企业界应努力反对一切形式的腐败，包括敲诈和贿赂。

3. 社会责任标准体系

1997 年，总部设在美国的社会责任国际组织（Social Accountability International, SAI）发起并联合欧美跨国公司和其他国际组织，制定了 SA8000 社会责任国际标准（Social Accountability 8000 International Standard）。社会责任标准体系是一种基于国际劳工组织宪章（ILO 宪章）、联合国儿童权利公约、世界人权宣言而制定的，以保护劳动环境和条件、劳工权利等为主要内容的管理标准体系。SA8000 标准适用于世界各地、任何行业、不同规模的公司。

SA8000 标准主要包括童工、强迫劳动、结社自由和集体谈判、歧视、惩戒性措施、工作时间、工资报酬、健康与安全、管理体系九项核心内容。

二、企业社会责任的体现

目前人们所接受的企业社会责任的具体内容十分广泛，本书按企业社会责任从小到大扩展的路径（见图 4-1），将其分为对投资者的责任、对雇员的责任、对顾客的责任、对竞争者的责任、对政府的责任和对社会公众的责任六个方面。

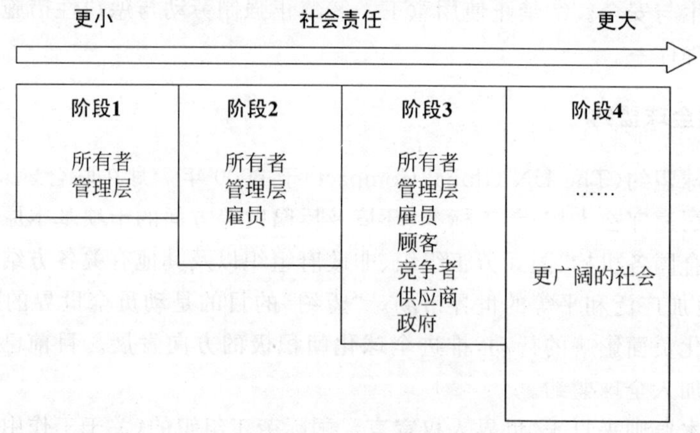

图 4-1　企业社会责任扩展四阶段模型

1. 对投资者的责任

管理者在关注股东利益时，遵循了社会责任的古典观点，并遵守了所有的法律、法规。企业对投资者的责任可以体现在以下四个方面。

第一，为投资者带来具有吸引力的投资回报，提高投资收益率，是企业承担的最基本的社会责任。

第二，对投资者负责的最直接体现就是现金分红，牢固树立回报股东的意识、建立持续合理的分红机制，让投资者分享经济增长成果。

第三，企业必须将其财务状况及时、准确地报告给投资者，不能根据自身的需求、时机和对象进行选择性披露，要保证信息披露的完整性、充分性、及时性、有效性、重要性和真实性。

第四，根据市场变化，及时调整经营发展和资本运作的策略，以有效应对市场波动，力争使投资者利益不受或少受损失的责任。

2. 对雇员的责任

企业不仅仅是作为谋求股东利益最大化的工具，员工是企业最重要的资源，管理者还应将社会责任扩展至这一重要的利益相关群体。

企业对雇员的责任，不仅表现在支付合理的报酬上，还应为雇员创造良好的工作环境，包括融洽的人际关系；有助于个人自身发展的制度、安全、卫生的工作条件；积极有效的激励制度；公平和非歧视的管理政策等。

更为重要的是，企业的员工需要获取必要的知识和技能来维持就业和确保未来就业，职业能否获得持续的发展和提升取决于他们的可雇性。而企业有责任提供资源和机会、有责任提升员工的技能和能力，提升员工的可雇性。企业不仅是一个生产产品的地方，还必须是一个产生合格的、有道德、高素质人才的地方，这就是企业给社会提供的无形资产和公共产品，也是企业承担社会责任的表现。

3. 对顾客的责任

当企业渐渐意识到顾客对企业社会责任的期望值在提高时，管理者有必要将社会责任扩展到具体环境中的其他利益相关者，首要的是顾客。

顾客将考察与企业相关的社会责任信息，所包含的内容不仅仅局限于产品和服务，还包括具备社会责任意识的质量管理体系和环境管理体系。

第一，提供优质、安全的产品和服务。企业除恪守法律、法规和国家强制性标准、关于产品服务质量和安全性的规定外，还应针对新产品开发和技术升级可能造成的标准缺失或滞后，改进生产技术，注重环保。企业有责任及时弥补和消除产品使用过程中暴露出的质量缺陷和安全隐患，确保消费安全。

第二，提供及时、正确的产品信息。企业在宣传中所标示的产品价格、质量、用途、购买优惠等资讯必须客观真实，符合实际，不隐瞒缺陷。

第三，提供优质的售前、售中和售后服务。企业应帮助顾客正确选购产品及正确使用产品；按期交付产品，保证配送安装调试到位；完善沟通渠道，不断改进和完善售后服务和投诉机制等。

第四，企业应通过制定严格的信息管理制度，建立消费者交易记录和个人信息的保密机制。

4. 对竞争者的责任

企业对竞争者的责任，要求企业正确处理好与竞争者之间的关系，不能为了本企业的利益以不正当手段搞垮竞争者，创设公平、有序、健康的竞争环境。

竞争和交易过程的公平合理是市场经济有效性的根本保证。企业在竞争和交易过程中应采用公信的商业操守，在遵守国家关于公平竞争、反垄断和消费者权益保护方面法律、法规的同时，还必须做到在经营中不采用任何不正当竞争的手段。例如，不得利用优势地位订立不平等条款；不得以不正当经营手段破坏市场秩序；不得搞虚假促销。

5. 对政府的责任

企业对政府的责任体现在支持政府活动，具体表现在积极参与政府倡导的公共事业；带头执行法律、法规；为政府实施的工程作贡献等。可通过慈善公益行为帮助落后地区的人民发展教育、社会保障和医疗卫生事业，既解决当地政府因资金困难而无力投资的问题，又帮助落后地区逐步发展社会事业。

6. 对社会公众的责任

企业对社会公众的责任主要体现在资源、环境、社会富裕和繁荣、就业机会、科技进步等方面。

企业不仅要追求自身的“利润最大化”，而且要为创造实现“利润最大化”的经济、社会和资源环境作出努力和贡献。企业履行社会责任，通过技术革新可首先减少生产活动各个环节对环境可能造成的污染，同时也可以降低能耗，节约资源，降低企业生产成本，从而使产品价格更具竞争力。企业还可通过公益事业与社区共同建设环保设施，以净化环境，保护社区及其他公民的利益。

大中型企业可集中资本优势、管理优势和人力资源优势对贫困地区的资源进行开发，弥补贫困地区资金的不足，解决当地劳动力和资源闲置的问题，帮助当地脱贫致富。

除通过增加投资，新增项目，扩大就业外，最重要的是提倡各企业科学安排劳动力，扩大就业门路，创造不减员而能增效的经验，尽量减少把人员推向社会而加大就业压力。

同时，企业在改善社会中也扮演积极的角色，更多地融入自己所在的社区及资助慈善组织，也是对公众责任的体现。

企业对社会问题承担的责任最有效的是通过社会创新，即把一项社会问题转化成新型的、有利可图的社会机会，使企业解决社会问题、取得社会效益的同时，也能获得较好的经济效益。

小平台

苹果手机维修骗局

据2013年央视“3·15”晚会报道，高度一体化的苹果iPhone手机除了少数部件外，不做维修，只整机更换。可是针对中国消费者，苹果交换的却并不是整机——新手机仍使用旧后盖。小小后盖大有文章，国内外待遇有别，苹果在其他国家又是如何执行的呢？

在美国苹果手机的保修期是一年。在英国退换手机的时候，手机的后盖也是连带一起更换的。在澳大利亚如果苹果公司的产品出现质量问题，苹果公司将为消费者更换一个新的产品，韩国的苹果用户发现自己的手机出现问题，只要在一年的保修期内，苹果公司就会给用户免费更换手机，是一个整体的新手机。

一个大企业，用一个小小的手机后盖和消费者玩起了游戏。作为一家知名的企业，应该遵守各国法律、法规，不应该耍小聪明，相反应该承担起更多的商业责任和社会责任。

第三节　企业管理道德践行的途径

一、企业管理道德问题

企业管理道德也可称为企业道德责任，是指企业在生产经营活动中自觉履行伦理准则和道德规范。企业道德责任是较高层次的社会责任。

亚当·斯密在《国富论》中对道德做过这样的阐述：“由于这些公司的董事们是他人钱财而非自己钱财的管理者，因此很难设想他们会像私人合伙者照看自己钱财一样警觉，所以，在这类公司事务的管理中，疏忽和浪费总是或多或少存在的。”在这里，亚当·斯密更多的是从企业管理者自身的角度提出了在管理过程中涉及的管理道德的风险问题。

那么，在实际的经营管理过程中，可能会存在哪些管理道德风险问题呢？美国学者戴维·J. 弗里切(David J. Fritzsche)把管理的伦理问题总结为5大类,即贿赂、胁迫、欺骗、偷窃和不公平歧视。

(1) 贿赂是通过购买影响力而操纵别人。例如:一家公司的管理者贿赂了几个高级政府官员,以确保获得一份有利可图的政府合同,这是一个典型的不道德经营行为。最常见的贿赂目的是增加销售、进入新市场、改变或规避公共政策。

(2) 胁迫是指用暴力或威胁控制他人。使用胁迫的目的是让某人做违背其意愿的行为,受胁迫的对象也可以是一个公司,例如强迫一个零售商得到其想要的产品经营权就必须附加销售某种特定产品。

(3) 欺骗是通过误导来操纵他人或某个公司。欺骗包括对研究数据或会计数据进行歪曲或作假,做误导性广告,以及不真实地描述产品。美国珠宝学院是一家为独立商人和大型零售商鉴定钻石等级的机构,然而一份内部调查报告却曝出实验人员有受贿行为并在登记鉴定报告中夸大钻石的质量。

(4) 偷窃就是拿走不属于自己的东西。例如:未经许可的情况下泄露公司内部信息、制造假冒伪劣产品、价格欺诈和价格串通、在签订和履行合同的时候作假、欺骗顾客和过度推销等都是违反道德的行为。

(5) 不公平歧视被定义为不公平待遇,因种族、年龄、性别、国籍或信仰等而拒绝给予某人通常的权利。我国《劳动法》规定,用人单位应该保证劳动者每周至少要休息1天,每天法定工作时间为8小时,平均每周工作时间不得超过44小时。但珠江三角洲的农民工每天工作12~14小时者占46%,没有休息日者占47%。

二、影响管理道德的因素

一个管理者的行为是否合乎社会伦理规范,是管理者的个人道德观、组织结构设计、组织文化和道德问题强度这些变量之间复杂相互作用的结果。

1. 个人道德观

管理者的行为反映了一定的道德水平,是企业管理道德的基本构成要素。个人的价值观和道德发展水平对管理者道德行为产生一定的影响。

如图4-2所示,根据劳伦斯·科尔伯格(Lawrence Kohlberg)的道德发展阶段学说,人们的道德发展按阶段顺序发展,很少有人发展至最后两个阶段,通常大部分成年人道德发展会停留在第四阶段。处于第四阶段的管理者,他们局限于遵守社会准则和法律,制定尊重组织和程序的决策,其行为往往是符合道德的。处于较高阶段的人比处于较低阶段的人更易做出符合道德的决策。例如,处于第三阶段的管理者可能会制定得到他周围人的支持决策,而第五阶段的管理者更有可能对其认为是错误的公司管理提出挑战。

层次一：前传统的

第一阶段——严格遵守规则以避免物质惩罚

第二阶段——仅当符合其直接利益时遵守规则

层次二：传统的

第三阶段——做你周围的人所期望的事情

第四阶段——通过履行你所赞同的义务来维护传统秩序

层次三：后传统的

第五阶段——尊重他人的权利，支持不相关的价值观和权利，不管其是否符合大多数人的意见

第六阶段——遵循自己选择的道德原则，即使它们违背了法律

图 4-2 科尔伯格的道德发展阶段学说

进入组织的每个人都有一套相对稳定的价值观，管理者的价值观将成为其解决经营问题时个人态度的基础。价值观作用于管理者的决策行为时，受到两种个人特征的影响，分别是自我强度(ego strength)和控制点(locus of control)。它们将如何影响一个人采取道德或不道德行为的决策呢？自我强度高的人往往能够克制不道德行为的冲动，并遵循自己的信条；内控的人认为他们控制自己的命运，更可能对其行为后果承担责任，并根据自己内在的是非标准来指导自己的行为。

2. 组织结构设计

组织的结构设计有助于形成管理者的道德行为。有些结构提供了强有力的指导，而另一些结构却只是给管理者制造困惑。结构设计如果能够使模糊性和不确定性最小，并不断提醒管理者什么是道德的，就更有可能促进道德行为。

首先，正式的规章制度中关于道德准则的明确界定，可以减少道德取向的模糊性，促进行为的一致性。其次，组织的绩效评估系统也能够影响道德行为。例如绩效评估仅以成果评价管理者，他们就可能迫于压力而不择手段地追求成果指标。还有与之密切相关的奖惩制度，试想如果管理者对成功员工的不道德行为采取更宽容的态度，那么其他员工将会向这些员工看齐。

3. 组织文化

企业作为现代社会的一个重要经济实体，在自身的生产、经营活动中，会形成其独特的指导思想、价值观念、经营哲学、文化传统，组织文化的内容和力量也会影响道德行为。

强文化比弱文化对管理者的影响更大。如果文化的力量很强并且支持高道德标准，它会对管理者在道德和非道德行为之间的决策产生非常强烈和积极的影响。最有可能形成高道德标准的组织文化，是一种高风险承受力、高度控制，并对冲突高度宽容的文化。处在这种文化中的管理者，将被鼓励进取和创新，将意识到不道德的行为会被揭露，并对

他们认为不现实的或不理想的期望自由地提出公开挑战。

4. 道德问题强度

将管理者或组织带入道德困境的问题本身也会对道德行为决策产生极大影响。管理者或消费者对制造伪劣产品、特别对假药深恶痛绝，同样是造假，盗版光碟、虚假广告却并没有那么严重。这说明影响一个管理者道德行为还取决于道德问题本身的强度。

根据斯蒂芬·P. 罗宾斯(Stephen P. Robbins)教授的归纳和总结，与决定问题强度有关的6个特征是：危害的严重性、对不道德的舆论、危害的可能性、危害的直接性与受害者的接近程度以及影响的集中性，这些因素决定了道德问题对个人的重要程度。如图4-3所示，受到伤害的人越多，认为该行为是不可取的舆论越强，该行为将要造成危害的可能性越大，人们越是能够直接感到行为后果，观察者感觉与受害者越接近，该行为对受害者的影响越集中，问题强度就越大。当一个道德问题很重要时，也就是说，问题的强度比较大时，我们就更有理由期望管理者采取道德的行为。

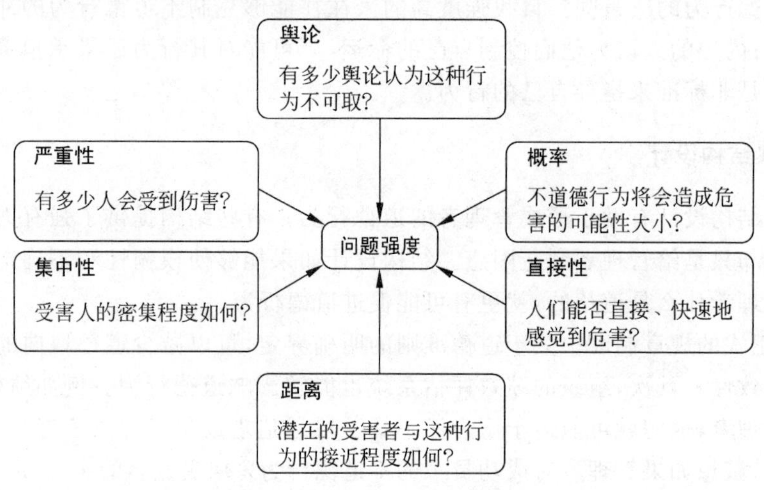

图 4-3 问题强度的决定因素

三、企业管理道德的践行途径

企业道德建设是一项复杂的系统工程，企业道德的形成与发展需要长期的过程，加强企业道德建设必须坚持不懈，应当长计划、短安排，才是企业践行企业道德责任的途径。

1. 提升管理者的道德素养

作为企业经营的组织者和领导者，企业管理者是企业道德建设的第一倡导者，其主要职能是制定企业道德规范，把握企业道德的方向，监督企业道德建设。管理者的道德面貌不仅能影响员工，而且能够影响他们决策的结果，因此，要提升企业管理者的道德素质。为此，首先，要求管理者要加强基本道德修养，树立正确的价值观和世界观；其次，管理者应树立良好的职业道德；最后，管理者要知行合一，率先垂范自己所倡导的道德规范。

2. 发挥企业职工的积极作用

企业职工不仅是物质文明的创造者，也是精神文明的创造者。他们不仅是企业道德建设的客体，即被教育者，也是企业道德建设的主人，即主体。企业道德建设的根本任务，从职业道德的范围讲，就是挖掘、总结和推广职工群众的伦理思想和行为中的闪光点。企业道德建设必须坚持职工自我教育的原则，要注意通过引导、说服、教育、启发等方式，让职工根据企业提倡的道德要求来对照、检查、剖析、评价自己的道德意识和道德行为，经过不断地反省、检查，使自己的道德水平不断提高，从而真正在内心接受并在实践中自觉遵守道德规范。职工的自我教育，还包括集体成员之间的互相学习与教育。“近朱者赤，近墨者黑”，良好的工作和生活环境，融洽的人际关系，蓬勃向上的集体，是铸造人们优秀品质的熔炉。要运用集体力量让职工对道德行为互相仿效，互相感染，互相激励；对违反道德的不良行为互相监督，互相提醒，互相制约。

3. 加强企业文化建设

优秀的企业文化对企业的发展会起到巨大的促进作用，而企业道德建设是企业文化建设的重要组成部分。企业道德建设与企业文化建设水乳交融、相互渗透、同步发展，企业文化建设是企业道德建设的最直接的途径。企业应加强企业文化建设，尤其应着重于培养员工的正确价值观、正确的经营观、正确的职业道德观和文明的行为。可通过各种形式促进企业道德水平的提高，如表彰先进，嘉奖劳动模范，在企业宣传英雄人物的事迹，就是在企业中宣传并提倡某种道德规范。

4. 严格制度管理

道德与法制的作用是相辅相成的，道德是自我约束的行为规范，法制是强制性的行为规范，只有二者同时发挥作用，企业才能在正常的轨道上前进。一方面，要完善企业管理的各项制度。员工的好作风和好习惯不是自然而然就能产生出来的，必须用规章制度来规范员工的行为。不能只定规章制度而无检查考核，更不能只发号召而不去检查落实。同时，在制定和落实规章制度中，要充分体现对员工的人格尊重和人文关怀。另一方面，必须强化激励机制，鼓励善的道德行为，使企业建立一个更为合理、完善的自我约束机制。特别是在员工上岗前先进行职业道德培训，通过培训，不仅要让员工明白其所在岗位的重要性，增强使命感，提高责任心，把“消费者利益第一”作为企业的行为准则和道德操守。

并通过这种企业道德的不断塑造和弘扬，激励员工与企业同呼吸共命运。此外，要完善企业道德的实施机制。要在实际工作中探索和研究，形成可操作，易考核的道德实施机制。

践行道德责任是社会提倡的美好期待，企业践行道德责任需要社会组织和民众给予褒奖和鼓励，才会产生良好的激励效应。社会对企业的道德践行也要评价适度，因为道德责任可能只是企业的可选行为，不能要求所有企业做到，而是引导企业量力而行，提倡能者为之。同时，社会成员具有基本的善恶判断力和正义感，对那些践行道德责任的企业给予"货币投票"，从而使企业的道德践行能够强化企业形象、信誉及竞争力。

小平台

全球最道德企业如何评出？

要想参加道德界协会的道德企业评选，企业通过自荐或者别人推荐均可。该协会专有一套评分系统，通过问卷的方式，对企业进行评分。具体的打分标准为，企业公民意识和责任(20%)、公司治理结构(10%)、创新是否有助于公众利益(15%)、行业领导地位(5%)。而是否注重能源节约、法律和监管声誉及记录、高层领导力、行业影响力、内部机制、职业道德计划等表现，也在该项评价报告指标范围之内。

评审委员会会对企业的答案进行核实查证，然后确定最终得分。入选企业经过筛选缩减至几百家后，道德界协会即利用其他机构的治理名单进行交叉检查，这些机构包括国际惯例评级机构 GMI 和 FTSE for Good。任何在过去五年里有过严重法律问题的企业都将从名单中剔除。以酒精、烟草和枪支为主的企业也会被排除。最终，还需参照来自企业高管、同行、供应商和客户的提名，才能最终确定获奖者名单。

榜单的评审委员会包括知名律师、政府官员、大学教授和该协会领导。

本章小结

社会责任是指企业追求有利于社会长远目标的一种义务，它超越了经济和法律所要求的义务。对于社会责任的认识，有两种不同的观点。古典或纯粹的经济学观点认为管理的唯一社会责任就是利润最大化。社会经济学观点认为，利润最大化是当今企业的第二位目标，企业的第一位目标是获得社会的认同，保证自身的生存。

企业的社会责任不仅体现在对投资者的利益负责，还应扩展至为利益相关者负责，包括对雇员的责任、对顾客的责任、对竞争者的责任、对政府的责任和对社会公众的责任等方面。

企业道德责任是指企业在生产经营活动中自觉履行伦理准则和道德规范。企业道德责任是较高层次的社会责任。

企业重视道德管理与社会责任是因为企业道德的完善能够直接或间接地给企业带来利益和发展，企业道德和社会责任不仅是企业的责任更是企业增强竞争力的武器之一。

案例聚焦

塑化剂作为一种材料助剂，在塑料加工中添加这种物质，可以使其柔韧性增强，容易加工，可合法用于工业用途。而塑化剂加入白酒之中，会使酒类黏性更强，留香更久，看上去提升了白酒的档次和品质。

酒鬼酒是我国高端酒行列品牌，在2012年11月19日被曝由上海天祥质量技术服务有限公司查出塑化剂超标2.6倍。酒鬼酒公司却认为检测不够权威，甚至怀疑被检测的酒是否出自酒鬼酒公司。广州市质监局表示，白酒检测标准中没有塑化剂项目的检测要求。

21世纪网在酒鬼酒实际控制人中糖集团的子公司北京中糖酒类有限公司购买了438元/瓶的酒鬼酒，并送上海天祥质量技术服务有限公司进行检测。检测报告显示，酒鬼酒中共检测出3种塑化剂成分，分别为邻苯二甲酸二(2—乙基)己酯(DEHP)、邻苯二甲酸二异丁酯 (DIBP)和邻苯二甲酸二丁酯(DBP)，其中酒鬼酒中邻苯二甲酸二丁酯(DBP)的含量为1.08mg/kg，超过规定的最大残留量。

2012年11月21日下午，国家质检总局通报了湖南省产商品质量监督检验院对50度酒鬼酒样品的检测结果，其中DBP(邻苯二甲酸酯类物质，俗称塑化剂)最高检出值为1.04mg/kg。当晚23时，酒鬼酒官方微博发布声明称，“对所谓‘塑化剂’超标事件给大家造成的困惑与误解表示诚挚的歉意”，但声明中仍坚称不存在所谓“超标”，消费者可放心使用。酒鬼酒副总经理范震用“一头雾水”来形容得知此事的反应，质疑检测够不够权威，甚至拿去检测的是不是酒鬼酒。

2012年11月21日23点58分，酒鬼酒在新浪官方认证微博上发出一则声明称，酒鬼酒股份有限公司衷心感谢广大消费者、投资人、新闻媒体及社会各界人士长期以来给予酒鬼酒的关心和支持。并“对近日发生的所谓酒鬼酒‘塑化剂’超标事件给大家造成的困惑与误解表示诚挚的歉意”。

酒鬼酒的声明中引用质检总局此前的表态，并强调“未发现人为添加‘塑化剂’”、“不存在所谓‘塑化剂’超标”等字眼。酒鬼酒同时还称，“可以放心饮用”。

由于微博上声明并未加盖公司公章，因此，这份声明的真实性仍有待确认。

国家食品安全风险评估中心则表示，根据国际通用风险评估方法和欧洲食品安全局推荐的人体可以耐受摄入量，以媒体报道的酒鬼酒中DBP含量为1.08mg/kg计算，按照我国人均预期寿命，每天饮用1斤，其中的DBP不会对健康造成损害。质检总局方面表示，质检部门已部署进一步对全国白酒生产企业进行深入排查，要求企业认真查明可能导致白酒含有邻苯二甲酸酯类物质的原因，从源头抓紧进行整改，包括采取调整工艺设备、更换接触材料和产品包装等措施，并向监管部门报告。监管部门坚持从严监管，发现任何违法行为，一律依法严格查处。

湖南省质监局官网挂出信息称，湖南省质监局高度重视，已责成湘西自治州质监局立即开展执法检查等工作，坚决依法从严查处违法行为。

而湘西自治州质监局也在官网挂出通告表示，已经着手开展相关问题调查核实工作。“我局将严格按照标准和规定，本着严谨、科学和公正的态度，对媒体所反映相关产品进行检验检测，依据质量法规准确处理产品质量问题，并将结果按规程予以通告。”

广州市质监局表示，日常监督抽查都是按照酒类产品国家标准抽检，而标准中没有塑化剂项目的检测要求。

但中国农业大学食品科学与营养工程学院副教授朱毅曾表示：卫生部对塑化剂迁移到食品中的含量有明确规定，即酒业只能借鉴这个标准，就算制定自身标准，也不能逾越卫生部的规定，只能比这个规定更加严格。

暨南大学食品研究中心主任傅亮认为，酒类生产整个过程都有可能跟塑料接触，而塑化剂溶于酒精，有可能受塑化剂污染。另外一些酒类会添加香料，有的香料中也含有塑化剂。

酒厂技术部负责人黄先生认为，白酒主要是经过粮食发酵、蒸馏、储存、罐装几个环节，其间不会再添加任何添加剂，所以受到塑化剂污染的可能性比较小。他认为，如果要在白酒内添加塑化剂，目的可能是为了增加口感和香气。同时，他介绍说，普通工厂不具备检测塑化剂能力，国家标准也没有这个项目的强制规定。

广东省食品添加剂专业委员会理事长陈永泉则强调，需要慎重对待此次调查结果，因为按照食品安全管理规定，必须由第三方机构取样检测，取样是否科学也会影响到结果，“取样有其科学性，比如同一箱产品要分散取样，不能靠在一起。”

有人质疑检测的真实性，认为：“报道针对性太强，怀疑其目的。只有一家检测中心检测，怀疑结果真假。只检测一家，不知道国内白酒行业的平均水平。”也有网友表示，“这样一个注册地在海外的商业检测机构做出的检测报告，是否具有权威性，是否有发布权值得探讨。”

2012年1月19日晚，中国酒业协会网站发出公告称，“某媒体机构通过互联网发表有关白酒塑化剂超标的报道，同时对我协会《关于白酒产品塑化剂有关问题的说明》一文进行断章取义报道，歪曲了文章的真实内容，并宣布为中国酒业协会对有关白酒塑化剂问题的回应，我协会对此类极端不负责任的做法表示强烈不满。在此，我协会郑重声明：中国酒业协会从未授权任何媒体、单位以及个人发表针对有关白酒塑化剂事件的回应。”

中国酒业协会回应白酒塑化剂超标问题，并表示白酒产品中基本上都含有塑化剂成分，最高含量超过国家规定约8倍，最低也超过了约1.7倍。前一日，中国酒业协会也在其官方网站发布声明说，该协会从未授权任何媒体、单位以及个人发表针对有关白酒塑化剂事件的回应。并在声明中明确，目前，全国白酒重点企业的白酒产品，塑化剂含量指标都低于食品标准值。已知白酒生产过程中自身发酵环节不产生塑化剂。白酒产品中的塑化剂主要源于塑料接酒桶、成品酒塑料桶包装等。溶进白酒产品塑化剂最高值是酒泵进出乳胶管，目前所有白酒企业都在使用这一设备。

（资料来源：王利涛，陈晓云，刘畅．案例分析：酒鬼酒塑化剂事件．中国有色金属，2013）

练习题

1. 什么是企业社会责任的内涵及体现？
2. 什么是企业管理道德的内涵及实现途径？
3. 国际学术界对于企业社会责任的界定有哪些观点？
4. 如何处理企业生存与社会责任之间的关系？

第五章 管理的基本原理

本章学习目标

1. 理解管理基本原理的重要性。
2. 掌握管理的系统原理及其原则。
3. 掌握管理的人本原理及其原则。
4. 掌握管理的动态原理及其原则。
5. 掌握管理的效益原理及其原则。
6. 懂得管理基本原理之间的内在关系。

导读 分粥

曾经有七个人住在一起，每天分一大桶粥。可是，粥每天怎么分都不够。一开始，他们抓阄决定谁来分粥，每天轮一个。于是乎每周下来，他们只有一天是饱的，就是自己分粥的那一天。

后来他们开始推选出一个道德高尚的人出来分粥。强权就会产生腐败，大家开始挖空心思去讨好他，贿赂他，搞得整个小团体乌烟瘴气。

然后大家开始组成三人的分粥委员会及四人的评选委员会，互相攻击扯皮下来，粥吃到嘴里全是凉的。

最后想出来一个方法：轮流分粥，但分粥的人要等其他人都挑完后拿剩下的最后一碗。为了不让自己吃到最少的，每人都尽量分得平均，就算不平均，也只能认了。大家快快乐乐，和和气气，日子越过越好。

管理启示 管理的核心在“理”不在“管”。厘清事物的内在关系，兼顾整体利益和个体利益，制定合理的游戏规则，管理者更多的时候在于搭建这样的平台。

管理原理是对管理活动的实质，对管理活动最基本的、普遍性的运动规律的科学表述。由于社会以及相应的管理实践活动在不断变化发展，人们对其客观规律的认识，总是具有一定程度的历史阶段性、相对滞后性，所以，管理原理必然是真理的绝对性与相对性的对立统一。掌握管理原理有助于提高管理工作的科学性，避免盲目性，有助于掌握管理的基本规律，迅速找到解决管理问题的途径和手段。因此，揭示和应用管理的基本原理，对于做好管理工作具有普遍的指导意义。与基本原理相对应的，还有若干原则。原则就是根据对管理活动的基本原理的认识而引申出来的，要求人们共同遵循的行动规范。只有在正确的管理原理及其原则的指导下，将原理与原则渗透于一切具体活动中，才能期望顺利地实现组织目标，取得好的效果。

第一节　系统原理

一、系统的概念与类别

1. 系统的概念

系统是指由若干相互联系、相互作用的部分（要素、子系统）结合而成的有机整体，这个整体具有其各个组成部分所没有的新的性质和功能。

组成系统的各个部分，被称为要素或子系统。由于系统可以划分为不同层次的要素或子系统，因此，要素或子系统具有相对性，如果对子系统的成分作一般的抽象，可以发现，任何系统都是由物质、能量、信息按一定的结构与相互关系而组成的。系统与外部环境的关系，归根结底是一定的物质、能量、信息的交换关系。

不同的系统具有不同的功能。所谓系统功能，是指系统对外部环境所表现的作用及其效果。如一个企业，在同样的时间内，如果它能够在消耗同样的人、财、物等资源条件下，向社会提供更多、更好的物质产品，那么它的经济功能就更高。

2. 系统的类别

系统按照不同的标准可以划分为不同的种类，主要有：

(1) 按照自然界从低级到高级的层次，可分为无机系统、有机系统和社会系统。

无机系统是由自然界无机物质构成的，它不具备自身目的，是无目的系统；有机系统是指植物、动物和人体系统，具有生命目的性与单体性；社会系统是指以人为基本单元（包括物质等要素）的群体组织系统，其主要特征是群体性和共同的目的性。它表现为各个成员个体目的与共同的群体目的的有机统一。

(2) 按照系统的形成过程，可分为人造系统与自然系统。

人造系统是指通过人为的活动而形成的各种具体系统，这方面有：生产、城市、管理等社会系统，汽车、机器等物质系统，科学、技术、情报等知识系统；自然系统是指其产生、存在和运动与人类的活动无直接联系的、基本上由自然过程形成的系统，如海洋、森林等。

(3) 按照系统与环境的联系，可分为封闭系统和开放系统。

开放系统是指与环境关系密切、有着经常的物质、能量和信息交换的各种系统，例如企业经营系统、人体生理系统等。封闭系统是指系统的存在和发展与环境无直接联系，或与环境不经常发生能量、物质、信息等交换的各种系统，例如上好发条的钟。这种封闭系统是相对的，绝对的、永久的封闭系统是不存在的。

二、管理的系统原理

任何管理的对象都是一个特定的系统。管理者必须运用系统理论组织系统活动，从整体上把握系统运行规律，对管理的各个方面的问题作系统的分析、综合，进行系统优化，并在组织行为活动的过程中，依照组织的活动状态、效果和社会环境的变化，运用系统方法，调节、控制组织系统的运行，最终引导组织系统实现预定目标，这就是管理的系统原理。

管理的系统原理要求管理者把管理对象看做是不断发展变化的整体系统，在管理活动中全面贯彻系统思想，其目的是实现系统的整体优化，创造系统整体的最佳效益。因此，管理者必须学会和应用系统分析方法，以便认识和掌握管理对象及管理过程的系统性质。

应用管理的系统原理时，必须充分注意管理系统的几个特性。

1. 管理系统的目的性

管理的本质就是人们为达到组织的目的，对人、财、物等要素来实现有效控制的社会实践活动，它的每个过程、每个环节、每种职能以及活动的范围、原则和方法等，都是围绕着组织的目的并为它服务的，这就是管理系统的目的性。

任何管理系统都应有明确的目的，不同的管理系统有不同的目的。目的不明确，或混淆了不同的目的，都必然会导致管理的混乱。为此，在建立管理系统时，必须围绕着管理的目的和功能来设置各个子系统。

在管理系统的运行过程中，目标具有决定管理活动的方向、性质的意义。一个管理系统通常只有一个目标，或者说，只能有一个主要目标。如果一个系统有多个目标，必然会使人、财、物、时间、信息诸方面互相干扰，从而影响系统的功能和效率。目标正确，管理系统的效率越高，效果就越好。反之，如果目标错误，管理系统的活动效率越高，则给管理带来的危害就会越大。

管理系统的目的性，要求管理者必须通过科学的手段和方法，及时地发现和消除管理系统中与实现目标无关的机构和人员，克服各种不利于实现管理目标的因素，诸如人浮于事、以人定编、以人设职等，减少内耗，从而使管理系统在达到既定目标的过程中，始终保持相对的优化状态。

2. 管理系统的整体性

任何管理系统都是由若干相互联系和相互作用的要素所构成的、具有一定结构和功能的整体，这个整体已具有各构成要素本身所没有的新质。这个整体功能也不等于各个组成部分功能的总和。亚里士多德说过："整体大于部分之和。"就是说，部分有机组合成整体，产生了结构上的质变和功能上的放大。用数字公式表示就是"1＋1＞2"。相反，如果整体结构不合理，整体的组成部分之间功能相悖，就会降低系统的功能与效率，产生"1＋1＜2"的情况。如在一个结构合理的领导班子中，各位领导者在性格、气质和能力上虽各有长短，却能互相尊重，取长补短，团结配合得好，就会产生"1＋1＞2"的效应，形成强大的集体合力；反之，如果这个领导班子年龄结构不合理、个性不相容、专业知识不能互补，就会相互牵制、彼此冲突而造成领导班子集体领导功能的巨大损耗。

一般的说，如果管理系统中每个组成部分或子系统的功能发挥都是好的，那么系统整体功能的发挥也会比较理想。如果管理系统中和某一组成部分的功能发挥受阻，它就会影响到其他部分功能的发挥。因此，能否尽可能地为各个组成部分的发展创造良好的环境和条件，是管理系统整体求得自身发展的一个必要前提。但是，每个组成部分或子系统的性能好，整体性能不一定必然就好。比如，一个由第一流的领导者或能人组成的领导班子，其领导效果并不一定会好。这是因为系统中的每个组成要素的功能，只有通过结构这个中介才能体现出来。结构是系统内部诸要素的排列组合方式，是系统的性质和数量的集中表现。只有借助结构，才能把孤立的诸要素组成为一个系统，只有通过结构这个中介，系统的属性与功能才能体现出来。因此，要管理好一个系统，首要的任务是要使结构合理化。

在管理系统中，部分一定要服从整体。如果系统的组成部分或子系统的利益与系统的整体利益发生冲突，那么组成部分或子系统的利益就必须服从整体的利益，否则，管理系统的整体性就会受到破坏。管理工作中往往会出现"牵一发而动全身"、"一着不慎满盘皆输"的情况。所以，树立管理工作的全局观念，在错综复杂的情况下处理好管理系统的部分与整体的关系，是系统整体性对现代管理的一个基本要求。

3. 管理系统的层次性

任何复杂的系统，都具有一定的层次性。管理系统也是如此。综观各种各样的管理系统，如果从层次上划分，一般都可分为宏观管理、中观管理、微观管理三个层次。宏观管理主要是指制定战略、方针、政策为主的高层管理，这种管理要求集中、统一、相对稳定，切忌政出多门、政策多变。微观管理主要是指具体单位在宏观战略和总体目标指导下的对具体事务的管理，带有明显的执行、落实的特点。这种管理必须从实际出发，灵活、能动、多样，不搞"一刀切"。介于宏观管理和微观管理之间，还存在着一个承上启下的管理层次，这就是中观管理。中观管理的对象既不像宏观管理的对象那样广泛，又不像微观管理那样狭窄，而是同时有宏观和微观的特点，具有过渡、连接的性质。中观管理对宏观，它是微观；对微观，它是宏观。中观管理具有相对稳定性，作为一个层次的管理，它同样是为了实现既定的目标，而进行决策、计划、组织、协调和控制。

在管理系统中，每一个层次都应有各自的功能，而且责、权、利分明。同一层次诸子系统之间的横向联系，一般由各子系统本身加以解决，只有在它们之间产生不协调或发生矛盾时，才需要由上一层次出面解决。上一层次系统的主要任务有两个，一是根据系统的功能和目标向下一层次发生指令信息，最后考核指令执行的结果；二是解决下一层次各子系统之间的不协调。一般情况，不能越级指挥，上级领导对下一层次"乱插一杠子"，干扰下级的具体工作，会严重挫伤下级的积极性和责任心，造成管理的混乱。所以，只有管理系统各层次做自己应做的事，并逐级指挥、逐级负责，维护组织的正常秩序，才能有效地管理。

三、运用系统原理的基本原则

1. 整分合原则

(1) 整分合原则的内涵。系统原理要求对管理对象整体把握、科学分解、组织综合，这就是管理的整分合原则。具体地说，就是现代管理活动必须从系统原理出发，把任何管理对象、问题，视为一个复杂的具有目的性的组织系统。首先，从整体上把握系统的环境，分析系统的整体性质、功能，确定出总体目标，然后围绕着总目标，进行多方面的合理分解、分工，以构成系统的结构与体系；其次，在分解之后，要对各要素、环节、部分及活动进行系统综合，协调管理，以实现系统的总目标。由于系统的层次性，整分合也是相对的。现代管理活动形成整体上的整分合，就具体某一方面的、局部的管理活动，也同样体现着许多小的、局部的整分合。

(2) 整分合原则的要求。整分合原则中的整体观点是大前提，不充分了解整体及其运动规律，没有一个统筹的规划，分解、分工必然是混乱而盲目。但是分解、分工是关键，没有科学的分解或分工的整体只是混沌的原体，构成不了现代有序的系统。现代企业已不再是传统意义上的工厂了，而是包括了市场预测系统、研究与发展系统、生产系统、销售系统等。在研究与发展系统中，有纯粹基础研究、应用技术研究、产品研制、推广研究等分工；在产品研制中，又有设计、样机制造、调试和考核试验等分工。分工合理会提高效率，但分工也不是万能的。分工特别容易在时间和空间、数量和质量等方面脱节，因此，必须有强有力的组织管理，使各方面同步协调，有计划地、按比例、综合平衡地发展，这样，有分有合，分而后合，实现整体优化。

2. 相对封闭原则

(1) 相对封闭原则的内涵。任何管理系统虽然都与外部环境有输入和输出关系而具有开放性，但就其内部而言，则必须构成一个各个环节首尾衔接、互有约束、互相促进的连续封闭的回路，这样才能有效地发挥管理中各个环节的功能和作用，从而形成有效的管理，这就是相对封闭原则。

(2) 相对封闭原则的要求。一个管理系统可以分解为指挥中心(决策机构)、执行机构、监督机构和反馈机构。指挥中心是决策机构，管理的起点就是由决策机构发生指令。指令一方面通向执行机构；一方面又发向监督机构，监督执行的情况。指令执行结果输入反馈机构，反馈机构对信息处理，比较指令执行结果与指令的差距后，返回决策机构，使决策机构根据情况发生新的指令，这就形成了管理的封闭回路。如图 5-1 所示。

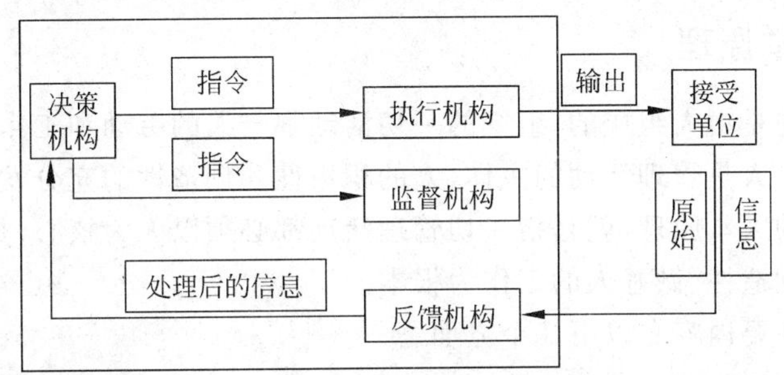

图 5-1　管理系统机构的相对封闭回路图

管理系统相对封闭的实质，就是指管理系统内部各部分、各因素、各环节形成相互制约、相互促进的机制。管理系统封闭的相对性，来源于管理系统空间和时间上的相对性。从空间上讲，任何管理系统都与其他系统有着输入——输出的关系，互相影响与作用；从时间上讲，管理中封闭的措施是否正确，都与当时的情况和条件有关，随着环境条件的变化、管理活动的发展，还会出现新的问题，需要重新进行封闭管理。即使原来已经封闭的管理，也要不断修正和完善。凝固、僵化、一劳永逸的封闭同样会给管理工作带来危害。因此，要不断从后果评估出发，从各种后果中寻踪追迹，特别要选择可以反馈控制的主导线，加以封闭，其具体做法因情况而异，这是一个动态的过程。

小平台

美国有个著名的植物园，里面种满了各种珍奇名贵的花卉，每天都有大批游客前来观赏，但花卉不翼而飞的事时有发生。为此，管理人员在植物园门上方竖起了一块告示牌："凡检举偷窃花卉者奖金 200 美元。"打这以后，植物园再未出现过丢失花卉的现象。有好奇的游客问管理人员，为何不写成“凡偷窃花卉者罚款 200 美元。”管理人员若有所思地答道，如果那样写的话，只能靠我们有限的几个人去看管，而这样，就可能充分调动游客，使几百几千甚至更多的人参与我们的管理。而且，还会让动机不纯的人产生一种“四处都有目光”的惧怕心理。

变罚为奖，变管住人人的被动局面为人人参与管理的主动局面，这着实让人拍案叫绝。事实上，这只是源于管理人员转换了思维角度，巧妙地改动了一下管理的支点。

第二节 人本原理

一、管理的人本原理

任何组织首先是由人组成的，组织的一切活动都与人的劳动和工作紧密相连，各项工作需要人去完成。人是管理活动的主体，人的积极性和创造性的充分发挥，是管理活动成功的关键。管理的人本原理，就是指一切管理活动都必须以人为核心，具体讲就是要以调动人的积极性和创造性、做好人的工作为根本。

人本原理的主要内容有以下几个方面。

1. 人是组织管理的主体

管理是一种社会的活动；管理对象中的各个不同的因素和管理过程中的各个不同环节，都需要人去掌握和推动。没有人正确合理地使用财、物、信息和时间，它们就起不到应有的作用。管理过程中，指挥调节和控制等，首先也应该是对人的指挥、调节和控制，不然就无从实现管理的目标。所以，管理工作的核心和动力，只能是人以及人们的积极性和创造性。一个管理者如果不能明确地、坚定地抓住这个核心，忘记或忽视人们的积极性、主动性和创造性，而把注意力集中在财、物等因素或环节上，就是舍本求末，难以保证管理的效率和实现最佳的目标。任何组织活动中人的能动作用应是主导作用。其他因素如物、技术、资金、信息都必须依靠人的操纵或处置才能发挥作用。因此，人必须成为组织活动中的主体，处于绝对的主导地位。

2. 组织成员的共同参与是有效管理的关键

任何组织目标的实现都离不开有效的管理。要实现有效的管理，主要存在两种思想：一是仅依靠少数上层管理人员来管理；二是在发挥上层管理人员重要作用的同时，组织发动民主管理，发动组织全体成员的参与。事实证明，凡是能发动组织中全体成员参与管理的做法都能取得更为显著的成效。因此,人本原理对管理者和管理活动的要求是:一要树立牢固的人本观念,坚决摈弃那种见物不见人、重技术不重人、靠权力不靠人,从而把人作为靠外力强制、刺激下驱动的附属因素的管理观念。二要把做好人的工作作为管理工作的核心,让人们明确组织的整体目标和个人工作的意义,并尽可能地结合被管理者的生理、心理素质、需求特点,使工作岗位与个人的能力、价值观、成熟感相适应。吸收员工参与决策,实行民主管理,充分调动人们的主动性、积极性和创造性。

3. 使人性得到完美的发展是现代管理的精髓

马克思说过,只能用爱来交换爱,只能用信任来交换信任。现代管理活动中,不论是管理者还是被管理者,都应该本着尊重人、爱护人、依靠人的原则才能调动广大组织成员做好工作。管理人员,特别是职位较高的人员,应对其下属尽可能采取更为人性化的管理。各项管理工作,凡涉及人的问题如安排岗位职务、分配工作任务、人员绩效考评、工资、奖金、福利、津贴等各类问题,均应体现出高度的人性化,使组织中的成员能心情舒畅,积极性提高,增强组织的凝聚力与向心力,组织才能出现欣欣向荣的面貌。

4. 为人提供服务是管理活动的本质

管理活动归根结底是为人服务的,为人提供良好的服务是管理本质的反映。政府机关、事业单位、企业经营活动等所做的一切都是为了社会全体成员。把人民群众的事办实、办好,社会才能发展,国家才能富强,人民的生活水平才能有所提高。因此,树立为人民服务的宗旨,是我们任何组织做好管理工作的出发点。

二、运用人本原理的基本原则

1. 能级对应原则

(1) 能级对应原则的内涵。为使管理活动有序、稳定、可靠、高效,必须在组织系统中,建立一定的层次及其相应的标准、规范。把所有组织成员,按其自身的能力素质科学地安排在相应级别的工作岗位上,做到人尽其才,各尽所能,这就是管理的能级对应原则。

(2) 能级对应原则的要求。能,在管理学里表示个体的能力。人的这种能力是人在先天素质基础上通过后天训练获得的。就同种性质的工作所需的能力来说,不同的人能力有高低大小之分,这导致量上的差别;即使具备大体相同的能力,不同的人对不同性质的工作,其适应性、胜任度也有不同,这导致相同一级水平能力上的质的差别。级,即层次,在管理学里表示系统内部的结构、秩序或层次。现代管理的任务就是要建立一个合理的能级,使管理的内容能动态地处于相应的能级中。

管理组织必须按层次形成稳定的能级形态。现代管理中的级不可随便分设、任意组合。稳定的能级结构应当是正三角形或正宝塔形(梯形)。但有些管理组织不是这样,而是呈橄榄形,两头小,中间大。有些部门甚至呈倒宝塔形,官多兵少,人浮于事。造成非稳定能级结构的一个重要原因在于,不论工作是否需要,照顾关系而设职,"因人设官","能官不能民","能上不能下"。"人多好办事"是小生产的效率原则,现代化管理应该是"用最少的人办最多的事,多一个人就是多一个障碍因素"。

能级对应原则要求不仅将人或机构按能级合理组织起来,而且规定了不同能级的不同目标。下一能级的目标是达到上一能级的目标的手段,只有下一能级圆满地完成了自己的目标,才能保证上一能级顺利地达到目标,才能逐级地保证达到整个系统的目标。因此,上一能级对下一能级有一定的要求,有一定的能级制约。也就是说,表现出一定的权力;同样,下一能级对上一能级负一定的责任。为了使整个系统各能级都能在完成自身任务方面发挥出高效率,表现出高可靠性,就要有与其能级相对应的权力、物质利益和精神荣誉,做到在其位、谋其政、行其权、尽其责、取其酬、获其荣、惩其误。

管理系统内各种工作岗位都有不同的能级,按照能级对应原则,指挥人才,应具有高瞻远瞩的战略眼光,有出众的组织才能,善于识才用人,善于判断决断,有永不衰竭的事业进取心。如美国的曼哈顿工程的领导人,并没有选择诺贝尔物理学奖金获得者爱因斯坦、康普顿、费米等,而选择当时只是一名理论物理学家的奥本海奥,由于其能力与职位相适应,及时制造出了原子弹,被称为"原子弹之父"。反馈人才必须思想活跃敏锐,知识兴趣广泛,吸收新鲜事物,综合分析能力强,敢于直言,富有求实精神。监督人才必须公道正派,铁面无私,熟识业务,联系群众。执行人员必须诚实可靠、埋头苦干,任劳任怨,善于领会领导意图等。用人之长,庸人变人才;用人之短,人才变庸才。只有混乱的人才管理,没有无用的人才。关键在于随着客观情况的变化,通过不断地调整,使变化着的人才合理地安排到相应的能级中去。不同的历史时期,任务不同,岗位能级就有差异,不同能级上的人员就要流动,因此,动态地实行能级对应,才能发挥最佳的管理效能。

2. 动力原则

(1) 动力原则的内涵。组织目标的实现,要依赖于由各成员的个人动力所会聚成的组织整体动力能量的定向、有序、高效的发挥。充分重视并正确地运用动力,使管理活动持续有效地进行,这就是管理的动力原则。

(2) 动力原则的要求。动力原则的核心内容,一是动力源,对个人来说,管理的动力源是指管理活动中所有可能导致人们投入组织活动的人的种种需求;二是有效的动力机制,也就是指有一种确定的引发、刺激、导向、制约动力源的条件机制。无动力源,管理活动如一潭死水,运动不能产生;无有效的动力机制,或者是动力源不被引发为动力,或者是动力作用方向杂乱无章,甚至相互抵消,就汇集不成有效方向上的强大集体能量。

一般的说，动力有三种类型：

第一，物质动力。物质动力指的是按照人的物质需要，通过适当的物质刺激来调动人的工作积极性。物质需要即人们对一定的天然物品和社会劳动、文化、生活、用品的需要。这种需要是人求得生存和发展的一种基本需要。这种需要的满足会对人的行为产生强烈的激励作用。所以，物质动力应当是根本动力。

第二，精神动力。精神动力是指通过满足人的精神需要来激励、调动人的积极性和创造性。人的精神需要主要是指人对科学文化知识、社会交往、社会地位、理想与抱负等方面的需要。精神动力不仅可以补偿物质动力的缺陷，而且其本身具有巨大的威力。当物质越来越丰富的时候，精神需要在人的需要结构中占有的位置越来越重要，所以，精神动力比物质动力更稳定、更持久。

第三，信息动力。从管理角度看，信息作为一种动力，有其相对的独立性。就一个国家而言，如果闭关自守，没有国际间信息交流，就不能有前进的动力。知道了自己落后，急起直追，信息就产生了巨大的动力。从一个企业而言，信息是竞争的基础。国外企业开发新产品，主要抓住两点：一是市场是否需要；二是竞争对手如何。市场需要，对手情况，都是信息。掌握了信息，才能在市场竞争中立于不败之地。对于个人也是如此。掌握知识越多的人，越有工作生活动力。

以上三种动力在运用过程中，必须注意四点：一是三种动力要有重点地综合协调地运用。对于任何组织、个人，都存在三种动力及其组合，但对不同性质的组织与个人，甚至同一组织与个人，在不同时期、情况下，动力的侧重点不一样。二是管理者必须有效地通过管理活动，建立一套有效的动力机制，使得个人动力与集体动力的方向尽可能大体一致。三是要正确处理眼前动力与长远动力的关系。个体动力容易倾向于近期而忽视长远，而集体或社会动力，则涉及长远的影响与发展。因此，近期动力与长远动力具有内在的相互转化关系而又有所区别，必须合理兼顾。四是应用的动力刺激量要适当。既要注意对各组织、成员施以刺激量的相对比例要适宜，又要注意对个体的刺激量要适度。刺激必须与它承担的使命相适应。

3. 行为原则

(1) 行为原则的内涵。对组织内多类多级人员的行为进行科学的分析，采取有效的管理，以求最大限度地调动人们的积极性，这就是管理的行为原则。

(2) 行为原则的要求。行为原则有两大相互联系的核心内容，一是对行为的科学分析。人的行为是人的需要及其相应的心理活动、动机等这些内隐因素的外显表现。造成人的行为动机，既须以人的需要为基础，也要有一定的外界环境因素所激发。现实的情况是，由于人的行为受到人的意识、理性、意志的自觉控制，人的外显行为与内隐成分存在着非常复杂的关系，因此，要揭示人的行为规律、特点，必须进行科学的深层分析。二是对人们的行为及其效果进行有效的管理。由于同样的行为可以由完全不同的需要、动机引起，而同样的需求、动机，对不同的人又有非常不同的行为方式，因此，对人的行为的管理不可千篇一律。

在管理活动中必须贯彻行为准则，主要体现在：

① 尽力满足组织各成员正当、合理的物质和精神方面的客观需要。每个人都有他自己的客观需要，对于那些正当的、合理而又可能解决的物质需要和精神需要，管理者有义不容辞的责任尽力解决，并应创造条件，使这些需要的满足度不断提高，这是调动人们积极性的根本前提。

② 对组织成员的行为管理要灵活多样，讲求实效。一方面，由于人的需求及其行为有共同性、普遍性，要科学地归纳出那些组织成员共同的行为规律，以便于进行一般性行为管理；另一方面，由于每个人的个性特征所表现的行为上的个体差异性和特殊性，管理者在具体的、针对每个人的行为进行管理时，要有权变观念，因人而异，对症下药。

③ 务必使每个人都有确定的、可以考核的具体责任，并对其完成、履行责任的结果进行认真验收，使之与个人的种种利益挂钩。根据不同的情况，实行适当的责任制，这是行为原则的具体要求。必须对每个人的工作效率、结果进行严肃认真、毫不含糊的考核和鉴定，根据规定给予应得的奖惩。一个好的管理者，在对人的管理这个核心问题上，不需时时刻刻盯住下属，看其“如何工作”，弄得他们谨小慎微，缩手缩脚，不敢创新，而重要的是验收他们最后的“工作如何”，这是一种重要的行为管理方法。这样做有利于激发人们的责任心、主动性、积极性和创造性。

小平台

有一次，某公司开业，放在门口的一排花篮因人群拥挤而翻倒了两只。公司的员工或许因为太忙而未将花篮重新扶起，倒是总经理在送客人时看到后将花篮扶起。这一简单的小事在总经理的心中引起了强烈的思考：员工对企业的形象就这样漠不关心吗？第二天，他召集全体员工开会。在会上，他和颜悦色地向员工提出了两个问题：一是你家中的热水瓶翻倒在地，你和你的家人会怎样处理？二是假如公司门旁的花篮翻倒，当你看见或顾客看见了告诉你时，你又是怎样的态度？两个问题非常简单。员工们沉默了，顷刻，几位员工红着脸，向总经理承认昨天看到了花篮倒地一事，并做了检讨。有的员工还当场表示愿意扣除当月奖金。这一方式就非常艺术化，起到了教育、感化员工行为的效果。

第三节　动态原理

一、管理的动态原理

在管理活动中，面对瞬息万变的组织环境，注意把握管理对象运动、变化的情况，及时调节管理的各个环节和各种关系，才能保证不偏离预定的目标，在动态管理中实现最佳效益，这就是管理的动态原理。

动态原理的特征

(1) 组织动态的复杂性。现代社会，随着科学技术方面连续性的重大突破，信息传播速度空前加快，整个世界的经济、政治、文化等方面的活动已联结为一个有机的整体。国家之间、地区之间、行业部门之间、企业单位之间的竞争日益激烈，从而使社会生活和各个领域都在发生着日新月异的变化，这种变化也猛烈地冲击着人类本身，使人的知识、能力、价值观念、思想态度、行为方式等方面都在发生深刻的变革。管理作为人们在改造客观世界和主观世界的过程中，为达到一定目标所从事的复杂活动，其全过程应该是围绕制定目标、分析、明确方向开始，制订计划、健全机构、组织力量、指挥行动、跟踪变化、调节关系、控制系统，最后是总结经验，前后若干个环节，周而复始、循环往复，都在变化发展之中。这些过程中每个环节，又可能有多种因素，各种因素又可能受到相同的或不同的外界影响，它们彼此之间又是彼此制约的。因此，不仅从全过程看管理是一个动态过程，就是从各个环节看也都是一个个复杂的动态系统。推动管理活动发展变化的根本原因，是管理系统内部诸要素之间、诸要素与系统整体之间、系统与环境之间的矛盾运动。

(2) 组织动态的前瞻性。动态原理要求每个管理者必须作超前预见和工作安排，科学地认识、预测和把握管理对象和管理环境的变化，以作出正确的预见性决策。传统的“四平八稳”、“先干起来再说”、“以不变应万变”的管理指导思想，“日出而作，日落而息”的管理方式，已不能适应社会发展对现代管理的要求。只有牢固树立“在竞争中求生存”、“向时间要效益，在发展变化中不断求完善”的管理指导思想，用动态原则去指导现代管理工作，才能保持管理活动的高绩效。

二、运用动态原理的基本原则

1. 弹性原则

(1) 弹性原则的内涵。现代管理的各种因素、环节的密切联系和纷繁变化，使管理者不可能对其未来的各种细节都做出超前的精确测定。因此，管理必须保留充分的余地和弹性，以应付各种随时都可能出现的新情况、新变化，从而有效地达到管理的目的，这就是现代管理的弹性原则。

（2）弹性原则的要求。现代社会科学技术、政治、经济、文化等各个领域的飞速发展，使现代管理从广度到深度都发展到了一个新阶段，它所涉及的问题、因素，所要协调的关系等较过去复杂得多，要求管理者百分之百地把握它，精确地预测它们的发展、演变过程和趋势，制定出万无一失的管理措施和方法是根本不可能的。而且，管理者是人，被管理者也是人，而每个人，由于其个性特征不同，需求、爱好、动机、情感不同，其行为方式也不同，这就使管理活动具有更多的不确定性。因此，必须如实地承认管理者对客观的认识永远有缺陷，管理必须留有余地。

管理弹性分为两类：一是局部弹性，是指系统局部自身的应变适应能力。任何一类管理必须在一系列管理环节上保持可以调节的弹性，特别是在重要的关键环节上要保持足够的余地。二是整体弹性，是指整个管理系统的可塑性或适应能力。通过局部弹性的提高，可以增强整体弹性。

卓有成效的管理追求的是积极弹性。它是科学预测事态的未来变化的基础上，留有灵活余地，留有多种调节方案和预防措施，它的目的在于一旦事态有重大变故，能够不乱方寸、有备无患地做出灵活的应变反应，从而保证预定目标的实现。消极弹性则是降低可能实现的目标，用牺牲进取或巨大浪费为代价，来增强所谓的“弹性”。积极弹性是“多一手”，消极弹性是“留一手”，二者有质的区别。后者意味着高成本、低效益。现代管理应树立积极弹性观念，积极弹性意味着高适应性和高效益。

2. 反馈原则

（1）反馈原则的内涵。在动态管理中，必须具备健全、灵敏、准确、高效的信息反馈机制，对管理过程中出现的新情况、新问题及时做出信息反馈。一旦发现原先计划、目标与客观情况发展有较大出入，就应作出适时性调整。若将行动结果情况与原来的目标要求相比较，发现“偏差”，则及时采取有效的纠正措施，以确保组织目标的实现，这就是管理的反馈原则。

（2）反馈原则的要求。现代管理要遵循反馈原则，关键在于建立健全、灵敏、准确、高效的信息反馈机制。所谓健全，就是指反馈系统的设置能全面地反映整个组织的运行情况，反馈系统与控制系统的关系协调，反馈运行渠道畅通；所谓灵敏，就是反馈系统具有高度的敏感性，能够及时发现管理活动与变化着的情况之间的矛盾，及时测量出行动结果与管理目标的差，为控制系统的再输出及时地提供信息；所谓准确，就是反馈系统必须有高效能的分析能力，以过滤和加工感受到的各种信息，达到去粗取精、去伪存真、由此及彼、由表及里的结果；所谓高效，就是反馈系统能够准确地、及时地发现工作中出现的新问题、新情况，并能把分析过的信息变为决策部门强有力的行动，以修正原来的组织行动，使之更符合实际情况。因此，决策、执行、反馈、修正、再决策、再执行、再反馈……如此无穷的螺旋上升，使管理不断进步与完善。

小平台

西北某石化企业生产的化学试剂，畅销华东地区，该企业分管业务经理建议在上海附近设点，以上海为依托，辐射长三角地区。

公司总部决定此建议前，必须考虑下列相关或限制因素：

- 当地政府对设立化工类企业的态度（如环保要求等）以及财税优惠政策。
- 征用当地土地价格及建设新厂的成本和资金筹措。
- 当地劳动力市场的相关情况。
- 新厂管理的难度。
- 新厂的生产成本、管理成本、销售成本等财务状况。
- 设立新厂对总厂销售和利润的影响。

第四节　效 益 原 理

一、管理的效益原理

在任何管理活动中，都要讲求实效，力图用最小的投入和消耗，创造出最大的经济效益和社会效益，这就是管理的效益原理。

效益原理的内在关系

(1) 效果、效率、效益的内涵及其关系。

要正确把握管理的效益原理，必须首先弄清效果、效率与效益三者的关系。效果指人们在社会实践活动中通过某种行为、力量、方式或因素而产生的结果。它强调这种结果符合目的性的程度，凡是符合组织目的的结果是好的；反之是不好的。效率是指某一特定系统所消耗的能量与所收效果的比率。若消耗能量少，而产生的效果大则效率高；反之，消耗能量多而产生效果小，则效率低。效益是指效果与利益，表现于在社会实践活动中某一特定系统实际产生的有益效果，人们习惯把效益分为经济效益和社会效益。经济效益是指人们在经济活动中所取得的收益性成果，从量的关系讲，经济效益等于已实现的经济活动成果与劳动耗费之差。劳动耗费包括在经济活动中耗费的活劳动和物化劳动。社会效益是指人们的社会实践活动对社会发展所起的积极作用或所产生的有益的效果。

效果、效率和效益三者既有联系又有区别。效益与效果的关系是，只有好效果才能产生效益。效果好与不好的判定，更多的是从活动主体的目的角度考虑的。而效益的判定，则不仅从活动主体的角度考虑，而且要从他人、集体、国家、社会、长远的角度来考虑。有效益必有好效果。效益与效率的关系是，只有在效率高、目标正确的条件下，才能产生效益；反之，如果目标错误，效率越高，则效益越差。因此，提高管理效益，不仅效率要高，而且工作目标必须正确，要有好的效果，效益就体现了效果与效率的统一。

(2) 效益原理的目的。

效益原理揭示了管理的目的属性。管理的一切职能、措施、方法、手段等，最终都是多、快、好、省地实现管理的预定目标。也就是说，要通过各种管理活动，使投入的人力资源、物力资源、财力资源、信息资源和时间资源等，得以最充分、最有效的利用，从而产生最大的经济效益和社会效益。假若管理者每天从早到晚不停地工作，认为"没有功劳也有苦劳"，甚至用"无愧于心"、"全心全意"来自我安慰和自我表扬，实际上并没有作出有效益的贡献来，这是无效和失职的。效益原理要求我们不能做一个只讲动机不讲效益的"原则领导者"。必须加强科学管理，发展科学技术，提高管理者和被管理者的素质，牢固树立效益观念，通过多种途径提高社会经济效益。

二、运用效益原理的基本原则

1. 价值原则的内涵

价值原则是指管理活动要围绕着提高经济效益和社会效益这个目标，科学地、节省地、高效地使用管理的各项资源，以创造最大的经济价值和社会价值。

管理学的价值原则中所讲的价值，是一个综合性的社会范畴。它除了包括商品价值和经济价值外，还包括社会价值。社会组织管理活动，都可抽象为完成人类价值的某种社会转换或创新，即通过消费一定的价值，经由系统的整体转换功能，有效地向社会提供某种新的更大的价值。

2. 价值原则的要求

管理的价值原则就是要分析投入与产出之比。投入是社会所耗费、占用的劳动总量(包括活劳动和物化劳动)，产出指符合社会需要的产品总量。它不仅可以指企业生产的商品总量，也可以指科研工作的成果总量，还可以指学校培养的人才总量等。借鉴价值工程的公式：

$$价值 = 功能 / 成本$$

我们可以作这样的引申，即上述公式中的功能指的是商品中零件、部件的功能以及由此提高的使用价值和市场效应，属于产出。成本指的是可靠地实现产品的必要功能所消耗的财力和物力的总和，属于投入。这样，追求最大价值，就有五种途径：

（1）提高功能，降低成本；提高产出，降低投入，减少消耗，这是一种最理想的途径。

（2）功能不变，降低成本；或者说产出不变，降低投入。

（3）成本不变，提高功能；或投入不变，提高产出。

（4）功能略降，成本大大下降；或产出略降，投入大幅度下降。

（5）成本略升，功能大大提高；或投入略增，产出大幅度提高。

在管理活动中，利用这种价值分析方法，有助于提高经济效益和社会效益。在此，价值原则强调的是，管理活动虽然反映生产力发展的要求，力图用最新的技术和设备、科学的手段和方法去提高效益，但这种追求最佳效益的管理活动，又总是受一定的社会关系所制约。因此，要有效实现经济和社会效益，必须处理好局部效益与整体效益的关系、近期效益与远期效益的关系。

小平台

麦当劳实行的是特许经营，它形成了一整套计划周密、有条不紊的筛选程序来选择特许经营者，而且经营者必须通过"汉堡包大学"的专门培训。一本几百页的操作手册规定了严格的标准，其中包括食物配置、烹饪程序、店堂布置，甚至员工着装，这些都有详细标准；食品的制作完全是标准化的，一磅肉的脂肪含量必须少于19%，小面包的宽度只能是3.5英寸，每个汉堡包中的洋葱不能超过1/4盎司等；每种食品的制作时间有明确的规定，而且食品出炉后的存放时间也有详细的规定，油炸食品7分钟，汉堡包10分钟，咖啡30分钟，超过规定时间，所有的食品都将扔掉等。所有这些标准都要严格执行，并有严密的监督体制，每家分店有审查员，公司有不定期的暗访调查，发现不符合规定的坚决查处。通过这一整套严密的控制体系，消费者能在世界各地坐在相同熟悉、洁净的店堂里吃到相同质量、口味的食品，享受到相同周到的服务。

本章小结

管理的系统原理是指管理者必须从整体上把握系统运行规律，对管理的各个方面的问题，作系统的分析、综合，进行系统优化，并在组织行为活动的过程中，依照组织的活动状态、效果和社会环境的变化，运用系统方法，调节、控制组织系统的运行，最终引导组织系统实现预定目标。要坚持系统原理必须遵循整分合原则和相对封闭原则。

人是管理活动的主体，人的积极性和创造性的充分发挥，是管理活动成功的关键。管理的人本原理，就是指一切管理活动都必须以人为核心。要坚持人本原理必须遵循能级对应原则、动力原则和行为原则。

管理的动态原理是指管理者在管理活动中，面对瞬息万变的组织环境，要注意把握管理对象运动、变化的情况，及时调节管理的各个环节和各种关系，才能保证不偏离预定的目标，在动态管理中实现最佳效益。要坚持动态原理必须遵循弹性原则和反馈原则。

管理的效益原理是指在任何管理活动中，都要讲求实效，力图用最小的投入和消耗，创造出最大的经济效益和社会效益。要坚持效益原则必须遵循价值原则。

案例聚焦 安泰阿克的成功

约翰·F.安泰阿克在做事的时候有时有一些盲目。去年春天，他曾去面试，应聘Blockbuster的最高职位。Viacom总公司的主席萨姆纳·M.莱德斯通很快地被这个曾经营快餐的老板、但听起来好像在影视中也经营过多年的约翰所吸引，他们谈了几个小时。“他让我很惊喜，”莱德斯通回忆道，并且很快地认为安泰阿克是一个“可能改变震撼娱乐集团的家伙”……

安泰阿克任职第一个月四处拜访公司雇员，原来的管理者和经销商们。他也与好莱坞电影制作商们聊天，努力理顺与他们的关系，商谈生意，以使Blockbuster能更优惠的购买拷贝。安泰阿克住在亚利桑那州的斯哥特德奥，每隔几天使用月票往返达拉斯一次，保持低费用。他从不接受媒体采访，也不请分析专家帮助进行战略决策。

在达拉斯召开了由1100名Blockbuster的店主参加的会议上，安泰阿克充满激情的演说指出，我们应该用积极而有力的重新振兴来证明那些认为Blockbuster已处于竞争劣势的认识的谬误。“公司会倒闭吗?”跃跃欲试的安泰阿克反问管理者们，“我看不会，也绝不可能!”

所有与安泰阿克的合作者认为他是一个富有魅力、言出必行的管理者。在安泰阿克之前担任连锁便利Circle K公司的CEO卡尔·埃勒说：“约翰所关心的都是顾客服务。以顾客需求为目标并寻找办法实现这一目标。”安泰阿克在激励员工方面成绩斐然。在他做Circle K公司的CEO时，他和他的同僚结束了经营状态不错的军用制服销售，转向经营深色套装、眼镜和帽子。“这种剧烈的行业转向，对安泰阿克和雇员们都是一种不小的变动。”Circle K公司的前任公共关系负责人安妮维尔回忆道。

十足的勇气和有力的领导是安泰阿克的特征。就是这个在孩童时代清晨3点钟就得起床，帮助送牛奶的父亲做事的领导者，这个曾经做过皮鞋销售员、掘墓人和红马甲的管理者。

安泰阿克第一个管理工作是总部设在达拉斯的南方公司的7-11连锁商店的零售工作。30岁的时候他是公司中最年轻的部门经理之一。在那里，安泰阿克开始展示他的解决困难的才能。当时的纽约分部出现了资金短缺问题。为此，安泰阿克及时装修他的商店，创办新的市场业务，消除与经销商之间的种种隔阂。在两年之间，安泰阿克的部门的利润在全公司居于首位。

然而，他最大的成功是在任Circle K公司CEO的前两年的困境中实现的。他重新调整负债结构，关闭了2000家商场。到了1993年安泰阿克和其他经理们决定以4亿美元的价格加盟巴林的国际投资团体组织，从而使Circle K公司从困境中摆脱出来。

在获得资金的支持下，安泰阿克集中精力于操作流程的管理，开发有利于“饮料店”这种自主经营的部门的平行货架和狭窄通道布局的形式，并将高价位作为这种营业点的类型特征。Circle K公司的一名营运负责人回忆说：“是约翰重新建立起便利店所应有的概念。”

随后，安泰阿克担任了当时属于PepsiCo集团的塔克贝尔公司的CEO，在两年多的时间里，他主持的连锁业务获得同行业销量第一。“约翰是一个聪明而且讲求实用主义的人，他非常关注消费者的需求。”PepsiCo集团的CEO说，“哪怕只有几个月，你就可以看到他使塔克贝尔发生的变化。”

安泰阿克在Blockbuster也能发挥这种超凡的能力吗？这个新上任的领导者正在加紧调查工作程序和顾客满意度，他希望与好莱坞影视公司达成的交易，可使公司以较低的价格向顾客提供更走红的影片。过去，许多顾客经常是空手走出Blockbuster的营业点，因为陈列架上走红的影片已被出租。为此安泰阿克通过降低价格或延长租借时间来吸引消费者租赁其他老片子。

同时，安泰阿克也在削减开支，辞退了180个员工，其中大多数是达拉斯总部的职员。同样注重控制连锁店的开支，比如今年后半年，德国的17家连锁店因为开支过高被宣布关闭。

成功的迹象已经开始显现。鉴于第一季度开始公司同业影视租赁营业额上升了2%，分析家们估计第四季度业绩将会显示更肯定的结果。虽然安泰阿克创造了奇迹，一些投资者仍旧怀疑正处于缓慢增长的影视租赁业是否适合Viacom的发展需要。一位持有Viacom 10%股份的大股东说：“1994年选择这个产业就是一个错误，现在持有这一行业仍旧是错误。这个产业没有增长潜力。”但是莱德斯通似乎已准备好要宣布相反的态度。“我们无可否认，约翰是适合这个岗位的最佳人选，”他说。当然，莱德斯通只不过是公开鼓励安泰阿克在短期中的卓越表现。因为就在今年Viacom放弃部分产业。这一计划已准备就绪——当然至少要等到安泰阿克认可。现在，莱德斯通所要做的就是把安泰阿克留在公司里。

（资料来源：黄雁芳、宋克勒. 管理学教程案例集. 上海：上海财经大学出版社，2005）

练习题

1. 系统原理及其原则是什么？
2. 人本原理及其原则是什么？
3. 动态原理及其原则是什么？
4. 效益原理及其原则是什么？
5. 在管理过程中，应如何综合运用管理的基本原理？

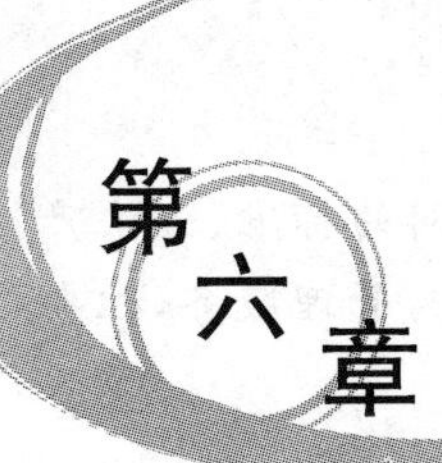

第六章 管理的基本方法

本章学习目标

1. 理解管理的法律方法的基本内涵和特点。
2. 掌握管理的法律方法运用的基本要求。
3. 理解管理的行政方法的基本内涵和特点。
4. 掌握管理的行政方法运用的基本要求。
5. 理解管理的经济方法的基本内涵和特点。
6. 掌握管理的经济方法运用的基本要求。
7. 理解管理的教育方法的基本内涵和特点。
8. 掌握管理的教育方法运用的基本要求。

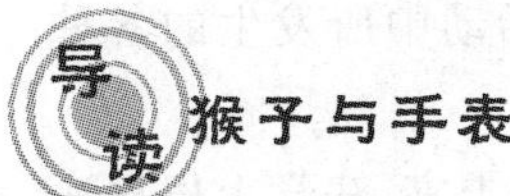

导读 猴子与手表

森林里生活着一群猴子，每天太阳升起的时候它们外出觅食，太阳落山的时候回去休息，日子过得平淡而幸福。

一名游客穿越森林，把手表落在了树下的岩石上，被猴子猛可拾到了。聪明的猛可很快就搞清了手表的用途。于是，猛可成了整个猴群的明星，每只猴子都向猛可请教确切的时间，整个猴群的作息时间也由猛可来规划。猛可逐渐建立起威望，当上了猴王。

做了猴王的猛可认为是手表给自己带来了好运，于是它每天在森林里寻找，希望能够拾到更多的表。功夫不负有心人，猛可又拥有了第二块、第三块表。

但出乎猛可的意料，得到了三块手表的猛可有了新的麻烦，因为每块手表的时间显示的都不相同，猛可不能确定哪块手表上显示的时间是正确的。群猴也发现，每当有猴子来问时间时，猛可总是支支吾吾回答不上来。猛可的威望大降，整个猴群的作息时间也变得一塌糊涂。

只有一块手表，可以知道时间；拥有两块或两块以上的手表，反而会让看表的人失去对准确时间的信心。

管理启示 得到了更多的手表，却失去了猴群的信任，错误在于不同的标准、方法产生了冲突，削弱了管理者的威信。管理者可以获取不同的资源和技巧，为管理服务，但务必要建立在有统一管理理念的基石之上。

管理方法是在管理活动中为实现管理目标、保证管理活动顺利进行所采取的工作方式。管理原理必须通过管理方法才能在管理实践中发挥作用。管理方法是管理理论、原理的自然延伸和具体化、实际化，是管理原理指导管理活动的必要中介和桥梁，是实现管理目标的途径和手段，它的作用是一切管理理论、原理本身所无法代替的。

管理方法一般可分为：管理的法律方法、管理的行政方法、管理的经济方法、管理的教育方法。它们构成为一个完整的管理方法体系。

第一节　管理的法律方法

一、法律方法的内容与实质

法律，是由国家制定或认可的，体现统治阶级意志，以国家强制力保证实施的行为规则的总和。法律方法是指国家根据广大人民群众的根本利益，通过各种法律、法令、条例和司法、仲裁工作，调整社会经济的总体活动和各企业、单位在微观活动中所发生的各种关系，以保证和促进社会经济发展的管理方法。

由于社会关系的复杂性和多样性，法律规范的形式与内容也极为丰富，法学上根据法律所调整的社会关系的不同将其分为各个不同的法律部门，并形成相互联系相互协调的统一的法律体系。管理的法律方法中，既包括国家正式颁布的法，也包括各级机构和各个管理系统所制定的具有法律效力的各种社会规范。法律、法规一般是由一系列单项的法律、法规所组成的，比如，国民经济管理总体方面的，有计划法、工业法、农业法、商业法、基本建设法、财政法等；用于工交管理活动的，有工业企业法、交通运输法、海商法等；在流通领域的管理方面，有商标法、价格管理法、外汇管理法、证券交易法等；在调整各地区、各部门企业以及各单位之间的经济活动方面，有经济合同法；在资源和环境保护方面，有自然资源法、能源法、环境保护法等；在保护劳动者及其集体权益方面，有劳动法、专利法、版权法、创造发明法等；随着改革开放的继续和深入，还有中外合资经营企业法、外资企业法、对外贸易法、涉外税法、涉外金融法、涉外经济合同，等等。建立、健全各种法律、法规，最根本的一点是要遵循事物自身的客观规律。

法律方法的内容，不仅包括建立和健全各种法规，而且包括相应的司法工作和仲裁工作。这两个环节是相辅相成、缺一不可的。只有法规而缺乏司法和仲裁，就会使法规流于形式,无法发挥效力;法规不健全,司法和仲裁工作则无所依从,造成混乱。

司法工作是由国家的司法机关按照法律和法规解决各种纠纷和审理案件的执法活动。司法机构“以法律为准绳,以事实为依据”,通过司法制裁,强制执行法规,停止违法活动,恢复正常秩序,并给予当事人一定惩罚,达到维护法律尊严、教育人民的目的。司法制裁分为经济制裁和刑事制裁两类。经济制裁包括强制执行付给违约金和罚款,停止和排除妨害,返还原物,赔偿损失,等等。刑事制裁是对直接责任人员因违反刑法、危害社会而采取的处罚,包括管制,拘役、有期徒刑、无期徒刑和死刑以及罚金、剥夺政治权利和没收财产等附加刑罚。

仲裁即公断。如果组织之间发生纠纷,经过协商仍不能达成协议,就可由仲裁人或仲裁机构居中作出判断和裁决。就仲裁的性质而言,它是一种行政性活动,不是司法活动。因此,裁决不被当事人执行时,仲裁机关不能强制执行,只能由人民法院强制执行。

法律方法的实质是实现经济上占统治地位的阶级的意志,并维护它们的利益,代表它们对社会经济、政治、文化活动实行强制性的、统一的管理。在社会主义条件下,法律方法要反映广大人民的利益,反映社会发展的客观规律,调动和促进各个企业、单位和群众的积极性、创造性,使社会主义事业在改革开放中不断发展壮大。

二、法律方法的特点

(1) 严肃性。法律和法规的制定必须严格地按照法律规定的程序和规定进行。一旦制定和颁布出来后,就具有相对的稳定性。法律和法规不可因人而异,滥加修改,必须保持它的严肃性。司法工作更是严肃的行为,它必须通过严格的执法活动来维护法律的尊严。

(2) 规范性。法律和法规是所有组织和个人行动的统一的准则,对他们具有同等的约束力。法律和法规都是用极严格的语言,准确阐明一定的含义,并且只允许对它作出一种意义的解释。法律与法规之间不允许互相冲突,法规应服从法律,法律应服从宪法。

(3) 强制性。法律、法规一经制定就要强制执行,各个企业、单位以至每个公民都必须毫无例外地遵守。否则,要受到国家强制力量的惩处。

三、法律方法的作用

法律方法的运用,对于建立和健全科学的管理制度和管理方法,有着十分重要的作用。

(1) 保证必要的管理秩序。管理系统内外部存在着各种社会经济关系,只有通过法律方法才能公正、合理、有效地加以调整,及时排除各种不利因素的影响,保证社会经济秩序的正常运行,为管理活动提供良好的外部环境。

(2) 调节管理因素之间的关系。根据对象的不同特点和所给任务的不同性质，规定不同管理因素在整个管理活动中各自应尽的义务和应起的作用，这是管理的法律方法所具有的一定的自动调节功能。

(3) 使管理活动纳入规范化、制度化的轨道。法律方法的运用，有助于使符合客观规律、行之有效的管理制度和管理方法用法律的形式规范化、条文化、固定化，使人们有章可循。严格执行这些制度和方法，管理系统便能自动有效运转。这样既可保证管理效率，又可节约管理者精力。

四、法律方法的正确运用

法律方法从本质上讲是通过上层建筑的力量来影响和改变社会活动的方法。这里就有双重作用的问题，即既可以起促进作用，也可以起阻碍作用。如果各项法律和法规的制定和颁布符合客观规律的要求，就会促进社会、经济的发展；反之，也可能成为社会、经济发展的严重障碍。法律方法由于缺少灵活性弹性，易使管理僵化，而且有时会不利于基层单位发挥其主动性和创造性。

在管理活动中，各种法规要综合运用相互配合，因为任何组织的关系都是复杂的、多方面的。就企业管理而言，法律方法不仅要求企业掌握和运用“企业法”以及与企业经营活动直接相关的经济法律，而且也要掌握和运用民法赋予的权利和义务。企业成为法人，一方面其权利地位受到法律保护，可以自觉地去抵制和克服改革中出现的各种“乱摊派”等不正之风；另一方面，企业的义务和责任也严格化了。这样，就要求企业进行整顿和加强内部的经济责任，建立和健全各种条例和规章制度，克服瞎指挥、不负责任的现象。不仅是企业财产关系主要通过民法加以调整，而且由于法人企业的每个员工又都是公民，从管理的人本原理出发，要依靠每个员工，调动他们的主动性和创造性，所以在企业管理中，民法的掌握和运用也是非常必要的。企业应根据国家、政府的有关法律、法规制定自己的管理规范，保证必要的管理秩序，有效地调节各种管理因素之间的关系，使宏观法规在本单位得以顺利地贯彻执行，避免与法律、法规有悖而造成不必要的损失。

当然，不能企望法律方法解决所有问题，它只是在有限的范围之内发生作用。而在法律范围之外，还有各种大量的经济关系、社会关系需要其他方法来管理和调整。所以，法律方法应该和管理的其他方法综合使用，才能达到最有效的管理目标。

小平台

2004年12月22日，欧洲法院勒令微软立即执行欧盟委员会于3月份做出的反垄断处罚，改变其商业操作模式，剥离视窗操作系统中捆绑的媒体播放器软件，向竞争对手开放一些软件的源代码。在双方长达5年的谈判破裂后，欧盟委员会作出裁决，对微软处以创纪录的4.97亿欧元（合6.65亿美元）罚金，并命令其改变业务方式。

微软随后的上诉仍然以失败告终，随即表现出了积极的合作态度，表示将遵守欧盟初审法院的最新裁决。微软先是付清了创纪录的4.97亿欧元罚款，还将按照欧盟要求推出未捆绑媒体播放器的新版视窗操作系统，微软还表示会开设一个特别网站，向竞争对手公开部分秘密代码，以便它们的产品能够更好地与视窗系统兼容。

第二节　管理的行政方法

一、行政方法的内容与实质

行政方法是指依靠行政组织的权威，运用命令、规定、指示条例等行政手段，按照行政系统和层次，以权威和服从为前提，直接指挥下属工作的管理方法。

行政方法的实质是通过行政组织中的职务和职位来进行管理。它特别强调职责、职权、职位，而并非个人的能力或特权。任何部门、单位总要建立起若干行政机构来进行管理。它们都具有严格的职责和权限范围。上级指挥下级，完全是由于高一级的职位所定的。下级服从上级，是对上级所拥有的管理权限的服从。

二、行政方法的特点

(1) 权威性。行政方法所依托的基础是管理机关和管理者的权威。管理者权威越高，他所发出的指令接受率就越高。提高各级领导的权威，是运用行政方法的前提，也是提高行政方法有效性的基础。管理者必须努力以自己优良的品质、卓越的才能去增强管理权威，而不能仅仅是依靠职位带来的权力来强化权威。

(2) 强制性。行政权力机构和管理者所发出的命令、指示、规定等，对管理对象具有程度不同的强制性。行政方法就是通过这种强制性来达到指挥与控制管理活动过程的目的。但是，行政强制与法律强制是有区别的：法律的强制性是通过国家机器和司法机构来执行的，只准许人们可以做什么和不可以做什么；而行政的强制性是要求人们在行动的目标上服从统一的意志，它在行动的原则上高度统一，但允许人们在方法上灵活多样。

(3) 垂直性。行政方法是通过行政系统、行政层次来实施管理活动的。因此基本上属于“条条”的纵向垂直管理。行政指令一般都是自上而下，通过纵向直线下达的。下级组织和领导人只接受一个上级的领导和指挥，对横向传来的指令基本上是不予理睬的。因此，行政方法的运用，必须坚持纵向的自上而下，切忌通过横向传达指令。

(4) 具体性。行政方法不仅行政指令的内容和对象是具体的，而且在实施过程中的具体方法上也因对象、目的和时间的变化而变化。所以，任何行政指令往往是在某一特定的时间内对某一特定对象起作用，具有明确的指向性和一定的时效性。

(5) 无偿性。运用行政方法进行管理，上级组织对下级组织的人、财、物等的调动和使用不讲等价交换的原则。一切根据行政管理的需要，不考虑价值补偿问题。

(6) 稳定性。行政方法总是对特定组织行政系统范围内适用的管理方法。由于行政系统一般都具有严密的组织机构、统一的目标、统一的行动，以及强有力的调节和控制，对于外部因素的干扰具有较强的抵抗作用。所以，运用行政方法进行管理可以使组织具有较高的稳定性。

三、行政方法的作用

(1) 行政方法的运用有利于组织内部统一目标，统一意志，统一行动，能够迅速有力地贯彻上级的方针和政策，对全局活动实行有效的控制。尤其是对于需要高度集中和适当保密的领域，更具有独特的作用。

(2) 行政方法是实施其他各种管理方法的必要手段。在管理活动中，经济方法、法律方法、教育方法要发挥作用，必须经由行政系统的中介，才能具体地组织与贯彻实施。

(3) 行政方法可以强化管理作用，便于发挥管理职能，使全局、各部门和各单位密切配合，前后衔接，并不断调整它们之间的进度和相互关系。

(4) 行政方法便于处理特殊问题。行政方法时效性强，它能及时地针对具体问题发出命令和指示，可以快刀斩乱麻，较好地处理特殊问题和管理活动中出现的新情况。

四、行政方法的正确的运用

行政方法是实现管理功能的一个重要手段，但只有正确运用，不断克服其局限性，才能发挥它应有的作用。

(1) 管理者必须充分认识行政方法的本质是服务。服务是行政的根本目的，这是由管理的实质、生产的社会化所决定的。行政不以服务为目的，必然导致官僚主义、以权谋私、玩忽职守等行为；而没有行政方法的有效管理，同样达不到服务的目的。服务，就企业管理的行政方法来说，是为基层、为生产和科研第一线、为全厂员工服务。

(2) 行政方法的管理效果为领导者水平所制约。因为它更多的是人治，而不是法治。管理效果，基本上取决于领导者的指挥艺术和心理，取决于领导者和执行者的知识、能力。所以行政方法的运用对领导者各方面的素质提出了很高的要求。

(3) 信息在运用行政方法过程中是至关重要的。首先，领导者驾驭全局、统一指挥，必须及时获取组织内外部有用的信息，才能做出正确的决策，避免指挥失误。其次，上级要把行政命令、规定或指示迅速而准确地下达，还要把收集到的各种反馈信息和预测信息发送给下级领导层，供下级决策时使用。总之，行政方法要求有一个灵敏、有效的信息传输系统。

(4) 行政方法的运用由于借助了职位的权力，因此，对行政下属来说有较强的约束力，较少遇到下属的抵制，这种特点可能使得上级在使用行政方法时忽视下属的经济利益要求，不利于充分调动各方面的积极性，从而可能导致动力不足，产生消极后果。所以，不可单纯依靠行政方法，要在客观规律的基础上，把行政方法和管理的其他方法，特别是经济方法有机地结合起来。

小平台

权威与权力的区别和联系：

权威是一种职位占有者影响另一种职位占有者的行为的权力。两者都以服从为前提，但权力是一种具有强制性的、使人不得不服从的力量，而权威则是通过令人信服的威望、影响力发生作用的。

权威是权力与威望的有机统一，它发生作用的形式不是一成不变的，它有时侧重于权力，即强制力；有时侧重于威望，即向心力、凝聚力。

第三节　管理的经济方法

一、经济方法的内容与实质

经济方法是根据客观经济规律，运用各种经济手段，调节各种不同经济利益之间的关系，以获取较高的经济效益与社会效益的管理方法。这里所说的各种经济手段，主要包括价格、税收、信贷、工资、利润、资金、罚款以及经济合同等。不同的经济手段在不同的领域，可发挥各自不同的作用。

(1) 价格。在存在着商品货币关系社会里，价格是计量和评价劳动的社会标准。价格的高、低、涨、落，会直接影响生产企业和消费者的经济利益，从而影响他们的生产和消费行为。价格是否合理，是社会经济活动得以良性循环的一个十分重要的条件。国家运用价格这一杠杆来调节生产与供求，调整一部分国民收入的分配，促进企业加强经济核算，从而提高经营管理水平。就企业和外部的关系而言，企业要在价格政策规定的范围内，根据市场供需情况正确地制定本企业产品的价格，运用好浮动价格和季节差价、批零差价、地区差价、购销差价、质量差价等经济杠杆，增强企业竞争能力，改善企业经营地位，争取获得最大的经济效益。在企业内部，为了正确地核算各分厂、各车间、各班组的劳动消耗和劳动成果，正确处理企业内部各生产单位之间的经济关系，调节它们之间的经济利益，必须制定进行内部核算用的内部价格。内部价格直接关系到企业内部各个单位、各个员工的切身利益，所以内部价格也是一种经济手段。制定内部价格应该符合实际，公平合理，正确反映劳动消耗和劳动成果，能把企业的经济效益和员工的经济利益结合起来。

(2) 税收。税收是国家取得经济收入的重要来源，也是国家管理社会生活的重要手段之一。国家根据宏观控制的需要，合理制定不同的税种和税率，来调节生产和流通使社会经济的内部结构、发展趋势、活动规模等趋于合理。

(3) 信贷。信贷是银行存款、贷款等信用活动的总称。信贷是最为灵活、有效的经济杠杆。银行信用活动以吸收存款和储蓄形式，集中社会闲散资金；同时，按照社会经济发展的需要，以贷款形式发放给生产经营单位，满足其生产周转和扩大流通的需要，达到管理协调社会经济活动的目的。

(4) 利润。在商品经济条件下，利润是反映经济组织、经济效益的综合指标。利用利润杠杆来进行管理，从宏观上来说，国家通过一定的经济管理形式，使企业的经济责任、经济权限和经济利益紧密结合。企业完成经济任务，就可以得到更多的留利用于发展生产和改善员工的生活福利。反之，如果完不成经济任务，则要相应地减少留利；对企业内部而言，要给各事业部下达协议利润计划指标，并根据利润指标的完成情况，决定各个单位的奖金和生产发展基金总额。所以，利润也是企业经济效益同员工的经济利益挂钩的一个重要指标，利用这种挂钩，可以促进企业员工从关心个人利益的角度更多地关心企业的经营及其成果。

(5) 工资。工资这一经济手段直接涉及企业和员工个人的物质利益，正确使用它，对于调动企业的经营积极性和员工个人的劳动积极性，有着直接的促进作用。员工工资应该与企业经济效益挂钩，应该与员工个人贡献挂钩。由于各个员工的劳动能力和劳动态度差别很大，而且同一个人在不同时期也会有很大的变化，因此，绝不应使大家都在同一水平上吃“大锅饭”。由于不同企业的生产技术特点和劳动组织特点不同，反映员工劳动贡献的方法不同，所以各个企业应采用适合本企业特点和各类人员劳动特点的工资形式，如计时工资，计件工资、浮动工资、结构工资，等等。

(6) 奖金与罚款。奖金是根据员工对企业所作额外贡献的大小，用货币形式付给员工的奖赏。奖金的项目和条件应能表达企业管理者对员工行为的期望，应能对员工的行动方向和努力目标具有引导作用。所以，奖金的名目不宜过多，以免分散目标；奖金的数额不宜过小，以提高奖励的效价；奖金取得的条件不宜过严或过宽，以保证必要的期望值；奖金发放还要密切联系企业或部门的经济效益，同样的超额劳动，在不同的效益的企业里奖金数量可能不同。这样，奖金才能起到调动员工积极性的作用。奖金如果平均分配，成为一种变相的福利，就会完全失去其奖励作用。罚款是对员工违反规章制度，给企业群体造成危害的行为所进行的经济惩罚。它可以制约或收敛某些人的不轨行为，迫使人们努力奋斗完成劳动或工作定额。但是，罚款的名目和数额要适当，不能滥用，要防止用罚款代替管理工作、代替思想工作的倾向，以免招致员工的不满和反对。鼓励与惩罚最重要的是严明，该奖即奖，当罚则罚，鼓励正气，祛除邪气。只有这样，才能使奖金与罚款真正成为有效的管理手段。

管理的经济方法的实质是围绕着物质利益，运用各种经济手段正确处理好国家、集体与劳动者个人三者之间的经济关系，最大限度地调动各方面的积极性、主动性、创造性和责任感，促进经济的发展与社会的进步。

二、经济方法的特点

(1) 利益性。经济方法是通过利益机制引导被管理者去追求某种利益，间接影响被管理者行为的一种管理方法。

(2) 关联性。不但各种经济手段之间的关联错综复杂，影响面宽，而且每一种经济手段的变化都会影响到社会多方面经济关系的连锁反应。有时，它不仅会影响当前，而且会波及长远，产生一些难以预料的后果。

(3) 灵活性。一方面，经济方法针对不同的管理对象，例如，企业、员工个人，可以采用不同的手段。另一方面，对于同一管理对象，在不同情况下，可以采用不同方式来进行管理，以适应形势的发展，例如，税收的增减可分别鼓励与限制某一产业的发展，增减的幅度越大，作用越明显。

(4) 平等性。经济方法承认被管理的组织或个人在获取自己的经济利益上是平等的。社会按照统一的价值尺度来计算和分配经济成果；各种经济手段的运用对于相同情况的被管理者起同样的效力，不允许有特殊。

三、经济方法的正确应用

(1) 要注意将经济方法和教育等方法有机结合起来。人们除了物质需要以外，还有更多的精神和社会方面的需要。在现代生产力迅速发展的条件下，物质利益的刺激作用将逐步相对缩小，人们更需要接受教育，以提高知识水平和思想修养。再者，如果单纯运用经济方法，易导致讨价还价，“一切向钱看”的不良倾向，易助长本位主义、个人主义思想。所以，也必须结合教育方法，搞好精神文明建设。

(2) 要注意经济方法的综合运用和不断完善。既要发挥各种经济杠杆各自的作用，更要重视整体上的协调配合。如果忽视综合运用，孤立地运用单一杠杆，往往不能取得预期的效果。例如，价格杠杆对生产和消费同时有方向相反的调节作用。提高价格可以促进生产，但却抑制消费。但在经济生活中有些产品具有特殊的性质。如农业用生产资料，国家既要鼓励生产，又要鼓励消费，以促进农业生产和技术进步。因而仅凭单一的价格杠杆就难以奏效，必须综合运用一组杠杆。此外，随着改革开放的深入，要不断完善各种经济手段和杠杆，使之趋于合理，以适应经济发展的需要。

小平台

在十七八世纪，英国的许多犯人被送到澳大利亚流放服刑，私营船主接受政府的委托承担运送犯人的任务。刚开始，英国政府按上船时犯人的人头给船主付费。船主为了牟取暴利，克扣犯人的食物，甚至把犯人活活扔下海，运输途中犯人的死亡率最高时达到94%。后来英国政府改变了付款的办法：按活着到达澳大利亚下船的犯人人头付费。结果是船主们想尽办法让更多的犯人活着到达目的地。

第四节　管理的教育方法

一、教育方法的实质和任务

教育方法是按照一定的目的、要求对受教育者从德、智、体诸方面施加影响的一种有计划的活动。

管理的人本原理认为，管理活动中人的因素第一，管理最重要的任务是提高人的素质，充分调动人的积极性、创造性。而人的素质是在社会实践和教育中逐步发展、成熟起来的。通过教育，不断提高人的政治思想素质、文化知识素质、专业水平素质，是管理工作的主要任务。现代社会科学技术的迅猛发展导致了人的知识更新速度的加快。因此全面提高人的素质，对组织成员不断进行培养教育，就必然成为管理者管理活动的一项重要内容。

教育方法是管理的基本方法之一，社会主义教育的方法是劳动群众自我完善和发展的一种有计划的活动，是加强社会主义文化建设的客观需要。

社会主义教育的方法，其根本任务，是适应和满足社会主义建设事业的需要，培养有理想、有道德、有文化、有纪律的劳动者，提高人的思想道德素质和科学文化素质。

二、教育的主要内容

教育的目的即是提高人的素质，教育的内容也就涉及与人的素质完善有关的各方面。

(1) 人生观及道德教育。要教育员工树立为人类解放和社会进步奋斗献身的远大理想，大公无私、先人后己、全心全意为人民服务的共产主义精神，自觉抵制损公肥私、损人利己、金钱至上、以权谋私、敲诈勒索、贪图享乐等剥削阶级腐朽思想的侵蚀。要教育员工遵守社会公德及职业道德，钻研业务，忠于职守。

(2) 爱国主义和集体主义教育。要大力开展社会主义荣辱观教育，引导人们正确认识我们国家的历史和现状，特别是近百年来中国人民为谋求民族解放而英勇斗争的历史，了解中华民族近百年来的苦难史和革命斗争史，从而更加热爱和珍惜社会主义的今天，更加发奋为祖国繁荣昌盛而献身，集体主义是共产主义道德的基本原则，它要求人们置集体利益于个人利益之上。进行集体主义教育，要着重于引导干部群众正确处理国家、集体、个人之间的利益关系。在集体生活中发扬团结、友爱、互助的精神，热爱集体、关心集体。

(3) 民主、法制、纪律教育。社会主义企业必须实行高度民主的管理，这是由社会主义企业的性质决定的。因此，必须在坚持党的领导的基础上，改革和完善企业领导制度和员工参加企业民主管理的制度，进一步扩大社会主义民主。

社会主义民主与法制、纪律是不可分割的。社会主义企业只有在扩大社会主义民主的同时，大力加强社会主义法制，加强劳动纪律和工作纪律，才能规范和约束人们的行动，制裁和打击各种不法行为，并同种种压制和破坏民主的行为作斗争，才能保证社会主义企业生产经营活动的正常进行，才能使员工的根本利益得到保障。

(4) 科学文化教育。科学技术是第一生产力，普及和提高科学文化知识是提高员工思想道德觉悟水平的重要条件，也是企业进行生产经营活动的重要条件，在当今的新技术革命浪潮中，科学技术越来越成为推动企业生产发展，提高企业竞争能力的重要力量。因此，要有计划、有组织地开展科学文化教育，根据工作的需要，对各类人员逐步进行系统培训和职业训练，提高员工队伍的业务素质，使他们尽快地适应现代化生产的要求。

(5) 企业文化建设。企业文化是企业员工在较长时期的生产经营实践中逐步形成的共有价值观、信念、行为准则及具有相应特色的行为方式、物质表现的总称。它是企业员工内在的思想观念与外在的行为方式和物质表现的统一，要通过企业文化建设来创造促进员工素质不断完善的精神环境。

在企业文化建设的指导思想上，必须突出管理的人本原理，坚持“以人为本”的指导原则。企业文化的主体是企业员工，企业员工是物质财富和精神财富的创造者，坚持把人作为第一因素，把尊重人、关心人、理解人、培养人、合理使用人、全方位地提高企业员工的素质，作为企业文化建设的主要内容。采用教育、启发、诱导、吸引、熏陶和激励等多种方式来培养员工的命运共同感，工作责任感，事业开拓感和集体荣誉感，在员工中形成正确的价值观念，道德规范和行为准则，促使每个人都能把其内在潜力和创造力最大限度地发挥出来。

三、教育的方式

根据教育的内容和教育对象可采取灵活多样的教育方式。

随着社会不断进步，教育方式也正在发生着深刻的变化。人们普遍认识到，对于思想性质的问题，必须采取讨论的方法、说理的方法、批评和自我批评的方法进行疏导，而不应依靠粗暴的训斥、压制和简单的惩罚来解决问题。对于传授知识和技能方面的教育，也不宜全部采用以讲授为中心的教育方法。因为在讲授方式中，受教育者处于被动状态，接受知识的效率并不高，所以应当减少讲授方式，而较多地采用有目的、有指导的小组讨论、现场实习和体验学习等方法，让受教育者按他们自己创造的学习方法去学习。这样，会取得更好的效果。国内外许多企业在这种新教育思想指导下创造了多种行之有效的教育方式，诸如，案例分析法、业务演习法、事件过程分析法、角色扮演法、敏感性训练等，都有较好的效果，可供各企业选择采用。总之，教育的方式应灵活方便，讲求实效。

小平台

台塑企业集团董事长王永庆在谈企业经营管理时说："全面提高人的'品质'水准，责任完全在于主管。主管要从基层工作去了解人员办事的品质，办事的品质反映人的品质，人与事其实是品质的一体两面。主管有足够的能力，做好管理，部属统统好起来；所有的人品质好起来，办事的品质自能做好，管理也就好起来。管理明确合理，便产生适才适所的人才，就能做好分析与控制。这一系列的环节是紧密的，息息相关、互为影响的。整个系列好起来，即所谓人、事、物全面品质好起来，如此企业才能人尽其才，臻于圆满幸福、富强康乐的境地。"

本章小结

管理方法是管理理论、原理的自然延伸和具体化、实际化，是管理原理指导管理活动的必要中介和桥梁，是实现管理目标的途径和手段。管理方法一般由管理的法律方法、行政方法、经济方法、教育方法等方法构成。法律方法是指国家根据广大人民群众的根本利益，通过各种法律、法令、条例和司法、仲裁工作，调整社会经济的总体活动和各企业、单位在微观活动中所发生的各种关系，以保证和促进社会经济发展的管理方法。行政方法是指依靠行政组织的权威，运用命令、规定、指示条例等行政手段，按照行政系统和层次，以权威和服从为前提，直接指挥下属工作的管理方法。经济方法是根据客观经济规律，运用各种经济手段，调节各种不同经济利益之间的关系，以获取较高的经济效益与社会效益的管理管理方法。教育方法是按照一定的目的、要求对受教育者从德、智、体诸方面施加影响的一种有计划的活动。管理的基本方法的作用是一切管理理论、原理本身所无法替代的。

案例聚焦　称职的经理

托马斯·戴顿，现年41岁，是机械产品制造公司生产总经理职位的几个候选人之一，这个企业有7个制造工厂。托马斯的人事档案中指出，他在州大学机械工程专业毕业后，立即就到公司担任设计工程师。他的第一个任务是到制图室当制图员。制图部门的主管对他的评语说明，托马斯能主动而出色地完成该项工作。评语中有这样的语句："戴顿先生为设计部门的成员已有6个月，他有好多次在周末主动去重新制图，使图纸达到了最精确的规格。未曾听说过戴顿先生的工作有任何由于污损、凌乱等原因而返工的事情。"18个月后，托马斯被提拔为组长，主管10个制图员。如预期的那样，他的小组的工作十分出色，图纸准确性是高水平的。其原因之一是：托马斯实际上履行了复核人的工作，在图纸递呈给部门领导之前，亲自对它们进行全面而彻底的审核。为了履行规定的交图期限，托马斯不止一次重新绘制下属的图纸。

托马斯在其设计部门的最初几年任职后，一步步提升，当他担任研究实验室助理经理期间，主要由于他的工作和努力，几个重要产品得到改进。在担任几年的研究工作之后，他转到一个较大的工厂去担任主管生产部门的助理经理，从而使他能监督他所开发的一个新产品的引进制造工作。他留在这个职位上有5年以上，其间，制造部门的生产成本，在托马斯监督之下，总是全公司最低的。随着工厂经理的退休，托马斯在有关各方的支持下，晋升为经理，人们对于他为完成任务而艰苦持久地工作的能力完全信任，他对公司的忠诚更毋庸置疑。成功是由作业效率衡量出来的。作业效率有提高，管理费用大幅度降低，结果工厂盈利能力就显著提高了。但是托马斯的管理并不完全是好的。这个工厂的总工程师辞职了，他告诉托马斯，辞职的理由是别家公司答应给他同样职位并给他更多的报酬。可是在同公司管理工业工程的总经理谈话时，他作了以下的声明：

"我们厂里不再有任何每周的干部会议；这些当托马斯成为工厂经理后约一个月就停止了。他告诉我们这种会议浪费时间，如果我们有什么关于改进工作的好主意，我们应该直接找他。要知道，以前不是这样的。在托马斯之前，每周干部会议上，工人、技术人员、各职能部门的管理人员可以对工厂的生产等提出自己的看法。但是现在这一切都没有了。另外，他现在批准所有的工薪变动，不管数额多少或是否在工薪计划项目之内。至于加班，他事先批准所有的加班，不仅是一般管理部门的，而且是生产部门的，而通常这是工厂助理经理的管理职责。同时成本控制计划使得他实际上独揽各部大权，我们本可以在年度预算范围内自行管理自己的部门，但目前不行了，托马斯要求把所有的费用报告都直接送给他，我们作为部门负责人，不再能看到这些了，电话总机接线员每天要向他报告所有长途电话是挂给谁的，什么人挂的，通常的次数，但真正激怒我的是他干预我这一部门的工作，他叫我的下属人员去他的办公室以考查他们工作的准确性，如果他要过问工业工程部门，这是受欢迎的，但他就不需要设一个部门负责人，而只需要一个主任秘书就行了。”

汤普森先生，现在主管生产的总经理，已被提名担任公司的董事长，是他指出托马斯·戴顿在公司突出的成功事迹，他是托马斯的坚定支持者。生产总经理协调着所有7个工厂的生产，并向公司董事长汇报工厂的工作。按照传统，公司在很大程度上将权力委任给各厂经理，由他们来处理日常事务，这种权力委任的政策，有时可能会使一些工厂经理犯要付出很高代价的错误，但是最后的结果是锻炼出能干的工厂经理，发展出高效率的生产组织。汤普森先生相信，作为公司的董事长，他能使托马斯成为一个好的工厂经理。

（资料来源：刘宁. MBA 联考 300 分奇迹——管理分册. 3 版. 上海：复旦大学出版社，2002）

练习题

1. 什么是管理的法律方法？法律方法的特点和作用有哪些？
2. 什么是管理的行政方法？行政方法的特点和作用有哪些？
3. 如何才能正确运用管理的行政方法？
4. 什么是管理的经济方法？经济方法的特点和作用有哪些？
5. 经济方法运用应注意哪些问题？
6. 什么是管理的教育方法？教育方法的特点和作用有哪些？

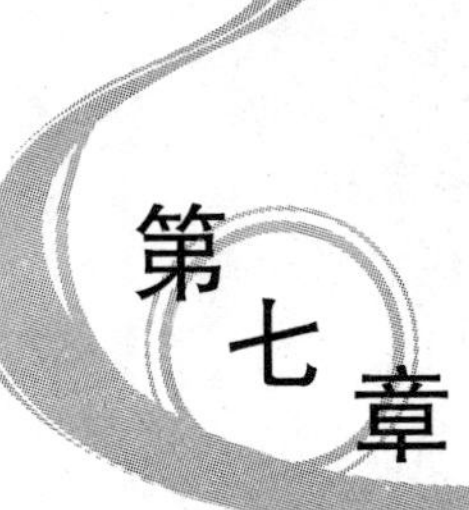

第七章 管理决策

本章学习目标

1. 理解决策的含义及其基本特性。
2. 明确决策在管理中的地位和作用。
3. 概述决策的过程。
4. 认识决策的影响因素和合理性。
5. 理解和应用决策的基本方法。

导读 里根的鞋

美国第40任总统里根小时候曾到一家制鞋店做一双鞋。鞋匠问年幼的里根:"你是想要方头鞋还是圆头鞋?"里根不知道哪种适合自己,一时回答不上来。于是鞋匠叫他回去考虑清楚后再来。过了几天,这位鞋匠在街上碰见里根,又问起鞋子的事情。里根仍然举棋不定,最后鞋匠对他说:"好吧,我知道该怎么做了。两天后你来取新鞋。"

去店里取鞋的时候,里根发现鞋匠给自己做的鞋子一只是方头的,另一只是圆头的。"怎么会这样?"他感到纳闷儿。"等了你几天,你都拿不出主意,当然就由我这个做鞋的来决定啦。这是给你一个教训,不要让人家来替你作决定。"鞋匠回答。

管理启示 决策往往是在动态中为所定目标选择最佳方案。犹豫不决、谨慎、贸然决策等都是形容决策者的决策倾向。关键是决策者要在不完整的信息中,找到最佳的平衡点而主动决策。否则,决策者犹如拿到两只形状各异的鞋。

决策是各级管理人员的一项基本职能。决策几乎是任何行动发生以前必不可少的一步,行动的成功与否,则与决策的是否正确密切相关,并且决策也常常对组织的兴衰存亡产生直接的影响。

第一节　决策概述

一、决策的含义

决策有狭义与广义之分。狭义的决策，是指行动方案的确定或决定，即在几种行动方案中作出选择。广义的决策，是指人们为了达到一定的目标，提出、选择并实施未来行动方案的全过程。由此可见，广义上的定义，基本上把握住了决策的含义。本章阐述的决策是广义的决策。

正确理解决策的含义，必须注意以下几个要点：

1. 决策应是管理活动的基础

任何一项管理活动都要预先明确此项活动要解决什么问题，达到什么目的。为了实现要达到的目的，有哪些办法，哪种办法较好。没有决策也就没有合乎理性的行为。从这个意义上说，管理就是决策，管理的核心是决策，管理的首要职能是决策。

2. 决策应有明确的目的和目标

决策是为了解决某一个问题，或者是为了达到一定的目的。要解决的问题是十分明确的，不是众说纷纭、模棱两可的。要达到的目标必须有一定的标准，可以定量或比较，最终衡量和确定其结果的。

3. 决策应有相应的可行方案

决策的前提是寻求若干个可行方案，即决策必须有两个以上的可行方案。每个方案都应具备三个条件：一是能够实现组织预期目标；二是影响决策实施的各种因素都能进行定性或定量分析；三是无法控制的因素基本能预测出实现的概率。

4. 决策应进行因果分析和综合评价

每个实现决策目的的可行方案都是对目标的实现发挥某种积极作用和影响，也会产生某种消极作用和影响。因此，必须对每个可行方案进行综合的分析与评价，确定出每个方案的实际效果和可能带来的潜在问题，以便比较各个方案的优劣。

5. 决策要经过方案的优选过程

决策最终要从若干可行方案中选择一个较为合理的方案。这个合理方案尽管未必是最优的，但它必须是能够实现决策目标的诸方案中最满意的方案。

决策是人们确定行动目标，决定行动方针和策略，提出行动纲领和计划，制定各种政策和措施，并付诸具体行动的一种重要活动。它是人类社会中左右人们行动方向、规定行动方式、影响活动成果的普遍现象。决策贯穿于一切活动的始终，它是人们提出问题、分析问题并采取相应的措施解决问题的全过程。

二、决策在管理中的地位和作用

1. 决策是组织管理活动的核心

组织管理的全部内容和活动，都要作出相应的决策。决策决定着组织的方向、活动的方式及活动的成果。决策正确，就能使组织的活动顺利进行，活动成果显著；反之，决策错误，就会使活动受到影响，活动成果遭到重大损失。决策作为管理基本职能之一，贯穿于管理活动的始终，起着核心作用，直接左右组织活动的好坏。

2. 决策正确与否，直接关系到组织与员工的利益

决策正确，可以使组织由衰变兴，迅速发展壮大；决策错误，也可使组织由兴变衰，甚至会倒闭。因此，决策是否正确，直接关系到组织和成员当前利益与长远发展。

3. 决策正确与否，关系到组织在竞争中的胜败

组织之间竞争的胜负，关键的环节是组织活动决策是否正确。决策正确，可以变不利为有利，弥补条件、资源等各方面的不足，形成新的优势，就可在竞争中取胜。决策失误，就会变有利为不利，使优势变为劣势，在竞争中必然失败。

三、决策的基本特性

1. 系统性

科学决策要求把决策对象看成一个动态系统。系统、要素、环境之间不仅有信息传递、变换，还有动态控制。要决策正确，一定要根据掌握的信息对决策对象进行系统分析，然后才能确定目标，进行控制。

2. 目标性

一切决策都要有明确的目标，这是决策的出发点。目标是组织在未来特定时限内完成任务程度的标志。它是拟定未来的活动方案、评价和比较这些方案的标准，是检验未来活动效果的依据。没有目标或目标不很明确的决策，是盲目的决策。

3. 可行性

组织决策的目的是为了指导组织未来的活动。组织的任何活动都需要利用一定资

源。缺少必要的人力、物力和技术条件的支持，理论上非常完善的决策方案也只会是空中楼阁。因此，决策方案的拟订和选择，不仅要考虑采取某种行动的必要性，而且要注意实施条件的限制。组织决策应该在外部环境与内部条件结合研究和寻求动态平衡的基础上来制定。

4. 选择性

决策的实质就是在拟定的若干个方案中进行选择。选择合理方案，是决策过程中有重要意义的一环。要进行决策，就必须提供可以相互替代的多种方案。如果只有一个方案，就没法比较，就不能进行科学决策。

5. 满意性

最优决策是在理想条件下追求的最优目标，而理想条件在实际上是难以存在的。在信息不全、方案数量有限和执行结果不确定的条件下，最优决策往往只是理论上的设想。所谓满意决策，是指在现实条件下，有把握地取得一个满意的结果，使主要目标能得以满足和实现，其他的次要目标也足够的好。所以，决策者只能根据已知的全部条件，加上自己的主观判断，选择一个适宜或满意的方案。

6. 过程性

首先，组织决策是一系列决策的综合。在决策中，不仅要确定组织的总体活动内容和方向，而且涉及组织内部各个方面的具体业务活动，还包括资源的筹措、组织结构的调整、人员的配备等。只有经过这一系列相互协调的过程，组织的决策才能形成。其次，组织决策本身就是一个过程。从活动目标的确定，到活动方案的拟订、评价和选择，以及方案的实施和反馈，这其中就包含了许多工作，由众多的人员参与的过程。

小平台

某集团有限公司在地铁沿线开设了近 20 家放心肉门店，决策的目的有两个：一是避开地面激烈竞争，期冀在地铁沿线培育新市场；二是想创造广告效应。据介绍，营业以来门店成本与利润之间远没有达到平衡。将放心肉门店开进地铁沿线，依据是地铁具有庞大人流，其中似乎拥有不小的潜在鲜肉消费群。经调查，某地铁站每天进出站的乘客人数超过 2.5 万。为什么如此大的人流量还不能拉动门店的营业额呢？关键在于潜在顾客转化成现实顾客需要条件。离开消费需求去选址设点，难免一厢情愿。细分地铁乘客不难发现，中青年上班族是主要构成部分，他们中绝大部分人不下或很少下厨房，也就没有购买鲜肉的需要。另一方面，“马大嫂”们也不会专程坐地铁来买一两斤肉。

第二节　决策的程序

决策程序，是决策过程按时间顺序所要经过的步骤。这些步骤都有各自不同的内容与要求，彼此之间有着内在的必然联系，既不能分割，又不能相互颠倒，形成一个科学的决策系统。

一、调查研究，发现问题

这一步是决策的基础。内容主要是明确决策什么问题，什么性质的问题。所谓问题，就是应有现象和实际现象之间所存在的差距。通过调查、收集和整理情报，发现差距，确认问题，找出问题的关键所在，从而构成决策的起点。决策是为了解决现实所提出的、需要解决的问题。没有问题，则不需要决策；问题不明，也难以作出正确的决策。

二、综合分析，确定目标

决策是为了解决问题，在所要解决的问题明确以后，一要对问题进行核实，是否确实是问题，辨清真伪；二要进行综合分析，分清问题的性质、范围及程度等，然后确定目标，这是很重要的一步。因为有了目标，才能拟定各种实现目标的办法和方案，并根据目标所确定的标准，综合衡量，从中选择出最满意的方案，作出决策。目标是指在一定的环境和条件下，在预测的基础上，组织所期望达到的结果。目标确定十分重要，同样的问题，由于目标的不同，决策会大不相同。

确立的目标，必须具体、明确，时间、地点和数量都要确定。而且要明确多元目标之间的相互关系，分清主次，哪些是必须达到的目标，哪些则是希望达到的目标。同时还要预计可以获得的成果和考虑需要利用的资源与可以利用的资源，要设定一个最高限度，预计可以获得的成果，要限定一个最低标准，一旦超过这个水平，组织就应当停止原目标的执行，中止目标活动。

三、收集信息，科学预测

在明确问题与决策目标的基础上，应根据要求收集有关信息。收集信息要及时、准确、完整、系统、适用。然后进行加工、处理，最后进行综合分析，为预测提供依据。

宏观经济的决策，需要对国家的自然条件、资源、经济条件等有确切、详细的了解，要及时掌握最新的各种有关的统计数据和市场动态，包括国内生产和消费的变化情况，国际行情和市场动态，以及经济、科学研究的现状和发展趋势等。

微观经济的决策，需要掌握企业的生产能力、技术状况、设备构成、人员构成等生产技术条件和经营管理水平；企业在行业中的竞争地位；国内外同类产品和同类企业的技术发展水平和趋势；用户对企业产品和服务的具体要求等。

信息是决策的基础，没有信息就无法进行决策。组织应建立信息管理系统，以收集有关的信息并加以加工、处理、传送和使用。对于决策所需要的条件和环境中所存在的不确定因素，要根据已收集的资料和信息进行预测。科学的预测也是决策的前提。预测过程要注意几个要点：一是要审查数据资料可靠性和完整性；二是要综合应用各种预测技术；三是要考虑预测工作的经济性。

四、拟订方案，分析评价

决策目标确定以后，要考虑各种不同因素，拟定出能够达到组织目标的各种不同的方案。拟定比较方案时应遵循限制性因素原则。所谓限制性因素，就是指妨碍组织实现所期望目标的因素。限制性因素原则说明，知道了限制性因素，工作过程中，在其他因素不变的情况下，只要改变限制性因素，就能实现所追求的目标。因此，在拟定比较方案时，对达到所要求的目标起限制性作用的因素越清楚就越能准确地拟定出各种可行方案。当然，找出限制性因素绝非易事。在许多情况下，限制性因素往往是模糊不清的，认识限制性因素的工作是无止境的。因为矛盾是可以转化的，今天是矛盾的主要方面，明天又是可以转化为次要方面的。

对所拟定的各个方案，都应从定性和定量两个方面加以分析评价。定性分析主要是直接利用人们的知识、经验和能力，根据已知情况和现有资料，对决策方案作出相应的评价。对于一些受社会因素影响较大、所含因素错综复杂而多变、综合性较强的战略决策，定性分析尤有其极为重要的作用。但这类方法往往主观成分较强、论证不很严密，需要用定量分析方法作补充，两种方法结合起来应用。定量分析主要是将各种方案转化为数学模型，并求得各模型的解，从而对各方案作出评价。这种方法使各方案的利弊能得以比较科学的表达，而且使方案的相互比较成为可能，从而有利于方案的抉择和优化。

五、选择方案，实施决策

选择方案就是组织决策者对各种可供选择的方案进行总体权衡后，挑选一个满意的方案。最后选定的方案，并不一定各个指标都最优，往往是主要指标较好，又能兼顾其他指标，这就是“满意决策”原则。

选择方案是决策过程中最关键的环节。决策者在选择时，必须研究某一方案对其他方面的影响，以及其他方面对这一方案的影响。决策可能发生的各种后果，应依其严重性和影响力进行衡量，并估计其可能发生的程度。后果的严重性乘以发生的概率就是衡量危险性的尺度。

在方案选择过程中，决策者的素质和决策依据、决策方法起着决定性的作用。

在决策过程中，对各种供选择的方案经过总体权衡做出决定后，并非决策过程的终结，而是决策实施这一新阶段的开始。

六、反馈控制，完善方案

决策的最后一个阶段是控制决策的执行。一旦开始执行决策方案，所有先期考虑的后果都会变成可能发生的问题，需要进一步分析研究其原因所在，然后采取预防性措施，消除这些因素，如果无法消除，则应制定应急措施来对付可能发生的问题。在执行过程中也可能发生一些以前没有考虑到的后果。因此，在实施过程中进行跟踪检查，建立信息反馈渠道，借以保证决策目标的全部实现。

反馈阶段的任务在于准确而迅速地将在决策实施过程中出现的问题，即决策本身与客观环境之间的矛盾信息输送给决策系统，从而使决策系统能够及时根据客观情况的变化，对决策方案进行相应的调整和修正，进一步完善。

反馈行为的主要执行机构是信息系统。信息系统必须随时保持其信息网络的反馈功能，做到广泛收集，快速归纳，及时上报，把出现的问题解决于萌芽之中。反馈控制，完善方案是整个决策过程中极为重要的一环，它是决策与环境统一在一个大系统中，通过执行—反馈—修正这样的循环运动，使决策方案始终保持其正确性。如图 7-1 所示。

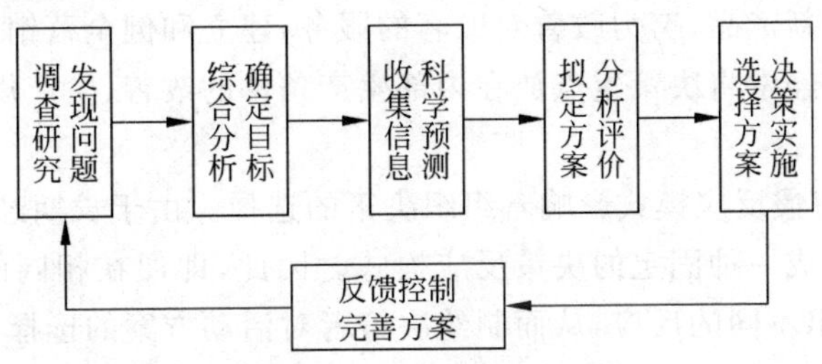

图 7-1　决策的程序

小平台

公元三世纪，诸葛亮为刘备所作的决策“隆中对”。提出的任务是“中兴汉室”、“成就霸业”。目标函数为“先居荆、益”，继而夺取全国。这一决策大体正确，对刘备来说是可行的。问题出在决策执行阶段。在决策执行初期，由于执行得法，刘备取得相当大的成功——智取荆州、益州，取得根据地；收马超西凉兵，威震西戎；七擒孟获，夷越尽服；连败曹军，水淹七军，生擒于禁等。然而，在决策执行的后期，关云长违背决策交恶东吴，致失荆州、走麦城之败，此后形势急转直下；刘备完全置隆中决策于不顾，率兵70余万东征孙吴，结果中陆逊计，火烧连营七百里，刘备自己也病死白帝城。整个“隆中对”决策的前景，几乎毁于一旦。只是靠了诸葛亮的灵活、果断，急时修正决策中的错误，重新修好东吴，最后才化险为夷。

第三节　决策的影响因素和合理性

一、决策的影响因素

组织决策是在一定环境条件下进行的，决策过程会受到组织内外各方面因素的影响。影响组织决策的主要因素在于：

1. 环境

环境变化对组织决策的影响表现在：

(1) 环境的特点影响着组织决策的频率和内容。就决策的频率来说，面临市场急剧变化环境条件的企业，与面临稳定环境的企业相比，会更经常地需要对其经营活动做重大的调整。从调整或决策的内容来看，在竞争性市场经营的企业，通常需要密切注视竞争对手的动向，不断推出新产品，努力改善对顾客的服务，建立和健全营销网络。相反，处于垄断市场中的企业，则经常将决策重点放在内部生产条件的改善、生产规模的扩大以及生产成本的降低。

(2) 对环境的习惯反应模式影响着组织决策的选择。由于长期经受各种复杂环境的浸润，组织会逐渐形成一种固定的决策反应模式。因此，即便在相同的环境条件下，不同的组织也可能会作出不同的反应，从而制约决策者对活动方案的选择。

2. 组织文化

组织文化是指组织在长期的发展过程中，由组织成员共同创造并逐步形成的，本组织所特有的意识形态和物质财富的总和。组织文化对决策的制定和执行都有着双重的影响。

任何决策的制定，都是对过去在某种程度上的否定。在偏向保守、怀旧、维持的组织中，人们总是根据过去的标准来判断现在的决策，总是担心在变化中会失去什么，从而对将要发生的变化产生怀疑、害怕和抵御的心理与行为；相反，在具有开拓、创新、进取氛围的组织中，人们总是以发展的眼光来分析决策的合理性，总是希望在可能产生的变化中得到什么，因此会渴求、欢迎变化并竭力予以支持。显然，欢迎变化的组织文化有利于新决策的提出和实施。而抵御变化的组织文化不但会导致变化的新决策难以出台，即便做出了决策，其实施也会面临巨大的阻力。在这种情况下，为了有效实施新的决策，必须首先要做大量的工作以改变组织成员的态度，建立一种有利于变化的组织文化。对此，在决策方案的选择过程中，决策者就不能不考虑到现有组织文化的束缚，以及为改变现有组织文化而必须付出的时间和费用的代价。

3. 以往决策的状况

在大多数情况下，组织决策是在初始决策基础上，加以完善、调整或改革。以往的决策是组织现行决策的起点。以往所选定方案的实施，不仅伴随着组织人力、物力、财力等资源的消耗，而且带来了内外部状况的改变。因此，组织的现行决策都必然会或多或少受到以往决策的影响，决策者需要对自己做出的选择，包括所产生的后果负管理上的责任。

如果以往的决策是由现在的决策者制定的，决策者无论从情感上还是直接责任上，一般都不会对组织活动进行重大的调整，而会继续把组织大部分资源投入到过去行动方案的执行中，以此证明自己以往决策的正确性。相反，如果组织现在的决策者与原先的决策者没有什么渊源的关系，那么就有可能对以往的决策进行重大的调整和变革。

4. 决策者对风险的态度

风险是伴随行动结果的不确定性而产生的。现实中人们常将风险看做是失败的可能性。由于决策是要对未来活动的方向、内容和目标做出安排，而决策者对未来的认识能力总是有限的，现在预测的未来状况与未来的实际状况不可能完全相符，因此，在决策方案的实施后，既有成功的可能，也有失败的危险。任何决策都带有一定程度的风险性。

组织及其决策者对待风险的不同态度会影响到对决策方案的选择。愿意承担风险的决策者，通常会在必须对环境作出反应之前，采取积极应对的行动；相反，不愿承担风险的决策者，通常只会对环境作出谨小慎微的被动反应。

二、决策合理性的制约与追求

所谓决策的合理性，是指决策者所选择的决策方案，相对于组织或个人设定目标实现的有效程度。诺贝尔经济学奖获得者赫伯特·西蒙在其代表作《管理行为学》中指出，管理论的任务是追求管理决定的合理性。管理决定的合理性取决于为实现一定目的而合理选择的手段。但是，理性的决策者由于受到各种主客观条件的限制，必然会给合理的决策打上折扣。对此，组织或决策者应给予高度重视，采取相应的弥补措施。

1. 决策合理性的制约

(1) 对未来预测的知识有限。决策是否有合理性，需要对选择的行动方案将产生的结果进行预测。要能准确地预测，这就要求有全面的知识。但在现实中，由于各种原因的影响，决策者对方案结果进行预测的知识常常是片断的、不全面的。加上对于所掌握知识的认识和利用的能力也存在一定的限度，从而影响决策的合理性。

(2) 对方案结果评价的想象力有限。把相同的客观资料拿给不同的人，他们常有可能会感知出不同的问题和结论。由于任何决策方案会产生什么结果，都属于将来要发生的事。因此，如果要对这些结果进行评价，决策者就要有丰富的想象力。而对未来进行评价，总是不会全面的，决策的合理性难以得到保证。

(3) 对信息资料处理的能力有限。这里包括获取、储存和处理信息资料的能力、乐于接受新信息以及擅长分析和综合信息的能力。决策者是否具有和运用这些能力，往往会深刻地影响着行动方案的最终选择，降低了决策的合理性。

2. 决策合理性的追求

在决策合理性方面，人的各种能力有限是客观存在的事实，对组织决策的影响也是必然的。在实践中，还无法完全克服这种影响。但这不能减弱人们对决策合理性的追求，从而使组织的决策尽可能地符合"合理"的标准。

(1) 克服知识的不完整性。首先，组织可通过部门的专门化和知识、信息的专门化来克服决策者知识的不完整性，并设置专门从事收集和处理信息的相关部门。其次，向决策者传递与决策有关的知识和信息，是决定决策是否具有合理性的一个重要因素。因此，在需要进行决策的部门建立能传递与决策有关的知识和信息的系统，是组织的一个重要课题。

(2) 提高决策的民主性。从一定意义上讲，决策的民主性就是让尽可能多的组织成员参与决策，以弥补决策者知识和信息的不足，使组织未来行动的设想更加丰富、备选方案数量更多。同时，有利于组织成员对组织决策的认同，从而在决策执行过程中，自觉地为自己参与制定的决策及其目标的实现贡献自己的努力。

小平台

日本企业成功的秘密在于：

终身雇佣制：日本工人一旦被聘用就不会被随意解雇。他们愿意随企业一起成长，把企业当做自己的家，而不愿意像美国工人那样经常跳槽。

信息共享制：日本企业内部信息相对公开，工人和下层管理人员与企业高层人员共享信息资源，每个人都清楚企业的现状。

集体决策制：企业决策将经过集体讨论，而责任也有集体承担，使日本企业具有极强的团队精神。

重视质量：质量被认为是企业持续发展的基本条件。解决质量问题被视为工人分内的事。

第四节　决策的方法

科学的决策是决策科学化的重要方面。在决策过程中,不仅需要有大量的资料、数据和信息,组织专业的决策机构,广泛征求各方面专家的意见,还必须采取科学的决策方法,从社会、经济、技术等方面对大量备选方案进行定性和定量分析,从中选取所需的方案。

一、确定组织活动方向和内容的方法

这类方法主要是根据企业内部和外部环境的特点,为企业或企业中的部门确定其经营活动的基本方向和内容。主要有道斯矩阵、波士顿矩阵、政策指导矩阵等。

1. 道斯矩阵

组织在制定其生存和发展战略过程中,必须在组织目标、外部环境和内部条件三者之间取得动态的平衡。组织不能孤立地看待外部环境的机遇和威胁,必须结合自己的内部条件和经营目标去识别适合本组织的发展机会。

道斯矩阵,亦称 SWOT 分析法,就是帮助决策者在组织内部的优势和劣势,以及外部环境的机会和威胁的动态分析中,确定相应的生存和发展战略的一种简易而实用的决策分析方法。如图 7-2 所示。

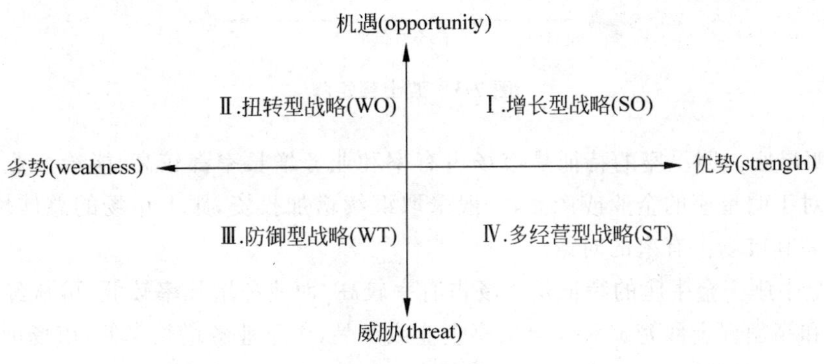

图 7-2　道斯矩阵

Ⅰ. 增长型战略(SO)。这是最理想的局面,组织能够利用它的内在强势并把握良机。

Ⅱ. 扭转型战略(WO)。处于这种情形的组织,虽然面临良好的外部机会,却受到内部劣势的限制。采用扭转型战略,可以设法清除内部不利的条件,尽快形成利用环境机会的能力。或者在组织内发展弱势领域,或者从外部获得该领域所需要的能力。

Ⅲ. 防御型战略(WT)。此时组织内部存在劣势,外部面临巨大威胁,要设法降低威胁、消除劣势。

Ⅳ. 多经营型战略(ST)。借助组织强大的内部优势,去应付环境中的危险,目的是将组织优势扩大到最大限度,将威胁风险降至最低。

2. 波士顿矩阵

波士顿矩阵认为,在确定企业各个经营单位的活动方向时,应综合考虑其市场占有率和业务增长率,并参考这两个标准的不同组合,把它们分成四种不同类型。如图 7-3 所示。波士顿矩阵作为企业经营决策的一种工具,将企业所有的经营业务综合到一个平面矩阵图中,使决策者可以简单明了地看出现有业务中哪些是企业资源的产生单位,哪些是企业资源的最佳使用单位,依此可以判断企业经营中存在的主要问题及未来的发展方向和发展战略。

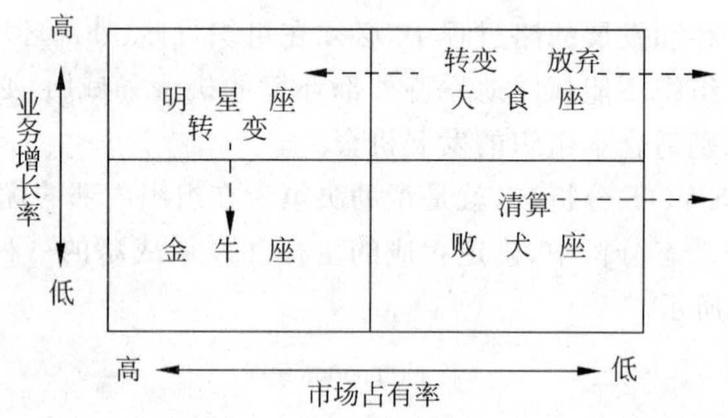

图 7-3 波士顿矩阵

(1) 明星座。明星座的特征是市场占有率和业务增长率都较高,能给企业带来较高的利润。对于明星座的企业或产品,一般采取继续增加投资,跟上市场的总体增长速度,巩固和提高其市场占有率的对策。

(2) 金牛座。金牛座的特征是市场占有率较高,而业务增长率较低,可从经营中获取高额利润和高额现金回笼。对于金牛座企业或产品,由于业务增长率低,市场前景不太看好,所以,不宜盲目投入大量资金求发展,应以维护和加强当前市场份额为对策,旨在使其成为整个企业重要资金的来源。

(3) 大食座。大食座的特征是市场占有率很低,而业务增长率较高,要求大量的资金投入,从而只能带来少量的资金回笼。对于大食座企业或产品,应视具体情况采取相应的对策。如果市场前景看好,其对策是投入必要的资金,扩大生产规模,提高市场份额,加快向明星座转变。如果市场前景不看好,则应及时而果断地采取放弃对策,避免企业无谓地浪费大量现金。

(4) 败犬座。败犬座的特征是市场占有率和业务增长率都较低,只能给企业带来极少甚至负值的收益。对于败犬座企业或产品,应采取缩小规模、清算、放弃的对策。

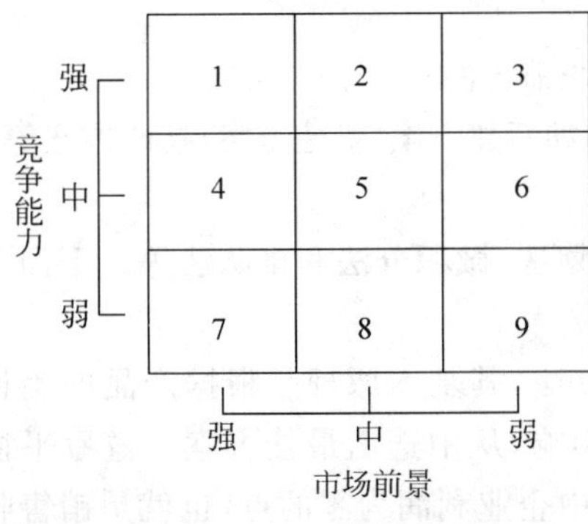

图 7-4 政策指导矩阵

3. 政策指导矩阵

该方法由荷兰的壳牌公司创立。它把市场前景和竞争能力两个标准,分为强、中、弱三个等级。根据这些组合,可把企业的经营单位分成九种不同的类型。如图 7-4 所示。

在运用政策指导矩阵时,根据经营单位所处的不同位置,可选择不同的活动方向,见表 7-1 所示。

表 7-1 不同区域的经营单位政策指导

区域	特 点	政 策 指 导
1、4	经营单位竞争能力较强,有足够理想的市场前景	保证所需一切资源,优先发展,维持市场地位
2	市场前景好和竞争基础较好,发挥不充分	应不断强化,分配更多的资源,加强竞争能力
3	资金能力有限	一是对少数有前途的产品加速发展;二是逐步放弃
5	有若干强有力的竞争对手,未处领先地位	分配足够的资源
6、8	市场吸引力不大,竞争能力较弱	应缓慢退出,收回资金
7	市场吸引力强,竞争能力很弱	不能继续发展
9	市场前景暗淡,实力很弱	尽快放弃

二、决策方案的评价方法

任何方案都需要在未来的时间里实施,而各方案在未来实施后所能带来的经济效果,则必须在制定决策时事先做出尽可能准确的评价,这样才能选定未来要付诸实施的方案。由于不同方案取得某一水平经济效果的确定性程度是不一样的,因此,针对确定性程度的差异,人们开发出了评价具有不同确定性程度的行动方案的决策方法。

1. 确定型决策方法

所谓确定型决策方法,就是各可行方案所需条件都是确知的,每一行动方案所出现的后果都可以准确地计算出来,从而根据决策目标可作出肯定选择的决策。确定型决策的基本条件是：

(1) 有一个明确的决策目标，如期望利润最大；

(2) 有确定的一种自然状态，如新产品是能够保证销售的；

(3) 存在着两个以上可供决策者选择的可行方案，如新建方案、扩建方案、技改方案等；

(4) 各方案的损益值可以计算出来。

确定型决策方法主要有盈亏平衡分析法、线形规划法、微积分法和排队法等。下面主要介绍盈亏平衡分析法。

盈亏平衡分析是企业经营决策常用的一种有效方法，其基本原理是根据产品的销售量、成本和利润三者的关系，分析各种方案对盈亏的影响，从中选出最佳方案。盈亏平衡分析的关键在于找出盈亏平衡点，即直角平面坐标系中企业利润为零的点，也就是销售收入总额与成本总额相等的点。如图 7-5 所示。

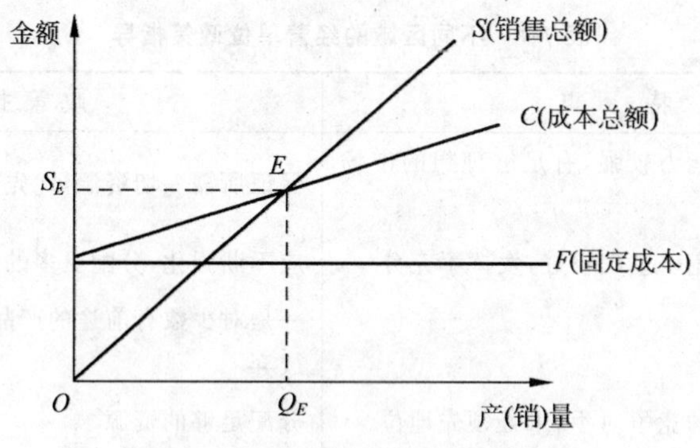

图 7-5 盈亏平衡分析示意图

盈亏平衡点的销售量的计算公式为

$$Q_E = \frac{F}{P - V}$$

式中：Q_E——盈亏平衡点的销售量；

F——固定成本；

P——产品单价；

V——单位变动成本。

【例题】 某玩具公司生产某种型号的电动小兔子玩具，固定成本为 3 000 元，销售单价为 20 元，单位变动成本为 5 元，试计算：

(1) 公司的盈亏平衡点是多少？

(2) 如果把产品单价提高到 25 元，则销售量应该是多少？

(3) 如果单位变动成本提高到 10 元，其他因素不变，则盈亏平衡点的销售量是多少？

(4) 如果把固定成本提高到 3 600 元，则盈亏平衡点又是多少？

根据上面的公式,可以得到:

$$Q_1 = F/(P-V) = 3\,000/(20-5) = 200(\text{个})$$
$$Q_2 = F/(P-V) = 3\,000/(25-5) = 150(\text{个})$$
$$Q_3 = F/(P-V) = 3\,000/(20-10) = 300(\text{个})$$
$$Q_4 = F/(P-V) = 3\,600/(20-5) = 240(\text{个})$$

2. 风险型决策方法

所谓风险型决策方法,是指决策者要根据可行方案的不同自然状态可能发生的概率所进行的决策。风险型决策的基本条件是:

(1) 存在着决策者希望达到的一个明确的决策目标;

(2) 存在着可供决策者选择的两个或两个以上的方案;

(3) 每个可行方案在不同自然状态下的损益值可以估算出来;

(4) 各自然状态发生的概率可以计算出来。

风险型决策方法主要有期望值法和决策树法两种。

期望值法就是根据未来情况发生的概率,分别求出每个方案期望值,并比较各方案期望值的大小,按照决策目标的要求,选择收益最大或损失最小为对应方案。期望值法估算公式为:

$$E_i = \sum_{i}^{n} B_{ij} \cdot P_{ij}$$

式中:E_i——i 方案的损益期望值;

n——状态个数;

B_{ij}——第 i 个方案在 j 状态下的损益值;

P_{ij}——第 i 个方案在 j 状态下的概率。

【例题】 某电脑公司计划在第二年加大产品销售量,现有三个方案可供选择,一是保留原有产品;二是更新原有产品;三是引进国外专利生产新产品。未来市场需求状态可能为好、中、差,每种状态可能出现的概率以及各方案在每种状态下的损益值如表 7-2 所示。

表 7-2 决策损益表 单位:万元

方案 \ 自然状态及概率	好	中	差
	$P=0.5$	$P=0.4$	$P=0.1$
保留	50	30	−30
更新	70	50	−10
引进	40	20	−20

由表可知：

$$E_1=50\times0.5+30\times0.4+(-30)\times0.1=34(\text{万元})$$

$$E_2=70\times0.5+50\times0.4+(-10)\times0.1=54(\text{万元})$$

$$E_3=40\times0.5+20\times0.4+(-20)\times0.1=26(\text{万元})$$

比较各方案的损益期望值，以更新原有产品方案的收益期望值最大，为 54 万元，应选择该方案。

决策树法是风险型决策分析的重要工具。它是用树形图来形象表示决策目标，可行方案及自然状态的，并通过计算损益期望值，供决策者择优取舍的一种决策方法。

决策树形图由决策点、方案枝、状态结点和概率枝组成。如图 7-6 所示。

利用决策树进行决策时，一般经过以下步骤：

第一，绘制决策树图。绘图从决策点开始，由左向右逐级展开方案枝、状态结点和概率枝。

第二，计算期望值。期望值的计算顺序，要由右向左依次进行。利用收益值及其相应的概率，计算出每一方案的损益值，并将它标在相应的状态结点上。

第三，剪枝。剪枝就是舍去劣势方案，也就是方案的优选过程。决策者按照决策标准的要求，从右向左逐次评价，在舍去的劣势方案枝画上"‖"，以示剪掉。最后在决策树上只留下一条方案枝，即决策者所要选用的最合理方案。

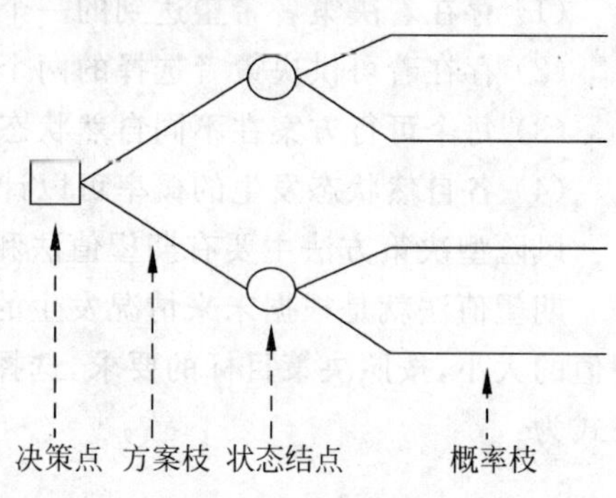

图 7-6 决策树模型

【例题】 某钢铁公司要对所生产的某种产品更新换代，为此，就要更新或改造设备。经预测分析，有两个可行方案可供选择：一是引进一条生产线，需要投资 500 万元；二是改造原来的生产线，需要投资 200 万元。使用期限均为 10 年。它们的损益值、自然状态、概率等如表 7-3 所示。

表 7-3 产品的损益值、自然状态与概率 单位：万元

自然状态及概率 / 方案	市场销售状态		
	畅销 0.7	滞销 0.3	投资
引进生产线	200	−20	500
改造生产线	120	20	200

解：第一步：画出决策树。

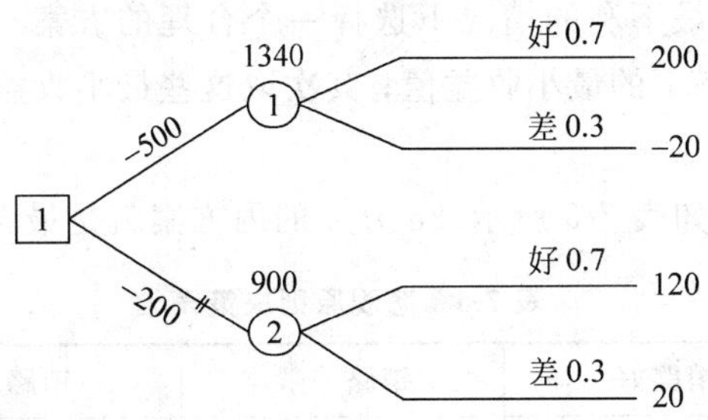

第二步：计算期望值。

$$E_1=[200\times0.7+(-20)\times0.3]\times10-500=840(\text{万元})$$

$$E_2=(120\times0.7+20\times0.3)\times10-200=700(\text{万元})$$

第三步：剪枝。经比较应选择第一方案，剪掉改造生产线方案枝。

3. 非确定型决策方法

所谓非确定型决策方法，是指决策问题存在两种以上的自然状态，而且这些状态出现的概率无法预测，使决策结果具有不确定性，决策者只能根据主观选择不同的方法。

【例题】 某公司准备将三种新开发出来的产品投入生产，由于没有相关的数据资料，只能估计产品投放未来市场后，销售会有销路好、销路一般和销路差三种自然状态。在不同自然状态下的收益值如表 7-4 所示，试用不同方法确定最合理方案。

表 7-4　决策收益表　　单位：万元

自然状态 / 方案	销路好	销路一般	销路差
甲产品	70	50	−20
乙产品	50	40	15
丙产品	35	30	25

(1) 乐观原则。乐观原则又称大中取大法。这种决策方法的出发点是决策者对未来前景持乐观态度，设想在最有利的条件下进行决策。其基本思路是：首先找出每个方案在各种自然状态下的最大收益值；其次选择这些最大收益值中最大的方案为最合理的方案。

在例题中，计算结果如表 7-5 所示，70 万元的甲方案就是最合理方案。

表 7-5　乐观原则决策表　　单位：万元

方案	销路好	销路一般	销路差	最大收益值
甲产品	70	50	−20	70
乙产品	50	40	15	50
丙产品	35	30	25	35

(2) 悲观原则。悲观原则又称小中取大法。这种决策方法的出发点是决策者对未来前景持悲观态度,设想在最不利的情况下选择一个合理的方案。其基本思路是：首先找出各方案在不同自然状态下的最小收益值；其次取这些最小收益值中最大的方案为最合理方案。

在例题中,计算结果如表 7-6 所示,25 万元的丙方案就是最合理的方案。

表 7-6　悲观原则决策表　　单位：万元

方案	销路好	销路一般	销路差	最大收益值
甲产品	70	50	−20	−20
乙产品	50	40	15	15
丙产品	35	30	25	25

(3) 最小后悔值原则。最小后悔值原则又称机会损失最小值法。所谓后悔值,是指在某一自然状态下,由于未采用相对的方案而造成的损失。其基本思路是：首先找出各种自然状态中的最大收益值；其次计算各种方案与最大收益值之间的差额,选出最大后悔值；最后在几个最大后悔值中选择一个后悔值最小的,该后悔值最小的方案即为最合理的方案。

在例题中,计算结果如表 7-7 所示,选择最小后悔值 20 万元的乙方案为最合理决策。

表 7-7　最小后悔值原则决策表　　单位：万元

自然状态	损益值			后悔值		
	甲产品	乙产品	丙产品	甲产品	乙产品	丙产品
销路好	70	50	35	0	20	35
销路一般	50	40	30	0	10	20
销路差	−20	15	25	45	10	0
最大后悔值				45	20	35

(4) 折中原则。折中原则亦称“乐观系数原则”。该方法是根据历史资料和经验判断,确定一个乐观系数 α,且 $0<\alpha<1$。假定设 COV_i 代表第 i 个方案的折中收益值,$Q_{i\max}$ 表示第 i 个方案的最大收益值,$Q_{i\min}$ 表示第 i 个方案的最小收益值,α 为乐观系数,则方案的折中收益值为：

$$COV_i = \alpha Q_{i\max} + (1-\alpha) Q_{i\min}$$

在例题中,若取 $\alpha=0.7$,则计算结果如表 7-8 所示,应选生产甲产品的方案为最合理方案。

表 7-8　折中原则决策表　　　　单位：万元

方案＼自然状态	销路好	销路一般	销路差	折中收益值
甲产品	70	50	−20	43
乙产品	50	40	15	39.5
丙产品	35	30	25	32

小平台

通用电气公司由于采用概率和统计这种具有悠久历史的数学技术，每年在工程、销售和计划方面为公司节省大约一千万美元的开支。该公司设于纽约斯格纳特底的某研制中心的一个统计学家小组曾经研制出各种各样具有广泛用途的节约开支的技术，供该公司所属世界各地的一百多个生产部门使用。其中包括应用于预测销售和存货、确定更好地制造产品的方法和建厂前规划厂房的布局以及对空间系统提供重要部件的厂商所进行核对工作等方面的技术。

据该公司的研究人员说，由于目前需要生产更精密的具有高度工艺技术的产品，且目前使用计算机高速处理数据也更为方便了，因而过去五年中，工业对概率分析和统计的使用已经增长了25%以上。

（资料来源：［美］小詹姆斯·H.唐纳利.管理学基础.北京：机械工业出版社，2005，385）

本章小结

决策有狭义与广义之分。狭义的决策是指行动方案的确定或决定，即在几种行动方案中作出选择。广义的决策是指人们为了达到一定的目标，提出、选择并实施未来行动方案的全过程。决策具有系统性、目标性、可行性、选择性、满意性、过程性等基本特性。决策在管理中具有重要的地位和作用，它是管理活动的核心，直接关系到组织和成员的发展。

决策的程序一般由调查研究，发现问题、综合分析，确定目标、收集信息，科学预测、拟订方案，分析评价、选择方案，实施决策、反馈控制，完善方案六个阶段构成。它们彼此之间有着内在的必然联系，形成一个科学的决策系统。

组织决策是在一定环境条件下进行的，决策过程会受到环境、组织文化、过去的决策以及决策者对风险的态度等组织内外各方面因素的影响。另外，受决策者自身各种条件的制约，也影响了决策的合理性。因此，组织和个人应采取相应的措施，去追求决策的合理性。

科学的决策是决策科学化的重要方面。在决策过程中，还必须采取科学的决策方法，从社会、经济、技术等方面对备选方案进行定性和定量分析，从中选取所需的方案。

案例聚焦 可口可乐公司：触发火山

1985年4月23日，可口可乐公司董事长罗伯特·戈伊朱埃塔宣布了一项惊人的决定。在美国乃至世界商业史上，还从来没有哪一个商业决策能像可口可乐的决策那样引起如此巨大的震惊、骚动和争论。

戈伊朱埃塔说："即使是最好的也可以做得更好。"他宣布：经过九十九年的发展，可口可乐公司决定放弃它那一成不变的传统配方，因为现在消费者更偏好口味更甜的软饮料。为了迎合这一市场的变化，可口可乐公司决定更改配方调整口味，推出新一代可口可乐。这天，可口可乐公司向美国所有新闻媒介发出了邀请，共有200余位报纸、杂志和电视记者出席了新闻发布会。消息闪电般传遍美国。在24小时内，81%的美国人都知道了可口可乐改变配方的消息，这个比例比1969年7月阿波罗登月时的24小时内的公众获悉比例还要高。

"新可乐"上市初期，1.5亿人在"新可乐"问世的当天品尝了它，历史上没有任何一种新产品会在面世当天拥有这么多买主。发给各地瓶装商的可乐原浆数量也达到5年来的最高点。

风云突变。虽然可口可乐公司事先预计会有一些人对用"新可乐"取代传统可乐有意见，但却没有想到反对的声势如此浩大。

在"新可乐"上市4小时之内，可口可乐公司接到650个抗议电话。到5月中旬，公司每天接到的批评电话多达5000个，而且更有雪片般飞来的抗议信件。可口可乐公司不得不开辟83条热线，雇用了更多的公关人员来处理这些抱怨与批评。

有的顾客称可口可乐是美国的象征，可如今却突然被抛弃了。还有的顾客威胁说将改喝茶水，永不买可口可乐公司的产品。在西雅图，一群忠于传统可口可乐的人们组成了"美国老可乐饮者"组织，准备在全国范围内发动抵制"新可乐"的运动。许多人开始寻找已停产的传统可口可乐，这些"老可乐"的价格一涨再涨。到6月中旬，"新可乐"的销售量远低于可口可乐的预期值，不少瓶装商强烈要求改回销售传统可口可乐。

可口可乐公司的市场调查部门再次出动，对市场进行了紧急调查。结果他们发现，在5月30日前还有53%的顾客声称喜欢"新可乐"，可到了6月，一半以上的人说他们不喜欢"新可乐"。到7月，只剩下30%的人说"新可乐"的好话了。堪萨斯大学的社会学教授罗伯特·安东尼奥说："许多人认为可口可乐公司把一个神圣的象征给玷污了。"就连戈伊朱埃塔的父亲也站出来批评"新可乐"，甚至他还威胁说要不认这个儿子。

可口可乐公司的决策者们不得不认真考虑问题的严重性了。在一次董事会上，戈伊朱埃塔决定暂时先不采取行动，到6月的第4个周末再说，看看到那时销售量会有什么变化。

但到6月底，"新可乐"的销售量仍不见起色，而公众的抗议却愈演愈烈。于是，可口可乐公司决定恢复传统配方的生产，其商标定名为 Coca-Cala Classic(可口可乐古典)。同时继续保留和生产"新可乐"，其商标为 New Coke(新可乐)。7月11日，戈伊朱埃塔率领可口可乐公司的高层管理者站在可口可乐标志下向公众道歉，并宣布立即恢复传统配方的可口可乐的生产。

消息传来，美国上下一片沸腾。ABC 电视网中断了周三下午正在播出的节目，马上插播了可口可乐的新闻。所有传媒都以头条新闻报道了"老可乐"归来的喜讯。民主党参议员大卫·普赖尔还在参议院发表演讲，称："这是美国历史上一个非常有意义的时刻，它表明有些民族精神是不可更改的。"华尔街也为可口可乐公司的决定欢欣鼓舞，"老可乐"的归来使可口可乐公司的股价攀升到12年来的最高点。

在"新可乐"上市前，可口可乐公司不能不说是格外慎重地进行准备工作。它费时两年、耗资400万美元、调查了近20万名消费者，而且调查结果"既合理又有力"，做出上市"新可乐"的决策似乎合情合理，无懈可击。但结局为什么会与推断截然相反呢？原因有三：

(1) 有缺陷的市场调查。它们可口可乐公司的调查部门在设计调查问卷和品尝测试时忽略了一个重要环节，没有告诉被调查者：如果你选择了一种可乐，那么你将失去别的可乐。而被调查者却无一例外地以为"新可乐"只不过是对现有"老可乐"的补充，绝不是对"老可乐"的替代。调查者和被调查者没有在基本前提上达成一致。

另外，可口可乐公司市场调查人员看到百事可乐近年来发展势头逼人，因而主观上先入为主地认为顾客喜爱更甜口味的可乐。在口味测试时，他们选择的被测试者多是年轻人。这就从两方面进一步引诱可口可乐公司将"新可乐"推向"更甜"的误区：一方面，年轻人比中老年人更喜爱甜口味，他们当然会投"新可乐"的票；另一方面，人们在不被告知品牌而进行品尝的时候，心情是比较紧张的，他们生怕测试者嘲笑自己味觉不敏感，尝不出新产品的特别之处。于是，当品尝到甜度明显超过现有可乐的"新可乐"时，被测试者马上做出反应，说自己喜欢这种口味，以显示他的味觉是敏感的。

实际上，百事可乐是在20世纪70年代末80年代初异军突起的，那时美国社会上生育高峰期出生的孩子已经长大，形成了一个强大的甜口味饮料消费群体。但从80年代中期开始，美国社会老龄化，喜爱传统口味的中老年顾客群在不断扩大。与此同时，健康饮食观念日益深入人心，人们开始忌讳多油、多糖的食品。因此，口味更甜的"新可乐"就显得有点儿不识时务了。

(2) 象征的价值。一个拥有九十年历史且广为传播的产品已经不再是一种简单的商品了，它应该形成了某种文化，成为某种象征。但这种文化内涵和象征价值是深埋于顾客内心深处的，必须有意识地尽心设计问卷才能调查出它们在顾客内心的地位或分量。如果只是简单地问顾客：如果可乐配方变了，你是愿意喝更多、更少，还是与以前数量相同的可乐？那就根本无法深入探测顾客内心深处对产品的情感，也就无法探测出产品内在价值的影响力，此时轻率做决策，当然会产生失误。

(3) 随大流的本能。"新可乐"刚上市时，顾客对它的接纳程度还算是令人满意的。但随着新闻界的煽动，可口可乐成了代表美国传统的象征，背叛"老可乐"就是在背叛美国精神。这一产品换代的普通商业行为被上纲到爱国主义高度后，公众的心态发生了逆转。许多普通顾客也许做梦也没想到喝"新可乐"与背叛美国精神有什么瓜葛，但他们看到新闻界的评论、听到身边人的议论后，往往不假思索地站到大多数人的一边。

越滚越大的雪球压垮了"新可乐"。

(资料来源：蒋彬. MBA企业经营管理经典案例分析. 北京：时事出版社，1997)

练习题

1. 什么是决策？决策在管理中地位和作用是什么？
2. 如何理解决策的基本特性？
3. 决策过程包括哪几个阶段的过程？
4. 组织决策主要受到哪些因素的影响？
5. 理性决策的限制性反映在哪些方面？决策者应如何加以克服？
6. 确定型决策、风险型决策、非确定型决策有何区别？

第八章 管理计划

本章学习目标

1. 理解计划的含义及重要性。
2. 区分各种类型的计划并说明其相互关系。
3. 掌握制订计划的程序。
4. 明确目标管理的过程。
5. 了解滚动计划法和网络计划技术。

导读 小闹钟

一只新组装好的小闹钟放在了两只老闹钟的中间。两只老闹钟"嘀嗒嘀嗒"地走着。其中一只对小闹钟说:"来吧,你也应该工作了。可是我有点担心,你走完 3200 万次之后,恐怕便吃不消了。"

"天哪! 3200 万次!"小闹钟吃惊不已,"要我做这么大的事,我办不到! 办不到!"

另一只闹钟说:"别听它胡说。不用害怕,你只要每秒'嘀嗒'摆一下就行了。"

"天下哪有这么简单的事。"小闹钟将信将疑。"如果这样,我就试试吧。"小闹钟很轻松地每秒摆一下,不知不觉中,一年过去了,它摆了 3200 万次。

管理启示 合理地计划与目标分解,逐步达成最终目标,看似困难的目标其实并不难。

计划过程是决策的组织落实过程。管理者的职责是运用其权限范围内的资源,通过计划工作,选定组织和部门的目标,将组织在一定时期的活动分解给组织的每个部门、环节与个人,确定实现这些目标的途径,合理利用资源,协调和组织各方面力量,使组织中的各项活动能够有节奏地进行,以实现预定的目标。

第一节　计划概述

为了把决策付诸实施，需要进行具体的计划。计划就是将决策实施所需完成的活动进行时间和空间上的分解，以便将其具体地落实到组织中的不同部门和个人。计划是实现组织目标的方法、途径和时间表。它包括对事项的叙述、目标和指标的排列，规定所采取的手段、完成任务的进度等。

一、计划的作用和特点

1. 计划的作用

(1) 计划是组织活动开展的基础。社会化大生产的分工协作，使各种生产劳动的多项工作之间存在着纵横交错的密切关系，需要通过严密的组织来使人力、物力和财力等资源得到有效的利用。不同的计划，目标不同，所需要的组织活动也不同。计划有助于管理者明确，需要什么样的组织结构和人员配备、各个环节和岗位的职责及其相互关系和适当的职权范围，从而使全体人员各项活动在共同的纲领指导下协调开展。

(2) 计划是领导活动开展的前提。不同的计划目标需要不同的领导方法、领导技巧和领导政策。由计划所决定的组织目标、组织规模、组织成员能力和职责，都会对适宜的领导模式产生重大影响。

(3) 计划是控制活动开展的依据。控制本身意味着通过纠正脱离计划的偏差，使活动保持既定的方向和速度。计划说明了组织活动的目标、顺序、时间的要求，以及组织的职责。这样就为控制提供了明确的检查点和检查对比的标准，为控制过程提供了“框架”。由于职责的明确，从而使控制纠正活动会更加有效。控制活动的进行往往需要拟订新的计划或修改原有计划，这些新的计划或修改过的计划又被用来作为连续进行控制的依据。

2. 计划的特点

(1) 目的性。每一个计划及其派生计划都旨在促进各类组织的总目标和一定时期目标的实现。因此，没有计划就不能达到组织各系统的协调行动，也就难以顺利实现组织的目标。在实际工作过程中，管理者一般要根据实际情况确定组织的总目标，根据总目标的需要进一步明确各部门，各系统的具体工作目标。在此基础上制订科学的计划，保证组织总目标的实现。

(2) 主导性。任何管理活动都是为了一定的目标而进行的，因此，在决策实施过程中，计划活动在时间上要领先于其他管理活动。实际上，管理活动是一个不断循环的过程，各种职能在实行过程中是相互交织在一起的。即便如此，计划活动还是有它特殊的地位，因为在进行任何一项活动之前，必须明确工作的目标、面临的内外条件、组织的方针政策及行动的具体方法，这就需要科学地进行计划。

(3) 普遍性。计划涉及组织内各个层次、各个部门以至全体成员，组织内高层、中层和基层的任何管理活动都需要进行计划，组织内各层次管理人员都会不同程度地参与计划的活动。因此，计划活动的普遍性包含着两层意思，一是组织中的每一位管理者都或多或少地拥有制订计划的部分权力和责任，尽管不同层次的管理者所从事的计划活动的侧重点和内容有所不同；二是由于资源的有限性，使得人们在从事各种活动时，都需要事先进行计划，因为只有这样，才能有效地利用资源。

(4) 效率性。计划活动是以提高整个组织经济效益和管理工作效率为中心。因此，计划活动的任务，不仅要确保实现目标，而且要从众多方案中选择最满意的资源配置方案，以求得合理利用资源和提高效率。保证计划的制订和执行使组织能以最少的耗费实现预定的目标。计划活动的效率，是以实现组织的总目标和一定时期的目标所得到的利益，扣除为制订计划所需要的费用和其他预计不到的损失之后的总额来测定的。

二、计划的内容和分类

1. 计划的内容

任何一个组织，不论其性质如何及规模大小，其计划的内容通常都可以用“5W＋1H”来概括，即：

(1)“Why”——为什么做：要明确计划的宗旨、目标和战略，并论证其可行性。实践证明，管理人员对组织的宗旨、目标和战略了解得越清楚，认识得越深刻，就越有助于他们在计划活动中发挥主动性和创造性。

(2)“What”——做什么：要明确计划的具体任务和要求，明确每一个时期的中心任务和工作重点。

(3)“Where”——何地做：规定计划的实施地点或场所，了解计划实施的环境条件和限制，以合理安排计划实施的空间组织和布局。

(4)“When”——何时做：规定计划中各项工作的开始和完成的进度，以便进行有效的控制和对能力及资源进行平衡。

(5)“Who”——谁去做：计划不仅要明确规定目标、任务、地点和进度，还要明确由哪个主管部门负责。

(6)“How”——怎么做：制订实现计划的措施，以及相应的政策和规划，对资源进行合理分配和集中使用，对人力、物力和财力进行平衡，对各种派生计划进行综合平衡等。

表 8-1 表示了一项完整的计划应包括的要素。

表 8-1　一项完整计划的要素

要　素	所要回答的问题	内　容
前提	该计划在何种情况下有效	预测、假设、实际条件
目标(任务)	做什么	最终结果、工作要求
目的	为什么要做	理由、意义、重要性
战略	如何做	途径、基本方法、主要战术
责任	谁做、做的好坏的结果	人选、奖罚措施
时间	何时做	起止时间、进度安排
范围	涉及哪些部门或何地	组织层次或地理范围
预算	需投入多少资源	费用、代价
应变措施	实际与前提不相符怎么办	最坏情况计划

2. 计划的类型

由于计划活动的普遍性,计划的目标、内容、应用情况千差万别,使计划的具体表现形式多种多样。从不同的角度,按照不同的标准,可以将计划分为不同的类型。

(1) 按计划的时间跨度分类:长期计划、中期计划和短期计划。长期计划的时间跨度在5年以上,有的甚至可以长达数十年。长期计划亦称为战略计划,它是由高层管理者负责制订的计划,它体现了组织在未来一段时间内总的战略构想和总的发展目标,以及实施的途径。长期计划要解决两方面的问题:一是组织的长远目标和发展方向是什么;二是怎样达到和实现组织的长远目标。长期计划由于时间跨度比较大,对未来不确定因素的估计较为困难,其精确性难以保证。因此,长期计划一般都有较大的弹性,侧重于明确今后一段时期的发展方向和一些政策性规定。中期计划的时间跨度一般在1～5年。中期计划与组织的中层和基层管理人员的工作有更多的直接关系,所涉及的内容一般都比较稳定,实施中变化较小。中期计划主要是协调长、短期计划之间的关系,通常比长期计划详细、具体,同时,它又是短期计划制订的依据。短期计划是指1年以内的计划,其内容主要是说明计划期限内必须达到的目标,以及具体的工作要求。短期计划一般包括经营计划和应急计划。经营计划是为长期计划中某一段时间的经营目标服务。应急计划是指组织针对外部环境的变化所采取的适时应变的“备用计划”。通常在制订经营计划时,要相应制订与之配套的应急计划,以便于在情况发生变化时能够迅速进行适当调整,顺利完成经营目标。

在一个组织中,长期计划与中短期计划是密不可分的。科学的长期计划,对中短期计划具有指导作用,中短期计划必须根据长期计划的要求来制订;中短期计划的实施又有助于长期计划的实现。只有正确处理长期计划与中短期计划的关系,才能有利于组织目标的实现。

(2) 按计划的层次分类:战略计划和战术计划。战略计划是确定组织未来发展的规划，对组织发展起关键作用的计划。其时间跨度较长，通常为5年或更长，一般应用于组织整体，为组织设立总体目标，规定组织总的纲领和政策。战略计划涉及组织发展的整体战略，主要关注组织所面对的资源、长远目标、政策、环境等问题。战略计划的整个行动过程由组织最高层领导和控制，其特点是涉及面广，相关因素多，且关系复杂、不明确，因此，制订战略计划要有足够的弹性。战术计划是根据战略计划制订的执行性计划，用来指导管理者逐步而又系统地实施战略计划规定的任务。战术计划的制订者一般为中、基层管理者，其计划的时间较短，如月度计划、周计划、日计划等。战术计划可以有不同的使用形式：在一段时间内使用的涉及各方面的综合计划；针对某一特定目标或行动的单项计划；为了实现战略目标对行动手段或方法规定的策略计划。战略计划与战术计划的比较如表8-2所示。

表8-2　战略计划与战术计划的比较

因素＼对象	战略计划	战术计划
时间跨度	时间跨度长、涉及范围广	时间跨度短、涉及范围窄
内容	内容抽象、概括、可操作性弱	内容具体、明确、可操作的要求高
目标	无既定目标	有具体行动目标
有效期限	多一次性使用，较少重复性使用	环境因素相同前提下，可再次使用
确定性	前提和结果具有高不确定性、高风险	风险程度较低

（3）按计划的明确程度分类：指令性计划和指导性计划。指令性计划是由组织的上级下达的、目标明确、行动方法与程序确定、具有行政约束力、各级计划执行机构必须认真完成的计划。指令性计划的内容明确，不存在模棱两可的问题。指令性计划的内容一般关系到组织发展的重大问题或必须完成的任务。指导性计划是组织的上级下达的、对下级部门具有指导意义与参考作用的计划。指导性计划只规定一些一般的方针，而对具体行动方法则多由执行机构根据实际情况确定。指导性计划下达以后，下级机构不一定完全遵照执行。

因此，制订计划时，要根据未来的不确定性因素，在灵活性与明确性之间权衡。指令性计划明确、具有强制性作用，但对于不确定性因素的应变能力较差，而且不利于发挥下级管理人员的积极性与创造性。指导性计划较充分地考虑了不确定性因素的影响，给予下级管理人员一定的应变权力，但操作起来不如指令性计划简单明了。组织要根据计划的内容、外界环境因素及内部条件来确定使用哪一种计划形式。

（4）按计划的内容分类：专项计划、局部计划和综合计划。专项计划是指为完成组织某一特定活动所拟订的计划，用于解决一些特殊问题或进行特定项目建设，如企业的基本建设计划、新产品研制计划等。局部计划是指对限定范围内的活动所作出的安排，是综合计划的一个组成部分，包括各种管理职能制订的职能计划，以及各执行机构制订的部门计划,如财务计划、人事计划、经营业务计划等。综合计划是指涉及组织多个目标和多个方面内容的整体性计划。综合计划对组织各子系统都有很大的影响,综合计划要对各子系统进行合理协调,产生最大的组织效应。

在计划的管理中,综合计划与局部计划、专项计划之间的关系是整体与局部的关系。管理者应把综合计划放在首要的位置,自上而下地编制计划,局部计划和专项计划必须以综合计划作指导,要注意上下目标的一致性。

小平台

卡洛斯先生在美国公共卫生局工作20年后退休不干了。他把自己的储蓄存款投资到5家快餐馆。他深信,只要运用基本的管理原则和技术,这5家商店的利润就能比以前增加。因此,卡洛斯认为,把"良好的管理"引进到这个系统的最好办法是,首先执行主要的管理职能——计划。

卡洛斯在同5家商店的经理举行的第一次会议上提出的计划的概念,是以他在公共卫生局的经验为基础的。对这个被称为POAR的计划解释是:POAR是组成计划的四个要素——问题(Problem)、目标(Objectives)、活动(Activities)和资源(Resources)这四个词的第一个字母缩写而成的。因此,卡洛斯要求经理们确定各自商店的每一个问题,结合上述四个要素制订年度计划,而此后分配资金以及报告进展情况都将以这些计划为依据。

第二节 计划程序

计划编制本身也是一个过程。为了保证编制的计划合理,确保实现决策的目标,计划编制过程中必须采用科学的方法。

一、计划编制的程序

尽管计划的类型多种多样,但编制计划的程序大体相同。一般来说,编制计划的程序包括以下几个过程:

1. 收集资料和估量机会

计划是为决策的组织落实而制订的,也是对实现目标过程的详细规划,因此,对外部环境的分析与判断,全面、准确地收集相关资料,是编制行动计划的基本前提。外部环境因素是复杂多变的,其变化组织无法控制,只能通过预测与判断其变化趋势并选择相应的对策去适应,通过分析外部环境的当前情况及今后的发展趋势,发现组织的优势与劣势,找出组织发展的机会。

机会预测是确定目标的前提,是一项十分重要的工作。需要掌握科学的预测方法,需要占有全面、准确的信息。对机会的估量往往在实际计划活动之前已进行,但却是计划活动的一个真正起点。其主要内容包括:对未来可能出现变化和预示的机会进行初步分析,形成判断;根据组织的长处和短处明确组织所处的地位;了解组织利用机会的能力;列举主要的不确定因素,分析其发生的可能性和影响程度。

2. 确定和分解目标

经过预测和估量机会,还要对组织内部的情况进行认真考虑,分析组织的优势和劣势。在综合考虑内外情况的基础上,便可确定组织的总目标。总目标是组织各项活动所要达到的最终结果,是确定组织各构成部分具体目标的依据。

组织的总目标确定之后,需要按照一定方式将总目标分解,形成一系列各负其责的分目标,从而构成一个统分结合的目标体系。通过分解,确定了组织的各个部分在未来各个时期的具体目标,包括实现这些目标应达到的具体要求。

3. 拟订和评价方案

组织目标确定之后,要围绕着目标拟定各种具体可行的行动方案。由于某一目标的实现有着各种各样的途径和方法,因此,在拟订方案时,应根据组织的内外情况,遵循科学性与创造性相结合的原则,尽可能多地提供可供选择的方案。

评价备选方案是一个非常关键的过程。应按照目标要求,权衡各种因素,比较各个方案的利弊,对每一个方案进行评价。方案的优劣主要从三个方面分析:一是方案的制约因素分析。对制约因素分析的越彻底,对每个方案的了解也就越透彻;要着重分析每一方案的制约因素,找出方案中妨碍目标实现的具体因素。二是方案的预期结果分析。在将方案预期结果同组织目标进行比较时,不仅要比较可以量化的因素,而且要比较不能量化的因素,从而全面把握每一个方案的质量。三是方案的综合效益分析。主要是考查每一个方案预计完成总目标的程度,即综合效益的高低。在对方案进行全面分析的基础上,在备选方案中选出最优方案。

4. 制订派生计划

在总体计划确定以后,组织还需要制订一系列派生计划。所谓派生计划,是指总体计划下的分计划,主要用来对总方案的支持和补充,以进一步完善计划方案。如企业一项大型设备的购置计划确定以后,为了保证计划能够落实,还需要制订相应的资金筹措计划、招工计划、培训计划、备件采购与库存计划、维修计划等一系列派生计划,使设备采购计划完善起来。

5. 编制计划预算

在计划确定以后，管理者还要把决策和计划转变为预算。预算是用数字表示预期结果的报告书，是数字化的计划。在该报告书中，一要预算计划的开展和执行需要多少费用；二要预算计划的完成能获得多大的赢利，从而为下一步的计划行动提供资金上的保证。通过预算可以对所需人力、物力、财力资源进行定量分配，以保证计划任务所需资源得到周密安排。同时，预算又是控制的有效工具，依据预算指标可以对计划执行情况进行监督控制。

6. 计划的执行

计划的执行包括实施、反馈和微调。在计划的执行过程中要加强监督检查、加强协调与配合，建立有效的信息反馈系统和控制机构，及时发现计划执行过程中的问题与偏差。根据实际情况，对执行过程中的偏差进行纠正，或者对计划进行微调，保证计划的顺利实施。

计划的程序可用图 8-1 来描述。

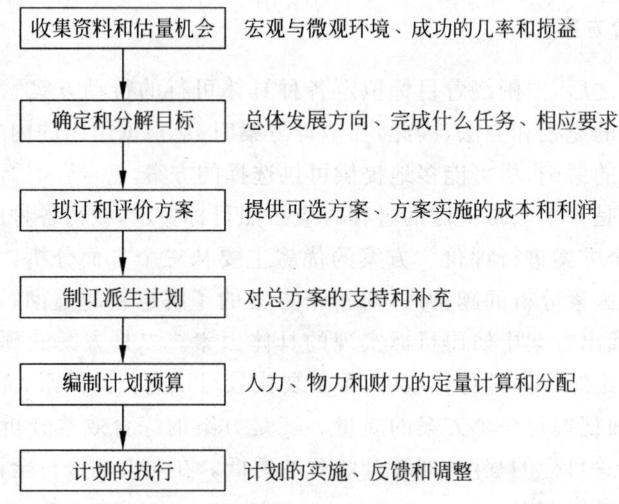

图 8-1　计划的程序

二、目标管理的实施过程

1. 目标管理的含义

目标管理的概念是美国著名管理学家彼得·德鲁克 1954 年在其著作《管理实践》(*The Practice of Management*)中最先提出，被公认为“目标管理”的主要先驱。所谓目标管理，是指组织在一定时期内，通过围绕已确定的总目标，经过上下级协商，分别制定目标和保证措施，明确规定相应的职责范围，并把目标完成情况作为部门和个人考核依据的一种现代管理方法和管理思想。

这一表述包含了以下四个内涵：

① 组织目标是共同商定的，而不是上级下指标，下级作保证。

② 根据组织的总目标来决定每个部门和个人担负的任务、责任及应达到的分目标。

③ 以这些总目标和分目标作为组织部门和个人活动的依据，一切活动都是围绕着这些目标而展开的，将履行职责与实现目标紧密地结合起来。

④ 对个人和部门的考核以目标的实现情况为依据。

德鲁克认为目标管理就是强调通过目标来进行管理，目标管理应置于管理的中心地位成为经营管理实践中一项强有力的中心原则。他的目标管理思想可概括为三个方面：

(1) 目标管理强调的是以目标为中心的管理。目标管理强调明确的目标是管理有效的首要前提。一切管理活动的开始是确定目标，执行过程也是以目标为导向，结束以后还是按照目标的完成情况来进行考核。目标管理要求把焦点转移到目标上去，转移到行动的目的上去，而不是行动的本身。目标管理是针对那种只注意工作而忽略目标的旧式经营管理方式的不足之处而言的。

(2) 目标管理强调的是以目标网络为基础的系统管理。任何组织都会有不同层次、不同要求的多个目标。不仅组织要有总体目标，不同层次不同部门也应有分目标。正是由于总目标和各分目标以及各分目标之间互相关联、互相保证和依据，不可分割，形成了互相支援的目标网络系统，从而保证了目标的整体性和一致性。

(3) 目标管理强调的是以人为中心的主动式管理。目标管理强调由管理者和下属共同来参与目标的确定和目标体系的建立。作为下属不再只是做工作、执行命令、等待指导和决策。他们本身就应是目标制定的参与者。这样不仅能使目标更符合实际，更有可行性，而且更能激发各级人员在实现目标中的积极性和创造性。各级人员在工作中感到有自由感、主人翁感，心情舒畅，有自我推动力，从而起到了自我控制的效果。同时也使企业的总目标落到实处，这正是目标管理的优越性所在。

目标管理的提出时值第二次世界大战后西方经济由恢复转向迅速发展的时期，企业亟须采用新的方法调动员工积极性以提高竞争能力，因此，一经提出便在美国迅速流行，并很快为日本、西欧国家的企业所仿效。目标管理的具体形式各种各样，名称叫法也各异，如绩效管理、成果管理、承诺管理、季度评审法等，但其基本原理是一致的。所谓目标管理是一种管理过程，通过企业高层管理者分析企业的愿景使命，制定中短期目标，并将中短期目标采用协商的形式一级接一级地分解至组织各个单位以至个人的过程，使每个员工的工作目标都具有可操作性和激励性，并且建立如何帮助个人和组织实现目标的组织机构、业务流程和人力资源管理等辅助机构，以确保每个人实现个人工作目标，最终保证企业实现组织目标。

2. 对目标管理的评价

目标管理将目标作为一种激励因素(而非控制手段),让人们确切地了解企业对他们的期望,使他们参与自身的工作目标的设定过程,并将他们实现目标的进展情况不断地反馈给他们,以及根据目标实现的情况给予他们奖励,从而对员工产生激励,以保证个人与组织目标的实现,目标管理是一个以“激励”为哲学指导的管理模式。其优点主要表现在:

(1) 更好地进行管理。目标管理的全部优点可以概括为使管理工作有很大的提高。目标管理迫使管理人员考虑关于计划的效果,而不仅仅是计划的活动或工作。为了保证目标的现实性,它也需要管理人员考虑他们实施目标的方法,考虑他们需要的组织和人员,以及他们需要的资源和帮助。同样,设立一套明确的目标,这才是更好的控制激励,这才是更好的方法去了解控制标准。

(2) 明确组织结构。目标管理的另一主要优点是迫使管理人员弄清楚组织的任务和结构。在可能范围内,各个职位应该围绕所期望的关键成果建立起来,各个职位有人负责。已经有效地着手目标管理计划的公司经常能发现在组织中的缺陷。

(3) 促使人们承担责任。目标管理能鼓励人们专心致志于他们的目标,并勇于承担责任。人们不再只是做工作、执行指示、等待指导和决策,而是有明确规定目标的个人。他们实际上已参与设置目标,有机会把自己的想法纳入计划之中;他们了解自行处理的范围——他们的职权——而且他们还能从上级领导人那里取得帮助,以确保他们完成自己的目标。这些都是有助于承担责任的因素。

(4) 有效地控制工作。目标管理激发更有效的计划工作,同样地,它也有助于开展有效的控制工作。控制包括测量结果,并采取行动纠正计划的偏差,以确保目标的实现。管理控制系统和过程的一个主要问题是要知道去监视什么:一套明确的可考核目标就是进行监视的最好指导。

总之,目标管理使得企业效益性高,企业整体性能力提高及员工的自主性增强,这些都是同知识经济时代企业管理趋势相吻合的。

但是,正像所有的药都有副作用一样,目标管理也不是一种“完美”的管理模式,尽管有很多优点,但它也有若干弱点,主要表现在以下方面:

(1) 对目标管理的原理阐明不够。目标管理可能看起来简单,但是要把它付诸实施的管理人员,必须对它很好领会和了解。他们必须依次向下属人员解释目标管理是什么,它怎样能起作用,为什么要实行目标管理,在评价业绩时它起什么作用,以及最重要的是参与目标管理的人能够得到什么好处。这个原理是建立在自我控制和自我指导的概念基础上的,目的在使管理人员成为内行。

(2) 给予目标设置者的指导准则不够。目标管理和任何其他计划工作一样,如果那些被期待去设置目标的人没有给予必要的指导准则，便不能起到目标管理的作用。管理人员必须知道公司的目标是什么，以及他们自己的活动怎样适应这些目标。如果企业的一些目标含混不清、不现实或不协调一致，那么管理人员想同这些目标协调一致，实际上是不可能的。

各级管理人员也需要了解公司的主要政策。人们必须对将来有某些设想，对影响他们经营范围内的各种政策有一定了解，并知晓目标的性质，以及为了有效地计划而把目标连锁起来的规划的性质。如果不能满足这些要求，计划工作就会陷于致命的真空之中。

(3) 设置目标较为困难。真正可考核的目标是很难确定的，尤其是如果要求它们每年每季始终具有正常的"紧张"和"费力"程度的情况下更是困难。目标设置可能不比任何其他类型有效计划工作更加困难，虽然，它可能为了建立那种艰难的但是可以达到的可考核目标，要比往往只为展开所要做的工作而拟订许多计划，要做更多的研究和工作。

(4) 强调短期目标。在大多数的目标管理计划中，管理人员设立短期目标，很少多于一年，往往是一季或更短。强调短期目标显然是危险的，也许会损害长期目标的安排。当然这意味着上级领导人必须始终保证他们现有的目标，像任何其他短期计划一样，是为长期目标服务而制定的。

(5) 存在不灵活的危险。管理人员对改动目标往往犹豫不决。如果目标经常改动，就不好说明它是经过深思熟虑和周密计划的结果，那么这样的目标是没有意义的。然而公司目标已修改，计划工作的前提条件已经发生了变化或政策已经改变的情况下，如果期望一个管理人员为已经过时的目标去努力奋斗，那也是愚蠢的。

3. 目标管理的过程

目标管理的基本内容就是动员组织全体员工参与制定目标并保证目标实现。目标管理的基本过程一般可分为以下步骤。

(1) 确立一套完整的目标体系。首先，组织的领导者根据其上级组织和服务对象的要求，结合组织的发展状况，在听取组织内各层人员的意见后，确定组织的总体目标。其次，组织内各部门根据其职能，为完成组织的总体目标而提出部门目标。再次，部门内各小组为完成所在部门的目标而制定小组的目标。最后，小组中各岗位人员结合小组的目标，以及岗位职能制定各岗位个人的目标。这样，自上而下把组织的总体目标层层展开，最后落实到组织的每个成员，形成一个完整的目标体系。同时，每一个层次和个人还要针对各自的分目标提出相应的保证措施。图 8-2 为目标体系示意图。

(2) 目标的贯彻实施。目标的贯彻实施包括三方面的工作：一是实行充分授权。根据权责一致原则，若承担某一任务，必须拥有完成这一任务所需要的权力。组织的总目标落实到个人后，管理者要实行充分授权，使之有能力调动和利用必要的资源。二是实行自我管理。管理者授权以后，员工按照自己所承担的目标责任，在贯彻实施目标过程中进行

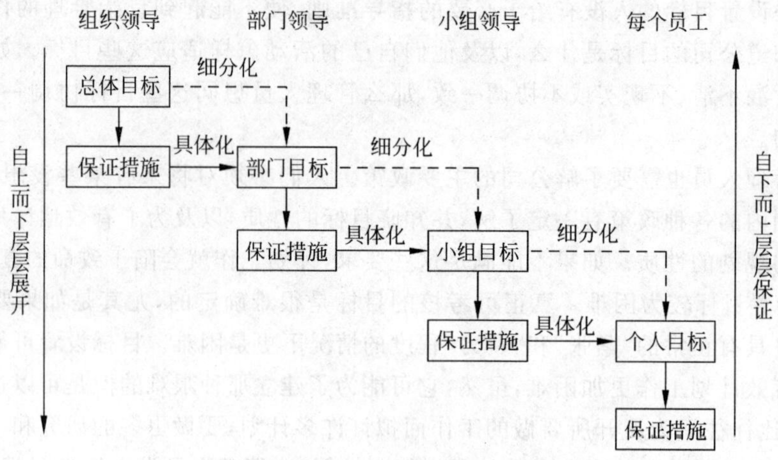

图 8-2　目标体系示意图

自主的管理。自我管理的最大成效就是使员工感到工作是出自内心愿望,从而充分发挥最大的积极性、主动性。三是实行严格控制。下级定期地向上级讨论实施目标的进展情况,上级则不断地将衡量的结果反馈给下级,以便及时采取有效的对策措施,纠正目标偏差,保证目标的实现。

(3) 目标成果考评与奖惩。当目标的实施活动达到限定的期末,应依据目标所要达到的标准,对执行的结果进行总结评价。要全面总结本期目标管理的经验教训,坚持注重成果,强调功效原则,正确体现权、责、利三者关系,使这种评价与奖惩挂钩。由于评价的目的是为了促进各级管理工作的改善,提高个人工作能力,并鼓舞全体成员的斗志,以便更好地为下一循环打好基础,因此,应根据组织的不同要求和实际情况,采取相应的评价方法,努力使评价结果真实、准确而又易于接受。

(4) 建立新目标体系与新循环。目标管理是一个不断反复出现的循环过程,每一循环都是在前一循环的基础上提出新的目标体系,使新一循环的目标管理有更新的内容,从而使组织的管理活动达到更高的水平。

小平台

销售预测,即对未来销售量的估计,对企业有着重要的作用,它是企业所有规划和预算的起点。多变的经济环境使企业面对这样的选择:我们是应当乐观积极还是应当谨慎保守?

一方面,如果企业面对一个不断扩大的市场而采取保守的态度,那么它很可能会低估了市场的需求量,因而它不能充分利用其自身资源的潜力或不敢扩大资源的投入。这会使它缺乏能满足市场需求的足够的生产能力与销售人员，它不得不放弃一部分市场份额，拱手将其转让给那些愿意扩大生产能力以满足市场需求的竞争者们。

但另一方面，虽然市场的需求量在迅速上升，可企业却不能不考虑这种势头是一种昙花一现的短期行为呢，还是一种坚实稳定的持久状况呢？有许多企业一看市场在急剧膨胀，就忙不迭地扩大产量、扩大固定资产投资规模。而一旦市场萎缩，它们的那些固定资产就形同废铁，当初为购置固定资产而申请的贷款此时已变成威胁企业生存的沉重债务负担。

第三节 计划的技术和方法

在科学技术日益发展的条件下，越来越多的数学方法、电子计算机技术被应用于管理实践，提高了管理活动的科学性和准确性，要提高计划工作的效率和质量，也必须采用现代科学技术与方法，计划工作中使用的技术和方法有很多，这里主要介绍一下滚动计划法和网络计划技术。

一、滚动计划法

计划在执行过程中，常常有许多事先难以预测的事情发生，这样，必然会使计划实施前提条件产生变化，使计划脱离实际，失去指导作用，特别是中长期计划更是如此，因此，就要对计划进行适当的、及时的调整。滚动计划为组织管理活动提供了明确而又适用的方法。

1. 滚动计划法含义

所谓滚动计划法就是按照“近细远粗”的原则，把整个计划期分成若干执行期，然后根据计划执行的实际情况和环境的变化，调整和修改未来的计划，并逐期向前推进，把近期计划和长期计划结合起来的一种现代计划方法。

滚动计划法从时期上看，主要适用于长期计划的制订和调整，因为时间越长，各种影响组织发展的因素越难以预测出来，只能采取“近细远粗”的原则，把近期的计划订得细致具体些，而远期的计划则只做概略的制订，然后逐期进行调整。此外，滚动计划从内容上看，主要适用于内容比较稳定的计划，因为这些计划都具有一定的连续性，可以按期进行不断的滚动。

2. 滚动计划法的编制程序

滚动计划法的编制程序一般是：

(1) 通过调查和预测，掌握各种有关情况，然后按照“近细远粗”的原则，制订一定时期的计划；

(2) 在一个计划期结束时，搞清计划执行的实际结果，衡量差距，找出存在的原因；

(3) 分析组织内外条件的变化，对以后各期计划内容进行修改、调整；

(4) 根据修改和调整的结果，按照“近细远粗”的原则，将计划期向前滚动一个计划期，制订出第二个时期的计划。如编制 5 年滚动计划步骤，如图 8-3 所示。

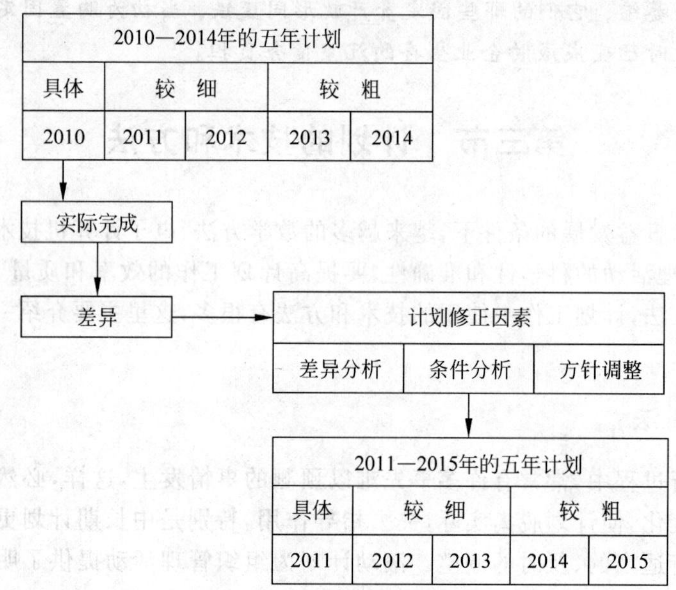

图 8-3 滚动计划示意图

3. 滚动计划法的特点

滚动计划法能够较好地适应环境因素的变化，提高组织的应变能力，提高计划的准确性和计划的质量，有效地保证计划对实际工作的指导作用。滚动计划法主要有以下特点：

(1) 由于按“近细远粗”的原则编制计划，并逐期滚动，使近期计划与远期计划结合起来，因而既能使计划具有严肃性和灵活性，又能保证计划的相互衔接。

(2) 由于每次制订计划都要对组织内外条件的变化和计划执行的结果进行对比分析，使计划能更切合实际，避免盲目性。

(3) 能充分发挥长期计划对短期计划的指导作用，把计划展开和准备有机地结合起来。

(4) 能促进组织搞好调查和预测工作，使长期计划在不断调整和修改的过程中逐步完善。

二、网络计划技术

1. 网络计划技术的含义

网络计划技术是在20世纪50年代后期，由美国科学家首先开发的一种系统分析技术。它是以网络图的形式来编制计划，求得计划的最优方案，并据以合理安排各种资源和控制工作进度，从而达到预定目标的一种计划管理的科学方法。

网络计划技术的基本原理是：利用网络图表达计划任务的进度及其组成的各项工作之间的相互关系；在此基础上进行网络分析，计算网络时间，找出关键工序和关键线路，利用时差，不断改善网络计划，求得工期、资源与成本的优化方案，并在计划付诸实施过程中进行有效的控制和监督，以保证合理地使用人力、物力和财力，实现预定的计划目标。

2. 网络图的绘制步骤

(1) 网络图构成。

网络图又称箭线图，它是运用网络计划技术的基础。图8-4是一个简单网络图。它由带编号的圆圈和若干条箭线按照一定的次序连接而成。箭线上面注明了活动的内容，下面为该活动所需要的时间，箭线的方向表明了各活动的先后连接顺序。网络图能表示一项计划任务中各项活动的名称、工作时间，反映出各项活动之间的相互关系。网络图实际上是计划的图解模型。

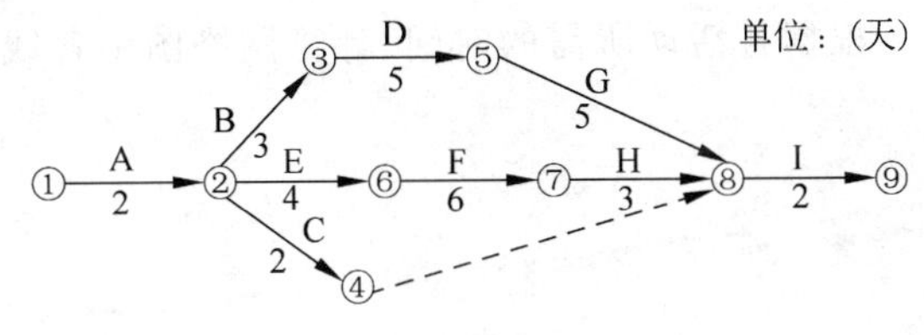

图8-4 网络图

网络图一般由活动、事项和线路三部分构成：

① 活动：是指管理活动中的某一项具体工作或工序，通常用箭线"——►"来表示。从箭尾到箭头表示一项活动的过程，箭尾表示工作的开始，箭头表示工作的结束。一项活动消耗的资源和时间，标在箭线的上方或下方。网络图还有一种虚活动，用虚箭线"---►"来表示，它既不占用时间，也不消耗资源，仅仅是为了表明各项活动之间的逻辑关系。

② 事项：事项又称结点或节点。它是指两项活动之间的衔接点，在网络图中，通常用"O"来表示，是两条或两条以上箭线的交接点。事项既不占用时间，也不消耗资源，只

是表示某项活动的开始或结束的瞬间状态。一个网络图中，只有一个始点事项、一个终点事项。

③ 线路：线路是指由始点事项出发，沿箭线方向前进，连续不断地到达终点事项为止的一条通道。一般网络图都有若干条线路，例如图 8-4 中有三条线路，详见图 8-5。

在网络图中，比较各线路的路长，可以找出一条或几条最长的线路，这种线路被称为关键线路。关键线路的路长决定了整个网络计划所需要的时间。任何一项关键活动时间的变化，都会直接影响整个活动能否如期完成。因此，确定关键线路，据此合理地安排各种资源，对各项活动进行进度控制，是利用网络计划技术的主要目的。

Ⅰ：①→②→⑥→⑦→⑧→⑨

Ⅱ：①→②→③→⑤→⑧→⑨

Ⅲ：①→②→④→⑧→⑨

图 8-5 路线图

(2) 网络图的绘制步骤。利用网络计划技术制订计划，一般要经过以下几个步骤：

① 任务的分解。把整个任务根据组织管理上的需要，分解成若干可以独立完成的活动，并明确它们之间的先后顺序和相互关系。

② 确定各项活动的时间。活动的时间是指完成某项活动所需的时间。活动的时间是网络计算的基础，如果对时间的估计不准确，以后的计算就失去了基础，必然影响到计划的准确制订和执行。

③ 绘制网络图。绘制网络图可采用顺推法和递推法绘制。顺推法：从网络图的始点事项开始画，在每个活动后画出其紧后活动，从左到右依次进行，直到终点事项为止；递推法：从终点事项开始，在每一个活动的前面画出其紧前活动，从右到左依次进行，直到始点事项为止。

④ 找出关键线路。根据各活动所需的时间，计算网络图中各线路的路长，找出关键线路。

小平台

某公司编制的 2003—2007 年的 5 年计划，其中 2003 年的计划产量为 100 万件，到 2003 年年底，预计实际只能完成 90 万件，如何进行差异分析？

进行差异分析，要将实际与计划进行对比，即求出计划完成率为 90%（产量计划完成率 = 90/100 × 100% = 90%）。说明实际完成的产量只有计划的 90%，没有完成计划。假如通过分析，找出原因是由于市场供应发生变化，使该公司的材料来源出现了短缺，并且这一情况在近几年不会得到改变，那么，在调整 2004 年的计划时，应该把这个因素考虑进去，适当减少计划产量。可在原来的基础上压缩 10%。

本章小结

计划就是将决策实施所需完成的活动进行时间和空间上的分解，以便将其具体地落实到组织中的不同部门和个人。它具有目的性、主导性、效率性和创造性等特点。从不同的角度，按照不同的标准，可以将计划分为不同的类型。计划编制的程序一般包括收集资料和估量机会、确定和分解目标、拟订和评价方案、制订派生计划、编制计划预算、计划的执行等阶段。目标管理对计划执行具有积极的意义，它是由组织中的全体人员共同制定组织目标，并由此形成组织内每一个成员的责任和分目标，明确规定每个人的职责范围，然后用这些目标来进行管理、评价和决定对每一个部门和成员奖惩的一种现代管理方法和管理思想。本章还介绍了滚动计划和网络计划技术两种现代计划方法。

案例聚焦　Genentech 一厢情愿的计划

在 1987 年的 11 月，Genentech，一家生物技术公司，有足够的理由庆贺其胜利。该公司生产的治疗心脏病的新型良药——TPA，在经历了一段时间的曲折之后，得到了食品与药物管理局（FDA）的认可，获准在美国上市。

胜利的一刻实在来之不易，Genentech 的管理层既要面对 FDA 对该药持不信任态度人士的刁难，又要面对药品界此类人士的挑剔。在 1985 年 3 月公布的一项重要研究表明，在溶解血栓方面，TPA 效果显著地高于其他已有药品。基于如此令人信服的证据，Genentech 的管理层采取了强硬的姿态，指出倘若一位医生在治疗心脏病时不使用 TPA 将是极不人道的。华尔街的分析家也热情地支持这一态度，甚至指出那些不采用 TPA 的内科医生应当受到疗法不当（渎职）的控告。通过媒体对 TPA 卓有成效的宣传，公司向 FDA 施加了巨大的压力。FDA 最终让了步，该药在 11 月获得认可。

Genentech 管理层并没有因此而松懈，在随后的 1 天之内，公司举行了全国范围的电话会议，向 12000 位内科医生、医院药剂师以及护士宣传这种奇妙无比的新药。考虑到生命是无价的，公司决定将 TPA 定价在每剂 2200 美元，此价格是该公司最强有力的竞争对手——Hoechst AG 公司生产的溶栓酶的价格的 11 倍。

这种新药的潜在市场看来令人兴奋，据估计每年约有 150 万的美国人患有心脏病，约 100 万需住院接受治疗，至少有一半的病例被认为可用溶解血栓的药品进行治疗。以每剂 2200 美元的价格计算，TPA 的市场容量将达到 10 亿美元。而 Genentech 最初对市场容量的估算为5亿美元，这里考虑了医生用药上的保守。

Genentech确确实实在第一年(1988年)占据了市场优势，其溶解血栓的药品占有市场份额的46%。相比之下，溶栓酶为30%，尿激酶为5%。然而TPA的销售收入仅为1.89亿美元，远远低于预期水平，同时Genentech的股价下跌了1/3，令许多雇员及其他持股人惊愕万分。事实表明Genentech公司只是占据了一个令人失望的小市场中的大部分份额。虽然1988年后销售收入仍在继续增长，但增长却根本谈不上出色，利润也开始变得不稳定。表8-3显示了在1987年TPA推出后的营业结果。

表 8-3 Genentech 销售收入和利润

年份	销售收入/万美元	增长百分比/%	利润/万美元	增长百分比/%
1988	32275.9	47.6	2056.9	(51.3)
1989	38221.0	18.4	4396.1	113.7
1990	44669.6	16.9	(9803.1)	—
1991	46714.5	04.6	4432.2	—

出了什么问题？Genentech是否太贪婪？是否因为价格的缘由阻止了TPA对市场的全面占有？市场如此巨大，但是否真正就“掌握在公司的手心里”？

有几项因素导致了TPA出人意料的低速增长。90%的TPA被销售到医院的药房供内科医生使用，许多医院的药库都有该药。但是内科医生只给1/3的心脏病患者开出有可能诱发副作用的新药。对于医院药房来说，在保险公司要求控制药费的强烈压力下，也不可能不提供溶栓酶，因为它的价格相对便宜，每剂只需200美元，这种较老的药被广泛运用于那些在保险公司投保的病人身上。而TPA只能被用在那些没有在保险公司投保，且有支付能力的心脏病患者身上。

Genentech公司决策者自以为TPA面临的是缺乏弹性的需求曲线，因而定出了高价。

TPA的价格是溶栓酶的10倍以上，难道疗效也真能达到后者的10倍以上？Genentech坚持回答“是”并声称不使用TPA就等于糟蹋生命。但是一些研究调查表明TPA的优势并不明显，绝对不具有Genentech所声明的优势。1988年4月，加拿大安大略医疗协会建议禁止使用TPA，理由是其价格过于昂贵。

Genentech在1990年3月8日面临着进退维谷的境地，公司的股价已开始狂跌，市场分析家们称看不到任何可以使Genentech维持其价格的可能性。然而4个月过去了，Genentech仍然以每剂2200美元的价格出售TPA，第二季的销售收入比起第一季来下降了12%。

在1990年6月8日，Genentech这家曾经是最大的独立的生物工程技术公司，如今成了著名的瑞士霍夫曼—拉罗彻公司的附属子公司。

Genentech认为价格越高越能显示TPA的与众不同，因为我们知道对于大多数消费者来说，价格越高，质量越好。而敢于定出高价的另一个原因是，人们往往认为新药一定比老药有效，因而新药的价格一定要高于老药。

制药商之所以敢大胆提价，还因为他们拥有一个重要"帮手"——内科医生。药品的销售不同于其他商品，其独有的特点是：花钱的消费者却无权选择吃什么药，他们只能听医生的，而医生根本不关心药品的贵贱。一旦某家制药商的产品在医生头脑中形成了良好的印象，那么不论这家药厂以后推出的新药多么昂贵，医生在下笔开处方时也不会犹豫，反正不是花他的钱，他只管治病，不管算账。

然而，支持制药商定高价的这些有利因素如今已经消失了。

首先，人们不再相信"最贵的就一定是最好的"的传统观念。因为人们发现许多制药商正在利用"生命是无价的"这一理念，大肆提高药品与保健品的价格。长期以来，美国药品的价格远远高于其他国家的同类药品价格，这已引起了美国患者对美国制药商的极大反感。

其次，医生受到了来自保险公司方面的巨大压力，在开处方时不得不考虑药费成本。这使得相当多的病人遵照医嘱去服用廉价药物，而没有机会去尝试价格昂贵的新药。这下医生从"帮手"变成了"绊脚石"。

Genentech公司在拨打TPA高价格的如意算盘时，忽略了这两项重要的变化，因而它那些看似唾手可得的目标最终变成了海市蜃楼。

（资料来源：蒋彬. MBA企业经营管理经典案例分析. 北京：时事出版社，1997）

练习题

1. 什么是计划？如何理解计划的特点和作用？
2. 按照不同角度和标准，计划可分为哪些类型？
3. 计划编制包括哪几个阶段的工作？
4. 目标管理的基本思想是什么？
5. 如何利用目标管理组织计划的实施？
6. 滚动计划法有何基本特点？其编制程序有哪几个阶段？
7. 什么是网络计划技术？网络图由哪几部分构成？

第九章 组织设计与优化

本章学习目标

1. 了解组织设计的任务和基本步骤。
2. 认识影响组织设计的主要因素。
3. 理解组织设计的依据和原则。
4. 明确管理幅度和管理层次的含义及其关系。
5. 比较扁平型结构和锥型结构。
6. 认识组织结构的基本形式。
7. 明确部门划分方法及优缺点。
8. 解释影响集权与分权的因素。
9. 了解分权的基本途径。
10. 正确处理直线和参谋的关系。
11. 认识委员会的特征并正确发挥其作用。

导读 不拉马的士兵

一位年轻有为的炮兵军官上任伊始，到下属部队视察其操练情况。他在几个部队发现相同的情况：在每一个单位操练中，总有一名士兵自始至终站在大炮的炮管下面，纹丝不动。军官不解，究其原因，得到的答案是：操练条例就是这样要求的。

军官回去反复查阅军事文献，终于发现，长期以来，炮兵的操练条例仍因循非机械化时代的规则。站在炮管下的士兵的任务是负责拉住马的缰绳(在那个时代，大炮是由马车运载到前线的)，以便在大炮发射后调整由于后坐力产生的距离偏差，减少再次瞄准所需要的时间。现在大炮的自动化和机械化水平很高，已经不再需要这样一个角色了，但操练条例没有及时地调整，因此才出现了“不拉马的士兵”。军官的发现使他获得国防部的嘉奖。

管理启示 减少冗员，提高效率，从组织设计的角度来看，此举在精减人员的同时，优化了组织运行系统，实现了“人得其事，事得其才，人尽其才，事尽其功”。

组织的目标、计划制订出来以后，一个重要的问题就是如何把它们变成现实，这就需要管理者按照组织目标和计划所提出的要求，设计出合理的、高效的、能保证计划顺利实施的组织结构和体系，合理安排和调整各种资源，以保证计划和组织目标的顺利完成。

第一节 组织设计的基础

组织管理作为一项重要的管理职能，就是通过设计和维持组织内部的结构和相互之间的关系，使人们为实现组织的目标而有效地协调工作的过程。所谓的组织结构是指部门结构，即组织内部各要素发生相互作用的联系方式或形式。而组织关系主要是指组织成员中的权责关系。一定的组织结构和一定的组织权责关系相结合，则构成了一定的组织模式。

一、组织设计的基本任务

组织设计，就是对组织开展工作、实现目标所必需的各种资源进行安排，以便在适当的时间、适当的地点把工作所需的各方面力量有效地组合到一起的管理过程。

1. 组织设计的基本任务

(1) 组织设计的基本要点。组织设计是一个动态的工作过程，其基本功能就是要协调组织中人员与目标任务的关系，使组织成为一个既具有凝聚力又具有很强适应性的有机整体。因此，在组织设计中应注意以下几个基本要点：

① 组织设计是管理者根据目标一致、效率优先的原则，在组织中把任务、权责进行有效组合和协调的有意识的过程。

② 组织设计是管理者在既考虑组织内部要素，又充分考虑组织外部环境因素之后进行的。

③ 组织设计的最终结果是组织结构系统图、职务说明书和组织手册。

(2) 组织设计的任务。设计组织的结构是执行组织职能的基础工作，其任务主要提供组织结构系统图、职务说明书和组织手册。

① 组织结构系统图。它一般用树形图的形式表示组织内部的职权关系和主要职能。图中常以方框来表示职务或部门，方框的垂直排列位置说明该职务或部门在组织层级中

所处的位置，而上下两方框间相连的线条，表示这两个职务或部门之间的隶属关系和权力关系。如图 9-1 所示。

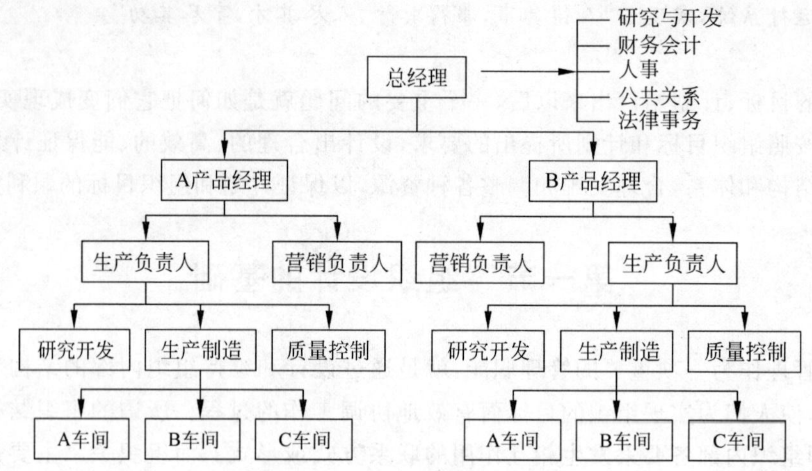

图 9-1　组织结构系统示意图

② 职务说明书。它一般用文字的形式规定某一职位的工作内容、职责和职权，与组织中其他职务或部门的关系，以及该职务承担者所必须具备的任职条件，如基本素质、学历、工作经验、技术知识、处理问题的能力等。职务说明书是一个组织建立的细胞，它能够缩短新聘员工对工作的熟悉过程，也可以抑制员工辞职对组织运行中断带来的伤害。

③ 组织手册。通常是组织结构系统图与职务说明书的综合。它表示各部门的职责与职权，每一职务的职责与职权，以及各部门、主要职务之间的相互关系。

2. 组织设计的步骤

尽管每一个组织的目标不同，组织结构的形式也不同，但一个组织的基本设计过程是相同的。一般地，为了完成组织设计的任务，组织设计者一般要进行以下几个步骤：

(1) 职务分析与设计——工作专门化。职务分析与设计是组织设计的最基础工作。首先，将实现组织目标必须进行的活动划分成最小的有机相连的部分，以形成相应的工作职务。活动划分的基本要点是工作的专门化，即按工作性质的不同进行划分。通过工作的专门化，使得每一个组织成员或若干成员能执行有规定的一组工作。其次，通过估算每一项工作所需的时间，就可计算出完成组织目标所需的操作人员数。

(2) 部门化——工作的归类。一旦将组织的任务分解成了具体的可执行的工作，并根据各个职务的工作内容性质以及职务间的相互关系，依照一定的原则，就可以将各个职务组合成被称为“部门”的管理单位。将整个组织通过部门化的目的是为了据此明确责任和权利，有利于不同的部门根据其工作性质的不同采取不同的政策和加强本部门内的沟通与交流。

一个组织的各项工作可按各种原则进行归类，常见的有职能部门化、产品部门化、区域部门化、顾客部门化和综合部门化等。

(3) 结构形成——工作网络化。部门化解决了各项工作如何进行归类以实现统一领导的问题，在此基础上，根据组织内外能够获取的现有人力资源，对初步设计的部门和职务进行调整，并平衡各部门、各职务的工作量，以使组织机构合理。另外，还要根据各自工作的性质和内容，规定各管理机构之间的职责、权限以及义务关系，使各管理部门和职务形成一个严密的网络。

二、组织设计的依据和原则

组织总是处在不断变化的环境之中，一个组织要生存和发展，就必须适应环境，根据一定的依据和原则，结合所处环境来设计和调整组织结构。

1. 组织设计的依据

除了外部环境外，组织内部中的许多因素，也对组织结构有着重要的影响。

(1) 组织战略的影响。任何一个组织结构都是为组织目标和战略的实现服务的，而组织目标又源于组织的总体战略。不同的组织战略，需要有与其相适应的组织结构。当组织战略发生了变化，组织的结构也应作出相应的调整。这些调整会表现为组织中一些部门的重新划分、新增或撤退，一些权责关系的变动和工作内容的重新设计。只有这样，组织战略才能更有效地执行，才能取得竞争优势。

(2) 组织规模的影响。随着组织规模的扩大、工作地点的分散、工作内容的不同、工作人数的众多，都会对组织结构产生各种影响。其中，组织规模的扩大对组织结构的影响最为显著。首先，组织规模直接影响组织结构的复杂性程度。组织规模扩大，意味着人数的增加，组织内的分工程度提高。这将导致组织内横向差异和纵向差异的变大，从而使监督、协调和控制的难度加大，整个组织结构的复杂性程度也随之增大；其次，组织规模影响组织结构的规范化程度。组织规模的扩大，管理者要么采用加强直接控制的办法，减少管理幅度增加层次，但会造成管理成本的增加；要么采用规范化的管理办法，通过制定更加严密的规章制度规范员工的行为，这样会导致组织结构规范化程度的提高。再次，组织规模影响组织结构中的集权和分权。组织规模扩大，组织内的管理业务量大幅度增加，高层管理者很难直接监控下属的一切行为，就有必要委托他人来加强管理，这样就造成分权。通常情况下，组织规模越大，分权程度就越高。

(3) 组织环境的影响。任何组织作为社会的一个组成部分，都存在于一定的环境中，组织外部的环境必然会对内部的结构形式产生一定程度的影响。按照环境的不确定性程度，组织所处的环境是不相同的。在稳定的环境条件下，组织适合采用比较规范化、集权化的组织结构；在变迁的环境条件下，组织虽然仍基本适用规范化和集权化的组织结构，但须加强对环境的关注，适当增强组织结构的弹性；在动荡的环境条件下，组织必须建立畅通的信息渠道，采用分权化的形式，整个组织具有很强的弹性，以对多变的环境作出迅速反应。

(4) 组织技术的影响。任何组织的活动都是投入与产出的转换过程，这就必然需要采用一定的技术和活动方式。技术以及技术设备的水平不仅影响组织活动的效果和效率，而且对组织结构产生一定的影响。组织结构必须与之相适应才能使组织更有效率。当组织的技术状况发生变化，新机器、新设备、新工艺、新方法的引进，都会对组织结构产生很大影响。这不仅表现在工商企业中，也表现在军队、医院等组织中。

2. 组织设计的原则

虽然组织制定的战略、发展的规模、所处的环境、采用的技术不同，所需要的职务和部门及其相互关系也不同，但任何组织在进行机构和结构的设计时，都需要遵循一定的共同原则。

(1) 战略目标原则。任何组织都有其特定的战略及目标。组织结构设计只是一种手段，其目的是为了保证战略的顺利实施和目标的实现。因此，一个组织在进行组织设计时，首先要明确组织的发展战略及目标是什么，并以此为依据，分析确定组织内应设什么机构、建立什么部门、拟定什么职务以及选用什么人等问题。做到因事设职、因职选人，这是组织设计的前提。

(2) 分工与协调原则。现代组织分工细密，协作关系复杂，要实现组织目标，在组织设计中应坚持分工协作原则。即从各项管理职能的业务性质出发，在管理组织之间进行合理的分工，划清责任范围，提高管理的专业化程度与水平，以达到提高工作效率的目的。同时，应注意各项专业管理工作之间存在的内在联系，在分工的基础上加强协作，相互配合，妥善处理好专业管理和综合管理之间的关系。

(3) 命令统一的原则。命令统一原则，就是在组织结构设置上，按照管理层次建立统一指挥、统一命令的系统。要求任何下级只接受直属上级的命令和指挥并对其直接负责，下级不能越级向上级请示报告，任何上级也不得向下越级指挥。各级职能参谋部门由各级领导直接指挥，没有向下级的指挥权，但有对下级的业务指导关系。这样，就形成了一条自上而下逐级指挥和自下而上逐级负责的等级链，从而避免由于“多头领导”和“政出多门”所造成的下级无所适从和相互推卸责任的局面。

(4) 权责对等的原则。在进行组织设计时，既要明确每一部门或职务的职责范围，又要赋予其完成职责所必须的权力，使职权和职责两者保持一致，这是组织有效运行的前提，也是组织设计中必须遵循的基本原则。在管理活动中，只有责任，没有职权或权限太小，会严重束缚组织成员的积极性和主动性；反之，只有职权而无责任，或者责任程度小于职权，则会导致组织中出现滥用权力和推卸责任的现象。

(5) 稳定性和适应性相结合的原则。为保证组织的各项工作正常进行及秩序的连贯性，组织结构不应频繁调整，要保持相对的稳定性。但组织是一个开放的有机系统，所确定的发展战略、目标、任务等都会随环境条件的变化而调整。因此，组织结构的稳定是相对的，它是为组织战略和目标服务的，应有一定的适应性，使之能够随组织环境及战略目标的变化而做相应的调整。

三、管理幅度、管理层次与组织结构的基本形态

为了使组织成员在分工基础上加强协作，共同完成组织目标，就必须建立相应的管理系统，明确划分组织内的管理层次、确定管理幅度。

1. 管理幅度和管理层次

在组织设计中，部门化为组织结构解决了如何将组织整体划分为若干个部分的问题，而一个部门主管究竟能直接领导多少下级，以及由此带来的组织纵向层次数的问题，归纳起来就是怎样解决管理幅度和管理层次的问题。

(1) 管理幅度和管理层次的含义。在管理活动中，由于受到时间、精力等诸多因素的限制，任何一位管理者都不可能直接领导整个组织的所有方面的工作，需要委托一定数量的人协助其管理工作。这样虽然减少了他直接从事的业务工作量，但同时也增加了他协调受托人之间的关系的工作量。因此，所谓的管理幅度，是指一个管理人员能直接有效地领导和监督的下级人员数。同样的理由，受托的主管也需要向下级委托其一部分管理工作，依此类推，直至受托人能够直接安排和协调组织成员的具体业务活动。因此，所谓的管理层次，是指组织内纵向管理系统所划分的等级数目。

(2) 管理幅度和管理层次的关系。管理幅度和管理层次有着非常密切的关系。在组织规模一定的条件下，管理层次与管理幅度成反相关关系，主管直接领导的下属人数越多，所需的管理层次就越少。相反，管理幅度减少，则管理层次增加；在管理幅度一定的条件下，管理层次与组织规模大小成正相关关系。组织规模越大，包括的成员越多，所需的管理层次就越多。

(3) 影响管理幅度的因素。管理幅度和管理层次的关系，尽管是一种相互制约的关系，但起主导作用的是管理幅度，即管理幅度决定着管理层次。原因在于管理幅度的有限性，从而在根本上影响了组织的结构。因此，确定管理幅度，首先要了解影响管理幅度的因素。

① 上下级双方的素质程度。领导人员和下级人员的素质状况，都会对管理幅度产生影响。如果领导者工作能力强、经验丰富、有很强的凝聚力，善于处理各种问题，可以多领导些下属，管理幅度则相对增大。如果下级人员受过良好的训练，能够准确地理解上级的

意图，并有较强的独立工作能力，无须上级花费较多的时间和精力进行指导和监督，同样也可增大管理幅度。因此，提高领导者的修养和下级人员的素质，是增大管理幅度、减少管理层次，提高工作效率的基础。

② 授权的明确程度。明确的授权可以使下级人员在职权范围内独立地开展工作，从而减轻上级的指导工作量，增大管理幅度。反之，如果授权不足、授权不明确或不授权，都需要上级领导花费大量的时间和精力去指导和监督，这既会降低管理工作效率，又会影响下级的积极性，从而减少了管理幅度。

③ 计划的周密程度。如果计划制订得详细周全且切实可行，下级就能清楚自己的工作任务及应达到的目标，不必事事都请示汇报，这样可以减少上级的指导工作量，从而增大管理幅度。反之，如果计划制订得不周密，下级在执行计划的过程中，不仅事事需要灵活处理，而且需要上级经常性地指导和监督，必然增加了上级的工作量，从而减少了管理幅度。

④ 信息沟通的灵敏程度。如果组织内沟通渠道畅通，信息传递迅速、准确，可以减少许多不必要的误解和矛盾，减轻了上级为此进行解释和协调的负担，从而增大了管理幅度。反之，信息沟通渠道不畅通，效率低下，上级只能花费更多的时间和精力去疏通，管理幅度也相应的减少。

⑤ 组织的变革程度。现代社会中，组织内外部环境条件的变化，都会引起组织的变革。一般而言，变革程度小的组织，其内部的方针政策、规章制度、工作程序和方法等变动相对的较小，上级处理各种复杂多变的事务就少，管理幅度可适当大些。反之，变革程度大的组织，上级需要更多的时间和精力来加强对下级的指导和训练，管理幅度就应该小些。

总之，影响管理幅度的因素是多种情况的，其影响程度也不相同。组织在确定管理幅度时，必须从实际出发，具体情况具体分析，随机制宜灵活确定。

2. 组织结构的基本形态

管理幅度与管理层次的反比关系，决定了两种基本的组织结构：扁平形结构和锥形结构。

(1) 扁平形结构。又称横向结构，是指管理幅度大而管理层次少的一种组织结构形态。这种组织结构的优点是：信息的传递速度快，传递过程中失真较小，可节约管理费用，也密切了上下级之间的关系；下级人员有更多的工作自主权，增强了其责任感和成就感，有利于调动积极性和主动性；但由于管理幅度过大，也会存在一定的局限性：上级缺少对下级工作有效的指导和监督，容易造成管理上的混乱，有失控的危险；要求下级人员有比较高的素质，否则，会降低组织计划和目标实现的效果。

(2) 锥形结构。又称直式结构，是指管理幅度小而管理层次大的一种组织结构形态。

这种组织结构的优点是：分工明确，管理严密，具有高度的权威性和统一性，上级可以对下级进行更具体的指导和监督，决策和行动都比较迅速。其缺点是由于管理层次多，导致信息传递慢、失真率较高、管理费用增大；同时，过多的管理层次，使组织缺乏灵活性和适应性，也影响了下级人员的积极性和主动性的发挥。

以上两种基本组织结构各有千秋。一般而言，扁平型结构适用于一般性管理，锥型结构适用于紧密或严格的管理。从现代管理发展趋势来看，越来越多的组织倾向于采用扁平型结构。

四、组织结构类型的选择

组织结构是一个组织内各构成部分及各部分之间所确立的关系。每个组织由于其所处的内外部环境不同，组织目标也不一样，每个组织都有各自的特点，为了有效地实现组织的目标，必须建立与其相适应的组织结构。

1. 直线职能制

直线职能制组织结构是一种将直线制和职能制结合起来的组织形式。这种组织形式在各级直线领导者之下，按照分工不同设置相应的职能机构，从事各种专业活动。管理人员分为两类：一类是直线人员，具有一定的决策权，对下级实行指挥和命令，并负完全责任；另一类是职能或参谋人员，对下级只提供建议和业务指导。它主要适用于企业、学校、医院和政府机构等各类组织。直线职能制的结构形式如图 9-2 所示。

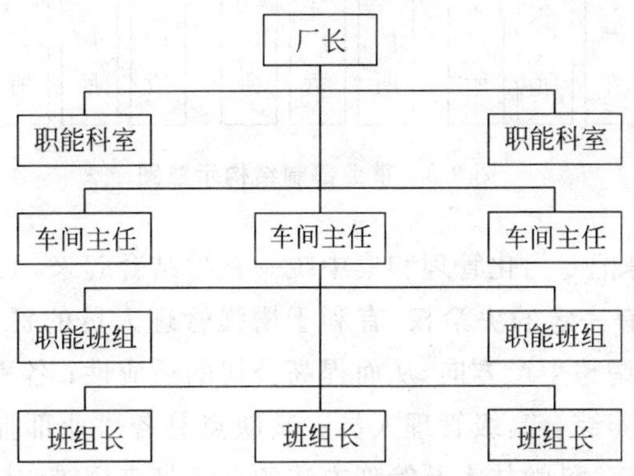

图 9-2 直线职能制结构示意图

直线职能制结构的优点是组织结构分工细致，任务明确，部门职责界限清晰，便于建立岗位责任制；由于各级领导者都有相应的职能机构做参谋和助手，可以克服领导者个人知识范围有限的弱点，使管理能够适应组织活动日趋复杂化的特点；有利于充分发挥组织的集团效率，增强适应外部环境变化的能力。其缺点是各部门由于分管的业务工作不同，观察和处理问题的角度不一致，容易产生矛盾和摩擦，协调工作就比较困难；管理人员比较重视与自己有关的业务知识学习和能力培养，从而不利于培养综合型管理人才。

2. 事业部制

事业部制组织结构是由美国通用汽车公司总裁斯隆于 1924 年提出来的，故被称为“斯隆模型”，是目前欧美、日本各大企业普遍采用的一种组织形式。事业部制的管理原则是“集中政策，分散管理”。各事业部实行独立经营，独立核算。公司最高管理结构保留投资决策、资金统一调度和监督检查等大权，并利用利润指标对事业部进行控制。事业部的领导人则具有对本部门相对独立的生产经营管理权。事业部制的结构形式如图 9-3 所示。

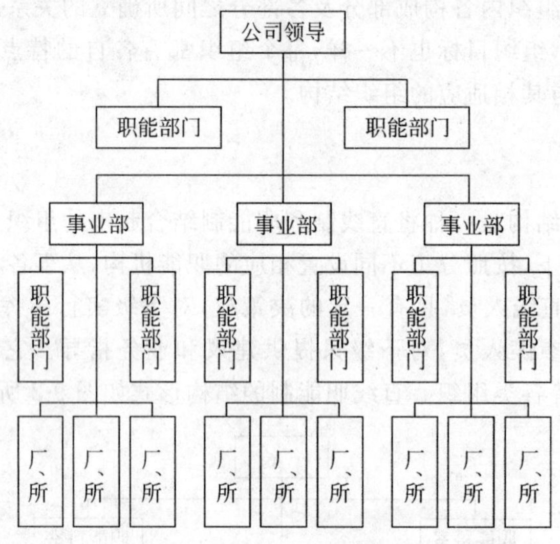

图 9-3 事业部制结构示意图

事业部制的优点是把专门化管理和集中统一领导结合起来，上下之间形成明确的责、权、利关系；事业部具有一定的决策权，有利于增强管理人员的责任感，使之能根据市场需求结构的变化，及时调整生产方向，从而提高公司的适应性；各事业部能相对独立地从事业务活动，有利于培养综合高级管理人员。其缺点是各事业部拥有各自独立的经济利益，特别容易给人员交流、科学技术及管理方法的交流带来困难，从而产生内耗，公司的协调任务加重；由于各事业部均设置相应的职能部门，易造成管理费用上升。

3. 矩阵制

矩阵制是在直线职能制垂直指挥链系统的基础上，再增设一种横向指挥链系统，形成具有双重职权关系的组织形式。矩阵制如图 9-4 所示。

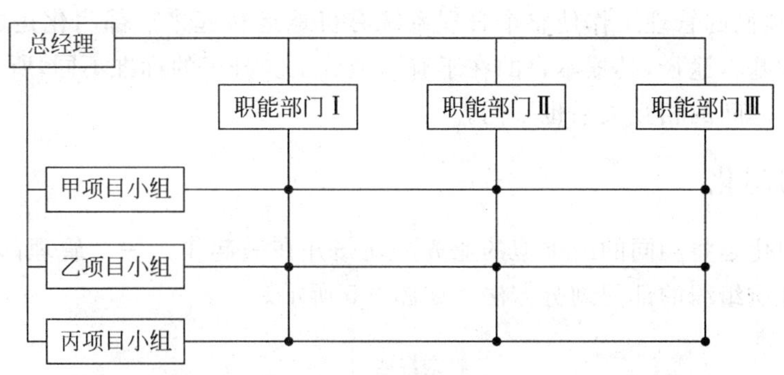

图 9-4　矩阵制结构示意图

矩阵制组织的管理方式是：为了完成某一项目，从各职能部门中抽调完成该项目所必需的各类专业人员组成项目组，配备项目主管来领导他们的工作。这些被抽调来的人员，在行政关系上仍属于原所在的职能部门，但工作过程中要同时接受项目主管的指挥，因此他实际拥有两个上级。项目组任务完成以后，便宣告解散，各类人员回到原所属部门等待分派新的任务。

矩阵制组织的优点是组织形式机动灵活，应变能力强，能加快项目开发与完成的速度；有利于集中各方面的人才，容易取得创新性成果；加强了横向联系，克服了职能部门相互脱节、各自为政的现象。其缺点是机构稳定性差，项目成员容易产生临时观念，从而降低了工作的责任心。另外，工作中存在双重领导关系，大家有时会感到无所适从。

小平台

通常认为，对于高层管理者来说，他可控制的下属为 4～8 个；对低层管理者来说，他的下属在 8～15 个之间。管理幅度越大，管理层次越少；管理幅度越小，管理层次越多。例如：当最底层需要 16 人时，若管理幅度为 2，则需要 4 个管理层；若管理幅度为 4，则只需要 2 个管理层。

现代管理理论认为，管理幅度较大、管理层次较少的“扁平式”管理结构更具优势。它使工人和低层管理人员的独立性更强、更富有进取意识。

第二节　部　门　化

进行部门划分，实际上就是进行管理业务的组合，将实现组织目标所需进行的业务工作加以科学、合理的归类，分别设置相应的部门来承担，并把管理人员配置在相应岗位和部门中，通过他们的管理工作使整个管理系统有机地运转起来。部门化是建立组织结构的首要环节和基本途径，其根本目的在于有效地分工。分工的标准不同，所形成的管理部门以及各部门之间的相互关系也不同。

一、职能部门化

职能部门化是将相同的或类似的业务活动归并在一起作为一个管理部门，这是一种适用于各类性质组织的部门划分方法。如图 9-5 所示。

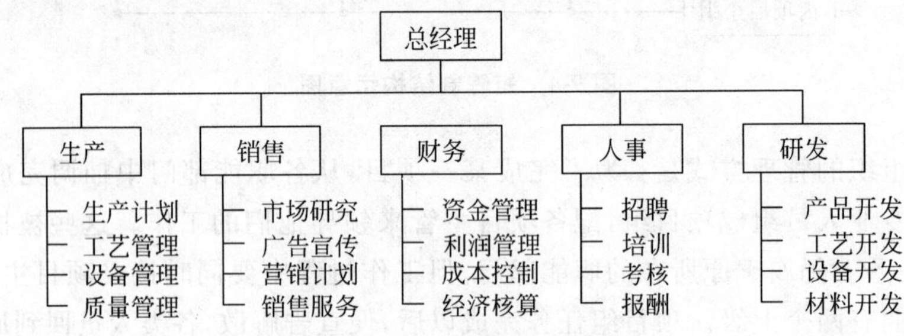

图 9-5　职能部门化示意图

职能部门化是一种传统的、普遍的组织结构，因为职能是划分活动类型，从而设立部门的最自然、最方便、最符合逻辑的标准。以职能为依据进行部门化的优点是能适应管理分工较细的特点，有利于专业化分工，使管理人员专心致志从事本部门的工作；由于各部门的活动都是组织整体的一部分，因此有利于维护最高主管的权力和威信，有利于维护组织的统一性；各职能部门的专业化程度高，有利于节约人力、提高工作效率，而且简化了培训工作。

职能部门化的缺点在于：由于各主管人员过度专业化，缺乏总体的思路，从而限制了全面管理人员的发展；各职能部门只重视各自领域的工作，相互之间缺少沟通，增加了协调配合的困难；随着组织规模的扩大、经营内容的复杂、服务领域的开拓，职能部门化对环境变化适应性差的弱点更为突出。

二、产品部门化

产品部门化是按组织向社会提供的产品来划分部门的一种方法。它是随着科学技术的发展，组织尤其是企业经济组织规模不断扩大，多元化经营不断丰富，不同产品在生产、技术、市场销售等方面都很不相同，于是产生了按产品划分部门的需要。这种划分部门的方法，适用于产品种类较多的大型企业。如图 9-6 所示。

产品部门化的优点在于：对于市场的各种需求，企业既增加了产品和服务项目，又促进了各产品部门专业生产，有利于实施多元化经营和专业化经营相结合的战略；各产品

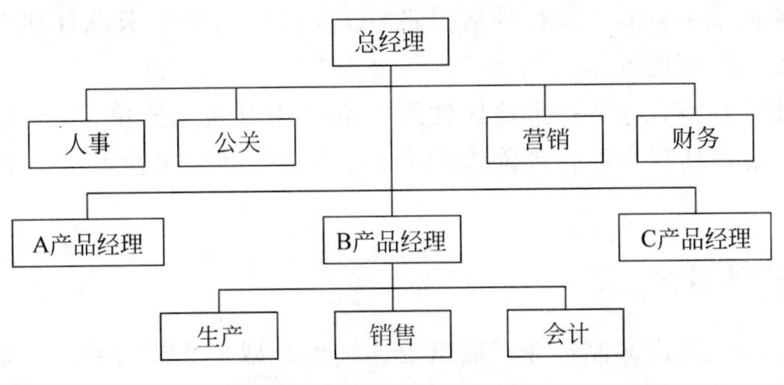

图 9-6　产品部门化示意图

部门可根据市场需求变化，随时调整产品的品种与生产规模，有利于提高企业的适应能力；每个产品部门都是一个自负盈亏的独立核算单位，有自己独立的经济利益，因而有利于调动企业内部的积极性；由于各部门管理活动涉及方方面面，有利于高层管理人员的培养。

产品部门化的缺点在于：各部门独立性强，整体性差，增加了主管部门协调与控制的困难；内部某些机构重叠，造成管理费用的增加和管理工作的重复；部门管理工作难度的增加，也需要有较多的具有全面管理能力的人员。

三、区域部门化

区域部门化是把本组织在同一地区内发生的各种业务活动并入同一部门，然后再根据实际需要，设置相应的职能机构的一种划分方法。这种划分部门的方法在政府机关、银行系统、邮局、军队、跨地区大公司等组织都可采用。如图 9-7 所示。

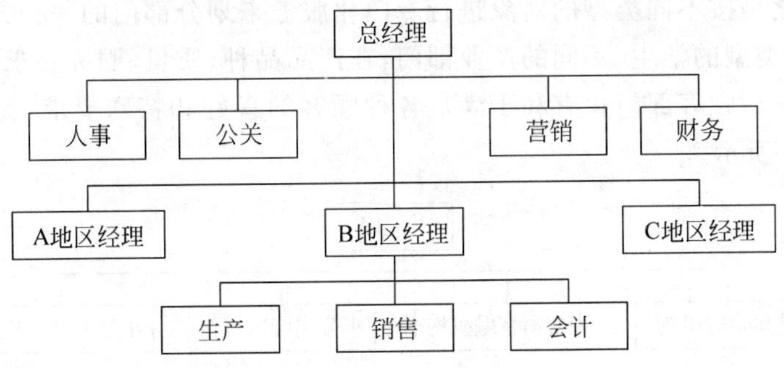

图 9-7　区域部门化示意图

区域部门化的优点在于：各地区负责人能够根据当地具体环境条件，灵活地调整政策和策略，因地制宜地进行管理；各地区负责人可针对实际情况及时作出决定，从而提高了工作效率和降低成本；由于实行地区分散经营，对组织整体来说有利于分担风险；为全面管理人员提供广阔的培训场所。

区域部门化的缺点在于：每个地区性组织都是相对独立的单位，各地区之间的协调比较困难；需要很多具有全面管理能力的人员。同时，也存在管理机构重叠和管理费用大的弊端。

四、工艺流程部门化

工艺流程部门化是许多制造业厂商以及连续生产型企业常用的一种划分方法。这种部门化的特点是把完成任务的过程分成若干阶段，以此来划分部门。如图 9-8 所示。

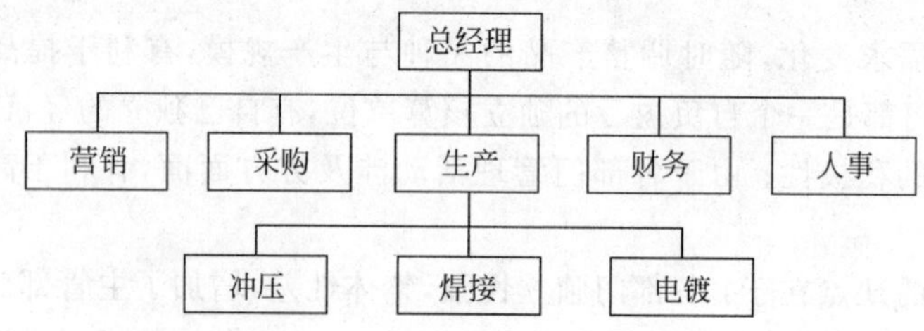

图 9-8　工艺流程部门化示意图

工艺流程部门化的优点在于：符合专业化原则，能够取得经济优势，可以发挥专业技术的特点，提高机器设备的利用率。缺点是各部门之间依赖性强，相互协作要求高，一旦发生问题，将会直接影响到整个组织目标的实现。另外，也不利于高层管理人员的培养。

五、顾客部门化

顾客部门化是按不同类型的对象进行专门化服务来划分部门的一种方法。不同类型的消费者、不同类型的学生、不同的产业部门，在产品品种、质量、服务要求、价格策略上都会有不同的要求。顾客部门化有利于满足各种顾客的喜好和特殊要求，为他们提供优质服务。如图 9-9 所示。

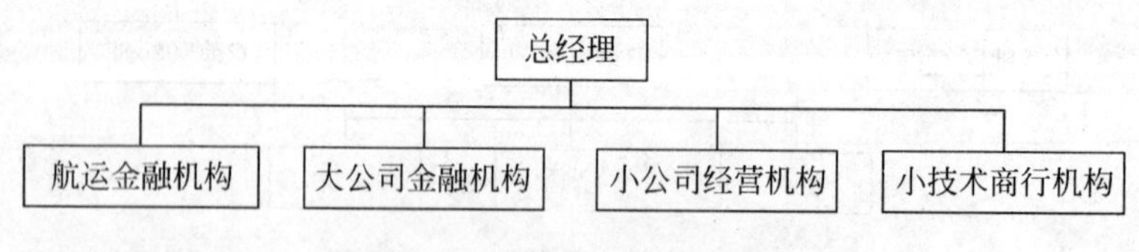

图 9-9　顾客部门化示意图

顾客部门化的优点在于：更有针对性地根据顾客要求来组织生产经销活动，以便于满足不同顾客的需要。缺点是各部门的生产和销售差异大，会带来总体上的协调困难。

小平台

东信公司近几年在总裁周聪的带领下发展迅速。然而同时，一向运行良好的组织结构开始阻碍公司的发展。

公司原先是根据职能来设计组织结构的，职能部门包括财务、营销、生产、人事、采购、研究与开发等。随着公司的壮大，产品已从单一的电视机扩展到冰箱、微机、洗碗机、热水器、空调、洗衣机等诸多电器。旧结构已无法适应产品的多样化。于是，周聪决定根据产品类型将公司分成9个独立经营的分公司，每一分公司经理对各自经营的产品负有完全责任，只要能营利，总部不再干涉分公司的具体运作。

但是，公司重组后，总裁感觉到很难再对每一分公司实行充分的控制了，各分公司经理常常不顾总公司的方针、政策，各自为战。同时，分公司之间在采购、人事等职能方面也出现了许多重复。周聪认识到他在分权方面有些问题，下令收回分公司经理的一些职权，强调以后下列决策权归总裁：(1)超过10万元的支出；(2)新产品的研究与开发；(3)营销战略的制定；(4)重要人员的任命。职权被收回后，分公司经理纷纷抱怨，有人递上了辞呈。

第三节 组织运行关系的优化

设计组织结构的目的是在组织协调高效运行的基础上，能够充分调动所有成员的积极性和主动性，为实现组织目标而和谐一致地进行工作。而保证组织高效运行的关键，就是要处理好组织内不同成员的各种权力关系。

一、组织的集权和分权

任何一个组织，都必须拥有某种权力作为其存在的基础。而组织中所存在的纵向的、横向的职权关系，则是保证组织内各部门及成员为实现组织共同目标而协调一致工作的关键因素。

1. 集权和分权的标志

在现实社会组织中，既不存在绝对的分权，也不存在绝对的集权。集权和分权是两个彼此对立但又相互依存的概念，它们只能存在于一个连续统一体中。

集权和分权是职权在整个组织中集中化和分散化的结果。集权是指决策权在组织系统中较高层次职位的一定程度的集中；分权是指决策权在组织系统中较低管理层次职位的一定程度的分散。尽管集权和分权是组织运行客观的需要，但由于受组织内外多种因素的影响，条件不同的组织，其集权与分权的程度是各不相同的。

(1) 不同类型决策的参与程度。组织决策从其重要性上可分为战略决策、管理决策和业务决策。一个组织如果将这些决策，特别是战略决策的构想和制定，以及人事、财务、营销等基本职能方面的管理决策，都由组织高层负责参与，基层部门只负责参与一部分业务决策权，那么该组织的集权程度较高；如果组织将管理决策权下放，分权程度就高；如果继续把一部分战略决策权也下放，分权程度则更高。

(2) 决策审批手续的简繁程度。如果下级作出的任何决策，只要属于职权范围内，都无须上级审批即可生效执行，表明分权程度高；如果下级在作出决策后，还须呈报上级审批后才可实施，表明分权程度较低；如果下级在决策前就须向上级请示，表明分权程度更低。另外，下级在作出决策时须请示的部门或人员的多少，也反映了集权和分权的程度。

(3) 决策受规章制度的控制程度。如果组织内的规章制度非常健全，对各项工作都有详细而具体的规定，并要求严格执行，那么，人们随机制宜地灵活处理问题的自由度就很小，集权程度就比较高；如果规章制度虽有，但大多是原则性、政策性的规定，处理问题的灵活性较大，则意味着分权程度较高。

根据集权与分权的程度不同，可分为两种不同的管理方式，即集权制和分权制。

集权制指组织的决策权较多地集中在最高管理层。其特点是：决策权大多数集中在组织高层，中下层只有日常的业务决策权；对下级的控制比较严格，下级的日常决策都须经过上级的审核；实行统一经营和统一核算。

分权制指组织的决策权较多地分散到中下管理层。其特点是：高层只保留重大问题的决策权，中下层拥有较多的决策权；上级对下级的控制较少，主要以完成规定目标为限；在组织统一规划下实行分散经营、独立核算，并有一定的财务支配权。

2. 影响集权和分权的因素

对于一个组织，究竟是倾向于集权，还是倾向于分权，既不能完全取决于主观因素，又不能完全取决于客观因素。只能根据组织的实际情况，参照不同的影响因素加以综合考虑。影响集权和分权的因素主要有：

(1) 决策的风险程度。组织进行决策采取一项行动都有一定的风险，而风险的大小是影响权力分散程度的主要因素。决策风险程度越大，由组织较高层来做决策的可能性就越大。因为，一方面，相对基层管理人员，高层管理者的能力强、经验多、信息全，决策的准确性就比较好；另一方面，决策的责任重大，影响组织全局工作，往往不宜授权。

(2) 政策的一致性要求。如果组织认为政策的一致性非常重要，只有这样才能保证顾客在质量、价格、信用、交货期、服务等方面享有平等的待遇。同时，可以便于比较各部门的相对效益和降低成本，也可以便于处理同供应商、银行、政府等部门的关系。在这种情况下，组织容易倾向于集权；如果组织认为除重大问题外，应鼓励多样性，提倡管理上的创新、进步和竞争，提高士气和效率，激发更多的管理人才的涌现。

(3) 组织的规模。组织的规模越大，需要作出的决策也就越多，从而加大了协调、沟通及控制的难度。同时，组织规模大，管理层次必然增加，信息沟通的渠道增长，信息传递速度及准确性也下降，影响了决策的及时性和正确性，组织的目标就无法实现。因此，组织应适当地分散权力。

(4) 组织的历史沿革。组织中职权的集中和分散程度，常常与组织的历史沿革有着密切的联系。一般来说，如果组织是由小到大的基础上单一发展起来的，集权的倾向性更为突出。而组织是通过联合或兼并形成的，分权的可能性就会大大增加。

(5) 控制技术的状况。一个管理人员在无法知道某项权力是否会恰当运用的情况下，就不会授权。因为授权不等于完全放权，这需要有控制。如果没有相应的控制条件和手段，集权的程度较明显。因此，通信技术的发展、统计技术、会计方法以及其他技术的改善都有助于趋向分权。但电子计算机的应用也会出现集权趋势。

3. 分权的基本途径

在现代组织中，权力的分散是一种必然趋势，它反映了组织管理的基本原理。在组织规模较小时，为提高效率而集权是必须的，但随着组织规模的扩大，要使组织生存和发展下去，分权就成为必然。实现权力分散的基本途径是制度性分权和授权。

制度性分权是组织设计过程中，根据组织内外环境因素和组织活动的特征，在工作分析和层次、部门、职位设计的基础上，结合各管理岗位的工作性质和任务要求，从而规定各部门、各种职位的必要职权。授权则是上级管理者，为充分利用专门人才的知识和技能，或出现新增业务的情况下，将部分解决问题、处理新增业务的权力委托给某个或某些下属。制度性分权和授权是相互依存的关系：制度分权是授权的保证，授权是在实际工作中对制度分权的补充。

制度性分权和授权的含义不同，决定了它们具有下述区别。

(1) 制度分权具有一定的必然性，而授权则有很大的随机性。

(2) 制度分权是将权力分配给某个职位，而授权则是将权力委任给某个下属。

(3) 制度分权是相对稳定的，而授权则是临时的，或者是长期的。

(4) 制度分权主要是一条组织工作的原则，而授权主要是领导者在管理工作中的一种领导艺术。

应指出的是，作为分权的两种途径，制度分权与授权是互相补充的——制度分权是授权的保证，授权是在实际工作中对制度分权的补充。

二、组织的直线和参谋

组织中的管理人员一般是以直线主管和参谋两类不同的身份、行使两种不同职能来从事管理工作的。尽管他们在组织中的地位和所起的作用不同，但这两者都是完成组织目标所必要的。

1. 直线和参谋的关系和矛盾

(1) 直线和参谋的关系。直线职权是某项职务或某部门所拥有的发布命令及执行决策的权力，也就是通常所说的指挥权。在组织结构图上，这种职权关系用一条由上级部门或人员直指下级部门或人员的直线来表示，故形象地称为直线职权。直线职权关系的特征是：上级发布指挥命令，下级必须贯彻执行，不准自行其是；下级对自己的直线上级负责，并报告工作。

参谋职权是某项职务或某部门所拥有的服务、辅助性的权力，包括咨询、建议等。参谋职权的特征是：它不能向其他部门或人员发布命令，只能影响他人或集体的行为，如出主意、提建议、做指导，主要起咨询作用；它只在职责范围内执行参谋职能，为整个组织或某个部门提供咨询服务，发挥助手的作用。

由此可见，直线掌握的是命令和指挥的职权，而参谋则是协助和顾问的职权。参谋的职责是建议而不是指挥，他们的建议只有被直线采纳后作出决定，并通过命令向下发布指示时才有效。因此，直线和参谋的关系是"参谋建议、直线命令"的关系。

(2) 直线人员和参谋人员的矛盾。在组织结构的实际运行中，直线人员和参谋人员之间经常产生矛盾冲突，双方互有意见和不满。

直线人员认为有了参谋人员以后，意味着遇事要和参谋人员商量，听取他们的意见，这是一种很大的潜在的削弱直线职权的危险；直线人员认为参谋人员不了解实际的全面情况，只站在自己专业的立场上观察分析问题，缺乏整体的、全局的眼光；直线人员认为参谋人员的各种建议接二连三，各项建议各执一词，互相无法兼容；直线人员认为参谋人员只提建议，既不负责执行，又不承担责任。

参谋人员认为直线人员无视参谋人员的重要作用，把他们看得无足轻重；参谋人员认为直线人员缺乏敢于突破的创新精神，排斥新思想和新观念；参谋人员认为发生工作失误时，直线人员总是指责是由于参谋人员所提建议不妥所致，以此推卸责任；参谋人员认为直线人员没有提供足够的条件，而要求又过于苛刻。

2. 直线和参谋关系的协调

正确处理直线与参谋的关系，充分发挥参谋人员的合理作用，是组织设计和运行中有效地发挥各方面力量协同作用的一项重要内容。

(1) 明确直线和参谋的职责界限。无论是直线人员还是参谋人员都应认识到，组织中设置参谋职位、利用参谋人员的专业知识是管理现代组织的复杂活动所必需的。但是，直线和参谋的职责、权限以及工作目的是不同的。直线人员需要制定决策，安排所辖部门的活动，并对活动的结果负责；而参谋人员则是在直线人员的决策过程中，进行研究，提供建议，指明不同方案可能得到的不同结果。同时，应通过规范化的文件作出明文规定，以便直线人员和参谋人员能各司其职、各负其责，形成有秩序的管理。

(2) 注意倾听参谋人员的意见。在组织管理活动中，直线人员如果认为设置参谋人员是必要的，那么就应当承认参谋人员提出的建议，对有效地做好工作和实现组织目标是有益的，而不是对直线权力的削弱、干扰和侵犯。另外，可以建立一些适当的强制性制度，规定直线人员必须同参谋人员共同商量，以保证他们的建议能够得到有效的听取。

(3) 随时向参谋人员提供有关信息。参谋人员提供的建议不全或有误，除了自身业务水平外，在不了解、不掌握情况的条件下，任何优秀的参谋人员都不可能提供确切的意见。因此，必须向参谋人员提供必要的工作条件，特别是有关的信息情报，使他们能及时地了解直线部门的活动进展情况，从而能够提出有用的建议。

(4) 努力提高参谋人员的水平。如果参谋人员提出的建议含混不清，甚至作出了错误的结论，忽略了基本的事实，没有作出详尽的利弊分析等。这样不仅不能给直线人员带来帮助，而且还会影响组织正常运行。因此，参谋人员应努力提高自己的工作水平，尽可能向直线人员提供全面的建议和有效的帮助。

(5) 创造相互合作的良好氛围。组织中人与人之间的友好合作关系对减少矛盾冲突起着重要的作用。组织目标的实现是组织中直线人员和参谋人员友好合作的共同基础，应反复强调双方在实现组织目标中的相互依赖性，彼此互相谅解，坦诚相见，忠诚合作，求大同存小异，为组织目标的实现而共同努力。

三、委员会

委员会是一种以集体决策为主要特征的组织形式，其中心思想就是为了实行集体管理。委员会的存在，为综合各种知识，促进信息沟通，加强各级管理人员之间的协调，发挥着重要的作用。

1. 委员会的优点和局限性

(1) 委员会的优点。在管理实践中，委员会之所以被广泛应用，主要是它具有以下优点：

① 提高决策的正确性。首先，通过集体讨论和研究，可以产生更多的设想和方案，可供选择的方案数量越多，被选方案的正确度和满意度就可能提高；其次，通过集体讨论和研究，能够听取更多的意见，更全面地深入探寻事实，并运用更多专业知识来作出判断，可

以避免仅凭主管人员个人的知识和经验所可能造成的决策错误。

② 加强各种职能的协调。在现代组织中，各职能部门之间的活动相互影响，相互依存，而组织目标的实现有赖于这些不同职能部门的共同努力，所以，组织中常通过建立由主要职能部门主管组成的执行委员会或管理委员会来协调不同部门的活动，来组织信息的交流，通过委员会的定期或不定期会议，使得各个部门的主管交换情报，了解关系部门的工作计划、存在的问题以及相互要求，可以减少摩擦、提高效率，从而加强各职能部门的配合和协调。

③ 防止权力过于集中。委员会作出的决策一般都是对组织发展方向有至关重大的决策。通过集体讨论和研判，不仅可以防止权力过于集中于高层主管，避免个人或少数人的独断专行、以权谋私等弊端，而且可以在委员会成员之间起到相互制约的作用。

④ 综合各方利益的要求。委员会的运用，往往是为了使组织内的不同利益团体能够派出自己的代表，反映自己的要求。委员会的集体讨论和协商，能够比较充分地综合考虑各方的利益，从而有利于实现组织整体上的统一和团结，同时也向各个方面强调了对集体决定的认同感和责任感。同时，它也使得整体的决定和意向很快传播到组织的各个角落，并为大家所理解，从而有利于集体决策的有效贯彻执行。

⑤ 有利于主管人员的成长。委员会的运用，使下级主管和组织成员有了参与决策与计划制订的可能。这样可以激发和调动各级管理人员的积极性，从而推动他们在执行过程中的更好合作。另外，通过委员会，下级人员能够了解到其他主管人员及整个组织所面临的问题，从而对整个组织活动有了大致的了解，有利于提高其整体管理能力。上级主管人员也可以在委员会中考评下级人员的能力，以作为未来选拔的依据。

(2) 委员会的局限性。由于委员会组成的特殊性，即需要在大多数成员意见基本一致的情况下才能作出决策，所以不可避免地存在一些局限性。

① 决策的妥协与折中。在委员会中，各方代表来自不完全相同的利益团体，当意见存在分歧时，往往是互不相让，旷日持久，议而不决。为了使大家都能同意，有时不得不采取折中的方法。这样做出的决策与其说是集体讨论的结果，不如说是在各种利益冲突中妥协和折中的产物，从而大大降低了决策的质量。

② 权力和责任的分离。委员会是以集体决定、集体负责为主要特征的。因此，当就某一问题提出建议或作出判断时，这一决策权实际上也就分散到整个委员会之中，委员会成员几乎不再有个人决策时的那种责任感。委员会的决策可能反映了每个人的意见，但并未反映任何人的所有意见，而任何人都不会愿意对那些只代表了自己部分利益和观点的决策及其行动负完全的责任。

③ 耗费时间和成本高。委员会为了得到大体一致的意见，制定出各方面基本上都能接受的决策，往往需要经过反复讨论和协商，甚至是长时间的争论不休。这既会花费很多的资金，又会造成时间的延误，而在稍纵即逝的机遇面前，这种延误可能会使组织付出极

大的代价。

2. 提高委员会的工作效率

如何有效发挥委员会这种集体决策组织形式的积极作用，对于组织的正常运行是非常重要的。在实际运用过程中，应注意以下几方面的要点：

(1) 明确委员会的职权范围。首先，委员会的权限究竟是决策，还是咨询服务，必须加以明确，尤其是要防止离开正题。其次，不要让委员会讨论一些琐碎、繁杂、具体的日常小事，作那些无关紧要的决策，应该让委员会去解决关系组织战略性、方向性的大问题。

(2) 确定适当的规模。委员会的规模必须适宜，要根据委员会的工作目的和任务性质来确定。一方面，委员会要有相应的规模，以便集思广益和容纳为完成任务所需要的各种人员；另一方面，委员会规模又不宜太大，以免影响沟通效果和成本的增加。

(3) 认真选择合格的委员。委员的素质，对于委员会工作的成效起到基本的作用。委员应具有较强的分析能力、理解能力、归纳能力和表达能力，有冷静的头脑，善于和其他人共同工作。委员还必须特别具有全局的观点，而不是把委员的资格看做是维护狭隘利益的手段。只有这样，委员会才会有较高的工作效率，才能保证履行职责。

(4) 发挥委员会主席的作用。委员会主席的组织能力对委员会的工作成效关系重大。会前的充分准备和巧妙地掌握会议是委员会主席的两项关键工作。会前要制订详细的工作计划，选择恰当的会议主题，安排好议事日程，还要考虑到讨论中可能出现的分歧和打算采取的应对办法。在讨论过程中，既不能把自己的观点强加于委员会，也不能阻挠自由讨论。同时，也能从总体的角度出发，综合各种意见，提出能够代表多方利益，从而易于被大部分成员所接受的新观点。

小平台

与集权管理相比，分权管理具有很多优越性，其中最主要的有两点：高层决策者可以从烦琐的日常工作中脱离出来，集中时间与精力于更重要的方面，从而提高管理效率。此外，由于组织各级拥有了相应的权力，激发了他们的主动性、积极性和表现欲。

但是，如果分权管理做过了头，各分支机构或子公司的经营者可以无拘无束地使用他们手中的权力，那么总公司的管理部门就从根本上丧失了控制与威信。这种松散的管理会削弱企业的凝聚力，各部门或子公司为追求各自的利润最大化而忽视甚至损害总公司的利益。

通常情况下，总公司应对子公司行使权力进行监督和控制，特别是当他们的经营业绩并不出色时更应如此。

本章小结

组织设计，就是对组织开展工作、实现目标所必需的各种资源进行安排，以便在适当的时间、适当的地点把工作所需的各方面力量有效地组合到一起的管理过程。组织设计的任务主要是提供组织结构系统图、职务说明书和组织手册。

在组织规模一定的条件下，管理层次与管理幅度成反比。组织内外不同的因素影响管理幅度，从而形成了扁平形和锥形两种具有不同特点基本的组织结构。在实践中，常见的主要有直线职能制、事业部制和矩阵制等组织结构。

部门化是建立组织结构的首要环节和基本途径，其根本目的在于有效地分工。分工的标准不同，所形成的管理部门以及各部门之间的相互关系也不同。常见的主要有职能部门化、产品部门化、区域部门化、工艺流程部门化和顾客部门化。

设计组织结构的目的是能够充分调动所有成员的积极性和主动性，为实现组织目标而和谐一致地进行工作。而保证组织高效运行的关键，就是要处理好组织内不同成员的各种权力关系。组织运行关系优化主要包括集权与分权、直线与参谋、委员会的内容。

案例聚焦　杜邦管理模式

两百年前，杜邦公司的产品从黑火药发展为今天的 2000 个，从一个地区性家族企业演变为现代跨国企业，年营业额在 440 亿美元左右，市场价值将近 600 亿美元，1998 年名列《财富》杂志世界 500 强企业中的第 55 位。

家族企业出身的杜邦公司在创业之初也有一个中央集权的组织结构，直至 19 世纪末，掌管大权的“杜邦二世”仍不放心分权模式，采用专制独裁的“恺撒式”管理。但是，到了 20 世纪初，杜邦公司开始完全独立地应用许多独创性的管理方法和管理技术，不仅把工长一级的技术问题，而且把高层管理业务加以系统化，创造了一整套颇有特色的杜邦管理模式。

精力过人的“杜邦二世”一人掌管杜邦公司近 50 年(1850—1899)，他不仅是企业的首脑，也是整个杜邦家族的一家之长，他事无巨细、独立决策所有公司事务，还负责召开家族会议，对就学、婚姻等家庭事务提出意见。尽管现代的经营管理者可能会认为这种方式无法取得成功，杜邦公司这一阶段的发展还算顺利。可是，“杜邦二世”去世后，杜邦公司因为缺乏一个强有力的接替者，传统的经营管理秩序几经崩溃，公司甚至差一点改换了姓名。1902年，在杜邦公司生死存亡的关头，三个杜邦堂兄弟用2000万美元"买下了"杜邦公司，并重新改组，引进系统管理方式，使杜邦公司重获新生。

"杜邦三兄弟"的系统管理方式并不是他们三人发明创造的，而是从独立于杜邦母公司的高效爆炸物集团的管理先驱者们那里接收过来的，这个集团还为三兄弟重建杜邦提供了大量的经理人员。他们通过联合、合并以及各种产品的一体化、多样化和销售与财务的新结合，大大改进了公司的财务状况。

杜邦公司同其他公司的合并表面上看来是神奇而不费力气的，其实是经过仔细实施的。1902年，杜邦公司直接或间接控制着70多家公司，为了保护到手产权，杜邦公司先后买下了这些公司。第二步，杜邦的做法是使这些分散的公司有效地实现一体化，其中最重要步骤是通过1903年成立的杜邦公司经营委员会制定的目标和政策来协调控制。该经营委员会是全美所有公司中最早成立者之一，开创了由一个领导层取代一个人决策的先河，委员会成员都是副总经理和董事，有四位杜邦家族成员。

新成立的经营委员会首先推广的是在高效爆炸物集团确立的一些政策、措施和程序，主要是通过建立中央参谋职能部门来进行，他们制定政策和选择控制措施，然后由总经理和经营委员会下令实施。这期间的大部分成果都汇集在杜邦公司的《圣经》或《如何做》手册中。重要性日益增长的另一个参谋部门是研究部，它由成立于1902年的东部实验站和1903年的实验站两部分组成，两所实验站雇用了一些出色的化学家，正是他们为杜邦公司研究并开发了效力更好的炸药。

杜邦公司创建于1903年的执行委员会，经过约20年的探索改革、逐步完善，到1918年已形成了这样的经营管理机构：由27位董事组成的董事会作为公司的最高经营管理决策机构，每月的第三个星期一开会。

董事闭会期间，由董事长、副董事长、总经理和6位副总经理组成执行委员会，行使其大部分权力，集体负责、分兵把口，承担日常的经营管理决策，推行董事会制定的营销策略，每周星期三，执行委员会开会，先就日常业务进行审议，并决定处置办法。执行委员会的最后决定，通常采取多数赞成的方式通过，复杂的问题经过充分酝酿后协商决定。

除了执行委员会外，董事会还下设财务委员会，其委员多数由不参加日常业务经营的董事们担任。

财务委员会决定总公司的财务政策，并对财务活动进行指导和监督，是掌握"杜邦钱柜"的掌柜。执行委员会在财务上，有权使用400万美元限额内的款项，如超过，则须经公司的财务委员会同意。

随着公司规模的扩大、产品种类的增多，在领导决策方面越来越需要多学科广博的知识，个人以至家族少数几个人难以胜任。杜邦们适时调整了管理方式，其做法可以概括为：让其下属机构成为独立的核算单位，使分散的人员在公司的一个管理小组的领导下，变成一个紧密结合在一起的整体。这样做，既发挥了一个个分支机构的积极性和创造性，又不分散实力，在对外竞争上仍发挥着整体的优势。

19世纪生产炸药发家，20世纪以化工产品为主，21世纪又定下了向生物科技领域进军的目标，杜邦公司这一家族企业在“变”与“不变”的平衡中成功至今。作为200年历史的老店，杜邦公司值得称道之处有很多。

（资料来源：刘宁. MBA联考300分奇迹——管理分册. 北京：北京大学出版社，2002）

练习题

1. 组织设计的主要任务是什么？
2. 组织设计的依据和原则有哪些？
3. 什么是管理幅度和管理层次？影响管理幅度的主要因素有哪些？
4. 在实际中组织常用的结构形式有哪些？各有何优、缺点？
5. 不同部门化的优、缺点是什么？
6. 衡量集权与分权的标志是什么？
7. 分权的主要途径及其特点是什么？
8. 直线和参谋之间的矛盾有哪些？应如何解决这种矛盾？
9. 委员会工作方式优缺点是什么？如何提高委员会的工作效率？

第十章 人力资源管理

本章学习目标

1. 理解人员配备的概念、重要性和原则。
2. 了解人员配备的基础工作、人力资源规划和工作分析。
3. 概述管理人员选聘的程序、管理人员的招募与甄选。
4. 了解管理人员考评的作用、内容与要求。
5. 了解管理人员培训的目的、程序与方法。

导读 燕昭王招贤

《战国策·燕策一》记载：燕国国君燕昭王一心想招揽人才，而更多的人认为燕昭王仅仅是叶公好龙，不是真的求贤若渴。于是，燕昭王始终寻觅不到治国安邦的英才，整天闷闷不乐的。

后来有个智者郭槐给燕昭王讲述了一个故事，大意是：有一国君愿意出千两黄金去购买千里马，然而时间过去了三年，始终没有买到，又过去了三个月，好不容易发现了一匹千里马，当国君派手下带着大量黄金去购买千里马的时候，马已经死了。可被派出去买马的人却用五百两黄金买来一匹死了的千里马。国君生气地说：我要的是活马，你怎么花这么多钱弄一匹死马来呢？国君的手下说：你舍得花五百两黄金买死马，更何况活马呢？我们这一举动必然会引来天下人为你提供活马。果然，没过几天，就有人送来了三匹千里马。

郭槐又说：你要招揽人才，首先要从招纳我郭槐开始，像我郭槐这种才疏学浅的人都能被国君采用，那些比我本事更强的人，必然会闻风千里迢迢赶来。

燕昭王采纳了郭槐的建议，拜郭槐为师，为他建造了宫殿，后来没多久就引发了“士争凑燕”的局面。投奔而来的有魏国的军事家乐毅，有齐国的阴阳家邹衍，还有赵国的游说家剧辛等。落后的燕国一下子便人才济济了。从此以后一个内乱外祸、满目疮痍的弱国，逐渐成为一个富裕兴旺的强国。

管理启示 管理之道，唯在用人。人力资源是企业核心竞争资源，能使企业资源产生更佳的效用和竞争力。群贤聚集，弱小的燕国尚能强盛，何况一个组织呢？

一个组织的素质高低，在很大程度上是其所聘用的人员素质的一种总体反映。得到并保持能干的员工，是每个组织取得成功的关键所在。科学技术的突飞猛进和经济的全球化，使市场竞争日趋激烈，越来越多的企业家逐渐认识到，决定企业的最终命运，不是拥有物质资本的多少，而是拥有的人员状况及如何管理利用这些人力资源，尤其是其中的最重要的人员——管理者。

第一节　人员配备概述

组织拥有高素质的人力资源，并能使其与组织的目标有机结合起来，实现人与组织、人与工作、人与人之间的协调，组织就能在市场竞争中立于不败之地。因此，任何管理者在组织工作职能中的任务之一，就是进行人员配备，即将合适的人配备到合适的岗位上去。

一、人员配备的概念

组织最为重要的资源是那些能为组织提供劳动、才能、创造力与发展动力的人们，顺理成章管理者最关键的一项工作就是选拔、培训、发展那些能帮助组织实现其目标的人们，即人员配备工作。

所谓人员配备是指管理者在人力资源规划的指导下，根据工作分析的结果，对所需人员进行恰当而有效的选拔、考评和培训，并创造条件推动其发展的管理活动。目的是配备合适的人员去充实组织中的各项职位，保证组织活动的有效开展，进而实现组织的预定目标。

配备合适的人员说明人员配备一方面是满足组织的需要，为每个岗位配备适当的人；另一方面也是需要考虑组织成员个人的特点、爱好和需要，为每个人安排适当的工作。因此，人员配备需要从两个角度考虑。其一是考虑组织的需要，使组织中每个岗位、每项活动都有合格的人员，从而使合理的组织系统能有效运转。同时，通过恰当的人员配备工作，稳住人心，留住人才，维持组织成员对组织的忠诚。其二是考虑组织成员的需要，通过人员配备使每个人的知识和能力得到公正的评价、承认和运用，工作的要求与员工自身的能力相符。同时也应注意组织成员的培训与开发，不断发展组织成员的知识和能力，不断提高他们的素质。

二、人员配备的重要性

人是组织中最具有决定性的力量和最重要的资源。人员配备是组织存在的基础，是组织发展的保证。人员配备作为一项管理工作，其重要性是显而易见的。

1. 人员配备是组织存在的基础

组织是为了实现一定的目标而形成的群体结构。组织设计为组织这一系统的运行建立了框架。但是只有人进行操作，框架才能发挥其应有的作用。离开必要的人员配备，既谈不上分工合作群体结构的形成，也谈不上目标的确定和实现目标的现实力量。因此，人员配备是组织设计的延续，是组织存在的基础。

2. 人员配备是做好工作的关键

组织目标的确立为组织明确了工作方向，组织结构的建立为组织提供了实现目标的条件。但是，真正实现组织目标，还是需要靠组织中最重要的要素——人。合理的人员配备是做好工作的关键。只有员工的知识、能力和条件等符合工作职位的要求，达到人事相宜，才能使员工心情愉快，从而积极地为组织奉献自己的一份力量。

3. 人员配备是组织发展的准备

组织作为一个系统，其稳定状态是相对的，而运动状态是绝对的。组织始终处于不断运动、发展的过程之中。组织的发展是相应于所处环境因素的变化，依靠参与组织活动的成员的共同努力而作出相应反应的结果。组织只有不断发展，才能在适应环境因素的变化中立于不败之地。人员配备在复杂多变的环境中为从事组织活动的员工做好准备。

三、人员配备的基础工作

一个组织的人员配备要卓有成效，其重要的前提就是要了解每个工作岗位的职位规范，以及每个工作岗位所需要的员工的数量。因此，组织人力资源的规划工作和工作分析是人员配备的两项必不可少的基础工作。

1. 人力资源规划

人力资源规划是根据组织的战略目标，科学预测组织在未来环境变化中人力资源的供给与需求状况，制定必要的人力资源获取、利用、保持和开发策略，确保组织对人力资源在数量上和质量上的需求，使组织和个人获得长远利益。人力资源规划最终目标是为了组织和工作者的利益，最有效地利用人才，形成高效率——高士气——高效率的良性循环，确保组织的战略目标的实现。

整个人力资源规划涉及对组织中成员的供求进行预测，其程序分为三个阶段，即调查分析准备阶段、人力资源预测阶段、提出具体计划阶段。如图 10-1 所示。

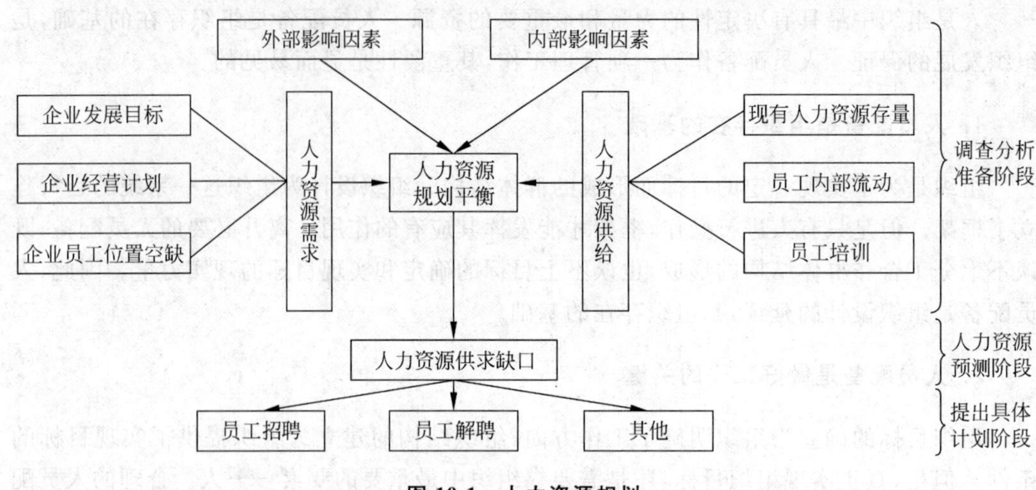

图 10-1　人力资源规划

(1) 调查分析准备阶段。

在这一阶段主要是调查研究以取得人力资源规划所需的信息资料，并为后续阶段作实务方法和工具的准备。收集分析有关信息资料是人力资源规划的基础，对人力资源规划工作影响很大。

调查分析主要包括外在人力资源供需和内在人力资源利用情况两方面的因素。外在人力资源供需的调查分析主要包括：如劳动力市场的结构，市场供给与需要的现状，教育培训政策与教育工作，劳动力择业心理与整个外在劳动力市场的有关因素与影响因素等。内在人力资源利用情况的调查分析一般包括：现有员工的一般情况（如年龄、性别等）、知识与经验、能力与潜力、兴趣与爱好、目标与需求、绩效与成果；人力资源流动情况；人力资源结构与现行的人力资源政策等。通常是人力资源规划中最重要的部分。这一部分的信息是人力资源规划的基础，许多组织往往将它纳入一个系统化的人力资源信息系统中，以便随时更新修正，并向各项业务计划提供使用。

在调查分析准备阶段要注意调查不仅要了解现状，更要认清战略目标方向和内外环境的变化趋势，不仅要了解表现情况，更要认清潜力与问题。

(2) 人力资源预测阶段。

人力资源预测主要根据企业发展战略规划和企业的内外条件选择预测技术，然后对人力资源供给与需求的结构和数量进行预测。这一阶段是人力资源规划中较具技术性的关键部分。

人力资源的需求主体是组织。组织对人力资源的需求是一种派生需求，它源于消费者对产品或服务的需求。人力资源需求预测是指组织为实现既定目标而对未来所需员工数量和种类进行估算的过程。在对人力资源需求进行预测之前，先要预测企业产品或服务需求，然后再将这一预测转换成为满足产品或服务需求而产生的对员工的实际需求。从逻辑上讲，人力资源的需求明显的是产量、销售量、税收等的函数，但是对不同的企业，每一因素的影响是不同的。预测者在预测人力资源的需求时主要考虑的是三方面的因素(见图 10-1)：一是企业发展目标。企业的短期发展目标，将决定企业对人力资源的即时需求，企业的长期发展目标，决定企业对人力资源的潜在需求或者是人力资源的储备需求；二是企业的经营计划。企业的经营计划将决定现实的企业人力资源需求，包括需求的数量、结构和类型；三是企业现有的员工位置空缺。企业现有的员工位置空缺，造成企业人力资源的即时需求。

人力资源的供给主体是劳动力的拥有者，即劳动者。人力资源的供给预测，也称人员拥有量预测，是确定组织是否能够保证员工具有必要的能力以及员工来自何处的过程。它可以帮助管理者确定所需员工是从组织内部、外部，还是同时从两方面获得。预测者在预测人力资源的供给时也主要考虑三方面的因素(见图 10-1)：一是现有人力资源的存量。如果企业现有的人力资源存量较多，且没有结构上的问题，那么这部分人力资源存量马上可以转化为即时的人力资源供给，去满足人力资源的需求；二是企业内部的人力资源流动。企业内部的人力资源流动，包括岗位轮换、余缺调剂、内部调动等，都能将企业潜在的人力资源供给调动起来，转化为可以满足人力资源需求的供给要素；三是企业员工的培训。企业员工培训主要是在供给方面调整人力资源的供给结构来满足人力资源的需求。有时，企业的人力资源在总量上并不短缺，但在某些岗位上由于技术等原因，形成人力资源短缺的状况，而在另一些普通岗位上却有多余员工。因此，员工培训乃是将普通的多余劳动力转化为特定的人力资源供给的一条有效途径。

人力资源预测可以在所搜集的人力资源信息的基础上，采用主观经验判断和各种统计方法及预测模型，也可依靠计算机技术的帮助。在分析了人力资源的需求和供给之后，组织就可以确定是存在人力资源的剩余，还是人力资源的短缺。换言之，预测的目的就是得出计划期各类人力资源的余缺情况，得到“净需求”的数据。

(3) 提出具体计划阶段。

人力资源供求预测就是综合人力资源供给方和需求方的各项因素，对组织的人力资源供求作出判断、分析和估计，然后还要结合考虑组织外部因素的影响和内部其他因素的影响，通过人力资源规划来对人力资源的供给和需求作出平衡，进而提出相应的具体的人力资源计划。在人力资源规划平衡中，人力资源供给正好等于需求的情况是较少见到的。在大多数情况下，人力资源供求之间会存在缺口。为了弥补这个缺口，就必须采取人力资源管理的其他步骤。当员工供不应求且内部无法解决时，企业就需要对外招聘员工；当员工供过于求而企业又无法消化时，就要解聘员工。当然，还可以通过其他的方法来平衡企业的人力资源供求，例如人才借调、租赁、吸收兼职员工等等。

2. 工作分析

工作分析就是把员工担任的每个职务的内容加以分析，清楚地确定该职务的固有性质和组织内职务之间的相互关系和特点，并确定操作人员在履行职务时应具备的技术、知识、能力与责任，即对某一职位工作的内容及有关因素做全面的有系统有组织的描写或记载。

简而言之，工作分析又称为职务分析，是全面了解、获取与工作相关的详细信息的过程。它指明了一项工作的职责、与其他工作的关系、所需的知识和技能以及完成这项工作所需的条件。

工作分析涉及两方面的工作：其一是工作本身，即工作岗位的研究。要研究每一个工作岗位的目的，该岗位所承担的工作职责与工作任务，以及它与其他岗位之间的关系等。其二是人员特征，即任职资格的研究。研究能胜任该项工作并完成目标的任职者必须具备的条件与资格，如工作经验、学历、能力特征等。

工作分析是一种重要而普遍的人力资源管理技术。一般而言，工作分析要解决以下六个重要的问题：

第一，工人完成什么样的体力和脑力活动？

第二，工作将在什么时候完成？

第三，工作将在哪里完成？

第四，工人如何完成此项工作？

第五，为什么要完成此项工作？

第六，完成工作需要哪些条件？

(1) 工作分析的内容。

工作分析的内容取决于工作分析的目的与用途。具体说来，工作分析的内容主要包括：工作性质分析、工作任务量分析、工作规范分析及工作人员的条件分析。

① 工作性质分析。

工作性质分析的目的在于确定某项工作与他项工作的质的区别。分析结果是通过确定工作名称而准确表达各项工作的具体内容。工作名称由工种、职务、职称和工作等级组成，如六级车工、一等秘书、高级工程师等。工种、职务、职称由劳动的程序分工或专业分工所决定，工作等级则由工作分级确定。它们反映了工作性质的差别。

② 工作任务量分析。

工作任务量分析就是对同一性质的工作任务量的多少进行分析。其结果往往表现为确定同一工作名称的工作所需人员的数量。工作任务量分析，是企业编制定额和定员的依据。现代企业人员的数量，须随着企业任务量的变动而变动，这样，才能保证劳动效率的提高。

③ 工作规范分析。

工作规范分析包括岗位操作分析、工作责任分析、工作关系分析、工作环境分析、劳动强度分析五项内容。岗位操作分析是分析为完成某一任务而必须的操作行为，如为加工某一产品，某机器操作的具体操作行为是：安装工件、操作机器、卸下工件、维护机器等。工作责任分析是确定某项工作的职责范围及在企业中的重要程度。分析的内容包括某项工作在市场研究、产品设计、生产工艺、质量检验、行政管理，以及对资金、设备、仪器、材料、工具等使用和管理、对他人安全及合作关系等方面的职责范围和重要程度。工作关系分析是分析某项工作与他项工作的协作内容及联系。工作关系分析不仅便于不同工作之间的相互衔接，而且也有利于协调人与人之间的关系，从而提高工作效率。工作环境分析是对工作场所和条件进行分析。工作环境分析是改善工作条件，调整员工的适应能力的前提。劳动强度分析是对工作的精力集中程度和疲劳强度的分析。劳动强度分析为工作任务量分析和确定定员与定额打下了基础。

④ 工作人员的条件分析。

工作人员条件分析包括应知、应会、工作实例和人员体格及特性等方面。应知是工作人员对所从事工作应具备的专业知识。应会是指工作人员为完成某项工作任务必须具备的操作能力和实际工作经验。工作实例则是根据应知、应会的要求，通过某项典型工作，来分析判断从事某项工作的工作人员所必须具备的决策能力、创造能力、适应能力、应变能力、智力以及操作的熟练程度等。而工作人员的体格和特性是包括各工作岗位对人的行走、弯腰、下蹲、举重、拉力、听力、视力以及感觉辨识能力、记忆和表达能力、反应灵敏程度等具体要求。

(2) 工作分析的方法。

根据组织的需要和进行工作分析所需内容的不同，工作分析可以采用多种不同的方式进行。

① 问卷调查法。

问卷调查法是工作分析中最常用的一种方法，具体地说，指采用调查问卷来获取工作分析的信息，实现工作分析的目的。经精心设计的工作分析问卷可以获得大量的信息。问卷调查要求在岗人员和管理人员分别对各种工作行为、工作特征和工作人员特征的重要性和频次作出描述或打分评级，然后对结果进行统计与分析。

② 实地观察法。

实地观察法是一种传统的工作分析方法，是指在工作现场运用感觉器官或其他工具，观察员工的工作过程、行为、内容、特点、性质、工具、环境等，并用文字或图表形式记录下来，然后进行分析与归纳总结。也就是对在现场工作的员工进行观察，做详细记录，然后进行系统地分析。

③ 面谈法。

面谈法又称为采访法，是指工作分析者请工作者讲述他们自己所做的工作内容，为什么做和怎么做，以此来获得所需的信息。这是工作分析中大量运用的一种方法，尽管它不如问卷调查法那样具有完善的结构，但是这种方法由于能面对面地交换信息，可对对方的工作态度与工作动机等较深层次的内容有比较详细的了解，因此，它有问卷调查法无法替代的作用。

④ 关键事件记录法。

关键事件是指使工作成功或失败的行为特征或事件。关键事件记录法通过确定关键的工作任务以获得工作上的成功。它要求分析人员、管理人员、本岗位员工，将工作过程中的关键事件详细地加以记录，在大量收集信息后，对岗位的特征和要求进行分析研究。关键事件记录法是一种重要的工作分析方法，它教会了分析人员把注意力集中在与工作成功休戚相关的员工行为上。

⑤ 实验法。

实验法是用生理的、医学的以及心理学的测定方法，对工作进行计量测定的分析。实验法可以分为两种：实验室实验法和现场实验法，二者的主要区别在于实验的场地。企业中常用的是现场实验法。

⑥ 日记法。

日记法是由任职人员自己记录下每天活动的内容。通常任职者按时间顺序、详细记录自己的工作内容与工作过程，然后经过归纳、分析，达到工作分析目的。这种方法如果运用得好，可以获得更为准确且大量的信息。

通常，一位工作分析人员并不仅仅使用一种方法。将各种方法结合起来，使用效果通常会更好。例如，在分析事务性工作和管理工作时，工作分析人员可能会采用问卷调查法，并辅之以面谈和有限的观察。在研究生产性工作时，可能采用面谈和广泛的工作观察法来获得必要的信息。

(3) 工作分析的结果——工作描述书。

一份工作描述书是一份工作及其所包含的义务种类的书面描述，是工作分析的结果。由于工作描述书没有标准的格式，所以不同组织的工作描述书从形式到内容都不尽相同。但是，大多数工作描述起码都包括以下部分：

① 工作名称。

工作名称指一组在重要职责上相同的职位总称。好的工作名称往往很接近工作内容，并能把一项工作与其他工作区别开来，比如销售经理、库存控制员等。

在确定职位的工作名称时，要注意工作名称的重要性反映在它的心理作用上，它暗示员工有一定的地位，因此工作名称要讲究艺术。工作名称还应该提供某种工作所包含职责的象征。工作名称也应该指明其持有者在组织等级制度下的相关等级,如“初级工程师”、“实验助手”等。

② 工作身份,又称工作地位。

工作描述的工作身份部分一般排在工作名称之后,包括工作部门、直接上级职位、工作描述最近一次被修改的日期等内容。有时也包括工资或代码、做该项工作的员工人数、该工作所处部门的员工人数、工作分析人员姓名、人数和工作分析结果的批准人栏目等。主要目的是把这项工作与那些与之相似的工作区分开来。

③ 工作说明,又称工作概要。

工作说明是指用简练的语言文字阐述工作的总体性质、中心任务和要达到的工作目标。

④ 工作职责,又称工作任务。

工作职责是工作描述的主体。逐条说明工作的主要职责、工作任务、工作权限即工作人员行为的界限等。为使信息最大化,工作职责应该在时间和重要性方面实行优化,指出每项职责的分量或价值。具体包括:工作活动内容;工作权限;工作结果,又称工作的绩效标准。

⑤ 工作说明书。

通常如果工作说明书没有被单独列示,那么它们一般就会包含在工作描述的结尾部分。工作说明书特别包含了两个方面:工作所需的技能;工作对员工的体能要求。

与工作相关的技能包括教育或经验、特殊培训、个人性格或能力,以及动手能力。工作的体能要求是指工作时走、立、抓、举、说的程度。还包括体力工作的环境条件和可能会涉及的有害物体。

撰写工作描述的时候,最基本的要求是要做到文字简洁、直接、用词简练。应该除去不必要的文字和句子。如果用词模糊而不准确,对在岗人员就不会有多大的指导意义。其次应注意以动词开头描写工作义务的句子中,所指的主语是实施工作的员工。另外当工作义务或说明书有变化时应及时调整工作描述。

四、人员配备的原则

人员配备是管理者的重要工作之一,其成效直接影响组织的生存和发展,在人员配备的工作中,不能任由管理者随心所欲、任意发挥,而是必须采用一些科学的方法,遵循原则。

1. 明确要求原则

由于人员配备的目的是以合适的人员去充实组织结构中所设立的各项职务,开展活动,完成组织的各项任务。如果职务要求不明确,人员配备就缺乏依据,不能做到因事设人,充分发挥员工的特长,也就不能量才录用,人尽其才,才尽其用。如果职务要求不明确,也无法评价员工在组织中担任特定职务的相对重要性,无法衡量其取得的成绩,也无法对员工进行有针对性地培训。

2. 公开竞争原则

遵循公开竞争原则,空缺的职务对任何人都是开放的。公开竞争无论对组织内部或外部的人都一视同仁,机会均等。将招聘的种类、数量、条件、要求、方法等公布,进行公开招聘,形成社会舆论,造成竞争局面,达到广招人才的目的。在甄选过程中公平竞争,完全凭借候选人本身的能力和条件,根据候选人的考核成绩,择优录用。只有坚持这条原则,才能广揽人才,选贤任能,为组织引进或为各个岗位配备最合适的人员。

3. 用人之长原则

人员配备是需要挑选个人的知识、技能、特点、潜质等与职务的要求相适应,即人事相宜的最佳人选。但是"金无足赤,人无完人"。每个人都有其长处,也有其短处。因此挑选最佳人选并不是寻找各方面都完美无缺的人,而是相对于某个特定职务来看候选人的长处适合职务的人。人们只有处在最能发挥其长处的职位上,才能干得出色,组织也才能获得最大的收益。

4. 动态平衡原则

处于动态环境中的组织在不断发展,组织中成员的能力和知识也在不断扩展。因此人事相宜也是处于变化之中,达到动态平衡。组织中的人员需要适当地、合理地流动,使能力得到发展并且得以证实的员工承担更大的责任,使能力平平、不符合职务需要的人从事力所能及的工作,真正达到最合理地使用人员。

小平台

一名就业助理的工作描述	
工作名称:就业助理	
工作身份	区域:南方地区 部门:人力资源管理 工作分析人员:××× 分析日期:××××年××月××日 工资:省去 上报:人力资源经理 工作代码:11-17

续表

核实日期：××××年××月××日	
主要工作的简单描述	从事专业人力资源工作，包括人员招聘、挑选、测试、情况介绍、调动、保管员工人力资源档案。可能要处理员工不满情绪、培训或分类和报酬等特别任务和项目。从事初级工作。任职者在执行分配的任务中行使主动和独立的判断力
基本职能和责任	1. 准备招聘传单和广告 2. 安排和主持面试，确定合适就业人选，包括评议邮寄来的申请信和履历 3. 监督测试项目，负责发展和完善测试工具和程序 4. 向新员工提供情况介绍项目，为情况介绍项目收集材料和完善程序 5. 协调区域性工作调动项目。负责审议调动申请、安排调动面试和确定调动生效日期 6. 就人力资源问题，包括招聘问题、保留和解聘试用员工，以及处分或开除员工等，与区域经理保持正常的工作关系 7. 通过布告栏、会议、备忘录/个人接触，向所有员工和经理发布新的或修改过的人力资源政策和程序 8. 完成人事经理安排的相关工作
工作说明书和要求	1. 四年制大学学历，主修人力资源管理、工商管理或行业心理学；或者在人力资源管理方面具有相当于四年大学学历的实际教育 2. 对挑选员工和人事安排原则有相当的认识 3. 清晰的书面和口头表达能力 4. 独立计划和组织个人活动的能力 5. 人力资源知识在计算机上的运用

第二节　管理人员的配备

组织的人员配备是对组织中全体人员的配备，既包括管理人员的配备，也包括非管理人员的配备。由于每一个组织的成员都是在一定的管理人员的领导和指挥下开展工作，因此组织中管理人员的配备是企业人力资源管理工作的核心，其选聘、考评和培训工作的效果将直接影响组织的管理成效。

一、管理人员的选聘

管理人员的选聘是指组织为了发展的需要，根据人力资源规划和工作分析的数量与质量要求，吸收管理人员的过程。

1. 管理人员选聘的程序

管理人员的选聘工作是一个复杂、完整而又连续的程序化操作过程。一般来讲，管理人员的选聘包括以下几个步骤。如图 10-2 所示。

(1) 产生空缺职位，进行职位分析。

管理人员选聘的需要是由于空缺管理职位产生的。而空缺职位产生的原因主要包括：

① 组织的壮大和业务的发展。

② 组织调动，原岗位人员调离。

③ 原岗位人员离退休或死亡。

④ 原岗位人员因各种原因辞职或被解雇。

⑤ 其他原因。

产生空缺职位，必须先进行职位分析，确定人员标准，才能实施管理人员以后步骤的选聘工作。

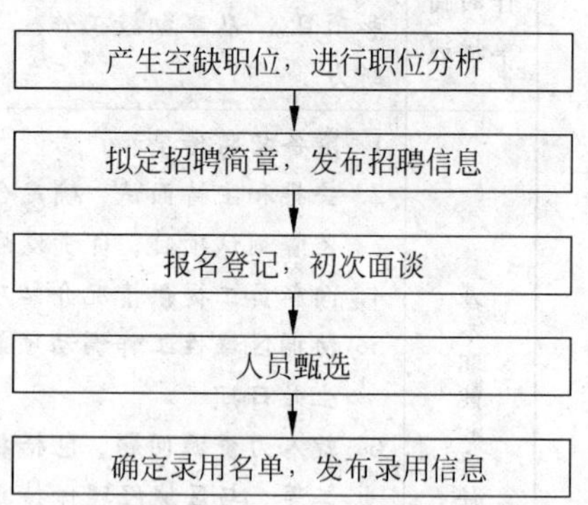

图 10-2　管理人员选聘程序

(2) 拟定招聘简章和发布招聘信息。

通常招聘简章的基本内容包括：

① 标题。如“招聘”、“诚聘”和“××单位诚聘”等。

② 简介招聘公司和企业的性质及经营范围等基本情况。

③ 招聘职位、人数和招聘对象的条件。

④ 应聘时间、地点、邮编、联系电话和联系人。

⑤ 落款。如“××有限责任公司”等。

一份优秀的招聘简章应该充分显示组织对人才的吸引和组织自身的魅力。招聘简章制作有一定的技巧，它既有一定的格式，又较随意，可别出心裁地创造，突出自己的特色，引起人们注意。一般说来，它的基本要求是：

① 语言简明清晰。

② 招聘对象的条件一目了然。

③ 措辞既要实事求是，又要热情洋溢，表现出对人才的渴求和应有的尊重。

拟定招聘简章之后，就要向社会发布招聘信息。发布招聘信息的方法很多，常用于发布信息的广告媒介有：电台、电视、报纸、杂志、互联网等。

(3) 报名登记和初次面谈。

在一阶段主要包括五项工作：

① 初步面谈。

这主要是对应聘者进行初步了解，如工作经历，兴趣爱好等，并从中初步了解其工作能力和求职动机。进行这种谈话时，管理者往往根据事先拟定的谈话提纲提出问题，而求职者根据问题进行回答，犹如做了一个口头问卷。

② 审阅有关证件。

招聘一般都要应聘者有一定文凭，毕业证是首要审核的证件。同时由于招聘职位不同，要求也不同，要审核的证件也就不同，除毕业证以外，还有英语等级证书、计算机等级证书、会计证、报关证等以及其他有关证件。

③ 报名登记。

通过上面两步工作，对初步有资格应聘者，应让其填写“应聘人员登记表”。应聘人员登记表设计要完整，要能全面反映出有关对应聘者的了解和评价信息，但同时不要把表设计得冗长不堪，否则既浪费了求职者的时间，又使管理者陷入一大堆庞杂繁乱的材料之中，抓不住核心素质和条件。

④ 人员甄选。

人员甄选是指从对应聘者的资格审查开始，经过用人部门与人力资源部门共同的初选、面试、考试、体检、个人资料核实，到选拔出合适人选的过程。人员甄选是招聘工作中最关键的一步，也是招聘工作中技术性最强的一步，因而难度也最大。其目的就是从应聘者中选出能胜任工作的优秀人才，保证招聘的质量。

在人员甄选中要求将个人特征同工作岗位的特征有机地结合起来，达到个人/岗位匹配，从而获得理想的人力资源管理后果。

⑤ 确定录用名单，发布录用信息。

此阶段的任务是把多种考核和测验结果组合起来，进行综合评价，从中择优选取录用名单。确定录用名单是一项严肃的工作，是关系到招聘工作成败的关键，必须坚持原则，认真对待，防止主观武断。录用必须以对应聘者的全面考核的结论为依据，依靠集体力量，由招聘小组集体讨论核定，避免主观偏见，防止不正之风的干扰。如果一个人不以全面考核的结论为录用依据，而成“例外”，就会全盘“断送”整个招聘的客观性和科学性。

在确定录用名单之后，下面的工作就是要通知应聘者是否被录用。对于未录用的应聘者，招聘单位应以辞谢。这样做有利于维护企业的良好形象和声誉，能够体现对未录用者应有的尊重。

2. 管理人员的招募

管理人员的选聘是组织吸收与获取人才的过程，是获得优秀管理人员的保证，选聘实际上包括两个相对独立的过程，即招募（recruitment）和甄选（selection）。管理人员招募是选聘系统中的一个重要环节，其目的在于吸引更多的人来应聘，使组织有更大的人员选择余地，以获得具有合适资格人选的过程。根据招募对象的来源不同，我们可将管理人员招募分为内部招募与外部招募。

(1) 内部招募。

内部招募是指当组织中出现管理职位空缺，人力资源管理部门采取积极的态度首先从组织内部中寻找、挑选合适的人员填补空缺。作为填补组织中由于发展或伤老病退而空缺的管理职务的主要方式，内部招募具有以下优点：

① 为组织内部员工提供了发展的机会，增加了组织对内部员工的信任感，这有利于激励内部员工，有利于员工职业生涯发展，有利于稳定员工队伍，调动员工的积极性。

② 为组织节约大量的费用，如广告费用、招聘人员与应聘人员的差旅费、被录用人员的生活安置费、培训费等。

③ 简化了选聘程序，为组织节约了时间，省去了许多不必要的培训项目(如职前培训、基本技能培训等)，减少了组织因职位空缺而造成的间接损失(如岗位闲置等待、效率降低等)。

④ 由于对内部员工有较为充分的了解，使得被选择的人员更加可靠，提高了选聘工作的质量。

内部招募虽然有许多优点，但它的缺点也是比较明显的。主要表现在：

① 人员选择的范围比较小，往往不能满足组织的需要，尤其是当组织在创业初期或快速发展的时期，或是需要特殊人才(如高级技术人员、高级管理人员)时，仅有内部招募是不够的，必须借助于组织外的劳动力市场，采用外部招募的方式来获得所需的人员。

② 易引起同事的不满。在若干个内部候选人中提升一个管理人员，可能会引起落选者的不满，不利于被提拔者开展工作。

③ 可能造成"近亲繁殖"的现象。从内部招募的管理人员往往易使管理人员习惯组织内一脉相承的做法，不易带来新的观念。

(2) 外部招募。

外部招募是指组织从外部得到组织需要的管理人员。外部招募可以通过广告、就业服务机构、学校、组织内部成员推荐等途径来进行。外部招募也有优缺点。

外部招募的优点主要表现在：

① 人选来源广泛，可以有较广泛的来源满足组织的需要，组织有更大的选择余地，有可能选聘到第一流的人才。

② 能够为组织带来新鲜血液。来自外部的管理人员可以为组织带来新的管理方法与经验，可以避免"近亲繁殖"，给组织带来较多的创新机会。

③ 可以避免组织内没有被提拔的管理人员的积极性受到破坏，避免因嫉妒心理造成组织成员之间的不团结，从而影响管理工作的有效性。

但是与内部招募相同的是外部招募也存在其局限性，主要表现在：

① 组织对外来管理人员的情况不能深入了解，不容易对外来管理人员作出客观公正的评价，因此组织可能会聘用一些不符合要求的管理人员，对组织造成极大的危害。

② 外来管理人员对组织的内部情况不够了解，在组织中缺乏一定的人事基础，往往需要有一个熟悉的过程。

③ 会对内部人员造成打击。如果组织中有胜任的人未被选用，而从外部招募会使他们感到不公平，从而挫伤工作的积极性，影响他们的士气，使他们对自己在组织中的前途失去信心。

3. 管理人员的甄选

(1) 管理人员甄选的标准。

无论是外部招募还是内部招募，为了确保管理人员符合工作的要求，必须在管理人员的选聘过程中引入竞争机制。通过竞争，可以使组织筛选出最合适的管理人员。因此在管理人员甄选时首先要确定根据哪些标准来进行选聘。不同管理层次的管理者虽然具体管理业务的工作是不同的，但是其本质是相同的，可以将管理人员甄选的标准分为两个方面，即管理者的技能和管理者的个人特点。

① 管理者的技能。

管理者需要多种技能将管理工作做好。技能是来源于知识、信息、实践和资质的特殊的能力。管理学者 R. L. 卡茨(Katz)在《哈佛商业评论》中发表了一篇名为《能干的管理人员应具有的技能》的论文，提出了管理者的三种基本的技能——技术技能、人员技能和概念技能。他认为所有的管理人员都需要这三种技能。

技术技能是指完成涉及一定方法和流程的具体任务的能力，是管理人员完成其工作所需的能力。大多数人都拥有一整套技术技能去完成日常工作生活中的活动。如财务人员、医生、工程师或者音乐家，在他们各自的领域或专业中都需要技术技能。管理人员必须具备技术技能。管理者随着在组织内的提升对技术技能的依赖越来越少，但这些技能为其新职责提供了背景。

人员技能，又译为人际和沟通技能，是管理者与他人友好协作的能力。因为管理者必须与其他人接触，所以他们必须具有开发领导、激励和与周围人有效沟通的能力。因此人员技能具体表现为与他人融洽相处，时常激励别人，并能有效地与他人沟通。对成功的管理事业而言，与不同类型的人相处愉快并交换信息的能力是不可缺少的，管理人员必须非常重视改进与其同事、下级和上级的人际关系。

概念技能，又译为概念和决策技能，涉及管理者认识复杂动态问题，发现影响问题的许多冲突因素并为组织和相关者的利益去解决问题的能力，简而言之是与他人协作并整合整个组织利益和活动的能力。当管理者考虑企业的整体战略和目标时，考虑组织各个部分的相互关系和企业在外部环境中的角色时，管理者就要应用概念技能。一个管理者必须具备将组织视为一个整体的能力，而不能单纯从本部门的角度进行决策。他必须清楚自己的部门是如何受其他部门的决策影响的。

卡茨认为，尽管有效的经营管理都必须具备这些技能，但在不同的管理层次上，这些技能的相对重要程度是不一样的。如图 10-3 所示。

图 10-3　不同层次所需要的技能

在基层管理中，技术技能是最重要的而且其重要程度随管理层次的上升而下降，概念技能的重要程度随管理层次的升高而增大。在全部管理层次上，人员技能都是很重要的。

② 管理者的个人特点。

有效的管理者除了应具有各种不同的才能外，也需要具有一些重要的个人特点，包括管理的愿望、正直的品质、沟通的能力和过去的经验。

管理的愿望是指管理人员希望从事管理工作的主观要求。成功的管理者需要具有从事管理工作、影响他人以及通过与下属的共同努力取得成就的强烈的管理愿望。而强烈的管理愿望是建立在对环境的细致分析，对管理工作性质的透彻理解和对自己能力充分自信的基础上的。只有对管理工作有强烈的愿望，才能将全部才能充分发挥，真正成为合格的管理人员。

正直的品质是对每个组织成员的要求。由于管理人员在工作过程中拥有职权，因此对管理人员尤其要求是道德高尚，值得信赖的。管理者的正直包括在钱财方面和与他人相处中要诚实，能够努力使上司了解真实情况，举止行为符合道德标准。管理人员如果缺乏正直的品质就可能导致组织内部成员人心涣散。

管理人员需要具有能通过书面报告、信件、谈话和讨论等进行沟通的能力。只有通过沟通，才能与组织中的成员进行交流，而组织成员之间的相互理解是成功组织共同的特征。管理人员需要通过正确地、恰如其分地运用“听”、“说”技巧，正确理解上级的意图，同时准确地表达自己的思想，布置下属的工作，协调他们的工作，达到管理的目的。并且随着管理人员在组织中的层次不断上升，跨组的交往越来越多，甚至需要同组织外部的人员交往，因此对沟通能力的要求也就随之提高。

甄选管理人员的另一个重要个人特点是其过去的管理经验。这可能是对管理人员今后工作表现的最可靠的预报材料。尤其在聘用高级管理人员时，对过去的工作成就的衡量就更为重要。

(2) 管理人员甄选的方法。

管理人员甄选的方法很多,但是归纳起来主要有三种类型,即笔试、面试和测评。

① 笔试。

笔试是利用求职者文字的表达方式,来了解所需的事实与资料,从根本上说它是一种衡量的程序。笔试是人才测评实践中最古老的技术之一,即使在日益发展的现代人才测评技术中,笔试的方法和技术仍然受到世界各国的重视,发挥着重要的作用。主要用于测评人的智力、知识、能力和发展倾向,形式上表现为"纸笔作答",特别适合大面积、大规模的测评,可以进行公平竞争,择优汰劣。但是对求职者的工作意愿和动机水平很难通过笔试来了解。

② 面试。

面试是双向选择的一个重要手段,是供需双方通过正式交谈,达到组织能够客观了解应聘者的业务知识水平、外貌风度、工作经验、求职动机、语言表达能力、反应能力、个人修养、逻辑思维能力等信息;应聘者能够了解到更全面的组织信息,以及了解到自己在组织中的发展前途,能将个人期望与现实情况进行比较,组织提供的职位是否与个人兴趣相符等。面试是管理人员甄选过程中非常重要的一步。

③ 测评。

测评,也叫测试,是在面试的基础上进一步对应聘者进行了解的一种手段。通过测评还可以消除面试过程中主考官的主观因素对面试的干扰,增加招聘者的公平竞争。验证应聘者的能力与潜力,剔除应聘者资料和面试中一些"伪信息",提高录用决策的正确性。测评分为心理测评和智能测评。如果说智能测试是对应聘者现有能力的测试的话,那么,心理测试更注重对应聘者潜力的测试。

二、管理人员的考评

管理人员的考评是对管理人员的工作行为与工作结果全面地、系统地、科学地进行考查、分析、评估与传递的过程。在本质上就是考核管理人员对组织的贡献,或者对管理人员的价值进行评价,是提高管理人员能力与绩效,实现组织战略目的的一种管理沟通活动。

1. 管理人员考评的作用

对管理人员进行考评的作用主要表现在以下方面:

(1) 衡量管理人员工作质量的需要。

管理人员的工作绩效很大程度上决定了组织的绩效,决定了组织目标的实现。通过对管理人员进行考评,可以衡量管理人员在一定的时期内,为组织作出了多少实绩,评价他的劳动态度和工作效率，进而了解他的工作质量。

(2) 选拔和培训管理人员的需要。

通过考评，建立有关管理人员的文字档案登记制度，可以作为管理人员选拔的依据。既为人尽其才创造了条件，不大才小用，也不小才大用，同时也为防止延误工作提供了保证。通过考评也可以为管理人员的培训确定方向。管理人员素质的实际状况并不是以当事人的自述或他人的主观评论为依据的。管理人员的考评一方面考核他做了什么，做得怎么样；另一方面也考核了他实际从事相应管理职位的胜任能力。缺什么，补什么，使管理人员的培训更加具有针对性。

(3) 人事调整的需要。

通过考评，能够发现组织结构设计中的缺点和不足，进一步完善组织工作，及时地对管理人员的职位进行恰如其分的调整，晋升那些表现出色的管理人员，使他们担负与能力相符合的更多责任，撤换那些能力不足，表现不佳的管理人员。

(4) 合理奖励的需要。

考评工作切实有效应与奖励制度紧密结合，可以为按劳分配提供了分配的可靠依据。“多劳多得、少劳少得”能够使组织合理地运用分配杠杆来鼓励先进，促进后进，激励管理人员为组织目标作出更大的贡献。

2. 管理人员考评的内容

考什么，即考核内容，这是考评首先须明白的问题。管理与业务活动行为的结果是考核的主要对象。管理人员考评的最基本的目的是考核管理人员对组织的贡献，或对组织成员的价值进行评价。主要内容包括：

(1) 工作成绩。

绩效考核的出发点是管理人员的工作岗位，是对管理人员担当管理工作的结果或履行管理职务的工作结果的评价。对员工的工作完成情况，即工作成绩(业绩)的评价是公平的，才具有可比性。所以，工作成绩(业绩)是考核的重点所在，也是考核的中心。

而评价、考核工作成绩的项目或指标可从工作数量、工作质量、工作的速度、工作准确性等方面去衡量。它解决的问题是工作完成得怎样，是对完成工作的状态的评价。

(2) 工作能力。

工作能力在本质上是指管理人员顺利完成某项管理活动所必备的，并影响活动效率的，稳定的个性特征，是指管理人员担当工作须具备的知识、经验与技能。能力与业绩有显著的差异。业绩是外在的，能力是内在的。一般来说，能力包括必备的知识、专业技能、一般能力等。与能力测评不同，考评能力是考核管理人员在工作中发挥出来的能力，考核管理人员在工作过程中显示出来的能力，根据标准或要求，确定他能力发挥得如何，对应于所担任的工作、职务，能力是大还是小，是强还是弱等，作出评定。

（3）工作态度。

管理人员的工作态度对工作业绩影响很大，是在完成工作时所表现出来的心理倾向性。任何组织都不能容忍缺乏干劲，缺乏热情的员工，甚至是懒汉的存在。工作能力强的人，如果工作态度不好，不努力工作，工作业绩也可能低。工作态度是工作能力向工作业绩转换的“中介”。所以在考核中必须包括工作态度。

当然，管理人员的工作态度、工作努力程度也并不一定与业绩完全成正比关系，有一个很关键的中介变量即努力方向与企业目标的一致性。

3. 管理人员考评的行为主体

谁来进行对管理人员的考评？按照传统的观点是上级主管来评估下属的工作绩效。但是由于只有上级主管评估，其主观判断很容易影响评估的结果，而上级主管不一定能全面了解下属的各个方面，因此上级主管作为唯一的评估者虽然简便直接，但是未必公正准确。因此，国外提出了360°的评估，换言之，考评的行为主体不只包括上级主管，还包括他的下属、同事、客户以及自己等。

（1）自我考评。

被考评者对自己的所作所为及其工作绩效是最清楚和最了解的。自我考评能使被考评者感到在组织中是被尊重和了解的。这种方式能全面把握情况，有利于被考评者自觉辨析工作效率的高低、工作成果的大小，扬长避短，改进工作。

（2）同事考评。

由于密切的工作联系和频繁的日常接触，与被考评者一起工作的同事相互之间比较了解。常用的形式是小组评议。但是同事之间的友情、隔阂、利益和接触频率等因素也可能会影响到对被考评者的评价。

（3）上级考评。

被考评者的上级在工作安排和协调上与其频繁的直接接触，对他的工作情况和工作绩效较为清楚。同时也清楚地掌握考评的要求和标准，因此如果能够不掺杂个人情感色彩，那么往往能够作出较为客观、公正、全面的评价。

（4）下级考评。

被考评者的下级应当是更熟悉和了解被考评者，特别是了解他的工作作风、领导方法和思想特点。一般的说，他们的评价也更具有真切性。常表现的形式为“群众评议”或“民意测验”。

（5）客户考评。

这里的“客户”是指被考评者工作的服务对象。客户是组织的外部人员，他们对组织形象的认识，是通过被考评者的服务态度和工作质量来鉴别的。客户对被考评者的评价，习惯上被称为“顾客评议”。

4. 管理人员考评的要求

要做好考评工作，除了要明确考评的内容和考评的行为主体之外，还应该明确其考评的要求。考评的要求将直接关系到考评结果的质量。在管理人员的考评中要达到的基本要求是：指标客观、内容完整、方法可行、时间适当、结果反馈。

(1) 指标客观。

管理人员考评指标的确定必须能准确地反映客观，不仅需要有定性的指标，更需要有定量的指标，应能真实地反映被考评者工作绩效的实际状况。

在确定指标时可以遵循 SMART 法则：

S 代表 Specific，意思是指标必须是"具体的"，可理解的，可告诉员工具体要做什么或完成什么。

M 代表 Measurable，意思是指标是"可度量的"，员工知道如何衡量他的工作结果。

A 代表 Attainable，意思是指标是"可达到的"，"可实现的"。

R 代表 Realistic，指"现实的"，员工知道绩效可证明与观察。

T 代表 Time-bound，指"有时限的"，员工应该在什么时间完成。

(2) 内容完整。

由于管理人员管理工作内容的多样性，因此考评必须兼顾构成管理职位要求各方面的工作内容，防止主观臆断和片面性。将与履行职位要求无关的因素，如个人生活习惯、个人兴趣爱好等排除在考评的范围之外。

(3) 方法可行。

考评需要运用多种具体的方法。而方法的选择必须注意可行性和考评结果的精确性，必须选择与实际情况相吻合相适宜的考评方法。

(4) 时间适当。

考评周期多长合适？考评时间在什么时候最好？这是一个易产生困扰的问题。考评时间的选择一般应注意在考评周期内被考评者应能完成工作，要避开工作的高峰。不同层次、不同职位的管理人员的活动和考评要求存在差异，因此，考评时间的安排要适当，预先应有所规定。

(5) 结果反馈。

考评的目的是为了推进工作，提高被考评者的工作质量和工作效率。因此，及时准确地向被考评者反馈考评结果，能促使被考评者及时改进工作，也能提高其自身素质，产生激励的作用。

三、管理人员的培训

管理人员的培训是组织通过培训和开发项目改进管理人员的能力水平和组织业绩的

一种有计划的、连续性的工作，目的是为管理人员提供其工作所必需的领导技能，完善其职业生涯的发展。

1. 管理人员培训的目的

现代人力资本理论认为，组织成员尤其是管理人员的智力、技能、经验及品德是组织人力资源质量的重要组成部分。提高管理人员的智力水平、专业技能、品行道德已经成为组织生存和发展的关键所在。在现代化的生产经营过程中，进行管理人员的培训不仅是现实的需要，而且更具有战略意义。具体而言，管理人员培训的目的表现在四个方面。

(1) 信息的传递。

通过培训可以传递信息，使管理人员加深对组织在一定时期内的生产经营业务的了解，熟悉组织的生产特点、产品的性能、工艺流程、营销政策、市场状况等方面的情况，从而对组织的运作有全面、系统的认识，能够具备系统管理的观念。这是对管理人员进行培训工作最起码的要求。

(2) 文化的同化。

每个组织都具有各自的组织文化，存在不同的价值观念、行动的基本准则等。通过培训，管理人员尤其是外聘的管理人员可以逐步了解组织文化，进而达到与组织的文化同化，逐步接受组织的价值观念，自然地按照组织中普遍的行为准则有效地开展管理工作。

(3) 知识的更新。

当今世界正由工业社会进入信息社会。在科技高度发达的今天，知识更新、技术更新、产品更新、设备更新的速度大大加快，更新的周期大大缩短。组织要想在激烈的竞争中立于不败之地，就必须适应并跟上科技发展的步伐。而管理的方式方法也正随之逐步地发生变化。因此，通过培训可以促使管理人员不断补充和更新他们的科学、文化、技术知识。

(4) 能力的发展。

组织中的管理人员是职业的管理人员，必须具备职业要求的基本能力，并且能够随着科学技术的发展，不断地提高其职业能力。通过培训，可以提高管理人员在决策、用人、激励、沟通、创新等方面的管理能力，达到管理工作的要求。

2. 管理人员培训的程序

管理人员培训大致可分需求分析阶段、项目实施阶段和效果评价阶段三个阶段。如图 10-4 所示。

(1) 需求分析阶段。

需求分析阶段是整个管理人员培训工作的基础，解决为什么要进行管理人员的培训和培训的内容与目标是什么的问题，并根据组织实际需求制定相应的管理人员培训目标。

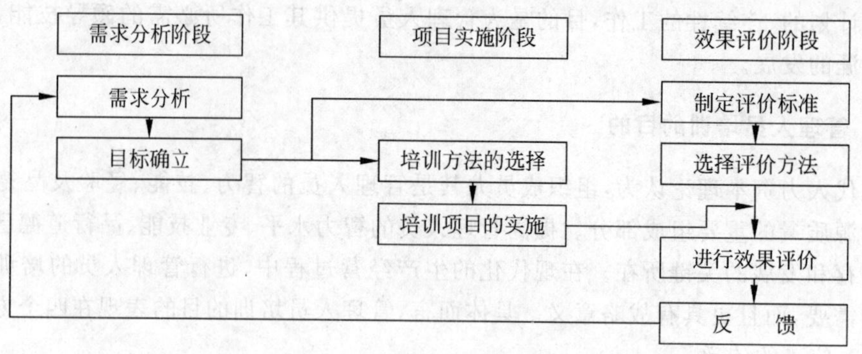

图 10-4　管理人员培训的程序

(2) 项目实施阶段。

项目实施阶段是在评估需求分析阶段之后或者说在需求分析的基础上精心选择恰当的学习原则和培训方法,以及具体实施培训的过程。它解决的是怎样教、怎样学与学的条件和保障的问题。

(3) 效果评价阶段。

效果评价阶段是在需求分析阶段和项目实施阶段已圆满完成之后进行的。效果评价阶段主要内容包括:①确定衡量培训和开发工作成败的一系列指标;②测定经过教育培训后究竟发生了哪些与工作有关的变化。效果评价阶段是解决管理人员培训项目成果的检验问题。

3. 管理人员培训的方法

管理人员处于不同的组织层次,不同层次的管理人员培训的方法不尽相同。通常组织需要根据组织业务的需要,根据不同的管理人员层次采用不同的培训方法。有些组织将有关的管理技术或管理哲学及实践的讨论改进事项等内容,采用文字说明的方式印发给管理人员,要求他们自行学习。有些组织则采用讨论会、讲座的形式,对个别案例进行讨论,力图使管理人员触类旁通,提高他们的管理技巧。而常见的方法主要包括以下几种:

(1) 工作轮换。

工作轮换是将管理人员由一个岗位调到另一岗位以扩展其经验的培训方法。这种知识扩展对完成更高水平的管理任务常常是非常必要的。轮换培训项目可以帮助管理人员理解他们工作领域内的各种工作,并对这些工作之间的关系和流程形成更加深入和准确的认识。但是这种方法也存在潜在问题。如果轮换的时间过短,会使管理人员觉得自己更像是某个部门的参观者而并非其中一员。另外由于初期工作水平不高,可能降低整个部门的生产率。所以在进行工作轮换前期，需要进行周密地计划，须将轮换人员的优缺点、发展潜力进行分析，确保工作轮换的有效性。

（2）会议方法。

会议方法也叫讨论方法，是将管理人员聚集在一起讨论并解决问题的一种广泛使用的培训方法。可以是定期的会议，对组织的日常管理事务进行决策和安排的会议，也可以是不定期的针对某个具体问题进行商讨的会议。通过会议方法可以交换管理人员的管理观念及技术的意见，可以促进新观念的形成，达到管理的改进。

（3）参观考察。

参观考察也是管理人员培训的一种卓有成效的方法。各个组织的管理理念、管理制度等都存在着差异。管理人员通过参观考察，学习和借鉴其他组织的一些具有一定特色的先进的经验和方法。当然在进行参观考察之前需要有周全的计划，要明确访问的对象，了解访问组织的管理特长，并且合理地安排访问，使管理人员通过参观考察能够深入地了解被访问组织的实际情况，产生积极的刺激作用。

小平台

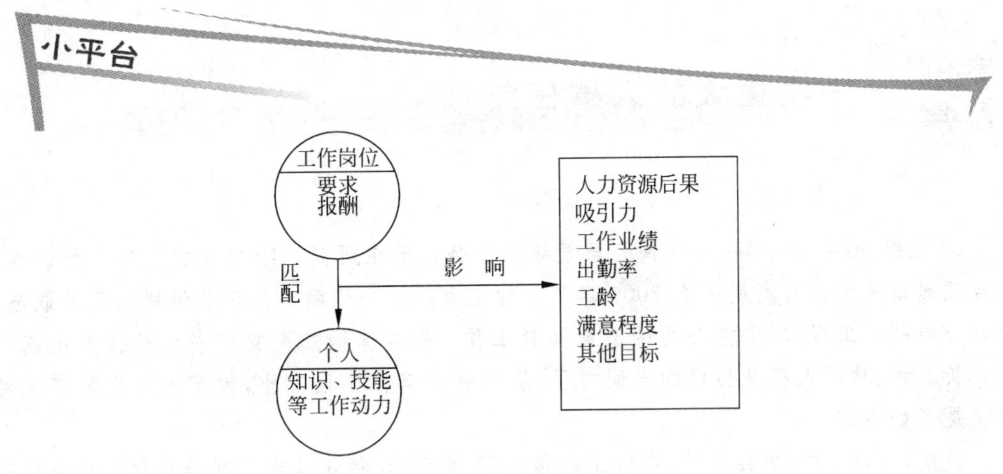

个人/岗位匹配模型

在模型中我们可以看到，工作岗位有其特定的要求和与之相联系的报酬；个人有其特定的素质和动机，个人素质表现为一个人的知识、技术、能力、才干以及其他个人特征。个人与工作岗位之间需要匹配。匹配的好坏要视其如何影响人力资源管理的后果而定。如果两者匹配得好，就能把合格的求职者吸引过来，新雇员积极肯干，工作出色，自己也感到满意，雇佣关系得以长期维持。个人和工作岗位需要匹配包含着两层意思：一是岗位要求与个人素质要匹配；二是工作的报酬与个人的动力要匹配。可以这样讲，招聘和配备人员的所有活动，都是要实现这两个层面的匹配，而且不能偏颇。

本章小结

人员配备是管理者在人力资源规划的指导下，根据工作分析的结果，对所需人员进行恰当而有效的选拔、考评和培训，并创造条件推动其发展的管理活动。人员配备是组织存在的基础，做好工作的关键，是组织发展的准备。人力资源规划和工作分析是两项必不可少的基础工作。在人员配备中应遵循明确要求、公开竞争、用人之长和动态平衡原则。

管理人员的配备是企业人力资源管理工作的核心。管理人员的选聘、考评和培训工作的效果将直接影响组织的管理成效。管理人员的选聘是组织为发展的需要，根据人力资源规划和工作分析的数量与质量要求，吸收管理人员的过程。管理人员的考评是对管理人员的工作行为与工作结果全面地、系统地、科学地进行考查、分析、评估与传递的过程。管理人员的培训是组织通过培训和开发项目改进管理人员的能力水平和组织业绩的一种有计划、连续性的工作。

案例聚焦　一次重大的人事任免

20 世纪 90 年代中期，某钢铁公司领导班子会议正在研究一项重大的人事任免议案。总经理提议免去公司所属的有 2000 名职工的主力厂——炼钢一厂厂长姚成的厂长职务，改任公司副总工程师，主抓公司的节能降耗工作；提名炼钢二厂党委书记林征为炼钢一厂厂长。姚、林两人都是公司的老同志了，从年轻时就在厂里工作，大家对他们的情况可以说是了如指掌。

姚成，男，48 岁，中共党员，高级工程师。20 世纪 60 年代从南方某冶金学校毕业后分配到炼钢厂工作，一直搞设备管理和节能技术工作，勤于钻研，曾参与和主持了几项较大的节能技术改进，成绩卓著，在公司内引起较大震动。1983 年晋升为工程师，先被任命为炼钢一厂副总工程师，后又任生产副厂长，1986 年起任厂长至今。去年被聘为高级工程师。该同志属技术专家型领导，对炼钢厂的生产情况极为熟悉，上任后对促使炼钢一厂能源消耗指标的降低起了巨大的推动作用。工作勤勤恳恳，炼钢转炉的每次大修理他都亲临督阵，有时半夜入厂抽查夜班工人的劳动纪律，白天花很多时间到生产现场巡视，看到有工人工作时间闲聊或乱扔烟头总是当面提出批评，事后通知违纪人所在单位按规定扣发奖金。但群众普遍反映，姚厂长一贯不苟言笑，从没和他们谈过工作以外的任何事情，更不用说和下属开玩笑了。他到哪个科室谈工作，一进办公室大家的神情便都严肃起来，犹如“一鸟入林，百鸟压音”，大家都不愿和他接近。对他自己特别在行的业务，有时甚至不事先征求该厂总工程师的意见，直接找下属布置工作，总工对此已习以为常了。姚厂长手下有几位很能干的“大将”，却都没有发挥多大作用。据他们私下说，在姚手下工作，从来没受过什么激励，特别是当他们个人生活有困难需要厂里帮助时，姚厂长一般不予过问。用工人的话说是“缺少人情味”。久而久之，姚厂长手下的骨干都没有什么积极性了，只是推推动动，维持现有局面而已。

林征，男，50岁，中共党员，高中毕业。在基层工作多年，前几年才转为正式干部，任车间党支部书记。该同志脑子灵活，点子多，宣传、鼓动能力强，具有较突出的工作协调能力。1984年出任炼钢二厂厂办主任，1986年调任公司行政处副处长，主抓生活服务，局面很快被打开。1988年炼钢二厂党委书记离休，林征又回到炼钢二厂任党委书记。林征长于做人的工作，善于激励部下，据说对行为科学很有研究。他对属下非常关心，周围的同志遇到什么难处都愿意和他说，只要是厂里该办的，他总是很痛快地给予解决。民主作风高，工作也讲究方式方法，该他做主的事从不推三阻四。由于他会团结人（用他周围同志的说法是“会笼络人”），工作能力强，因此在群众中享有一定的威望。他的不足之处是学历较低，工作性质几经变化，没有什么专业技术职称（有人说他是“万金油”），对工程技术理论知之不多，也没有独立指挥生产的经历。

姚、林两人的任免事关炼钢一厂的全局工作，这怎么能不引起公司领导们的关注？公司领导们在心里反复掂量，考虑着对公司总经理这一重大人事变动提议应如何表态。

（资料来源：王凤彬、朱克强. 管理学教学案例精选. 上海：复旦大学出版社，1998）

练习题

1. 什么是人员配备？人员配备的两项基础工作是什么？
2. 什么是管理人员的选聘？包括哪些基本程序？
3. 内部招募与外部招募有何优点与缺点？
4. 管理人员甄选的标准与方法包括哪些？
5. 什么是管理人员考评？考评的内容体现在哪些方面？
6. 什么是管理人员培训？有哪些管理人员培训的方法？

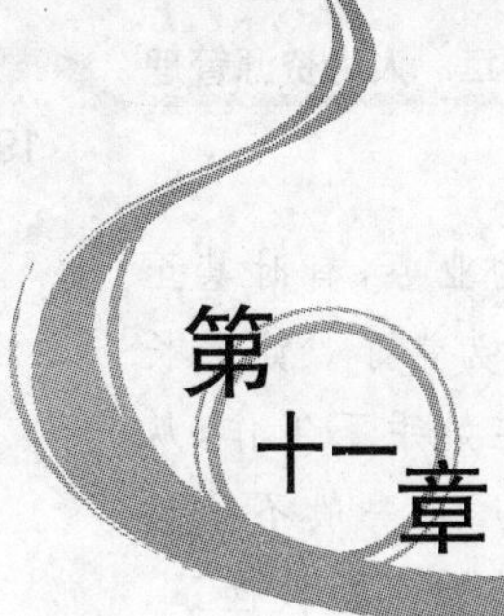

第十一章 领导理论

本章学习目标

1. 明确领导的概念、职责和作用。
2. 区分领导者与管理者。
3. 分析领导者权力的两个方面：正式的权力和非正式的权力。
4. 掌握领导理论的三大部分及其代表理论。

导读 群龟脱险

一群乌龟被困在瓦罐当中，这个瓦罐不是很大，也不是很高。当乌龟们发现它们都成了"瓮中之鳖"时，都不顾一切将各自的身体竖立起来，手和脚不停地趴着瓦罐的壁，试图爬上去。可是瓦罐又光又滑，它们所有的努力都无济于事。

只有一只老乌龟没有任何举动，因为根据多年的阅历，它认为这样做全都是徒劳的，要想脱险，没有一个好办法是不行的。经过它的苦思冥想，终于想出了一个好主意。老乌龟大喊一声："如果你们想从这个地方出去的话，就不要再蛮干，全都听我指挥。"

这句话还真管用，大伙全都一动不动，想听听老乌龟有什么好办法。老乌龟清了一下嗓子，继续说道："关住我们的是一个瓦罐，如果单靠我们每个龟的力量，是绝对出不去的，我们只有团结起来，才有可能出去。你们看过人类盖房子吗？我们不妨也学一学，一个爬上另一个的背上，直到离罐口不远时，这样我们的高度才能达到爬出去的条件。"

大伙一听，觉得有道理，可是，每只乌龟都想最先出去，没有一个愿意趴在最底下，所以，大家全都迟迟没有行动。

老乌龟把身体向下一蹲，对大伙说："来吧，踩着我上去！"

老乌龟这一带头，大伙纷纷地拥了上来，按照刚才制订的计划，有条不紊地进行着，最后陆续有小乌龟爬了出去，只剩下了老乌龟和另外两只小乌龟，无论如何也爬不出去。

无论是已经爬出瓦罐的乌龟还是仍然留在罐中的乌龟都很焦急，不知道下一步该怎么办。这时老乌龟对外面的乌龟喊道:"把这个东西推倒!"爬出罐外的小龟们立刻行动起来,不一会儿就推倒了这个瓦罐。所有的乌龟都脱险了。

管理启示　作为领导者,老乌龟展现了其冷静的头脑、无私的品质、深入分析问题的能力,将团队力量发挥到极限,创造了个体无法实现的奇迹。

在整个管理过程中,领导职能是连接计划、组织及控制等各个管理职能的纽带,是实现组织目标的关键。领导职能的功效就是对组织中的全体成员辅以指导与领导,进行沟通联络,运用恰当的激励手段,对下属施加影响力。

第一节　领导与领导者

领导是管理职能中一项非常重要的职能,是管理工作中的一个重要组成部分。无论在社会的任何组织中都需要运用领导职能,在人类的社会实践活动中,这一职能不可或缺。有些组织朝气蓬勃、蒸蒸日上,有些组织如明日黄花,有些组织甚至无法生存。虽然各有不同的原因,但是必然有一个共同的关键因素,即领导者的能力。经常将出色的领导者比作交响乐队的指挥,他能影响乐队中的每个成员,在他的指挥和统率下,整个乐队协调配合,从而能奏出和谐自然、优美动听的乐章。领导人不具备这种能力,即使该组织拥有许多优秀人才,也很难发挥其整体效能。

一、领导的概念

"领导"在汉语中可以作为动词使用,即率领并引导朝一定方向前进的行为过程,也可以作名词用,即担任领导的人,领导者。在管理学中作为一项重要的管理职能,更多的是考虑前者。曾经有许多关于领导的不同角度的定义,各有其侧重点。其中最具影响力的领导的定义是由美国管理学家孔茨、奥唐奈和韦里奇提出的,即"领导是一种影响力;是引导人们行为,从而使人们情愿地、热心地实现组织或群体目标的艺术过程"。在这个定义中包含了三个层次的含义。

1. 揭示领导的本质,即影响力

领导的本质是影响力。依据影响力,领导者把组织中的成员吸引到自己的身边;依据影响力,领导者获取身边组织成员的信任;依据影响力,领导者在组织中实施领导行为;依据影响力,组织中的成员心甘情愿追随领导者。所以这种影响力能够引导组织成员的行为。

2. 明确领导是一个过程

领导是一个过程，是领导者对组织成员施加影响的过程。领导者在施加影响的过程中身处千变万化的内外组织环境中，面对的是各种各样的人，他们的身份、背景不同，接受的教育、文化程度不同，他们的动机、希望满足的需要各异。因此，在引导组织成员的过程中，更多地需要依靠领导艺术。因此，也有将领导定义为影响力，是影响人们心甘情愿和满怀热情地为实现组织的目标而努力的艺术或过程。

3. 突出领导的目的

领导是一个目的性很强的行为过程，其目的在于使人们情愿地、热心地为实现组织的目标而努力。理想的情况是，鼓励组织成员不仅要提高工作的自愿程度，而且情愿以满腔热忱和满怀信心来工作。热情奋发是在工作中表现出来的旺盛的热情、诚挚和干劲；信心则反映了经验和技术才能。领导者应在组织成员身前，促动成员前进，鼓舞他们为实现组织目标而努力。

二、领导的职责和作用

领导是管理的一个重要方面。领导的职责和作用主要表现在两个方面，即指导和服务。

1. 领导的指导职责和作用

领导的指导职责和作用是指领导者有责任指导各项活动的开展和协调。这项职责和作用包括领导者需要负责指导组织成员制定组织明确的目标、相应的计划，明确组织成员职责，建立组织的制度、规范、政策；负责指导职能部门进行有效的选人用人；负责指导进行调查研究，了解组织和环境正在发生、可能或将要发生的变化，向组织成员解释这种变化；负责随时阐明具体的工作内容和方式的调整；负责指明组织成员互相配合、互相协调、有效地开展工作；并以高超的领导艺术和细微的洞察力来诱发组织成员的事业心、忠诚感、献身精神和热情，鼓舞群众情绪高涨地开展工作。

2. 领导的服务职责和作用

领导的服务职责和作用是指领导者有责任为组织的各项活动的开展提供条件和帮助。领导的主要目的是为了保证组织目标的实现。组织目标是组织全体成员利益的总体体现，领导者的领导工作正是通过服务于组织目标的实现而为组织全体成员服务的。同时，领导者在对员工进行指导的同时，要为员工提供良好的工作环境，减少并恰当处理成员之间的纠纷。在组织中建立公平、公正的绩效考核和奖惩制度。提供接受申诉并及时、满意地处理等各方面的服务，促使在实现组织目标的同时，使组织中成员的个人目标得到满足。

领导的指导和服务职责与作用是相辅相成的，服务职责和作用发挥得越好，指导职责和作用就越能有效地实现。

三、领导者与管理者的区分

在生产力较为落后时，领导和管理常常是合二为一的。领导从管理中独立出来是社会分工的结果。随着生产力的发展达到一定水平，社会活动日趋复杂，领导作为一种组织内部特殊的活动，不断从管理中分化出来。管理强调的是计划、预算和组织的各项资源（人力资源和其他资源等），并进行适当的控制，解决各种管理问题。而领导则强调的是提供方向，影响组织成员，增强组织成员的凝聚力，以及激励和鼓舞人。可以认为领导是管理的一个方面，属于管理活动的范畴。但是管理除了领导之外，还包括计划、组织、控制等其他内容。

有时我们很难准确区分领导者与管理者，而将两者混淆起来。事实上，领导者并不一定是管理者，管理者也并不一定是领导者。领导从本质上讲是影响力，是追随关系。只有人们认为某个人能实现他们的愿望、满足他们的需要，愿意追随他，才使他成为一名领导者。因此，领导者可以存在于组织之中，也可以存在于一定的群体中；可以存在于正式组织中，也同样可以存在于非正式组织中。管理者是组织中有一定的职位并承担某项责任的人，他存在于正式组织中，依据组织赋予他的职位和权力开展管理工作。当管理者利用职权迫使组织成员从事某项工作时，他便不是一个领导者。或者某人拥有经理的头衔，但是很少影响他人的行为和工作，那只能称他为管理者而非领导者。相反，某人虽然没有正式职权，没有经理的头衔，但是却能够在工作中以他个人的感染力影响他人的行为，那么他虽不是一位管理者，却是一位领导者。

为了使组织更有成效，每一位管理人员都应该努力争取成为一位好的领导者。

四、领导者的权力

权力是影响他人行为的一种潜在能力，是领导者能够实施领导的基础，领导者正是以自己拥有的权力和权威来控制和指挥别人，影响组织成员的行为。组织中的权力包括正式的权力和非正式的权力两个方面。

1. 正式的权力

正式的权力，又称为职位权力，是因为在组织中担任一定的职务而获得的权力，包括法定的权力、强制的权力、奖励的权力三种。

（1）法定的权力。

法定的权力即合法权，是组织中等级制度所规定的正式权力，被组织、法律、传统习惯等所认可。它通常来自于上级的任命，与合法的职位紧密联系在一起。组织机构正式授予领导者的法定地位，从而使领导者占据权势地位和支配地位，能对他人施以影响力。

（2）强制的权力。

强制的权力是和惩罚权联系结合在一起，是一种对下属精神上或物质上进行威胁强迫性的权力，迫使他人服从的力量。强制的权力源于被影响者的恐惧，领导者需要这种权力，但是应注意切忌滥用强制的权力。因为一旦运用不当，会在组织中形成一种感到威胁和压抑的环境，容易引起组织成员心理上的挫折感，导致士气下降，进而影响工作绩效。所以在使用强制的权力时要十分谨慎，并辅之以其他手段。

（3）奖励的权力。

奖励的权力是强制的权力的对立面，是当下属完成一定的任务，领导者给予相应的奖励，以鼓舞组织成员的积极性。这些奖励既包括物质的如奖金、报酬，也包括了精神的如给予尊重和重要的工作职务等。奖励的权力源于被影响者期望奖励的心理。

构成正式的权力的主要因素包括以下三个方面：

（1）传统因素。

人们对领导者已形成一种传统观念，几千年的社会生活，使人们对领导者形成了这样一种心理观念：认为领导者不同于普通人，他们或者有权，或者有才干，或者兼而有之，总之要比普通人强，产生了对领导者的服从感。

（2）职位因素。

领导者凭借组织所授予他的强制下级的力量，可以左右被领导者的情绪、处境甚至前途、命运，并使被领导者产生敬畏感。领导者的职位越高、权力越大，别人对他的敬畏也越甚，他的影响力也越强。

（3）资历因素。

领导者的资格和经历是历史性的东西，它反映出一个人的过去情况。一般来说，人们对于一位资历较深的领导者，心中会比较尊敬，他的言行容易在人们的心目中占有位置，这就是资历因素所以能构成影响力的原因。这种影响力主要与过去所任的领导职务有关，所以也存在于领导者的现实行为之前。

由传统、职位、资历因素构成的正式权力，是通过正式渠道发挥作用，当领导者担任领导工作时，这些影响力会随之同时产生，而当领导者不再担任领导工作后将会大大削弱甚至消失。

2. 非正式的权力

非正式的权力又称为非职位权力，是指与组织职位无关的权力，包括专长的权力、品质的权力。

(1) 专长的权力。

知识就是力量,知识也可以成为权力,谁掌握了知识,具有专长,就有了影响别人的权力。所以,专长的权力是指由于领导者具有各种专门的知识和特殊的技术,学识渊博而获得同事们和下级的尊重和佩服,从而在各项工作中显示出其在学术上或专长上一言九鼎的影响力。

(2) 品质的权力。

品质的权力是指领导者的领导作用、思想水平、品德修养、行为风尚,在组织成员中树立起德高望重的影响力。这一种权力是无形的,很难用语言来进行描述或概括,是建立在个人素质之上的。

构成非正式的权力的主要因素包括以下四个方面:

(1) 品格因素。

领导者的品格主要包括道德、品行、人格、作风等。优秀的品格会给领导者带来巨大的影响力,因为品格是一个人的本质表现。好的品格能使别人产生敬爱感,而且能吸引人、使人模仿。我们常说"榜样的力量是无穷的",道理即在于此。无论职位多高的领导者,倘若在品格上出了问题,那他就会威信扫地。

(2) 才能因素。

领导者的才干、能力是其影响力大小的主要因素。才能不单单反映在领导者能否胜任自己的工作上,更重要的是反映在工作的结果是否成功上。它是通过实践来表现的。一个有才干的领导者,会给事业带来成功,使人们对他产生敬佩感。敬佩感是一种心理磁力,会吸引人们自觉地去接受其影响。

(3) 知识因素。

知识是一个人宝贵的财富。它本身就是一种力量,而且是科学所赋予的力量。一个人的知识和才能是紧密联系在一起的。知识水平的高低,主要表现为对自身和客观世界认识的程度。知识丰富的领导者,容易取得人们的信任,并由此产生信赖感,其影响力必然高。相反,如果一个领导者的知识面很窄,对许多新的事物一无所知,那么,他的影响力就不会很高。

(4) 感情因素。

感情是人们的一种心理现象,它是人对客观事物(包括人)好恶倾向的内在反映。人与人之间建立了良好的感情,便能产生亲切感,相互的吸引力就大,彼此的影响力就高。一个领导者平时待人和蔼可亲,能关心体贴下级,与群众的关系融洽,他的影响力往往比较高。相反,倘若领导者与下级关系比较紧张,就会造成双方的心理距离。心理距离是一种心理排斥力、对抗力,会产生负影响力。

由品格、才能、知识、感情因素构成的非正式权力,是由领导者自身的素质和行为造就的。在领导者担任领导工作时，它能增强领导的影响力，在不担任领导工作时，这些因素也会对别人产生较大的影响。

小平台

曾率领英国第 14 军参加第二次世界大战重大战役的元帅威廉·士林姆爵士曾说过："管理者是必需的，而领导者则是根本的。'领导'是精神型的，他需要责任心和目标；管理者是头脑型的，他离不开精确的计算、统计数字、方法、日程表和常规程序。"

领导者与管理者之间的差别，主要如下：

- 管理者好于管束；领导者善于革新。
- 管理者是模仿者；领导者是原创者。
- 管理者因循守旧；领导者追求发展。
- 管理者依赖控制；领导者营造信任。
- 管理者目光短浅；领导者目标远大。
- 管理者问怎样做和如何做；领导者问做什么和为何做。
- 管理者只顾眼前；领导者放眼未来。
- 管理者接受现状；领导者挑战现状。
- 管理者是听话的士兵；领导者是自己的主人。
- 管理者习惯正确地做事；领导者注重做正确的事。

第二节 领导理论

领导理论是研究领导的有效性的理论，研究影响领导有效性的因素，以及为提高领导有效性应采取的措施。领导理论可分为三大部分，即领导品质理论、领导行为理论、领导权变理论。

一、领导品质理论

领导品质理论，又称为领导特性理论，是着重从领导者的品质、素质、修养的研究出发来探索领导有效性的理论。

领导品质理论可以分为传统的领导品质理论和现代品质理论。传统的品质理论典型的即是"伟人论"，认为领袖都是天生的，而不是后天造成的，并且只要是领袖就一定具备超人的素质。现代的领导品质理论则认为领导者的品质和特征是在后天的实践环境中逐步培养、锻炼出来的。

1. 斯托格迪尔的领导个人因素论

斯托格迪尔(R. M. Stogdill)在查阅整理有关论述领导者素质的5万多种有关书籍和文章后，归纳了领导者的个人因素包括五项身体特征、十六项个性特征、六项工作特征、九项社交特征和两项社会性特征。

(1) 五项身体特征，如精力、外貌、身高、年龄、体重；

(2) 十六项个性特征，如适应性、进取心、热情、自信、独立性、外向、机警、支配力、有主见、急性、慢性、见解独到、情绪稳定、作风民主、不随波逐流、智慧；

(3) 六项工作特征，如责任感、事业心、毅力、首创性、坚持、对人的关心；

(4) 九项社交特征，如能力、合作、声誉、人际关系、老练程度、正直、诚实、权力的需要、与人共事的技巧；

(5) 两项社会性特征，如社会经济地位、学历。

2. 吉赛利的领导品质论

吉赛利(E. Ghiselli)将个人性格与管理成功的关系，按照重要性进行了分类。他重点研究了十三种特性，以及这些特性在领导才能中体现的价值。如表11-1所示。

表11-1　领导个人特征价值表

重要特征	重要性价值	个性特征
非常重要	100	督察能力(A)
	76	事业心、成就欲(M)
	64	才智(A)
	63	自我实现欲(M)
	62	自信(P)
	61	决断能力(P)
	54	对安全保障的需要少(M)
	47	与下属关系亲近(P)
次重要	34	首创精神(A)
	20	不要高额金钱报酬(M)
	10	权力需求高(M)
	5	成熟程度(P)
最不重要	0	性别(男性或女性)(P)

说明：重要性价值100=最重要，0=没有作用；括号中的A表示能力特征，P表示个性特征，M表示激励特征。

二、领导行为理论

领导行为理论是着重分析领导者的领导行为和领导风格对其组织成员的影响，从而指出能导致领导有效性提高的领导行为和领导风格的理论。

1. 勒温理论

心理学家勒温(K. Lewin)以权力定位为基本变量,通过各种试验,把领导者在领导过程中表现出来的极端的工作作风分为三种类型,即专制领导作风、民主领导作风和放任自流领导作风。

(1) 专制领导作风。

专制领导作风是指权力定位于领导者个人手中,以权力服人,靠权力和强制命令让人服从的领导作风。专制领导作风的领导者通常表现为独断专行,从不考虑他人的意见,由领导者自己作出所有的决策;领导者亲自设计工作计划,指定工作内容并进行人事安排,下属没有机会参与决策,只能奉命行事;领导者与下属保持一定的心理距离,很少参加群体活动,与下属缺乏感情交流;领导者主要靠行政命令、规章制度来管理,很少奖励。

(2) 民主领导作风。

民主领导作风是指权力定位于群体,以理服人、以身作则的领导作风。民主领导作风的领导者主要表现为领导者鼓励、协助由群体讨论决定组织的政策;领导者分配工作时会尽量照顾个人的能力、兴趣,工作安排不非常具体,下属有较大的工作自由,较多的选择性和灵活性;领导者主要以非正式权力使人服从,多使用商量、建议的口气;领导者与下属无任何心理上的距离,积极参加团体活动。

(3) 放任自流领导作风。

放任自流领导作风是指权力定位于每个组织成员手中,工作事先无任何布置,事后无检查,一切悉听自便,毫无规章制度的领导作风。放任自流领导作风的领导者在组织内实行的是无政府管理。

在实际工作中,三种极端的工作作风并不常见,采用的往往是处于两种极端类型之间的混合型,例如介于专制作风和民主作风之间的多数裁定的原则、介于专制作风和放任自流作风之间的家长式作风、介于民主作风和放任自流作风之间的没有领导的讨论。

勒温于1939年对这三种不同的领导作风的群体影响进行了试验研究。试验结果表明:放任自流领导作风的领导者工作效率最低,所领导的群体在工作中只达到了社交目标,而没有达到工作目标,产品的数量和质量都很差。民主领导作风的领导者工作效率最高,所领导的群体在工作中不仅达到了社交目标,也达到了工作目标,工作积极、主动,显示出较高的创造性。专制领导作风的领导者,借助于严格的控制,达到了工作目标,但人际关系紧张,组织成员的消极态度和对抗情绪在不断增长,争吵和挑衅的事件频繁发生,成员满意度低。

2. 利克特的领导方式研究

美国密歇根大学的利克特(Rensis Likert)等对领导者的领导类型和领导方式进行了

近 30 年的认真研究，并于 1961 年和 1967 年分别提出研究报告。他们认为，领导方式和领导方法大体可分为四种基本的类型。

第一类是极端专制独裁型——权力高度集中，领导者非常专制，对下级很少信任，独自决定一切与工作有关的事宜，然后下命令执行，达不到要求者将受到惩罚。

第二类是仁慈的专制型——领导者性格仁慈，对待下级采用父母对子女的方式，权力仍高度集中，由领导者作出决策，并要下级相信和接受决策，允许下级提出一些看法和意见，但已作出的决策不会因此而受到动摇。

第三类是民主协商型——领导者对下级有相当的信心和信任，能在决策方面和大家进行协商，大家可以提出各种意见和建议，并会被相当程度地重视和采用，但重大决策仍由高层作出决定。

第四类是民主参与型——领导者对下级有充分的信心和完全的信任，互相有着大量的交往和合作。积极征求和采用下级的看法和意见，下级广泛参与重大决策的过程，领导和下级关系融洽、平等友善。

利克特的研究表明，民主参与型和民主协商型的领导方法比极端专制独裁型和仁慈的专制型的领导方法更能促进生产效率的提高，因此突出强调"参与管理"的重要性。

3. 领导行为的四分图理论

美国俄亥俄州立大学的领导行为研究小组对和领导行为有关的 1000 多种因素进行了分析整理，最后归纳出影响领导行为的因素主要来自两个方面：一是以人为重，领导者关心体贴组织成员，尊重他们，听取他们的意见；二是以工作为重，领导者认为组织纪律能带来效率，倡导有纪律的行动，主张发号施令和服从命令。

研究表明，两方面的因素对促进改革领导有效性带来很好的影响。以人为重可促进上下关系的改善，彼此信任和尊重，人心稳定、工作积极、效率上升；以工作为重可促使工作开展有条不紊，维持总体的协调，确保工作的进度。两方面因素常同时存在，但可能强调的侧重不同，两因素还互相影响，因此形成四种情况，即四分图。如图 11-1 所示，表明了四种不同的领导行为或风格。

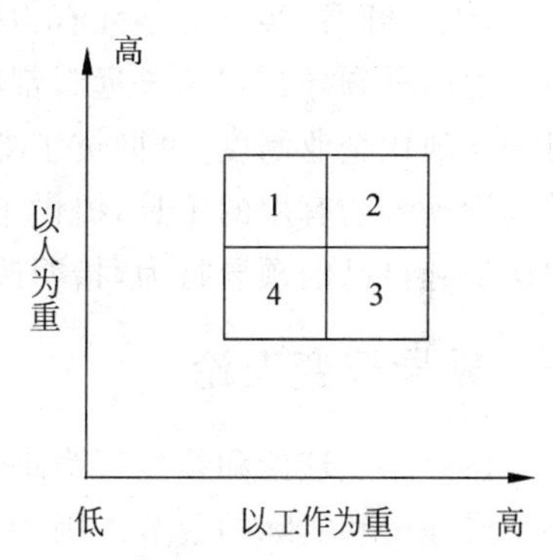

图 11-1 领导风格四分图

"1"表示较多强调以人为重而较少强调以工作为重的领导行为。

"2"表示既较多强调以人为重又较多强调以工作为重的领导行为。

"3"表示较多强调以工作为重而较少强调以人为重的领导行为。

"4"表示较少强调以工作为重同时也较少强调以人为重的领导行为。

4. 管理方格图理论

工业心理学家布莱克(Robert Blake)和穆顿(Janes

Mouton)，在四分图理论的基础上加以发展，于 1964 年提出了管理方格图理论。图的纵坐标表示领导者对人的关心程度，图的横坐标表示领导者对工作、生产的关心程度。每个坐标轴都分为九等分，这样就把领导者的领导行为划分为不同类型。如图 11-2 所示。

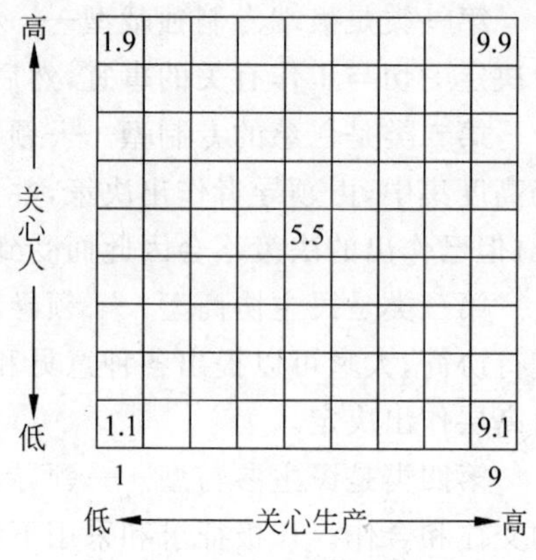

图 11-2　管理方格图

图中包含了五种典型的领导方式。

1.1 型——这是一个软弱无能不称职的领导者，他对人和生产均不关心，是一个饱食终日，无所用心的人，实行的是贫乏管理。

9.1 型——这是一个任务第一的领导者，只关心生产不关心人，实行的是任务管理。

1.9 型——这是一个乡村俱乐部式的领导者，只关心人，注意搞好人际关系，关心和体贴组织成员，但对生产、对完成任务的效率漠不关心，实行的是俱乐部式的管理。

5.5 型——这是一个一般化的领导者，对人的关心一般化，对生产的关心也同样，都过得去，不突出，实行的是中间式管理。

9.9 型——这是一个有战斗性的领导者，关心人、关心生产做得都好，生产任务完成出色，士气旺盛，实行的是强有力的管理。

前四种领导方式从长远看都有弊病，不是最理想的领导方式，而采用 9.9 型领导方式对加强现代企业制度，贯彻员工参与的民主管理有现实意义。领导方格图理论是培养有效的管理者的有用的工具，提供了一种衡量管理者所处领导形态的模式，可使管理者清楚地认识到自己的领导行为，指明改进的方向。

三、领导权变理论

领导品质理论和领导行为理论有一个共同的缺陷，那就是忽视了环境因素的影响，从而造成理论和实际的脱节。因为领导品质和领导行为能否促进领导有效性，受环境因素影响很大。一种成功的领导行为，在时移势易的环境下再来运用，并不一定有同样的功效。领导权变理论正是要着重研究影响领导者行为和领导有效性的环境因素的理论。

1. 领导连续统一体理论

坦南鲍姆(Robert Tannenbaum)和施米特(Warren Schmidt)在 1958 年提出了领导连续统一体理论。他们认为专制的领导方式(即以上级为中心的领导方式)和民主领导方式(即以下级为中心的领导方式)是领导方式连续统一体的两个极端点，在这两点之间还存在着许多种不同程度的专制方式和民主方式的混合形式，如图 11-3 所示。领导者总是选择其中最合适的领导方式以求得有效的领导。在不同的情况下，领导者为了取得有效的领导可能采取不同的领导方式。换言之，一位领导者并不一定有一种固定的领导方式，而是可能在不同的情况下采取不同的领导方式。

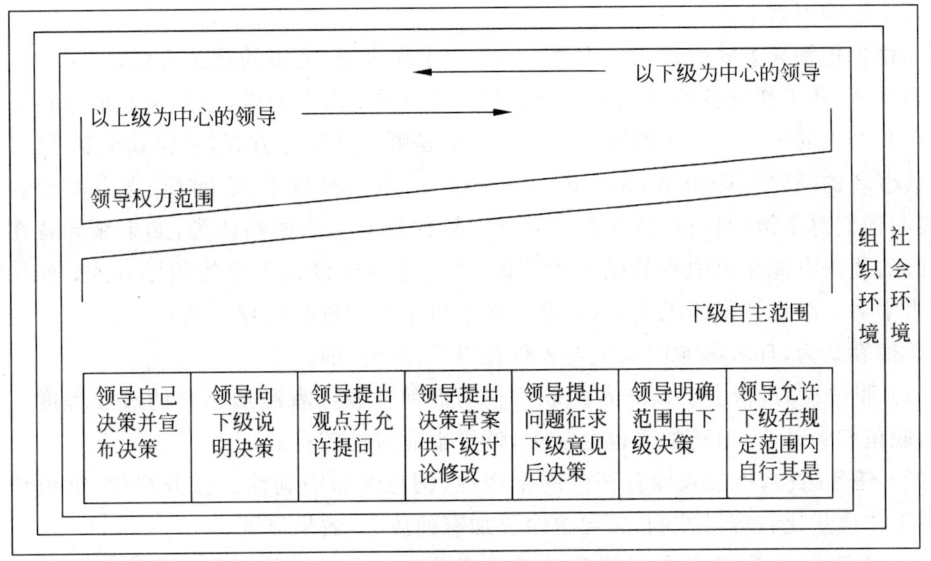

图 11-3　领导连续统一体

领导者选择哪种领导方式，主要取决于三个因素，即领导者、下级和环境。依据这三个因素各自所处的优势地位和相互影响程度来作判断和抉择。

领导者的影响表现为领导者的价值观念，对分权委派职责的倾向的平衡，对组织目标的理解和认同程度，接受更多权力的乐意感和思想准备，对参与组织决策和解决问题的期望和兴趣程度。

坦南鲍姆和施米特早期对领导连续统一体理论的阐述主要停留在以上两点。在 1973 年，他们修改了这一理论，强调了组织环境和社会环境对领导方式产生的影响，从而体现了在一个开放系统中领导方式的变化规律。

环境的影响表现在时间的压力和限期、高层领导所提出的要求、组织结构是集权式还是分权式的形式、工作团体的相互协作配合和效率以及解决某些特殊问题所需要的专门知识和经验。

正确的领导方式，正是从以上三个因素的综合考虑来选择适宜的领导方式，在一系列的领导方式中任选其一。因此，不能硬性来判定哪一种领导方式总是正确的，哪一种领导方式总是错误的。

2. 菲德勒的随机制宜领导理论

伊利诺伊大学的菲德勒(Fred E. Fiedler)经过长达15年的调查研究,提出了一个"有效领导的权变模式",被称为"菲德勒模式"。在这个模式中包含了两种基本的领导方式和三种环境影响因素。

菲德勒把领导方式假设为两大类:一类以工作为重,主要的是关心任务,采取这种方式的领导者,从工作任务的实现中得到满足;另一类则以人为重,主要关心的是良好的人际关系和个人的声望。为了判断领导者采取的是哪一类领导方式,菲德勒编制了"最不受欢迎共事者的问卷"(least-preferred co-worker scale),简称LPC问卷,交由领导者来填写,表明他们对下级的评价,从而衡量领导风格的倾向。菲德勒认为,如果领导者在表中对下级的优缺点能作出中肯的批评和评价,他便是属于以人为重的领导方式;如果领导者在表中对下级批评得体无完肤,则便是属于以工作为重的领导方式。

菲德勒认为,环境影响因素主要表现在以下三个方面:

(1) 职位权力,指由于领导者的职位权力而使被领导者服从领导的有效程度。调查表明,职位权力越高,追随的人也会越多,领导也显得比较有效。

(2) 任务结构,指被领导者任务的常规性、例行性和明确性。任务清楚,组织纪律明确,则工作质量比较容易控制,领导也会更加有的放矢,效果显著。

(3) 上下级关系,指领导者得到被领导者的拥护和支持的程度。职位权力和任务结构可以通过从上到下来决定和贯彻,而上下级关系则极大地依赖于下级对领导者的拥戴、信任和甘心情愿地追随的程度。

这三种因素的影响各有好差、明确不明确、强弱之分,可以排列出八种不同的情况。如表11-2所示,每种情况可以确定其应采用的领导方式。

表11-2 主要环境因素的影响

序　号	1	2	3	4	5	6	7	8
工作环境	最有利←→最不利							
上下级关系	好				差			
任务结构	明确		不明确		明确		不明确	
职位权力	强	弱	强	弱	强	弱	强	弱
应采用的领导方式	工作为重	工作为重	工作为重	以人为重	以人为重	以人为重	以人为重	工作为重

从表11-2中发现,在"最有利"和"最不利"这两种极端的情况下,以工作为重的领导方式是最有效的。换言之,当职位权力和任务结构都很不清楚,而领导者与其下属之间的

关系又很恶劣的情况下，领导者所处的环境是很不利的，在此情况下，以工作为重的领导者将是最有效的。同样在另一个极端情况下，职位权力很高、任务结构清晰、领导者与其下级成员的关系良好，亦即在非常有利的情况下，以工作为重的领导者也是最有效的。但是当情况只是稍微不利或者稍微有利的时候，最有效的领导者往往是以人为重的领导者。

小平台

LPC 问卷格式

设想一个最不能共事的人，此人是你现在的同事或是过去的同事。这人不一定是你最不喜欢的人，而是你认为最难共事的人，请描述你对这个人的印象。

令人舒服	__:	__:	__:	__:	__:	__:	__:	__:	令人不舒服
	8	7	6	5	4	3	2	1	
友好	__:	__:	__:	__:	__:	__:	__:	__:	不友好
	8	7	6	5	4	3	2	1	
冷漠	__:	__:	__:	__:	__:	__:	__:	__:	热情
	8	7	6	5	4	3	2	1	
疏远	__:	__:	__:	__:	__:	__:	__:	__:	接近
	8	7	6	5	4	3	2	1	
讨厌	__:	__:	__:	__:	__:	__:	__:	__:	有趣味
	8	7	6	5	4	3	2	1	
自信	__:	__:	__:	__:	__:	__:	__:	__:	犹豫
	8	7	6	5	4	3	2	1	

第三节　领导艺术

领导者的工作成效在很大程度上取决于掌握的领导艺术。所谓领导艺术是领导者为了达到预期目标灵活运用的各种技巧和手段，是领导者智慧、学识、胆略和经验的综合反映及其素质、能力在领导方法上的体现。领导职能归纳起来是处理三方面的关系，即处理与人的关系、与事的关系和与时间的关系。领导者在处理这些关系应注意讲究领导艺术，提高领导有效性。

一、处理与人的关系

领导工作首先是做人的工作。在组织的所有资源中，人力资源是处于首位的。领导者面对的是人，需要采取一系列的措施，了解、掌握组织成员的各种需要，有目的地引导、指挥和协调他们的行为，提高对组织的满意度，从而调动成员的积极性。领导者在处理与人的关系中，主要应注意两个方面，即知人、自知。

1. 知人

领导者必须充分了解组织成员，熟悉他们的特长、不足，明确他们的需要，才能将工作的需要和个人的能力很好地结合起来，才能使组织内的每位成员能够在各自的工作岗位上兢兢业业，积极进取。因此，领导者应善于与人交流，倾听下属的心声。在交流中要悉心倾听，仔细观察，不随意插话，打断对方的思路；不妄加评论，以势压人。同时注意灵活地运用各种交流手段，达到有效沟通的目的。除此之外，需要领导者能够"换位思考"，换言之，能够注意从他人的角度，处于他人的位置进行思考，处理问题。

2. 自知

古希腊特尔裴的碑文中刻有这样的神谕："了解你自己。"而了解自己是我们每人面临的最困难的任务。除非真正了解了自己，了解了自己的长处和短处，知道了自己想做什么和为什么想做，才能有所成功，否则将一事无成，或只能得到些浮光掠影的成功之感。领导实质是影响力，领导者需要依靠影响力，引导组织成员的行为。因此，领导者必须不对自己说谎，对自己有特别清醒的认识；了解自己的个性、偏好、弱点；了解自己的言行对组织成员产生的影响。另外领导者必须在日常的工作中，善于控制自己的情绪，能够冷静地处理各种问题，不感情用事。一个有远见的领导者应能够以自身对组织前景的热情感染周围的组织成员。

二、处理与事的关系

领导者常常面对的是大量的工作，如果不能有效地处理，便会使自己深陷于日常事务的重负之中，而不能自拔。为了使工作更加有效，领导者应坚持合理的工作次序，需要建立一套判断标准，确定什么事应自己做，什么事应由他人做；什么事应先做，什么事可以稍后做。所以在处理大量的工作中，领导者应遵循例外原则，进行恰当的授权。

授权是放权或赋予组织成员一定的权力，使他们有权力、自由、知识和技能去做决策以及有效地做好工作。领导者应把组织成员视为有能力的、成熟的个人，相信他们能够成功地完成各项任务，能够有效地控制自己的工作过程。通过授权，能够帮助领导者从日常琐碎的事务中解脱出来，有精力处理重大的、例外的问题；通过授权使组织成员在拥有权力和自由的同时分担了责任，有助于增强他们的工作责任心；通过授权，也使组织成员有机会独立地解决问题，从实践中提高管理的能力，有助于组织管理人员的培养，对组织长远发展意义深远。

三、处理与时间的关系

时间是无法再生的，是稀缺资源，没有任何的替代物，一旦流逝则无法挽回。时间对于每个人来说也是公平的，每人一天只有二十四小时。因此"时间就是金钱"，"时间就是生命"已广为人知。领导者应珍惜时间，做自己时间的主人，合理地利用时间。

1. 记录时间

领导者要珍惜时间，合理地使用时间，首先需要对自己每天的时间安排充分地了解。因此，要求领导者养成记录自己时间消耗情况的习惯。每做一件事就做记录，写清楚几点到几点做什么。

2. 分析时间

每隔一段时间，将自己的时间消耗记录情况进行分析，找出在时间利用上的不合理之处，进而提出改进措施。找出应由他人做的事，以后请该做的人做；找出浪费时间的事，以后不再做。特别应注意由于缺乏合理的计划、制度或缺乏预见性造成时间浪费的因素和因为组织不健全而造成时间浪费的因素，着手改进。

3. 合理安排时间

在分析了时间利用情况，消除了时间浪费的各种做法和因素后，找到自己可以自由利用的时间，进行合理安排，用于解决真正重要的问题上。

小平台

现在，授权的呼声已不仅仅局限于教"大象学舞"——现在，每个人都可以参与，理由很充分：授权——权力与责任的下放——是企业生存与成功的首要因素。授让自主权的驱动力主要出自以下三点：

1. 竞争　由于国内外的竞争对手已变得更为直接、敏捷、灵活，所以《财富》500强中的许多企业都信奉精简管理人员和授让自主权的改革。在平展组织中，获得自主权的员工和团队会努力改善自己，他们也会自主决策，提高质量和工作效率，改善服务，并会为自己的工作而感到自豪。

2. 改变工作性质　目前已有更多的工作是基于知识的，有些需要工作人员在掌握必要的知识与信息的基础上运用这些知识和信息去制造产品；有些需要工作人员运用这些知识与信息帮助客户改善他们的业绩。实业界即将成为创意型企业和信息密集型企业的天下，所以，要想成为高层领导，你就得博学广识，重视创意和信息的作用。

3. 让员工充满希望　企业在各个层次上都需要领导者来有效地管理改革，确保自身的竞争机制优势。各级领导人员如想成为企业的主人翁，就必须做到目标清晰、眼光敏锐、精明能干、办事井然，并具有战略头脑，积极改善企业制度；而主人翁的意识——如同一种对事业成功所下的"赌注"——将激励他们积极主动，敢于冒险和尽心尽责。

本章小结

"领导"既可做动词也可做名词。领导是管理的一个重要方面，其职责和作用体现在指导和服务两方面。领导者与管理者常被混淆。事实上，领导者并不一定是管理者，管理者也并不一定是领导者。领导者的权力包括正式的权力和非正式的权力两方面。

领导理论是研究领导有效性的理论，可分为三大部分，即领导品质理论、领导行为理论和领导权变理论。各有其代表理论。

领导艺术是领导者为了达到预期目标灵活运用的各种技巧和手段，是领导者智慧、学识、胆略和经验的综合反映及其素质、能力在领导方法上的体现。领导者在处理与人的关系、与事的关系和与时间的关系时应注意讲究领导艺术，提高领导有效性。

案例聚焦　为葛多特当餐厅服务员

放暑假了，大学生丹妮没有回家和父母一起度假，而是留在波士顿，在一处高档的法国饭店当餐厅服务员。丹妮非常幸运能找到这样的工作。在这里，每小时工资为 2.35 美元，还有小费。每天两顿正餐中，她的客人所点的菜和酒平均起来达 90 美元，如果能好好干，争取拿到 15%～20%比率的小费，那么，一天下来她能挣得一笔可观的收入。

饭店老板葛多特在雇用丹妮时，强调希望他的员工表现出色，并且谈到公司的将来和大家齐心协力像团队一样工作的重要性。丹妮受到鼓舞，下定决心要竭尽全力做好她的工作。葛多特工作非常投入和勤奋，但也容易大发雷霆。当餐厅变得拥挤起来，客人等待上菜的时候，葛多特会冲着厨房对厨师们用法语大声叫喊：“快点，慢吞吞的活像蜗牛一样，连我的老祖母也比你们做得快。”

前几周，葛多特从来没有注意到丹妮的存在，听到他对厨师们那样训话，丹妮倒庆幸不被老板注意。不过，她还是有点纳闷，为什么几周过去了，他还是没有跟她讲一句话。丹妮的确干得很出色，她的小费不断增加，平均达到20%。客人们称赞她服务快速和高效，因为她已经学会一手托起好几个盘子的本领，这样做可以使她减少在厨房来回跑动的次数，确保服务质量。她非常明白提供真正的优质服务意味着要比常人付出更多的努力。

丹妮的热情服务帮助餐厅从每个客人那里多挣了不少钱。通过学习，丹妮掌握了向客人推荐佐餐酒的技巧。她总是不停穿梭于餐厅之中，看看客人是否需要添加各种饮料，她还会绘声绘色地向客人描述各种高档点心，邀请客人购买。偶尔有法国人光顾该店，她能用娴熟的法语与他们交谈。她的记忆力非常好，总是能记住谁点了什么菜并且能及时送到。客人们走的时候，总不忘与他们道别，并欢迎他们再来。

尽管这样，葛多特还是很少注意她。每天当她主动与他打招呼时，他只是喃喃地敷衍了事。然而，有一天晚上，他终于和她说话了。更确切地说，当她把手中的一碗浓味炖鱼掉在地毯上时，他开始向她咆哮。丹妮感到非常抱歉，并立刻拿来海绵擦拭，但他还是怒气冲冲地用法语向她叫嚷，并且告诉她，须从她的工资中扣除895美元，这包括浓味炖鱼加上5美元清洗地毯的钱。那天晚上，丹妮感到非常愤怒和不解。当然，也许她不应该试着一次端四盘菜，但这不过是一个临时工的偶尔失误罢了。她为客人做的那些热情服务，老板到底注意到了吗？葛多特似乎从来没注意过这样的事。期待他的赞扬比等待天上掉下百万美元还要难。丹妮决定第二天晚上谨小慎微地悠着劲干，以免再招致老板的狂怒。这是一个星期五的晚上，餐厅非常拥挤，丹妮每次上菜不敢超过两盘，不过她的小费也随之降到15%，比上一晚得到的23%要低许多。虽然没摔坏什么东西，但葛多特对她和其他员工仍感到不耐烦。服务员几乎用小跑代替走路从厨房进出，但他还不停嚷：“快！快！难道你们的鞋里有铅吗？”后半个晚上，丹妮对他的牢骚十分反感，速度明显下降，不幸的是小费也跟着下降。她的确很需要钱，接济下个学期的费用。她迫使自己恢复原来的速度，否则挣不到足够的钱，下个学期只好用米饭和面条来充饥了。她祈祷千万别再打破什么东西，等待着葛多特能从只知道工作和冷酷无情的状态中摆脱出来，她盼望9月份的来临。

葛多特采取的管理方式有效吗？

（资料来源：王凤彬、朱克强．管理学教学案例精选．上海：复旦大学出版社，1998）

练习题

1. 什么是领导？领导的职责和作用如何体现？
2. 如何区分领导者与管理者？
3. 领导者的权力包括哪几个方面？各受哪些因素的影响？
4. 什么是领导品质理论？有何代表理论？
5. 什么是领导行为理论？有何代表理论？
6. 什么是领导权变理论？有何代表理论？

第十二章 激励理论

本章学习目标

1. 理解激励的概念、作用。

2. 了解激励的过程。

3. 掌握内容型的激励理论、行为改造型激励理论和过程型激励理论的研究侧重点及其代表理论。

4. 明确激励的基本原则：物质利益原则、公平原则、差异化和多样化原则。

5. 掌握常见的激励方式：奖惩激励、工作激励、目标激励。

导读 老鹰和小鹰

一只小鹰在鹰妈妈出外觅食时不慎掉了出来，刚巧被鸡妈妈看到，便捡回去和一群小鸡放在一起喂养。

随着时光流逝，小鹰一天天长大了，也习惯了鸡的生活，并且鸡也把它看成是自己的同类，它像鸡一样出外往后刨着寻食，从来没试过要飞向高空。

一天，在小鹰出外觅食时，忽然碰到鹰妈妈，鹰妈妈见到小鹰惊喜极了，对它说："小鹰，你怎么在这里，随我一起去飞向高空吧！"

小鹰说："我不是小鹰，我是小鸡呀，我可不会飞，天那么高，怎么飞得上去呀？"

鹰妈妈对小鹰有些生气，但她还是大声地鼓励它说："小鹰，你不是小鸡，你是一只搏击蓝天的雄鹰呀！不信！咱们到悬崖边，我教你高飞。"

于是，小鹰将信将疑地随鹰妈妈来到悬崖边，紧张得浑身发抖。鹰妈妈耐心地说："孩子，不要怕。你看我怎么飞，学我的样，用力，用力。"小鹰战战兢兢，在鹰妈妈的带动下终于……

管理启示 如同小鹰一样，有些人不是不会飞，而是没有高飞的机会，没有人激励他这么做。激励对于员工何等重要！

任何组织任何一位管理人员都面临同样的问题，那就是凭借个人的努力是无法承担组织中所有的工作，必须依靠其下属人员，借助于他们的努力才能达成目标。管理者需要引导下属为完成各自的任务而努力，这便是激励的挑战。

第一节　激励的过程和作用

组织是人的集合体，组织的经营管理活动都是依靠组织中的成员的努力来完成，在组织中人是第一要素，其他的资源要素是在人的利用下发挥作用。对管理人员而言，要理解员工的行为是件困难的事，而引导员工为完成组织的目标而作出贡献更是难上加难，需要管理人员进行可行的激励，才能提高员工的工作投入和绩效。

一、激励的概念

“激励”一词在人们的生活中被广泛使用，但是要对激励这一概念加以定义有一定的难度。

激励可以从两个角度来分析。从个人角度，激励是一种个人状态，可以激发个人追求目标的动力。个人激励影响了人行为的起始状态、方向、强度和持久力。从管理者的角度，激励是一个使人追逐目标的过程。从两个角度分析我们可以得出一个全面的激励的概念，即激励是指为了特定目标而影响人们的内在需要或动机，从而强化、引导或改变人们行为的反复过程。激励的本质就是激发人的动机，诱导人的行为，使其发挥内在潜力，达到实现既定目标的目的。可见，这一激励的定义中包含了以下几层含义：

(1) 激励的目的性。无论采取何种激励行为都是为一个现实的、明确的目的服务的，因此，虽然激励是每一位管理人员要完成其管理任务所必须牢固掌握的必修课，但是任何希望达成某一目的的人都可以将激励作为一种手段。

(2) 激励通过人们的需要或动机来强化、引导或改变人们的行为。人的行为来自动机，动机源于人的需要，激励活动是影响人的需要或动机，从而对人们的行为进行强化、引导或者改变。从本质上说，激励所产生的人们的行为应主动的、自觉的，如果激励不能改变人的内心状态而仅仅是被动的行为，是无法达成其既有的目的的。

(3) 激励是一个持续反复的过程。激励是一个复杂的过程，将会受到多种复杂的外在因素、内在因素的交织影响，而且这种影响作用并非是即时的。

二、激励的过程

激励的实质是通过影响人的需要或动机达到引导人的行为的目的，实际是一种对人的行为的强化过程。因此研究激励，先需了解人的行为过程。

根据心理学的研究表明：人的行为是由动机支配的，动机是由需要引起的，行为又是朝向一定的目标。由此可见,人的行为的始点是需要。

需要是指人由于缺乏某种生理或心理的因素而产生的与周围环境的某种不平衡状态,是人对延续和发展其生命而必需的客观条件的需求。简而言之,就是人对某种目标的渴求与欲望。人的需要来自两方面:人自身内在产生和外在环境刺激而形成。人自身内在所产生的需要,是由于人自身的某些要求没有得到满足所产生的需要。人的需要,既可以是生理或物质上的(如对食物、水分、空气等的需要),也可以是心理或精神上的(如追求社会地位或事业成就等)。外在环境刺激而形成的需要,来自于外在环境对人的外在刺激。这些外在刺激包括了物质方面的,如食物的香味、服装的款式、广告的宣传、五光十色的繁华世界,也包括了精神方面的,如群体的规范、朋友的劝告、信仰的威力、政策的左右等。外在环境对人的外在刺激是一个客观存在,但至于能否对人形成刺激,激发起人的动机,还要看它能否引起人的内在的需要。如果这些外在的刺激不能和人的内在需要产生共鸣,则就无法激发起人的动机和形成人的行为。如果人的内在需要和环境的外在刺激相一致,外在的刺激就能激发人的动机和行为。例如,一份普通的午餐对于一个忍饥挨饿的人和对于一个饱食终日的人所形成的刺激,显然是很不相同的。

动机是引起和维持个人行为,并将此行为导向某一目标的愿望或意念。动机是人的活动的推动者,体现了所要的客观事物对人的活动的激励作用。动机是在需要的基础上产生的,需要是动机产生的基础和根源。当人的某种需要在非常想得到满足而没有得到满足时,就会在生理上和心理上失去平衡。为了补偿这种平衡,人就要去努力追求他所需要得到的东西。例如,因为饥饿使人觅找食物,因为孤独会使人寻求关心,这样就形成了促使人去行为的动机。人对获得这样的满足和平衡的愿望越是强烈、迫切,那么其积极性也会显得越高。引起动机的需要最根本的来自人的自身的需要。由人的内在愿望和内在需要所引起的动机,是促使人产生行为的基本原因。这种动机的强弱表明了积极性的高低。高涨的积极性表明了动机的强烈和对某种需要的渴求。不同的人由于其内在的愿望、需要、追求的不同,不仅表现为动机的强弱和积极性的高低,更表现在动机和积极性方向上的不同:对从事这项工作或活动缺乏积极性,很可能对从事另一项工作或活动则很有积极性。

行为是人在环境影响下所引起的内在生理和心理变化的外在反应,换言之,行为是人类在日常生活中所表现出来的一切动作的统称。当人产生某种需要无法满足,产生一种紧张不安的心理状态,在遇到能够满足需要的目标时,这种紧张的心理状态转化为动机,推动人们去从事某种活动,去实现目标。目标得以实现,就获得生理或心理的满足,紧张的心理状态就会消除。这时会产生新的需要,引起新的动机,指向新的目标。这是一个循环往复、连续不断的过程。

在分析了激励中需要、动机、行为、目标之间的关系后,我们可以用图 12-1 来表示激励的过程。

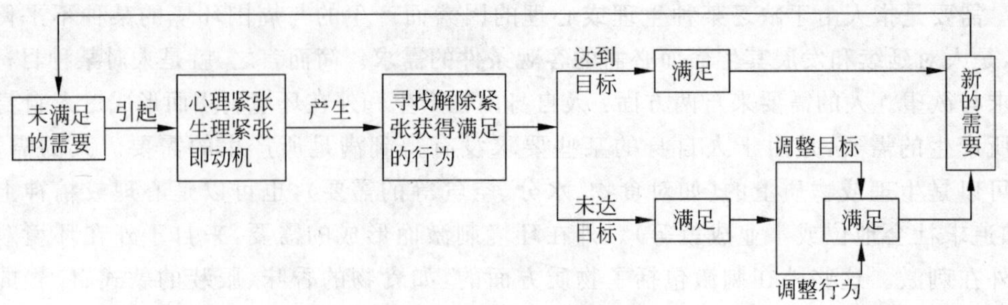

图 12-1　激励的过程

第一阶段是要求得到满足的需要的产生。这个需要可能是由人自身内在产生的,也可能是在环境的外在刺激下形成的。

第二阶段是需要引起动机。由于未满足的需要引起心理上和生理上的紧张,有一种希望行动起来并采取措施使需要获得满足的欲望。

第三阶段是产生寻找解除紧张的行为或对策、方法。这些行为表现为各种行动。行动各异,目标是一致的,就是为了获得需要、得到满足。

第四阶段是行为的结果。有两种可能的结果。一种是行为成功,需要得到满足；另一种是行为的结果没有使需要得到满足,这种情况称为挫折。挫折后,一般有两条出路。一条是调整行为,如果是行为不当造成目标未能达到,则通过调整行为如改进方法、加倍努力等,从而使目标能够达到,需要得到满足。另一条是调整目标。如果是需要不当造成目标未能达到,则通过调整目标,如改变需要的方向、改变需要的程度等,从而使目标得以达到。

第五阶段是需要得到满足。这种满足可能是完全满足,也可能是局部满足、大部分满足或主要满足、次要满足等。总之,这样的满足程度已经被接受和承认,进而产生新的需要,进入新的激励过程。

激励过程构成了一个循环系统,但必须注意以下几点：

(1) 抽象简单、具体复杂。激励的过程抽象地归纳起来可概括为上述五个阶段,但在现实生活中,激励过程并没有固定模式,而是复杂多变的,阶段的划分也不会是那么清晰和分明。

(2) 描述简单、观察困难。激励的过程可以这样简单而明确地描述为五个阶段,但对每个阶段的内容观察起来却十分困难。我们能观察到的主要是行为。但这些行为的动机和行为结果所取得的满意程度,常常只能靠对行为的观察来加以推断。

(3) 多种需要、动机交叉。人的需要有时并不是单一的,而是多元存在的。多种需要的存在,会引起多种不同的动机。这些不同的动机有时并不完全一致,而是相互交叉,甚至是互相矛盾和冲突的。这些动机的交叉有时则会表现为需要模糊、行为混乱、积极性不稳定。

(4) 行为相同、动机不同，或行为不同、动机相同。相同的动机，由于在寻找对策上的差异，会造成行为上的不一致。有的人可以采取这种方法(行为)，另一些人则可以采取另一种方法(行为)。反过来，相同的行为也可能是由于不同的动机所造成的。同样十分积极地工作，但不同的人的动机则可能很不相同，换言之，他们各自所要满足的需要，或者讲他们各自积极性的渊源并不完全相同。这就是说不能因为行为一致就判定为动机一致，也说明调动同样的积极性，对不同的人应根据不同的需要采取不同的激励方法。因此，在客观上不存在对任何人都适用的激励模式。

三、激励的作用

对管理人员而言，激励的主要作用在于能借此激发、鼓励、调动人的积极性，从而使工作更有效率，取得更大的业绩。

每个人的工作成效取决于他的能力、积极性，以及环境的影响。在组织行为学中有公式表示，即 $P=f[(A\times M)\times E]$。

A 表示能力。包括智力和体力两个方面，例如视力、听力、身体强壮程度、口头和文字表达能力、分析判断的综合能力，以及特殊的技能等。具备承担某项工作的必需能力是做好工作的先决条件。人不可能什么能力都具备，但必需的能力应当具备。

M 表示激励。人的能力是内在的，它是否能充分表现出来、施展出来则取决于激励。通过激励来调动人的积极性，从而使人的内在能力转变为外在的表现和实际的工作业绩。

E 表示环境。环境的因素既可以起到帮助激励、提高能力的作用，也可以起到妨碍和压抑的作用。人的能力的发挥和激励的效果都会受到环境的影响。

P 表示工作绩效。$P=f[(A\times M)\times E]$的公式表明，工作绩效 P 是由工作能力 A、激励程度 M、环境影响 E 所构成的一个函数。也就是说，工作绩效取决于个人的能力、被激励的程度和工作环境条件，将随着这三者的变化而变化。

那么，这三者关系哪个更重要？所需要的能力是基本的前提。但能力的增长非一朝一夕之功，而且人的能力也总有限度，不可能任何能力都具备。激励的重要作用即在于使人的能力充分地发挥出来，使人努力地谋求上进，并不断提高自己的能力。环境对能力的发挥、激励的形成都有很大的影响。从管理的角度来说，就是要通过激励来发挥和提高能力，通过激励来克服或利用环境影响。对管理人员而言，要使组织成员有效地工作，应首先明确如何做该项工作(能力)，并要有工作的意愿，即要做该工作(激励)，还必须有从事该工作所需的材料、工具、适当的环境。

小平台

查理·斯瓦伯担任卡耐基钢铁公司第一任总裁时，发现下属的一家钢铁厂的产量很低，便问厂长：“这是怎么一回事？为什么产量总是落后呢？”

厂长回答：“说来惭愧，我好话丑话都说尽了，甚至拿免职来恐吓他们，可他们软硬不吃，总是懒懒散散的。”

那时正是日班工人即将下班，夜班工人就要接班的时候。斯瓦伯向厂长要了一支粉笔，问日班的领班：“今天炼了几吨钢？”

领班回答：“6吨。”

斯瓦伯用粉笔在地上写了一个很大的“6”字后，默不作声地离开了。

夜班工人接班时，看到地上的“6”字，好奇地问是什么意思。日班工人说：“总裁今天过来了，问我们炼了几吨钢。领班告诉他6吨，他就在地上写了个‘6’字。”

次日早上，日班工人前来上班，发现地上的“6”已被夜班工人改写为“7”；知道输给了夜班工人，日班工人内心很不是滋味，他们决心给夜班工人一点颜色看看。那一天，大伙加倍努力，结果炼出了10吨钢。于是，地上的“7”顺理成章地变成了“10”。

在日、夜班工人你追我赶的竞争之下，工厂的情况很快得到改善。不久，该厂产量竟然跃居公司所有钢铁厂之首。

只用一支粉笔，斯瓦伯便扭转了乾坤；他所采用的，该是怎样高明的激励之道啊！

第二节　激励理论

有关激励的理论非常多，管理学家和心理学家通过大量的研究，从不同的角度提出了激励的理论。

一、内容型激励理论

需要和动机是推动人的行为的原因，也是激励的起点和基础。内容型激励理论正是从研究需要的内容和结构出发，分析如何通过需要的满足来激励人的行为的理论，着重研究行为产生的原因，即激励的起点和基础，研究如何从需求入手，通过满足需要去激励，调动积极性。

1. 马斯洛的"需要层次论"

美国行为科学家亚伯拉罕·马斯洛(Abraham H. Maslow,1908－1970)认为人有需要,其需要取决于人已得到什么,尚缺少什么。只有尚未满足的需要能够影响行为。并且他认为人的需要有轻重层次,将人的基本需要分为五个层次：生理、安全、爱与归属、尊重和自我实现的需要。如图 12-2 所示。

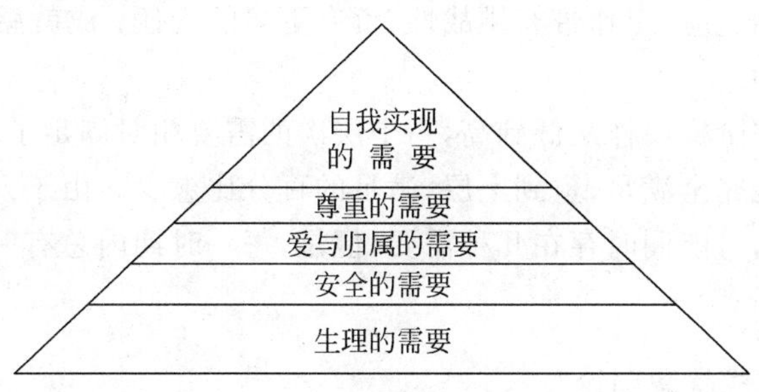

图 12-2　马斯洛的需要层次

(1) 生理的需要。

生理的需要包括人类维持基本生存所需的各种物质上的需要。在人身无一物的极端情形下,最主要的动机极有可能是生理需要。例如,长期处于极端饥饿的人,他的追求目标首先是食物,为此,生活的目的被看成是为了填饱肚子。生理需要是属于人类最低层次的基本需要。

(2) 安全的需要。

安全的需要是指有关人类免除危险和威胁的需要。马斯洛认为,人们喜欢一个安全的、有秩序的、可以预测的、有组织的世界,在那里他有所依靠,不会发生意外的、难以控制和其他危险的事情。

(3) 爱与归属的需要。

爱与归属的需要也称为社交的需要或感情和归属方面的需要。马斯洛认为,爱与归属的需要是指个人对爱、情感和归属的需要。个人在生活中感到需要朋友、爱人、孩子,渴望与同事之间有着深情厚谊。爱应该包括两方面,给别人的爱和接受别人的爱。现实社会中,要搞好人际关系,不能简单地就事论事,服从组织,而应该有感情与爱的因素。人会渴求与人之间的挚爱关系,即在其所在群体中占有一席之地,为此目标他将投入极大的热情。

(4) 尊重的需要。

马斯洛认为,社会上所有的人都希望自己有稳定牢固的地位,希望得到别人的高度评价。尊重的需要包括希望别人尊重自己,自己也表现出非常自重、自尊。尊重的需要分为两类：一类是希望有实力、有成就、能胜任、有信心以及要求独立和自由；另一类是要求有名誉或威望，受到别人的赏识、关心、重视或高度评价。尊重的需要的满足会带来自信、价值力量、能力与对社会足够有用、非常必需等感觉。

(5) 自我实现的需要。

自我实现的需要是最高层次的需要。马斯洛认为自我实现是指促使人潜在能力得以实现的趋势，这种趋势就是希望自己越来越成为所期望的人物，完成与自己的能力相称的一切事情。通常自我实现的需要表现为胜任感和成就感。胜任感是希望自己担当的工作与自己的知识能力相适应，工作带有挑战性，负有更多的责任；成就感则表现为进行创造性的活动并取得成功。

这五种需要就像阶梯一样从低到高，一个层次的需要相对满足了，就会向高一层次发展。五种需要不可能完全满足，愈到上层，满足的百分比愈少。由于人的行为是受多种需要支配的，同一时期，可能同时存在几种需要，但是，每一时期内总有一种需要是占支配地位的。

2. 麦克利兰的“成就激励论”

美国著名心理学家麦克利兰(David C. McClelland)早在20世纪50年代初期提出了“成就激励论”，他认为人类的许多需求都不是生理性的，而是社会性的。时代不同，社会不同，文化背景不同，人的需求也就不同。个人与环境间存在某种关系，人类在环境因素的影响下形成三种基本需要，即对成就的需要、对权力的需要和对社交的需要。

(1) 对成就的需要。

有高度成就需要的人主要表现为有个人承担责任、解决问题的需要；寻求既有风险，但又是现实的、能达到的目标；对工作热诚、执着。麦克利兰对企业家的成就激励作了广泛的调查，发现尽管许多人都觉得自己有“作出成就的动机”，但在美国总人口中只有十分之一的人有强烈的事业心和成就欲。他认为具有高度成就需要的人，对企业和国家都有重要作用。努力宣传高成就需要的人的形象，使他成为大家学习的榜样；努力培养和造就具有高成就需要的人才对组织的成功极为重要。

(2) 对权力的需要。

对权力的需要是指个人对权力的向往，或对个人与群体有影响的愿望。麦克利兰发现，具有高度权力欲的人对施加影响和控制他人极为关切，主要表现为寻求领导者的地位；好争辩，喜演讲，乐于同他人竞争，使其服从自己的支配。麦克利兰认为人对权力的追求有不同的表现，显示为一个发展过程的不同阶段。

(3) 对社交的需要。

对社交的需要是指希望与他人建立亲近和睦的关系的愿望。有高度社交需要的人表现为乐于参加社交活动，寻求建立并保持与他人的友谊；希望获得他人对自己的好感；乐于帮助和安慰危难中的伙伴。

麦克利兰早期强调成就需要对工商界人士的重要性，以后的研究又发现，权力需要对管理人员来说最为重要。有效的管理者通常表现为高度权力需要、适度成就需要和低度社交需要。

3. 赫茨伯格的"双因素论"

美国著名管理学教授弗雷德里克·赫茨伯格(Frederick Herzberg)在20世纪50年代末期，与莫斯纳和斯奈德曼合作进行一项大规模研究，后合著《工作的激励因素》。赫茨伯格对传统的"满意—不满意"相对立的观点提出了修正，认为满意的对立面是没有满意，不满意的对立面是没有不满意。进而提出了"激励—保健因素理论"，即"双因素理论"。

(1) 激励因素。

激励因素是指那些能激发、鼓励人的积极性的因素，激励人们去完成任务的因素，为激励人的行为提供环境条件的因素，包括马斯洛提出的较高层次的需要。这类因素具备时，可以起到明显的激励的作用。当这类因素不具备时，也不会造成极大不满。赫茨伯格将这类因素归纳为六种：工作上的成就感；受到重视；提升；工作本身的性质；个人发展的可能性；责任。

(2) 保健因素。

保健因素是指那些能用来防止人们的不满情绪产生的因素。这类因素对人行为的影响类似卫生保健对人身体的影响。当卫生保健工作达到一定的水平时，可以预防疾病，但不能治病。这类因素是人基本的要求，如不满足即会产生不满情绪，如果满足了也是应该的，难以起到激励的作用。赫茨伯格将保健因素归纳为十种：企业的政策与行政管理；监督；与上级的关系；与同事的关系；与下级的关系；工资；工作安全；个人生活；工作条件；地位。

对于每个人来说，个人的需要不同，而且激励因素和保健因素也会因人而异。对这个人来说是激励因素而对另一个人则可能是保健因素。因此，应区别对待不同人的保健因素和激励因素，从而提高激励效果。

二、行为改造型激励理论

行为改造型激励理论着重研究当人的行为达不到目标、需要得不到满足、受到挫折而产生消极行为时，如何变消极行为为积极行为，从而调动积极性。

1. 归因理论

归因理论是美国心理学家海德(Heider)在有关社会认识和人际关系理念的基础上发展起来的。不同的归因会直接影响人们的工作态度和积极性，进而影响随之而来的行为和工作绩效。对过去成功或失败的归因,也会影响将来的期望和坚持努力的行为。

一般来说行为受挫可作出四种不同的归因,四种归因对行为改造的影响也会不尽相同。

(1) 稳定性内因。

稳定性内因即能力的大小。例如把挫折的造成归结为脑子笨、能力低、先天不足等,既使人感到前途无望,也无法鼓起勇气来改正消极行为。

(2) 稳定性外因。

稳定性外因即任务难度。如把挫折的造成归结为任务太重、太难,高不可攀,失败不可避免,人力无法抗拒等。这种受挫归因使人感到任何努力已成为不必要,失去了扭转局面的信心和决心。

(3) 不稳定性内因。

不稳定性内因即努力程度。例如把挫折的造成归结为努力的不够,本来是完全可以达到目标的,只是有些松劲。这种受挫归因能够刺激和鼓励人们通过加倍努力来克服失败,取得成功。

(4) 不稳定性外因。

不稳定性外因即运气与机会。例如把挫折的造成归结为一些偶然的外因,如生病、交通事故等,或者其他一些临时的干扰。这种受挫归因使人认为,本来事情是完全可以成功的,只是因为运气的不佳或没有遇到好的机会,因此仍要继续地努力。

归因理论认为失败的归因分析和消极行为向积极行为的转化关系十分密切。显然,把失败归咎于不稳定因素,有利于对前途充满希望,鼓舞干劲,在失败时保持旺盛的热情和信心,克服自暴自弃而奋发向上,正所谓“气可鼓而不可泄”。

2. 挫折理论

挫折作为心理学的术语,主要是指个人的动机、愿望、行为因在环境中遇到障碍或干扰而不能获得满足时的情绪状态,比如高考落榜、升职无名后的情绪状态。

挫折具有客观性和普遍性,任何人的一生都不可能是一帆风顺的。由于客观事情的复杂、人的主观认识的滞后和渐进,以及客观条件和环境的满足等都会影响挫折的产生。可以说人一生中挫折几乎是难以避免的,是不以人的意志为转移的。

挫折具有两重性,它可以是坏事,也可以是好事。挫折可以使人失望、痛苦;使人消极、颓废,从此一蹶不振;使人产生粗暴的消极对抗行为,导致矛盾激化,甚至走上绝路。挫折也可以给人以教益,使人变得比较聪明和成熟;可以使人从错误中猛醒,认识错误,接受教训,真正使失败成为成功之母;可以磨炼人的意志,激励人发奋努力,从逆境中奋起。可见挫折是坏事,但如能正确对待还能变成好事,过于平静的舒适生活,反而会在挫折发生时手足无措。从这一点说,有挫折比无挫折更能锻炼人、培养人,挫折同样能产生激励的作用。

三、过程型激励理论

过程型激励理论主要是说明行为是怎样产生的，是怎样向一定方向发展的，如何能使这种行为保持下去，以及怎样结束这种行为发生的整个过程。

1. 期望理论

美国著名心理学家和行为科学家维克托·弗洛姆(Victor H. Vroom)认为应对“激励来自于需要的满足”的观点作出进一步的探讨，不仅考虑人的需求，而且考虑满足需求的途径及组织环境的影响。把个人需求与外界条件、机会联系起来，把个人因素与环境因素联系起来，则有助于更深刻、更全面地理解组织中个人的行为和动机。弗洛姆在其1964年发表的《工作与激励》一书中提出期望理论，提出不仅要探讨这种能带来激励的需要是什么，还要了解这种需要能得以满足的可能性，以及这种满足的重要性和迫切性。用公式表示：

$$M=E\times V$$

E代表期望值，是人们从主观上认为工作目标的实现和需要的满足的可能性大小。对同样的事件结果可能性估价，不同的人会很不一样，有的趋于保守，也有的人趋于冒险。显然，当认为事情成功的可能性很小，也会使人打消去努力的念头。

V代表效价，是人们从主观上认为工作目标的实现、需要的满足所具有的重要性和迫切性。同样的需要对不同的人来说虽然都希望得到满足，但有的人视此性命攸关，极为重视，于是干劲十足；也有的人视此无所谓，有则好，没有也无妨，早些晚些都可以。在这种态度下，就难以认真办事。

M表示激励程度，反映了一个人工作积极性的高低和持久程度，它决定着人们在工作中才会付出多大的努力。显然，如果某个目标的实现和需要的满足，其效价很高，极为重要和迫切，而且实现的可能性也较大，那么就越能激励人们发挥积极性，努力去完成。

2. 公平理论

公平理论也称为平衡理论或社会比较理论，美国心理学家斯达西·亚当斯(J. Stacy Adams)在其1965年发表的《社会交换中的不公平》一书中提出了这一理论，侧重研究报酬大小与努力水平的关系，探讨工资报酬的合理性对员工工作积极性的影响。

公平理论认为，人的工作努力是否受到社会或他人公正和公平的承认与对待，对其积极性的发挥影响很大。并且这种公正和公平不仅取决于自己所获得的绝对报酬(包括物质和精神的)，更重要的是取决于相对报酬的影响，即一个人不仅关心自己收入的绝对值(自己的实际收入)，而且也关心自己收入的相对值(自己收入与他人收入的比例)。如果员工发现自己投入与收益的比例和别人的投入收益比例相等时，便认为是应该的、正常的，因而心情舒畅，工作努力。反之，就会产生不公平感。员工产生不公平感后，往往会采取一些对工作不利但有助于自己恢复公平感的行动，比如减少个人投入、要求加薪、缺勤率上升甚至辞职等。研究表明，不公平感的产生绝大多数都是由于经过比较认为自己的报酬低而产生的。当然，经过比较，报酬过高性不公平感也可能产生，但往往持续不久，因为员工可以通过低估自己的报酬，或高估自己的投入而对比例进行重新评价，从而使自己心理上对上述报酬过高的不公平情况渐渐感到合理。

公平理论指出，不公平的报酬会影响士气和劳动生产率，因此应尽可能地按多劳多得做到公平。不公平感的产生既可能是客观上的不公平，也可能是对实际情况的不了解和认识深化不够所造成的，因此要尽可能促进相互间的了解，比如应先宣传先进事迹，后表扬奖励优秀人物。不公平感会通过多种形式表现出来，有的比较直接，也有的比较含蓄，应注意加以观察和了解。

小平台

一位朋友从一家声名远播、薪水优厚的公司，跳槽到另一家工作辛苦、薪水也没啥起色的公司，大家问他原因时，他的回答使众人默然——就为了一顿早饭。原来，新公司的头儿为了让匆匆上班的员工早上好好吃，特意雇了一位阿姨，清晨在办公室准备好热气腾腾的中式、西式早饭，保证员工吃得又饱又健康。朋友说，这顿办公室里的早饭浓缩了整个公司“家”一样的气氛，牢牢绑住了大家的心。

现在各行各业都在讲“人才战略”，写出来的报告都成沓，可一五一十手指掰到最后，没有多少是讲人心的。要让有本事的人到你这里、留在你这里，金钱和地位，有实力的企业都给得起。但是，尊重和关爱，就不是每家企业、每个头儿都懂得给、给得起、给得到位的。对于很多真有“才”的人来说，真正的尊重是根本。而对人的尊重，反映到企业的发展上，是对企业自身发展的尊重。无须厚厚的“战略”，只要你从心底里尊重人才，其他东西早晚给得起。

这样想来，那顿热气腾腾的办公室早饭，真是一本万利啊！

第三节 激励实务

领导者根据激励理论处理激励实务时，必须针对部下的不同特点采用不同的方法。常用的主要有四种：工作激励、成果激励、批评激励以及培训教育激励。工作激励是指通过分配恰当的工作来激发职工内在的工作热情；成果激励是指在正确评估工作成果的基础上给职工以合理奖励，以保证职工行为的良性循环；批评激励是指通过批评来激发职工改正错误行为的信心和决心；培训教育激励则是指通过思想、文化教育和技术知识培训，通过提高职工的素质，来增强其进取精神、激发其工作热情。具体而言：

1. 委以恰当的工作，激发员工内在的工作热情

(1) 工作的分配要能考虑到员工的特长和爱好。

合理地分配工作就是根据工作的要求和个人的特点，把工作与人有机地结合起来。即要根据人的特长来安排工作。

领导者应该知道，每个人都有自己的优势和劣势。一方面，技术再高的人，也总有自己的不足之处；另一方面，水平再低的人，也总有某个或某些独到之处。善于用人，就是要认真研究每个人"长"在何处，"短"在何方，用其长而避其短，使每个人都能充分负荷。

给每个人分配适当的工作，还要求能在条件允许的情况下，把分配给每个人的工作与其兴趣尽量结合起来。当一个人对某项工作真正感兴趣，爱上了这项工作时，他便会千方百计地去钻研、去克服困难、去努力把这项工作做好。

(2) 工作的分配要能激发员工内在的工作热情。

分配适当的工作，不仅要使工作的性质和内容符合员工的特点，照顾到员工的爱好，还要使工作的要求和目标富有一定的挑战性，能真正激起员工奋发向上的精神。应使工作的能力要求略高于员工的实际能力，即员工的实际能力略低于(既不太低、又不过高)工作的要求。如图 12-3 所示。

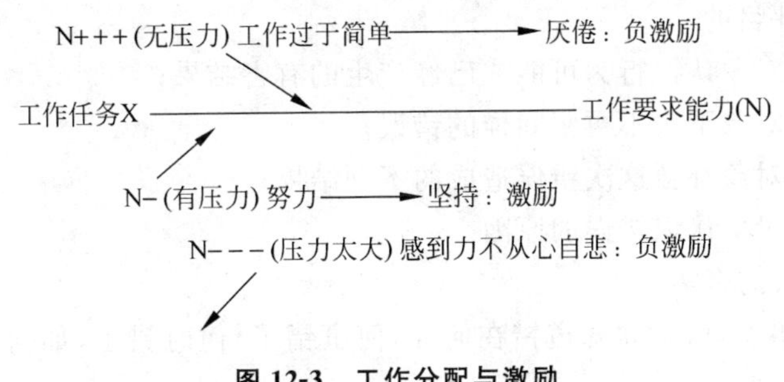

图 12-3　工作分配与激励

领导者为了保险起见，为使工作立即有效，会把这项工作交给一位能力远远高于任务要求的员工去做。但是一旦了解了任务的实质，他马上会感到自己的潜力没有发挥出来。随着时间的推移，他可能对任务越来越不感兴趣，越来越不满意，感到厌倦。如果领导者把这项任务交给一个工作能力远远低于要求的员工去完成。但经过几次努力该员工未获成果以后，就会感到完成这项任务是自己力所不能及的，就会灰心丧气，不愿再做新的尝试。

正确的方法应该是把这项任务交给一个能力略低于要求的员工，如果他愿意思考和努力，则工作可以完成，目标可以达到。同时还可以在工作中提高工作能力。

2. 正确评价工作，合理给予报酬，促进良性循环

正确评价员工的工作成果，在此基础上给每个员工以合理的报酬，这也是激发员工积极性的一个重要因素。工作报酬有两种：一是物质上的。物质上的报酬主要指工资或奖金；二是精神上的。精神上的报酬主要指通过各种形式的表扬，给予一定荣誉，或对工作结果不理想者提出批评。

为了有效地调动员工的积极性，激发员工的工作热情，关键是要正确使用奖和惩这两个工具，即要做到"赏罚分明，赏要合理，罚要合情"。

(1) "赏"——合理。欲使员工保持较高的工作热情，须使工作报酬公平合理。要使员工感觉到报酬公平，还要使标准统一化，即对于同样的工作，用同样的标准去评价成果，用同样的标准去付给报酬，去奖励与表扬。

(2) "罚"——合情。为了提高"罚"的效果，必须掌握四条规则：及时处理、事先警告、人人平等、对事不对人。

3. 掌握批评武器，化消极为积极

批评能帮助违规者认识错误，产生信心，改正错误，从深层次上起到激励作用，化消极因素为积极因素。运用该实务时应注意：

(1) 明确批评目的。

- 帮助批评对象认识行为可能或已经产生的有害结果；
- 帮助批评对象下次不再犯同样的错误；
- 帮助批评对象补救这次错误造成的不利结果；
- 帮助批评对象认识错误的原因。

(2) 了解错误的事实。

了解错误的事实，就是要知道错在何处，何事错了，何时错了，如何发生的，何人做错的，为何会做错等。

(3) 注意批评方法。

批评时应掌握的规则：要注意对事不对人、要注意选择适当的用语、选择适当的场合、注意选择适当的批评时间。

(4) 注意批评的效果。

一方面，要了解批评对象是否明白了批评的目的，是否明白了对他的要求，是否明白

了应该如何去做；另一方面，还要注意批评后的追踪检查，以保证员工在工作中确实避免重犯类似的错误。

4. 加强教育培训，提高员工素质，以增强他们的进取精神

员工的素质主要包括思想政治觉悟和业务技能两个内容。因此，提高职工素质的激励方法也就主要表现在思想政治教育和业务技术知识及能力培训两个方面。

小平台

有一位经验丰富的老船长，当他的货轮卸货后在浩瀚的大海上返航时，突然遭到了可怕的风暴。水手们惊慌失措，老船长果断地命令水手们立刻打开货舱，往里面灌水。“船长是不是疯了，往船舱里灌水只会增加船的压力，使船下沉，这不是自寻死路吗？”一个年轻的水手嘟囔着。

看着船长严厉的神色，水手们还是照做了。随着货舱里的水位越升越高，船一寸一寸地下沉，依旧猛烈的狂风巨浪对船的威胁却一点一点地减少，货轮渐渐平稳了。

船长望着松了一口气的水手们说：“百万吨的巨轮很少有被打翻的，被打翻的常常是根基浅的小船。船在负重的时候，是最安全的；空船时，则是最危险的。”

这就是“压力效应”。那些得过且过，没有一点压力，做一天和尚撞一天钟的人，像风暴中没有载货的船，往往一场人生的狂风巨浪便会把他们打翻。

本章小结

激励是为了特定目标而影响人们的内在需要或动机，从而强化、引导或改变人们行为的反复过程。人的行为是由动机支配的，动机是由需要引起的，行为又朝向一定的目标，激励过程构成一个循环系统。每个人的工作成效取决于能力、积极性，以及环境的影响。

管理学家和心理学家从不同角度提出激励理论，包括内容型激励理论、行为改造型激励理论和过程型激励理论，各有其代表理论。

要能最大程度地满足员工需要，激励员工的士气，管理人员应在管理工作中遵循基本原则：物质利益原则、公平原则、差异化和多样化原则，并要在激励过程中灵活地运用激励的方式，常见的激励方式包括奖惩激励、工作激励和目标激励。

案例聚焦　林肯电气公司的激励制度

林肯电气公司总部设在克利夫兰，年销售额为44亿美元，拥有2400名员工，并且形成了一套独特的激励员工的方法。该公司90%的销售额来自于生产弧焊设备和辅助材料。

林肯电气公司的生产工人按件计酬，他们没有最低小时工资。员工为公司工作两年后，便可以分享年终奖金。该公司的奖金制度有一整套计算公式，全面考虑了公司的毛利润及员工的生产率与业绩，可以说是美国制造业中对工人最有利的奖金制度。在过去的56年中，平均奖金额是基本工资的95.5%，该公司中相当一部分员工的年收入超过10万美元。近几年经济发展迅速，员工年均收入为4.4万美元左右，远远超出制造业员工年收入1.7万美元的平均水平，在不景气的年头里，如1982年的经济萧条时期，林肯公司员工收入降为2.7万美元，这虽然相比其他公司还不算太坏，可与经济发展时期相比就差了一大截。

公司自1958年开始一直推行职业保障政策，从那时起，他们没有辞退过一名员工。当然，作为对此政策的回报，员工也相应要做到几点：在经济萧条时他们必须接受减少工作时间的决定；而且要接受工作调换的决定；有时甚至为了维持每周30小时的最低工作量，而不得不调整到一个报酬更低的岗位上。

林肯公司极具成本和生产率意识，如果工人生产出一个不合标准的部件，那么除非这个部件修改至符合标准，否则这件产品就不能计入该工人的工资中。严格的计件工资制度和高度竞争性的绩效评估系统，形成了一种很有压力的氛围，有些工人还因此产生了一定的焦虑感，但这种压力有利于生产率的提高。据该公司的一位管理者估计，与国内竞争对手相比，林肯公司的总体生产率是它们的两倍。自20世纪30年代经济大萧条以后，公司年年获利丰厚，没有缺过一次分红。该公司还是美国工业界中工人流动率最低的公司之一。前不久，该公司的两个分厂被《幸福》杂志评为全美十佳管理企业。

为什么林肯公司的方法能有效地激励员工的工作？

（资料来源：王凤彬、朱克强.管理学教学案例精选.上海：复旦大学出版社，1998）

练习题

1. 什么是激励？激励的作用体现在哪些方面？
2. 需要、动机和行为之间是什么关系？如何理解激励的过程？
3. 什么是内容型激励理论？有何代表理论？
4. 什么是行为改造型激励理论？有何代表理论？
5. 什么是过程型激励理论？有何代表理论？
6. 激励过程中应遵循哪些原则？常见的激励方式有哪些？

第十三章 沟通理论

本章学习目标

1. 了解沟通对管理的重要性。
2. 描述信息沟通的基本过程。
3. 分析比较不同信息沟通方式的优、缺点。
4. 叙述各种信息沟通网络的特点。
5. 了解沟通中可能遇见的障碍。
6. 掌握提高沟通效果的基本方法。

导读 学会倾听

美国知名主持人林克莱特一天访问一名小朋友,问他说:“你长大后想要当什么呀?”

小朋友天真地回答:“嗯……我要当飞机的驾驶员!”

林克莱特接着问:“如果有一天,你的飞机飞到太平洋上空所有引擎都熄火了,你会怎么办?”

小朋友想了想:“我会先告诉坐在飞机上的人绑好安全带,然后我背上我的降落伞跳出去。”

当在现场的观众笑得东倒西歪时,林克莱特继续注视这孩子,想看他是不是一个自作聪明的家伙。没想到,孩子的两行热泪夺眶而出,这才使得林克莱特发觉这孩子的悲悯之情远非笔墨所能形容。

于是林克莱特问他说:“为什么要这么做?”

小孩的答案透露出一个孩子真挚的想法:“我要去拿燃料,我还要回来!”

管理启示 管理者经常犯这样的错误,习惯性地用自己的权威打断下属的话。要知道学会倾听,与下属保持畅通的信息交流,将会使你的管理如鱼得水,以便及时纠正管理中的错误,制定更加切实可行的方案和制度。

对管理者来说，为了实现共同的组织目标，必须了解外部环境变化，需要内部各部门、各环节协调配合，人、财、物各种资源合理配置，这些都离不开沟通。因此，有效沟通是管理活动顺利进行的前提。

第一节 信息沟通的基本过程

一、信息沟通的重要性

沟通意味着意义的传递，如果信息没有被传送到，则沟通没有发生。但是，成功的沟通，不仅要求意义被传递，而且还需要被理解。因此，一般意义上的沟通是指信息从发送者到接受者的过程和行为。

1. 信息沟通的基本条件

（1）信息沟通的构成要素。

进行信息沟通必须具备四个基本要素：信源、信道、信息、信宿。信源是指信息沟通的主体，是有目的地传播信息的发送者。信道是指信息传递的渠道，如人、文件、电视、书刊、电报、电话、互联网等。信息是沟通的内容，它表达沟通主体的观念、需要、意愿、态度等。信宿是指信息所要达到的客体，是信息的接受者。

（2）信息沟通的基本条件。

信息沟通的基本条件由三方面组成：一是发送者发出的信息应完整而准确；二是接受者必须理解这一信息；三是接受者必须愿意以恰当的形式将信息传递的意图付诸行动。

2. 信息沟通的重要性

从领导职能而言，离开了人际沟通，组织的活动就不能开展，既不可能实现相互协调合作，也不可能进行必要而及时的协调变革。因此，信息沟通在管理活动中具有重要意义。

（1）有效的沟通是良好决策的必要前提。人际沟通的实质是信息的传递和理解，而信息是管理决策的最重要依据之一。在信息匮乏的情况下，任何高明的管理者都无法作出正确的决策。掌握和了解尽可能全面的信息，是避免决策失误的基本保证。

（2）有效的沟通是组织目标实现的重要手段。如果没有人际沟通，一个群体的活动也就无法进行。通过有效的人际沟通，可以使组织内部分工合作更为协调一致，保证整个组织体系统一指挥、统一行动，实现高效率的管理，使组织成员团结一致，共同努力来实现组织目标。

(3) 有效的沟通是履行领导职能的基本途径。领导职能的实质是指挥、协调、鼓励下属为实现组织目标而努力的过程。完成这一过程的关键在于能否有效的沟通,即领导者的意图和想法要使下属知道和理解,并且也要了解下属的愿望和需要。因此,真正履行领导职能需要上下级的沟通。

(4) 有效的沟通是改善人际关系的重要条件。组织中每个成员都有受人尊重、社交和爱的需要,人与人之间的沟通和交流可以使这些需要得到满足。经常性的沟通和交流也可以使人们彼此了解,消除彼此的隔阂和误会,消除和解决矛盾与纠纷,从而利于良好人际关系的形成。

二、信息沟通的过程

沟通简单地说就是传递信息的过程。但是,信息在发送者和接受者之间是如何传递的呢?传递过程又具有什么样的特点呢?只有了解这些基本内容,才能更好地提高沟通的有效性。

1. 人际沟通的基本特点

管理活动中的信息沟通不同于一般的机—机沟通、人—机沟通,其实质是人际沟通。所谓人际沟通是指在组织背景下发生的人与人之间传递情报、消息和交流思想、感情的过程。人与人之间的信息沟通具有以下特点:

(1) 人际沟通的主要方式是语言,辅之以手势、表情等。人际沟通主要通过语言来实现,口头语言中的音调、重音、语气,以及说话时的表情等都在传递一定的信息。书面语言中句子的结构、标点符号等也都会影响沟通的效果。

(2) 人际沟通的内容并不仅限于纯粹的情报、消息的沟通,同时还包括思想、感情、观点等的交流。人们在交流信息的同时,还表达了自己对所传递信息内容的看法。

(3) 人际沟通过程中会遇到特殊的障碍。一般的信息沟通会因为通信设施出问题、线路故障而中断。人际沟通遇到的障碍主要是心理障碍。由于每个人的知识、经历、价值观不同,人际沟通常会因为受到人与人之间复杂心理过程的影响而易造成信息失真。

2. 信息沟通的基本过程

组织内的信息沟通过程是一个将主体的想法和观念等信息传递给客体或整个组织的过程。图 13-1 是信息沟通的一般模式。

(1) 沟通信源。信息发送者是一个沟通过程的源点,为了某种需要,他准备向接受者传递某些信息。这里所说的信息包括想法、观点、建议、计划以及各种资料等。

(2) 沟通编码。信息是一种抽象的意识,需要借助技术手段才能表达出来,这就是信息的编码过程。即将信息内容表达为某种或某些特定的符号,如语言、文字、手势等,这样

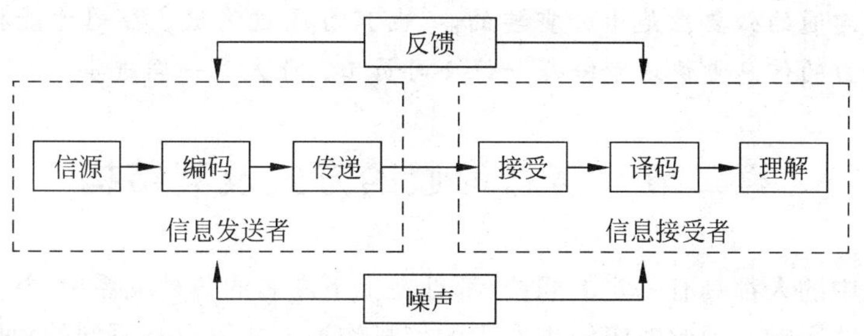

图 13-1　信息沟通的一般模式

才能得以传递。

(3) 沟通传递。对信息进行编码之后，还需要通过一定的渠道或媒介传递出去。组织中的沟通渠道，有文件传递、电话传递、会议传递和面对面交谈。采用哪种渠道，应根据信息性质、重要程度、保密情况、空间距离等来确定。对信息沟通渠道要求畅通无阻，避免干扰，以使接受者正确无误地收到信息。

(4) 沟通接受。信息接受者根据不同的传递渠道或媒介，选择相对应的接受方式。

(5) 沟通译码。信息接受者接受的还不是信息的本身，而是信号，这些信号还需要经过接受者的"翻译"，变为具有特定含义的信息。这个译码过程关系到接受者是否能正确理解发送者所传递的信息，译码错误，信息就会被误解。

(6) 沟通理解。接受者对信息的理解和接受程度，取决于他的知识水平、专业水平、智力情况和工作经验。对于同一信息，不同的人会有不同的看法。

(7) 沟通反馈。信息传递的目的，是发送者要看到接受者采取发送者所希望的正确行动，否则，说明信息沟通发生了问题。为了查核和纠正可能产生的某些偏差，就要实施反馈。接受者把自己理解后的信息编码再返回给发送者，发送者要据此判断自己发送的信息是否被接受者正确理解。

小平台

如果将沃尔玛体制浓缩成一个思想，那就是沟通，那是沃尔玛成功的真正关键之一。他们以许多种方式进行沟通，从星期六早晨的会议到极其简单的电话交谈，乃至卫星系统。沃尔玛公司还始终坚持让经理和采购员离开本顿威尔，到各商店内巡视。萨姆也总是乘飞机每周去商店了解哪些商品卖得好，哪些商品卖得不好，有什么样的竞争对手，经理的工作表现如何，商店的面貌如何，以及顾客们心中有何想法。萨姆认为访问商店和倾听员工的意见可能是他作为总裁对时间的最有价值的利用。在这样一家大公司里，强调实现良好的沟通的必要性是十分重要的。也只有通过沟通，公司才能把自己更具有竞争力的信息更快地带给每一位公司员工，让大家一同进步。

第二节 信息沟通的方式及其结构

由于组织中的人都具有一定的职位，都处在上下左右的各种关系中，并受到正式和非正式权力关系的影响。因此对组织中发生的信息沟通方式可以从不同的角度进行分类。

一、信息沟通的方式

信息沟通贯穿于管理的各个环节，可以按沟通的媒介、方向、渠道性质以及有否反馈等对其进行分类。

1. 口头沟通、书面沟通、非语言沟通及电子沟通

按照沟通中信息符号承载媒介的不同，沟通可分为口头沟通、书面沟通、非语言沟通及电子沟通。

(1) 口头沟通。这是运用最为广泛的沟通方式。它是以口头语言为媒介进行信息传递的沟通，主要包括各种会谈、讨论、会议、演讲、走访、电话联系等。

口头沟通的优点是比较灵活、传递和反馈速度快。沟通中不仅传递信息，还可以传递感情、态度，特别是可以借助体态、手势、语调以及表情等作为辅助沟通手段，以强化信息对对方的影响，帮助信息接受者理解和接受信息。同时，在沟通过程中还可以通过提问、讨论的形式或从对方的表情、体态中得到反馈信息，了解其理解的程度及感兴趣的程度，以便及时调整沟通的内容、时间或方式等。口头沟通也有它的局限性。第一个局限性是语义。不同的词对不同的人有不同的意义；第二个局限性是语音语调使意思变得复杂，不利于意思的正确传递。意思会因人的态度、意愿和感知而被转换。人们推知的意思可能是正确的也可能是不正确的；第三个局限性是失真。当信息经过多人传递后，信息失真的潜在性就越来越大。

(2) 书面沟通。这是以文字为媒介进行信息传递的沟通，主要包括各种文件、信件、通知、布告、便条、备忘录、书面报告、会议记录等。

书面沟通的优点是比较规范，不受时空限制，资料可以长期保存，需要时可以随时翻阅，必要时可反复推敲和研究。另外，信息传递准确性较高，传递范围比较广泛。缺点一是沟通效果受信息接受者文化水平的限制；二是传递方式较为呆板，缺乏感情、态度、动机等方面的信息；三是缺少内在的反馈机制，无法确保所发出的信息能否被接受和理解。

(3) 非语言沟通。这是以非口头和书面语言的方式所进行的信息传递，主要包括语调、体语、颜色、沉默和信号等。语调是指对词汇或短语的强调。体语是指身体手势、面部

表情和其他身体动作。颜色是指脸部的颜色，如发红、发白等。沉默就是不说话，不发表什么。信号是指红绿灯、警铃、旗语等。

在非语言沟通中，最重要的是体语沟通和语调沟通。体语能够传达诸如愉快、紧张、恐惧、憎恨、傲慢、卑微、坚决、犹豫等各种细微的心理状态。语调也是一种神奇的沟通方式，同样的一句话，语调不一样，传达的信息也就不一样。

(4) 电子沟通。这是运用各种电子设备进行信息的传递，主要包括电话、电子邮递系统、闭路电视、计算机、复印机、传真机等。这些设备与言语和纸张结合起来就产生了更有效的沟通方式。尤其是电子邮件的运用已全球化，使信息传递速度大大加快。

2. 上行沟通、下行沟通、平行沟通和斜向沟通

按照信息沟通方向的不同，沟通可分为上行沟通、下行沟通、平行沟通和斜向沟通。如图 13-2 所示。

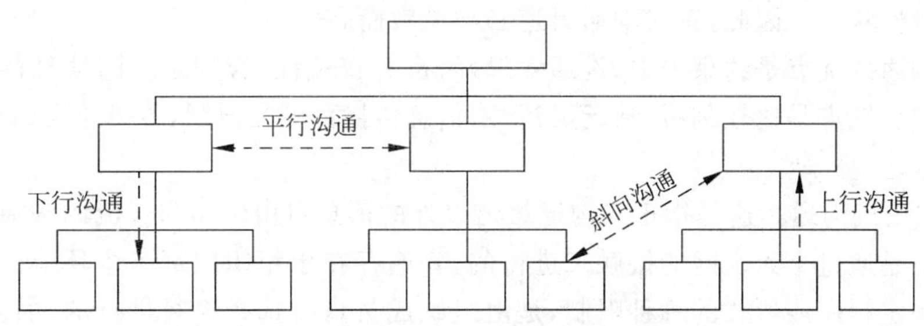

图 13-2　组织中的信息流向示意图

(1) 上行沟通。这是指下级将信息传达给上级，是由下而上的沟通方式。例如下级向上级反映意见、汇报工作情况、提出建议和要求等。上行沟通是管理者了解下属和一般员工意见和想法的重要途径。上行沟通畅通无阻，各层次管理者才能及时了解工作进展的真实情况，了解员工的需要和要求，体察员工的不满和怨言，了解工作中存在的问题，从而有针对性地作出相应的决策。

(2) 下行沟通。这是指上级将信息传达给下级，是由上而下的沟通方式。例如上级将各种工作指令、指导文件、政策、有关决策、工作程序及要求等传达给下级。下行沟通顺畅可以帮助下级明确工作目标及要求，增强其责任感和归属感，协调组织各层次的活动，促进上下级之间的联系等。

(3) 平行沟通。这是指组织内平行机构或同一层次人员之间的信息交流的沟通方式。例如组织内部各职能部门之间、员工之间的信息交流。平行沟通是加强各部门之间的联系、了解、协作与团结，减少各部门之间的矛盾和冲突，改善人际关系和群际关系的重要手段。

(4) 斜向沟通。这是指处于不同层次的没有直接隶属关系的成员之间信息交流的沟通方式。这种沟通方式有利于加速信息的流动,促进理解,并为实现组织的目标而协调各方面的努力。

在管理活动中有着密切联系的四种不同沟通,构成了人际沟通的一个有机整体,缺一不可。纵向的上行、下行沟通应尽量缩短沟通的渠道,以保证信息传递的快速与准确;横向的平行沟通应尽量做到广泛和及时,以保证协调一致和人际和谐。为加速信息流动可灵活运用斜向沟通。

3. 正式沟通和非正式沟通

按照信息沟通渠道是否是组织正式规定的,沟通可分为正式沟通和非正式沟通。

(1) 正式沟通。这是通过组织明文规定的渠道所进行的信息传递与交流的沟通方式。正式沟通畅通无阻,组织的各项管理活动才会秩序井然;反之,整个组织可能会陷入紊乱甚至瘫痪状态。因此,正式沟通渠道必须灵敏而高效。

正式沟通的优点是约束力强、沟通效果好,富有权威性,管理系统的信息都应采用这种沟通方式。缺点是比较刻板、缺乏灵活性,信息传播范围受限制,传播速度比较慢,以造成信息损失。

(2) 非正式沟通。这是指正式沟通渠道以外的信息自由传递与交流的沟通方式。这类沟通主要是通过个人之间的接触来进行的,普遍存在于组织内部各个环节。非正式沟通不必受规定程序或形式的种种限制,是由组织成员自行选择途径进行的,因此,比较灵活方便,但也伴随着随意性强、信息扭曲和失真可能性大等问题。在组织管理中,非正式沟通对于促进组织信息更快、更好、更全面地沟通有积极的意义。管理者应在努力建立完善、畅通的正式沟通网络时,辅之以灵活的非正式沟通,从而有效地发挥沟通的作用。

4. 单向沟通和双向沟通

按照信息沟通是否进行反馈,沟通可分为单向沟通和双向沟通。

(1) 单向沟通。这是指没有反馈的信息传递的沟通方式。当所要解决的问题比较简单又亟须处理、下属缺乏足够的信息时,采用单向沟通方式效果较好。但由于接受者对信息内容的理解没有机会表达,单向沟通有时准确性较差。另外,单向沟通缺乏民主性,容易使接受方产生抵触情绪,心理效果较差。

(2) 双向沟通。这是指有反馈的信息传递的沟通方式,是发送者和接受者进行信息交流的沟通。其优点是沟通信息的准确性高,接受者有反馈意见的机会,双方可以反复交流磋商,增进彼此的了解,加深感情建立良好的人际关系。缺点是沟通过程中接受者要反馈意见,有时使沟通受到干扰,影响信息的传递速度。此外,由于要时常面对接受者的提问,发送者会感受到心理压力。

单向沟通与双向沟通的比较如表 13-1 所示。

表 13-1　单向沟通与双向沟通的比较

	速度	心理	噪声	准确性	满意度	可信度
单向沟通	快	发送者小 接受者大	小	低	发送者高 接受者低	低
双向沟通	慢	发送者大 接受者小	大	高	发送者低 接受者高	高

二、信息沟通网络

在管理过程中，人们无论采用哪一种沟通方式，都必须选用一定的沟通路径或通道。由若干环节的沟通路径或通道所组成的总体结构就是信息沟通网络。组织中的许多信息通常都需要经过多个环节的传递，才能达到最终的接受者。如果不能在组织内部建立良好的人际沟通网络，信息很难在多人之间进行有效的交流。

在正式组织环境中，信息沟通网络有五种基本形态（五人为例），如图 13-3 所示。

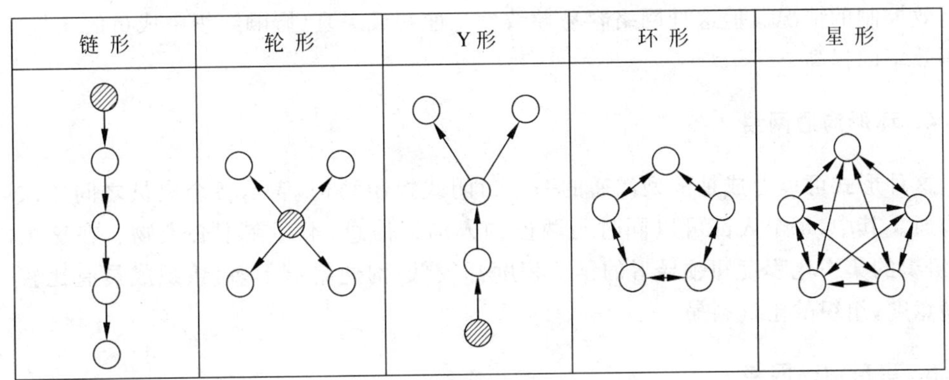

图 13-3　沟通网络示意图

1. 链形沟通网络

这是信息在组织成员间只进行单线、顺序传递的犹如链条状的一个纵向沟通网，代表在组织的各级层次中信息自上而下或自下而上进行传递，不能横向传递。在这个网络中，信息经层层传递、筛选，容易失真，各个信息传递者所接受的信息差异很大，平均满意程度有较大差距。此外，该网络还可以表示组织中高层管理者与基层员工之间存在着若干个中间管理者，属于控制型结构。这种网络适合于规模庞大，须分层授权管理的组织。但由于沟通层次多,不大利于提高士气。

2. 轮形沟通网络

这种网络中的信息是经由中心人物而向周围多线传递,其结构形状因像轮盘而得名。这属于控制型沟通网络,其中只有一个成员是各种信息的汇集与传递中心。在组织中,这种网络大致相当于一个主管直接领导几个部门的权威控制系统,所有信息都是通过主管领导,下属之间没有沟通。该网络集中化程度高,解决问题速度快,容易控制,居于中心地位的人因情报多、有较大的权力而比较自信和有自主性。但由于其他成员之间缺乏沟通而满意度低,士气可能低落,工作中难以做到相互支持和密切配合。

3. Y 形沟通网络

这是一种纵向沟通网络,其中只有一个成员位于沟通的中心,成为沟通的媒介。这一网络在组织系统中是倒 Y 形网络形式,相当于由主管、秘书和几位下属构成的沟通网络。这种网络集中化程度高,解决问题速度快,组织中的领导成员预测程度高。它通常适用于主管人员工作任务十分繁重,需要有人协助筛选信息,提供决策依据,同时又要对组织实行有效控制的情况。但这种网络容易导致信息曲解或失真,影响组织中成员的士气,阻碍组织效率的提高。

4. 环形沟通网络

这种形式可以看成是链型沟通的一个封闭式控制结构,表示各个成员之间依次联络和沟通。其中,每个人都可以同时与两侧的人沟通信息,不存在中心人物。在这个网络中,组织的集中化程度和领导者的预测程度都较低,沟通渠道不多,组织成员有比较一致的满意度,组织的士气高昂。

5. 星形沟通网络

该沟通网络又称全通道型,这是一个全方位开放式的网络系统,其中每个成员之间都有不受限制的信息沟通与联络。采用这种沟通网络的组织,集中化程度及主管人员的预测程度均很低。由于沟通渠道多,组织成员的平均满意度高且差异小,所以士气高昂,合作气氛浓厚。这对于解决复杂问题,增强组织合作精神,提高士气均有很大的作用。但由于这种网络沟通的渠道太多,容易造成混乱,且又费时,影响工作效率。

信息沟通网络对组织的活动有重大的影响。一个高效的沟通网络能够调节人的精神状态,鼓励创新,协调工作,指导员工的各项活动。因此,在管理活动中,应根据组织的外部环境和沟通的目的正确选择有效的沟通网络。

小平台

在苹果电脑公司中，电子邮件是一种生活方式。不仅管理者利用它来共享信息，市场部经理利用它促进产品推广，而且，它还是苹果公司中7个员工群体的沟通命脉。

我们把这些群体称为亲密群体，它们是：同性恋者群体、拉丁美洲人群体、亚洲人群体、美国黑人群体、妇女群体、越南人群体和犹太文化的热衷者群体。这7个群体都使用苹果公司的电子邮件系统传递有关会议、聚会和讨论的信息，而这一切得到了苹果公司高级管理层的赞同和支持。

我们尚无具体的统计数据说明到底有多少个亲密群体使用电子邮件。但是，在全世界范围内，至少有4500万人使用电子邮件，大约2/3的使用者通过网络使他们的交往不仅仅局限于关系密切的同事范围，在与其他公司或其他国家兴趣爱好相同的人建立联系方面，电子邮件是一种有效途径。

从积极方面看，亲密群体利用电子邮件促进了沟通，巩固了社会交往，有利于工作场所的多样化。然而，它也使圈外人士产生了敌意。比如，太平洋燃气与电子公司中反对同性恋的员工就利用该系统向同性恋同事传递攻击性信息。

第三节　信息沟通障碍及其克服

在沟通的过程中，由于存在着外界干扰以及其他种种原因，信息往往被丢失或者曲解，使得信息的传递不能发挥正常的作用，它们降低了沟通的有效性。管理人员不仅能够识别和辨认这些障碍，而且能够采取相应的办法，消除各种障碍，提高沟通水平。

一、信息沟通的障碍

信息沟通常常会受到各种因素的影响，使沟通受到阻碍。影响沟通的因素有很多，如沟通时机的选择、人际关系、信息充分程度以及沟通渠道方式等。归纳来看，沟通障碍主要来自三个方面。

1. 信息发送者的沟通障碍

在沟通过程中，信息发送者的情绪、倾向、个人感受、表达能力、判断力等都会影响信息的完整传递。这些障碍表现在以下几个方面：

(1) 表达能力不强。有效的沟通，要求发送者必须具备良好的口头或书面表达的能力以及逻辑推理能力。发送者如果口齿不清、词不达意或者字体模糊，就难以把信息完整地、正确地表达出来；如果使用方言、土语，会使接受者无法理解。因此，发送者缺乏这方面的技能，就势必造成所传递信息的先天性缺陷。

(2) 知识水平有限。没有人能够准确地传递自己所不了解的事情。信息发送者在特定问题上所拥有的知识背景，会直接影响所传递信息的质量。

(3) 态度状况不良。信息发送者的态度会影响其编码行为。任何人，包括管理者在内，都难以避免在一些问题上，持有自己的先入之见，而这些认识会影响和左右对所沟通信息的编码。

(4) 时机和内容选择不当。一是信息传递不及时或不适时。信息传递过早或过晚，都会影响沟通的效果；二是信息传递内容不全。信息内容有时过于缩简，使信息变得模糊不全；三是信息传递有过滤。过滤是指发送者故意操纵信息，使信息显得对接受者更有利。现实生活中的"报喜不报忧"的意识，就有可能使得信息发送者对所传递的信息进行调整和改变，造成信息沟通的失真。

2. 信息接受者的沟通障碍

信息传递到接受方，并不等于接受者就会接受和理解该信息。接受者需要将其收到信息中所包含的符号，通过解码过程，转译成自己可理解的形式。影响这一解码过程的障碍表现在以下几方面：

(1) 信息解码不准确。接受者如果对发送者的编码不熟悉，有可能误解信息，甚至理解得截然相反。

(2) 信息筛选不妥。受知觉选择性的影响，接受者在接受信息时，会根据自己的知识经验去理解，按照自己的需要和期望对信息进行"选择"，从而可能会使许多信息内容被丢失，造成信息的不完整甚至失真。

(3) 信息承受能力不强。每个人在单位时间内接受和处理信息的能力不同，对于承受能力较弱的人来讲，如果信息过量，难以全部接受，就会造成信息丢失而产生误解。

(4) 心理上有障碍。接受者对发送者不信任，敌视或者冷淡、厌烦，或者心理紧张、恐惧，都会歪曲或拒绝接受信息。此外，接受者不同的情绪感受会使个体对同一信息的解释截然不同。狂喜或悲伤等极端情绪体验都可能阻碍信息沟通，因为此时接受者会出现"意识狭窄"现象，从而不能进行客观理性的思维活动，代之以情绪性的判断。

3. 信息传递中的沟通障碍

信息传递需要通过合适的通道并以某种特定的网络连接方式来进行。沟通通道的障碍表现在以下几方面：

(1) 沟通媒介选择不当。沟通的有效性依赖于管理者如何根据信息本身的特点，以及收发双方的情况选择恰当的媒介。如事关重大的问题采用口头传达效果较差，因为接受者会认为"口说无凭"、"随便说说"而不予重视。

(2) 沟通网络存在缺口。这是指沟通的正式网络中所存在的缺陷或漏洞。在一些大而复杂的组织中,这种障碍是一种普通的现象。正式沟通网络是沿着组织的权责路线而建立的。随着组织的增长和扩大,这些网络便倾向于变得大而复杂,同时又没有很多的计划工作。在这种情况下,沟通网络便开始出现了缺陷,过分依赖于正式沟通而不利用其他来源和方法,导致沟通系统产生缺口。

(3) 沟通渠道过长。组织机构庞大,内部层次多,从最高层传递信息到最低层,从低层汇总情况到最高层,中间环节太多,容易使信息损失较大。

(4) 外界环境的干扰。环境的干扰也是导致信息沟通障碍的重要原因。环境的干扰会使信息接受者无法全面准确地接受信息发送者所送出的信息。诸如注意力难以集中、电讯突然中断、讨论问题的场合不适宜、相互传递信息时又被打岔,以及室内的布置、交谈时的距离等,都会对传递信息相互沟通产生影响,造成信息在传递中的损失和遗漏,甚至扭曲变形,从而造成了错误的或不完整的传递。

二、信息沟通的克服

信息沟通障碍的存在,势必会影响到各个环节之间信息沟通的效率,不利于组织计划和目标的实现,管理者应积极采取相应的措施,加以克服沟通中的各种障碍,保证管理活动的顺利进行。

1. 力求表达的准确

对于信息发送者来说,无论是口头交谈的方式,还是书面交流的方式,都要注意力求准确地表达自己的意思,选择准确的词汇、语气、标点符号,注意逻辑性和条理性,有些地方要加上强调性的说明,要从大量的信息中进行选择,只传递与工作有密切联系的信息,以突出重点。

准确地发送信息是沟通有效的首要的条件,因此要了解信息接受者的文化水平、经验和接受能力,考虑到对方的具体情况,得体地表达自己的意见。沟通时必须根据接受者的具体情况选择语言,语言应尽量通俗易懂,尽量少用专业术语,以使接受者能确切地理解所收到的信息。

由于信息接受者容易从自己的角度来理解信息而发生偏差,因此要提倡双向沟通。可以请信息接受者重述所获得的信息,或请他们表达对信息的理解,从而体会信息传递中的准确程度和偏差所在。有时还可以通过图表等形象性地表达自己的准确信息,便于对方理解和接受。

2. 重视非语言沟通手段

在沟通时,除了语言要准确以外,还要重视非语言沟通手段的运用。可以借助手势、动作、眼神、表情等来帮助思想和感情上的沟通，表达主题、兴趣、观点、目标和用意。初次见面时，马虎而随便的握手和热情而有力的握手会给人完全不同的感受。通过坚决而有力的动作，来明确信息发送者态度的坚定和对前景的充满信心。用炯炯有神的目光表示信任，鼓励信息接受者接受信息理解信息，并执行信息所提出的要求，可以产生此处无声胜有声的效果。

3. 选择恰当的沟通时机、方式和环境

沟通的时机、方式和环境对沟通的效果会产生重要影响。领导者在宣布重要决定时，应考虑何时宣布才能增加积极作用，减少消极作用；有的消息适合于以公开的方式通过正式渠道传递，有的则适合于以秘密的方式通过非正式沟通渠道传播；有的消息适合于在办公室沟通，有些则适宜于在家庭内沟通。此外，在沟通时应尽量排除外界环境干扰，如重要的谈话应选择安静的场所，以避免被电话、请示工作等打断。

管理者在沟通信息时，一定要对沟通的时间、地点、条件等都充分加以考虑，使之适应于信息的性质特点，以增加沟通的效果。

4. 注意疏通沟通渠道

沟通渠道的任何环节出现故障都可能严重影响效果。管理者应根据组织的规模、业务性质、工作要求等选择沟通渠道，制定相关的工作流程和信息传递程序，以保证信息的上传下达渠道畅通，为各级管理者决策提供准确可靠的信息。也可以通过召开例会、座谈会、问卷调查、领导接待日等形式传递和接受信息。

5. 掌握劝说和聆听的艺术

(1) 积极地劝说。信息发送者为了使对方接受信息，常有必要进行积极的劝说，并从对方的立场上加以开导，以求对方理解和接受信息。有时还需要通过反复的交谈来协商，甚至采取一些必要的让步或迂回的做法。有时由于时间的紧迫或其他的原因，信息必须无条件地接受并坚决地付诸行动，则要明确规定期限，限期结束并达到一定的目标。无论是劝说还是协商都必须是积极的，除非必要的合理的可以做到的要求，不应随便让步或给予某种承诺。交谈时间应尽可能的充分，不要过于匆忙，以致无法完整地表达意思。任何时候都不应发火或采取高压的办法，因为这样会使对方以沉默来对付，其结果仍是得不到有效的接受、理解和贯彻。尽可能开诚布公进行交谈，耐心地说明事实和背景，求得理解。同时，不应拒绝任何有益的建议、意见和提问。

(2) 仔细地聆听。在相互沟通所需要的听、说、读、写中，听几乎是最重要的。领导者在仔细聆听组织成员的意见时，其一，要使谈话对象的精神状态放松，距离适当靠近，努力创造真诚和信任的气氛，使组织成员感到领导者是真心实意想听听他的意见。其二，领导

者要注意改善谈话环境，排除干扰，除去一切可能转移注意力的因素，全神贯注地聆听，使组织成员感到领导者对他意见的重视，畅所欲言。其三，领导者要设身处地地考虑组织成员的看法，心平气和地从事实上，逻辑上客观地加以归纳，引导对方重复重要的细节、解释不清楚的环节。其四，领导者要注意控制自己的情绪，耐心、从容地聆听，可提问题，但不可插嘴，以便让对方能充分而完整地阐述其观点，尽可能准确地把握谈话对象所要表达的信息，达到沟通的目的。

小平台

斯特松（Stetson）公司是美国最老的制帽厂之一，1987 年时公司的情况非常糟糕：产量低、品质差、劳资关系极度紧张。此时，当地一位管理顾问薛尔曼应聘进厂调查。他的调查结果显示：员工对管理层、工会缺乏信任，员工彼此间也是如此。公司内的沟通渠道全部被堵塞，员工对基层领班更是极度不满，其中包含了偏激作风、言语辱骂、不关心员工的情绪等问题。通过倾听员工的心声，认清问题所在，薛尔曼开始实施一套全面的沟通措施，加上有所觉悟的管理层的支持，在 4 个月内不但员工憎恨责难的心态瓦解，同时他们也开始展现出团队精神，生产能力也有提高。感恩节前夕，薛尔曼和公司的最高主管亲手赠送火鸡给全体员工，隔天收到员工回赠的像一张报纸那么大的签名谢卡，上面写着："谢谢把我们当人看。"

本章小结

从领导职能而言，离开了信息沟通，既不可能实现相互协调合作，也不可能进行必要而及时的协调变革。因此，信息沟通在管理活动中具有重要意义。管理活动中信息沟通的实质是人际沟通。所谓人际沟通是指在组织背景下发生的人与人之间传递情报、消息和交流思想、感情的过程。

组织内的信息沟通过程是一个将主体的想法和观念等信息传递给客体或整个组织的过程。主要包括沟通信源、沟通编码、沟通传递、沟通接受、沟通译码、沟通理解、沟通反馈等环节。

组织中发生的信息沟通方式可以从不同的角度进行分类。按照沟通中信息符号承载媒介的不同，沟通可分为口头沟通、书面沟通、非语言沟通及电子沟通；按照信息沟通方向的不同，沟通可分为上行沟通、下行沟通、平行沟通和斜向沟通；按照信息沟通渠道是否是组织正式规定的，沟通可分为正式沟通和非正式沟通；按照信息沟通是否进行反馈，沟通可分为单向沟通和双向沟通。所谓的信息沟通网络是指由若干环节的沟通路径或通道所组成的总体结构,主要包括链形、轮形、环形、星形、Y形沟通网络。

在沟通的过程中,由于外界干扰以及其他种种原因,使得信息的传递不能发挥正常的作用,降低了沟通的有效性。管理人员不仅能够识别和辨认这些障碍,而且能够采取相应的办法,消除各种障碍,提高沟通水平。

案例聚焦 换老板促使我选择离开

口述者 任可 男 工作三年销售部门主管

我工作三年没有换过公司,对于销售来说是比较少见的了。

为什么我会在一个公司做这么长时间呢?因为前两个老板对我的工作非常支持,特别是第二个老板,我就是他一手提拔上来的。另外,公司虽然不大,两任老板却都很专业,对下属也会给予很多的支持和指导,所以一直没有想过跳槽。

去年年底,我的第三任老板上任了。她是从台湾本部派来的,从她刚开始上任起,我就觉得自己与她的做事方式格格不入。

比如说,我的老板很喜欢在办公室和其他下属说说笑笑,而我对本部门下属的要求是,在办公室里要保持严肃的工作气氛,表现出职业化的一面。老板的态度和我的要求就有了很大的出入,作为下属,我不可能去指出老板没有遵守规则,只有不去参加与她们的说笑,或者借口和老板讨论问题,尽力维护我所制定的规则。

久而久之,老板看出了我的意图,她的态度慢慢地有了转变,我发现她对我越来越排斥,甚至当着我部门员工的面故意找些小事情来批评我。很快,我觉察到部门员工的阳奉阴违,我交代他们去做的事情,总是拖拖拉拉,到该结束的时候,就找这样那样的理由来搪塞。我觉得自己在部门的威信一点点地降下去了,而且很难再回到从前的样子了。

今年5月,我的部门和缅甸的一家公司签了一个几十万元的单子,当我把成功的消息告诉我的老板时,她轻描淡写地说了一句知道了,其他的什么都没有说,甚至连头都没有抬一下。要知道,那时候正是SARS时期,为了这个单子,我费尽了周折,她怎么也该鼓励我一下,给我一点支持啊。我当时觉得非常失望,就是这样,我还是在例会上对这个单子中做得比较卖力的部下给予了奖励。我想,她虽然不认可我的工作,部门的工作总还要进行下去。

我们公司在项目上给部门主管的权限蛮大的,只要做好了单子,给老板过目就可以了。所以从那以后,没有什么事情,我很少主动再去找老板,我不愿意和她多谈项目的事情了,更不要说有什么私人交往了。

我最近总是想起第二任老板说过的话，他告诉我，在这个公司做三年，能学到的东西也学得差不多了，可以考虑跳槽了。现在，我越来越觉得他说得有道理。

我给自己选了两条路，第一是出去自己做，因为我的这个部门是我一手开拓出来的，工作经验和客户我都不愁的；第二是到外资公司去做，学一些先进的管理方式，我的外语水平还可以，而且就在上个礼拜我参加了一个公司的面试，还算比较成功。

现在，我的日常工作还在进行，即使我很快就会离开，我想做事情总要有始有终。

职业顾问点评

任可对自己的处境有清晰的认识，对自己未来的职业发展有很实际的规划。但职业顾问也发现，作为一个部门主管，任可其实缺乏沟通能力。他对上和对下的沟通都不尽如人意。

在工作上遇到与老板无法协调的问题时，任可并没有积极想办法解决，相反，他一味地将问题和矛盾的根源归结在了老板身上，而没有进行更深一层的思考究竟应该怎样解决问题。

他对自己的下属激励有加，但并没有达到彼此信赖的程度，在关键时刻，很难找到同盟军。

建议任可摆正心态，尝试换位思考，认真与老板沟通一下，也许在离职前，会真正认识你的老板，其实她也并不是你想得那样。

职业顾问也建议那些和老板相处并不是很融洽的职场中人，千万不要钻牛角尖，试试和老板好好谈谈，或许你会打消跳槽的念头，或许你会和老板成为朋友。

(资料来源：东方早报，14B，2003-8-20)

练习题

1. 什么是沟通？人际沟通有哪些特点？
2. 为什么领导者应重视沟通？
3. 信息沟通的基本过程有哪些？
4. 按照不同的标准，信息沟通方式可分为哪几类？
5. 什么是信息沟通网络？其主要类型有哪几种？
6. 信息沟通中会遇到哪些障碍？应如何克服？
7. 信息沟通中领导者应如何劝说和聆听？

第十四章 管理控制

本章学习目标

1. 理解管理控制的含义。
2. 明确管理控制的基本职能。
3. 了解管理控制的基本原则。
4. 区别不同类型的管理控制。
5. 描述管理控制的基本过程。
6. 关键控制点的选择要求。
7. 了解管理控制的方法。

导读 扁鹊的医术

魏文王问名医扁鹊说："你们家兄弟三人，都精于医术，到底哪一位最好呢？"

扁鹊答说："长兄最好，中兄次之，我最差。"

文王再问："那么为什么你最出名呢？"

扁鹊答说："我长兄治病，是治病于病情发作之前。由于一般人不知道他事先能铲除病因，所以他的名气无法传出去，只有我们家的人才知道。我中兄治病，是治病于病情初起之时。一般人以为他只能治轻微的小病，所以他的名气只及于本乡里。而我扁鹊治病，是治病于病情严重之时。一般人都看到我在经脉上穿针管来放血、在皮肤上敷药等大手术，所以以为我的医术高明，名气因此响遍全国。"

管理启示 事前控制优于事中控制，事中控制优于事后控制。防患于未然，道理浅显但意义深刻，管理者往往等到危机出现时才追根溯源，却是亡羊补牢，为时已晚。

控制是管理过程中非常重要的一部分，是管理的重要职能之一。组织的一切活动都是为了实现组织的目标，目标确定后，就层层分解落实到组织的各个部门直至各个成员。

因此，为了保证有效地实现目标，都要对组织成员和组织活动加以控制。

第一节　管理控制的职能

一、管理控制的必要性

1. 管理控制的含义

所谓管理控制是指组织在动态的环境中，为了保证既定目标的实现，对组织内部的管理活动及其效果进行衡量、评价和采取相应纠正措施的过程。为了保证控制职能的发挥，必须明确控制的两个基本前提。

(1) 控制有周密完善的计划。首先，控制要以计划为依据。控制之前必须先有计划，没有明确的计划目标，也就没有控制的工作目标。计划越全面、完整，控制工作的目标就越明确、效果也就会越好；其次，控制工作自身要有计划地进行。控制工作的目标、重点、要求、进度的明确程度，以及各种控制形式的正确使用，包括各种控制手段运用上的协调一致等，都会影响到控制工作能否取得良好的效果。

(2) 控制要有明确的组织机构。首先，要有专司控制职能的组织机构。在控制过程中一旦发现有偏离计划的情况出现，就必须明确由何部门、何职位、何人来负责何种控制工作。否则，控制工作的计划设想再好，没有相应的组织机构，控制职能仍然是无法完成的；其次，要处理好控制中的组织和协调的关系。由谁负何责、互相如何配合、时间的选择、场合的区别等都应有所考虑。这样才能确保整个控制工作的开展处于有效控制之下。

2. 管理控制的必要性

斯蒂芬·P. 罗宾斯曾指出："有效的管理应该始终督促他人，以保证应该采取的行动事实上已经在进行，保证他人应该达到的目标事实上已经达到。"在现代管理中，由于管理对象，管理环境和管理活动本身具有不完善的特征和多变因素，使得管理控制的必要性更加突出。

(1) 组织管理环境的不确定性。在现代社会经济中，由于总体环境的复杂多变和发展，必然会影响到组织管理活动。为了适应这种变化从而保证目标和计划的实现，管理活动也应该随之而不断变化和深化。因此，加强管理的控制职能，加深对环境变化进行监测，及时采取自我调节和加强外界协调的能力，成了管理工作必不可少的重要环节。

(2) 组织管理活动的复杂性。随着社会生产力的发展，现代组织的规模和内部结构日趋庞大和复杂。由于目标和计划的实现涉及各个部门和成员，需要进行大量的组织协调工作，给管理活动提出了更高层次的要求。对组织内部的有效控制，需要建立完备的控制系统，才能有效地监控和调节各种各样的错综复杂的活动，使各部门的活动紧紧围绕组织目标，保证每项工作顺利进行。

（3）组织管理权力的分散性。随着组织结构的调整、扩大和复杂多变，管理权力的分层授予更为普遍。组织分权程度越高，控制就越有必要。每个层次的管理者都必须定期或不定期地检查下属的工作，以保证授予他们的权力得到正确的运用，从而保证组织目标的实现。如果没有控制系统和相应的控制，管理者就得不到有关下级工作情况的信息，也就无法采取及时的纠正行动。

二、管理控制的职能

1. 管理控制的基本原则

控制的目的是保证组织活动符合计划的要求，以有效地实现预定的目标。无效的控制会引起计划无效和组织无效。为了保证对组织活动进行有效的控制，必须遵循以下原则。

（1）控制的重点性原则。任何组织不可能对每一个部门，每一个环节的每一个人在每一时刻的工作进行全面的控制，只能针对关键的项目，而且只有当这些关键项目与计划的偏差超过一定限度，足以影响目标的实现时才予以纠正，这就是所谓的重点原则。重点原则要求组织在建立控制系统时，利用一定的手段，找出影响组织活动效果的关键环节和关键因素，并据此在相关环节上设立预警系统和控制点，进行重点控制。

（2）控制的及时性原则。组织在活动过程中产生的偏差，只有及时采取措施加以纠正，才能避免偏差的扩大，或防止偏差对组织不利影响的扩散。这就要求控制系统及时准确地传递信息，避免时过境迁，使控制失去应有的效果；另一方面要估计可能发生的变化，使采取的措施与已变化了的情况相适应，即纠偏措施的安排应有预见性。

（3）控制的准确性原则。控制的目的是纠正偏差，因此要力求准确，才能达到这个目标。不准确的信息会导致管理者作出错误的决策，而错误的决策会给组织造成不良的后果。要确保控制系统的准确性，一是必须建立客观的衡量标准并定期地检查这些标准，使之符合现实的要求；二是控制过程中采用的检查、测量的技术与手段，必须能正确地反映组织活动在时空上的变化程度与分布情况，准确地判断和评价组织各层次、各环节的工作与计划要求的相符或相背离程度。

（4）控制的灵活性原则。未来的不可测性始终是客观存在的。组织运行过程中经常可能遇到某种突发的变化，这些变化使组织计划与现实条件严重背离。有效的控制系统应在这样的情况下仍能发挥作用，维持组织的运作，反映了控制的灵活性。

（5）控制的经济性原则。控制过程中的人力、物力、财力的消耗，必须与控制的必要性程度与其效果相适应，因此要考虑控制的经济性。控制的经济性体现在两个方面：一是实行有选择的控制，全面周到，无微不至的控制，不仅是不必要的也是不可能的。因此，要有重点地选择必要的控制点；二是要努力降低控制过程中的各项耗费，改进控制方法和手段，提高控制效率和效果。

(6)控制的适应性原则。任何控制的进行务必要从实际情况出发，不同的控制适应于不同的情况，对某种情况行之有效的控制手段、方法和措施，在另一种情况下未必行得通。因此，从实际情况的需要和可能出发，研究能适应这些活动的控制要素，制定相适应的控制方针，不仅是必要的而且是必须的。

2. 管理控制的职能

在管理的具体职能中，控制职能是个重要的基本职能。它与管理的其他职能联系紧密，共同发挥其功能作用。具体来说，管理控制的职能主要体现在以下几个方面。

(1) 控制是完成计划的重要保证。计划与控制是管理活动中一对不可分割的、紧密联系在一起的职能。计划是控制的标准，计划越全面、越明确，控制的作用和效果也就越大。脱离计划，控制就会失去方向、失去标准，也就失去了控制的意义。同样，计划也离不开控制，只有有效地实行控制，计划的实现才有切实保证，目标才能变成现实。

(2) 控制是实现目标的根本保证。控制是以计划为依据、为标准的，但控制的最高宗旨是实现组织的目标。计划是在预测的基础上对未来活动所作出的安排。因此，计划在实际执行中会出现一些难以预料的情况，造成实际工作与计划不符的偏差。控制应根据产生偏差的不同原因，采取相应的措施，调整和纠正工作偏差或计划偏差，这不仅保证了计划的实现，而且又是对计划的完善和补充，从而在根本上保证了组织目标的实现。

(3) 控制是改进工作的有效手段。控制的实质是对实际活动的反馈所作出的反应。这种反馈不仅会反映实际工作与计划、组织目标的偏差，而且会反映所制订计划或目标不符合实际。当采取措施加以纠偏和调整后，各项工作就会得到改进。因此，控制是督促和推动工作不断进步的有效手段。失去控制，工作无法改进，管理落后现实，就难以保持正确的工作方向，无法提高工作的效益和效率。

小平台

麦当劳总公司对遍及各地的连锁店保持严格的控制，充分了解出现的问题和存在的机会，扩大它们的资产，促使其保持良好的形象与服务标准。但控制并不仅仅指规定一个标准，例如麦当劳长达350页的经营手册，还指出要加强监督以保证这些标准被贯彻。公司高级主管人员必须经常不定期地与每个连锁店联系并根据已做出的规定给它们评分。经营的所有方面都要受到检查，从炸薯条的油脂含量到洗手间肥皂的供应。一旦某个连锁店明显违背了规定，就必须采取措施来加以纠正。

第二节　管理控制的基本类型

组织在运行过程中会产生各种信息，这些信息以不同的方式，通过不同的渠道反映到各级主管人员，经过分析整理，主管人员对不同的控制对象确定了不同的控制工作重点，并采用不同的控制工作类型进行控制。按照不同的分类标准，控制可分为多种类型。

一、按照纠正措施的环节分类

在控制过程中，由于信息反馈与采取纠正措施之间存在时间延迟。因此，纠正措施的实施作用，就会反映在管理活动的不同环节上，形成现场控制、前馈控制和反馈控制，如图 14-1 所示。

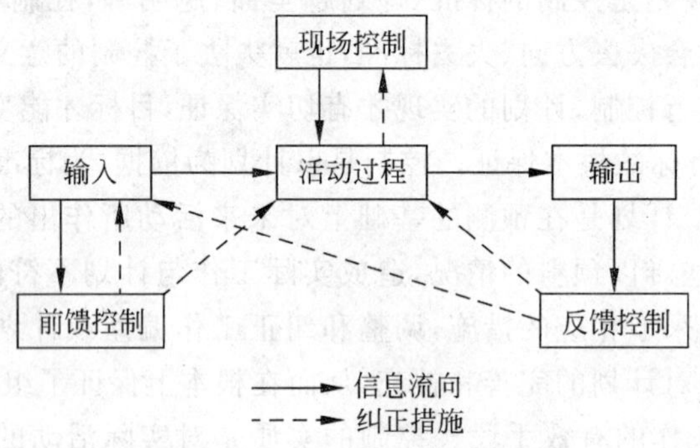

图 14-1　前馈、现场、反馈控制示意图

1. 现场控制

现场控制是指主管人员深入现场监督检查和指导下属的活动。它是一种主要为基层管理人员所采用的控制方法，其纠正措施是针对正在进行的计划执行过程发生作用的。现场控制主要包括向下属指示适当的工作方法和工作过程、监督下属工作的进展情况、发现偏差时立即采取纠偏措施等内容。

现场控制有助于管理人员的工作能力和自我控制能力，能及时纠正工作中发生的偏差，保证活动按规定的政策、程序和方法进行。但是，现场控制也有其弊端：一是容易受到管理者的时间、精力和业务水平的制约；二是应用范围较窄，对一些无法计量的工作难以控制；三是容易造成控制者与被控制者之间的对立。因此，主管人员要避免单凭主观意志行事，应加强自身学习和提高，亲临一线仔细观察、监督，以计划、标准为依据，服从组织原则，遵从正式指挥系统的统一指挥，逐级实施控制。

2. 前馈控制

前馈控制是指主管人员通过对情况的观察、对规律的掌握、对信息的分析、对趋势的预测，预计未来可能发生的问题，在其未发生之前即采取措施加以防止。管理中的计划、定额、标准、规定等都是典型的前馈控制的形式，它们本身就是对各种可能出现的情况作出估计后制定的。前馈控制不能一次性完成，还要根据管理活动中出现的新问题、新动向，适时采取必要的制约措施。前馈控制的优点在于：可以防患于未然，以避免事后控制对已铸成的差错无能为力的弊端；预防式的纠偏措施，可以降低人事之间直接冲突。前馈控制的不足是需要及时和准确的信息，要求管理人员能充分了解控制因素与计划工作的影响关系。在现实条件下，要做到这些是十分困难的。尽管前馈控制可大大改善控制系统的性能，但要进行切实可行的前馈控制，必须符合以下要求：

(1) 对计划和控制系统有透彻、细致的分析，确定重要的输入变量；

(2) 建立和完善前馈控制系统模型；

(3) 注意保持模型的动态性，即经常检查模型以确保所确定的输入变量及其相互关系仍然能反映实际情况；

(4) 定期收集输入变量的数据并输入控制系统；

(5) 定期估计实际输入数据与计划输入数据之间的差异，并评估其对最终结果的影响；

(6) 采取纠偏措施以保证结果合乎需要。

3. 反馈控制

反馈控制是指主管人员通过对已形成的执行结果测量，比较和分析发现偏差的原因，依此采取措施，以防止偏差发展或继续存在。反馈控制优点在于：在周期性重复活动中，可以避免类似问题的发生；可以消除偏差对后续活动过程的影响；可以为人员奖惩及以后工作正确开展提供依据。反馈控制的主要缺陷，一是事后性，控制往往是偏差已经发生、损失已经造成的情况下才发生作用；二是时差性，从偏差发生到发现偏差、分析偏差、纠正偏差，有个时间延迟的过程，从而造成损失的扩大。但由于预测方法受各种条件的限制，这种方法仍被广泛应用着。

总之，三种控制方式都各有优缺点，有效的管理不能只依靠某一种控制方式，而必须根据特定情况将各种控制方式各有侧重地结合起来使用，以取得综合控制的效果。

二、按照控制对象的范围分类

根据控制对象的范围不同，管理控制可分为集中控制、分散控制和分层控制。

1. 集中控制

集中控制就是在管理系统中建立一个控制中心，由它来对所有的信息进行统一的加工、处理，并由这一控制中心，根据整个系统的状态和控制目标，直接发出指令，控制和操纵所有的管理活动。

集中控制的结构比较简单，信息集中，指标控制统一，便于整体协调。当组织规模和信息量不大，信息的获取、存储、加工和处理的效率和可靠性较高时，采用集中控制方式能够进行有效、及时的整体控制。集中控制的缺点是组织规模不断扩大时，信息量的增加会导致传输费用加大，信息传递的延迟可能导致决策失误。同时，这种控制方式缺乏对环境变化的灵活性、适应性和微调性，组织的变革和创新较为困难。

2. 分散控制

分散控制是将集中控制中心的职能分散成相对独立的控制机构，分别控制一定范围的对象及过程，共同完成总目标的控制方式。

分散控制适应组织结构复杂、功能分工细致的管理系统。其特点是，各种决策和控制指令是由分控中心分散发出的，它们都是根据自己的实际情况，按照局部最优原则来进行控制。分散控制的优点是分散决策、分散风险，个别控制环节的失误，不会引起全局的瘫痪。由于每个分控中心接受信息量较少，对环境变化具有较高的适应性，便于及时处理和更快作出决策，控制效率提高，增强了管理应变能力。分散控制的主要缺点是横向联系较差，局部目标与总目标一致性低，整体协调困难。

3. 分层控制

分层控制是一种把集中控制与分散控制结合起来的控制方式。它有两个特点，一是分控中心都有各自独立的控制能力和控制条件，可对管理对象直接实施处理。二是整个管理系统分为若干层次，上层控制中心对下层分控中心的活动，采取指导性、导向性的间接控制。

小平台

过去，GE公司有一个专门的质量控制组织——一个独立的内部组织，对集团内其他组织的硬件产品和其他配件进行检查。但是质量的成本和从订货到交货时间的限制成为沉重的负担。为了保持竞争优势，GE设计了积极的质量控制方案，在对传统的质量指标检验的同时，主要对速度或转速进行检测。为了达到这一目标，质量控制从检测缺陷(反馈控制)转为防范缺陷(前馈控制）。为将误差不断减小，客户、供应商、设计师、项目工程师、采购代理商和生产工人组成一个团队使制造性设计成为提高质量和服务价值的新途径。质量的本质是“第一次就做好它”。

第三节　管理控制的基本过程

管理控制的基本思路是根据组织计划的要求，设立衡量绩效的标准，然后把实际工作与标准进行比较，以发现组织活动中出现的偏差及其严重程度，并在此基础上制定和采取必要的纠偏措施，以保证组织目标的实现。

一、确定控制标准

标准是一种作为规范而建立起来的测量标尺或尺度。控制标准是控制目标的表现形式，是测定实际工作绩效的基础。对照控制标准，管理人员可以对工作绩效好坏做出判断。没有一套完整的控制标准，衡量绩效和纠正偏差就会失去客观的依据。因此，制定控制标准是控制工作的起点。

1. 确定控制对象

进行控制首先遇到的问题是“控制什么”，这是在决定控制标准之前首先需要妥善解决的问题。从理想的角度看，管理者必须对全部影响组织实现目标成果的因素都进行控制。但这种全面控制往往是不现实的，也是缺乏经济性的。从组织有限资源的经济合理使用，以及管理人员工作精力和能力受限制等现实情况的考虑出发，管理控制中更通常的做法是，倾向于选择那些对实现组织目标成果，有重大影响的因素进行重点控制。因此，为了确保管理控制取得预期的成效，管理者在选择控制对象时，必须对影响目标成果实现的各种要素进行科学的分析，从中选择出重点的要素作为控制对象。

一般的，影响组织在一定时期目标成果实现的主要因素有：

(1) 环境特点及其发展趋势。组织的计划和目标是根据决策者对环境的认识和预测来制定的。如果组织环境发生了某种无法预料和无力抗拒的变化，致使现实环境与制订计划时依据的环境条件不符合，就会影响组织目标的实现。因此，制订计划中所依据的对经营环境的认识、把握的各种因素应作为控制对象，列出环境正常与否的具体测量指标或标准。

(2) 资源投入。组织成果是通过对一定资源的加工转换而得到的。因此，资源是否及时投入以及投入的质和量等因素，都会影响组织的各种活动按期、按质、按量地进行。而投入资源的取得费用会影响组织的成本，从而影响组织的效益程度。对此，管理者必须对资源的投入进行控制，使之在数量、质量、价格以及时间上符合计划和预期结果的要求。

（3）组织的活动。组织的活动是将投入的资源转化为实际成果的过程。组织的各项活动是否符合计划要求，是决定组织目标实现的重要因素。因此，建立和健全员工的工作规范，明确各部门、各单位、各个人在不同时期的阶段性成果目标，有助于对他们的活动进行客观有效的控制。

在上述各方面因素中，哪些是管理控制工作的重点，管理者需要根据具体情况来确定。

2. 选择关键控制点

重点控制对象确定下来后，针对该对象制定控制标准前还必须具体选定控制的关键点。关键控制点是指在管理活动中受限制的因素，或是最能体现计划是否得以有效实施的因素。只要抓住关键点，组织活动的整体状况就可以得到控制。但组织中各部门都有其特殊性，人员构成亦不相同，要执行的计划方案不胜枚举，所以不存在任何情况都适用的关键点。虽然对关键控制点的选择，只能根据各自部门的实际情况而定，但还是有一般的指导性原则可循：

（1）关键控制点应能及时反映并发现问题。偏差总是越早发现越好，关键控制点应能在严重损害发生前就能捕捉迹象，以停止工作或改变原有的工作程序。

（2）关键控制点应能全面反映并说明绩效的水平。控制过程中，有时顾及了范围的全面却与时间限制产生了矛盾，结果往往失去了眼前的机会。例如将企业的财务状况作为关键控制点，实施预先控制是十分必要的。

（3）关键控制点的选择应注意平衡。一个关键控制点的选择，有时会对另一个标准产生负面的影响。实际工作中必须根据部门工作的性质，选择恰当的关键控制点，并综合平衡各标准，使组织的总体绩效达到最优。

3. 制定控制标准的方法

控制标准可分为定量标准和定性标准两大类。定量标准便于度量和比较，是控制标准的主要形式，它主要分为实物标准、价值标准和时间标准。实物标准有明确的数量，是计划的主要表现形式，也是控制的基本标准。价值标准反映了组织的经营状况，包括成本标准、利润标准、资金标准等，适用范围广。时间标准为工作的开展提供了时间限制，表现为工时定额、工程周期等一系列时间指标。定性标准主要用于一些难以定量化的控制对象，如组织形象等。任何一项标准，都应该有利于组织目标的实现。控制对象不同，制定标准的方法也不同。制定控制标准常用的方法有三种：

（1）统计方法。统计方法是根据组织历史上各个时期状况的数据，运用统计学方法确定未来活动的标准。最常用的有统计平均值、极大或极小值和指数等。利用本组织的历史性统计资料为某项工作确定标准，具有简单易行的特点，但据此制定的工作标准可能低于行业先进水平，甚至低于平均水平。为了克服这种局限性，在根据历史性统计数据制定未来工作标准时，充分考虑行业水平是非常必要的。

(2) 经验估计法。现实中，并不是所有工作的质量和成果都能用统计数据来表示，也不是所有的组织活动都保存着历史统计数据，对此组织可采用经验估计法。经验估计法是在缺乏充分数据资料时采用的一种建立标准的方法，它是由有经验的管理人员，根据经验判断、评估来建立标准的。利用经验估计法建立标准时，要注意利用各方面的管理人员的知识和经验，在充分了解情况，收集意见的基础上，科学地综合大家的判断，制定出一个相对先进合理的标准。

(3) 工程方法。工程方法是指以准确的技术参数和实测数据为基础，通过对工作情况进行客观的定量分析来制定标准。

二、衡量工作实绩

控制标准的制定就是为了衡量实际业绩，把实际工作情况与标准进行比较，找出实际工作业绩与控制标准之间的差异，并据此对实际工作作出评估。这里所指的实际业绩并不单指某项工作或某个项目的最后结果，它也可以是中间过程或状态，或是由中间过程或状态推测出来的结果。

在衡量业绩的过程中，为了保证及时、正确地提供能够反映偏差的信息，同时又符合控制活动的其他方面要求，管理者在衡量工作绩效时，应注意以下几个问题。

1. 确定适宜的实绩衡量频度

所谓的衡量频度是指衡量工作实际业绩的次数或频率，即间隔多长时间衡量一次实绩。对不同的衡量项目，衡量的频度可能不一样。有效的控制要求确定适宜的衡量频度。对控制对象或要素的衡量频度过高，不仅会增加控制的费用，而且还会引起有关人员的不满，影响他们的工作态度，从而对组织目标的实现产生负面影响；而衡量和检查的次数过少，则有可能造成许多重大的偏差不能被及时发现，不能及时采取纠正措施，从而影响组织目标和计划的完成。适宜的衡量频度取决于被控制活动的性质、控制活动的要求。

2. 建立有效的信息反馈系统

对实际工作情况进行衡量的目的，是为了控制提供有用的信息，为纠正偏差提供依据。这种信息反馈的速度、准确性直接影响到控制指令的正确性和纠偏措施的准确性。因此，必须建立有效的信息反馈系统，使反映实际工作情况的信息适时地传递给管理者，使之能及时发现问题。有效的信息反馈系统还可以及时将偏差信息传递给予控制对象有关的部门和工作人员，使他们准确及时地知道自己的工作状况，以促进其不断改进自己的工作。信息反馈系统的建立要抓住两点：一是确定与控制有关的人员在信息传递中的任务与责任；二是明确信息的收集方法、传递程序和时间要求。有了畅通的信息反馈系统，控制工作才能卓有成效地开展下去。

3．检验标准的客观性和有效性

衡量工作实绩是以预定的标准为依据来进行的。如果偏差是在执行中出现的问题，那么需要纠正执行行为本身；如果是标准本身存在的问题，则要修改和更新预定的标准。这样利用预定标准去检查各部门、各阶段和每个人工作的过程，同时也是对标准的客观性和有效性进行检验的过程。因此，衡量过程中的检验就是要辨别并剔除那些不能为有效控制提供必须的信息，以及容易产生误导作用的不适宜标准，以便根据控制对象的本质特征制定出科学合理的控制标准。

三、采取纠偏措施

衡量工作实绩与控制标准之间的差距，继而要分析造成偏差的原因，并采取相应的纠正措施。为了保证控制工作的针对性和有效性，在制定和实施纠正措施过程中应注意以下问题。

1．分析偏差

通过把实际业绩与控制标准进行比较，可以确定两者之间有无偏差。若无偏差或偏差在标准允许的范围内，则活动按计划继续进行；若偏差在标准允许的范围之外，则应深入分析偏差产生的原因，以便采取纠偏措施。并非所有的偏差都会影响组织的最终成果。有些偏差可能反映了计划制订和执行工作中的严重问题，而另一些偏差则可能是一些偶然的、暂时的、区域性因素引起的，从而不一定对组织活动的最终结果产生重要影响。因此，必须对反映偏差的信息进行评估和分析，评价其严重程度，分析其产生原因，以便采取适当的纠偏措施。

偏差产生的原因是各种各样的，可能是执行任务过程中工作失误造成的，也可能是标准制定不当或由于环境变化，工作标准脱离了实际。管理者必须找出造成偏差的真正原因。偏差可分为正偏差和负偏差。正偏差是指实际业绩超过计划要求，而负偏差是指实际业绩未达到计划的要求。负偏差是分析的重点，但也不能放弃对正偏差的原因分析。如果是由于环境发生了有利于目标实现的变化从而导致了正偏差，则要修改原有计划以适应变化了的环境。

2．确定纠偏措施的工作对象

组织的活动无疑是纠偏措施的工作对象，但偏差产生也有可能是由于计划或标准不适合实际情况，在这种情况下，组织活动的计划或衡量这些活动的标准成为纠偏措施的实施对象。

导致计划目标或标准调整的原因可以归纳为两方面：一是原先的计划或标准制定得不科学，在执行中发现了问题；二是原来正确的计划和标准，由于环境发生了无法预测的变化，不再符合实际情况。这两种情况中任一情况出现时，管理者就必须对已制订的计划或标准进行调整，但必须注意这种调整不能偏离组织总的发展目标，调整的目的是为了实现组织目标。

3. 采取恰当的纠偏措施

在深入分析产生偏差的原因的基础上，管理者要根据不同的偏差、不同的原因采取不同的纠偏措施。

(1) 计划或目标不切合实际形成的偏差。管理者应根据实际情况，采用重新制订计划或修改目标的方法来纠正偏差。

(2) 组织或领导工作失误造成的偏差。管理者必须利用组织手段来进一步明确职责、补充授权或是对组织机构进行调整，或者通过改善领导方式和领导艺术来纠正偏差。

(3) 组织环境重大变化导致的偏差。管理者应启动备用计划，或者重新制订新的计划来纠正偏差。

任何纠偏措施都会在不同程度上引起组织的结构、关系和活动的调整，从而会涉及某些组织成员的利益。既得利益者可能会对纠偏措施持反对和怀疑的态度。

综上所述，管理控制的基本过程是一个循环系统和不断往复的活动过程，如图 14-2 所示。

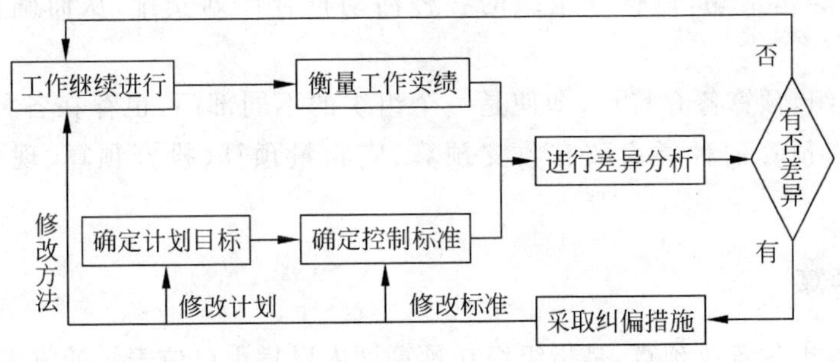

图 14-2　管理控制的基本过程

小平台

美国电器公司关键绩效的控制标准：

1. 获利能力。

2. 市场地位。

3. 生产率。

4. 产品领导地位。

5. 人员发展。

6. 员工态度。

7. 公共责任。

8. 短期目标与长期目标的平衡。

第四节 管理控制的基本方法

在管理活动中，目标的性质和达到既定目标所要求的工作成效的种类是不同的，因此，不可能存在一种最有效的控制方法。管理者应根据控制对象的不同，采用相应的管理控制方法。

一、预算控制

预算是管理控制中最基本、运用最广泛的方法。所谓预算是用货币或其他数量术语等形式来描述组织未来的财务计划或综合计划。它不仅预计了组织在未来一个时期中的经营收入或现金流量，而且为各部门或各项活动规定了在资金、劳动、材料、能源等方面的支出不能超过的额度。预算控制就是根据预算所规定的收入与支出标准来检查和监督各个部门的生产经营活动，以保证组织的各种活动符合计划安排，从而确保组织目标的实现。

不同的组织，预算各有特点，即使是一个组织的不同部门，也存在各种各样的预算。一般归纳起来，预算的种类大致有收支预算、实物量预算、投资预算、现金预算和预算汇总。

1. 收支预算

收支预算，也称营业预算，是指组织在预算期内以货币单位表示的收入和经营费用支出的计划预算。其中最基本和最关键的是销售预算，它是销售预测正式的、详细的说明。由于销售预测是组织计划的基础，而企业的赢利和经营费用的支出主要靠销售产品和劳务的收入来维持，所以销售预算成为预算的基础。

各个组织费用的支出项目往往比组织的收入项目多而杂，如人工费、材料费、管理费用、销售费用、财务费用、税金以及营业外支出等。在制定支出预算时，各种可能产生的支出都应尽可能考虑，并应在支出预算中安排一笔适当的不可预见费，以应付一些额外的开支。

2. 实物量预算

实物量预算是以货币单位表示的收支预算的补充和印证。由于收支预算会受到商品价格波动的影响，可能会造成收支预算与实物量投入产出计划的不符，因此用实物量预算来作为货币量收支预算的辅证。常用的实物单位预算是直接工时数、原材料数量、体积、工时数、重量和生产量。

3. 投资预算

投资属于资本性支出，投资预算具体体现的是一个组织在特定时间内固定资金运用的情况。投资预算的项目主要是指用于更新改造或扩充包括厂房、设备在内的固定资产的支出。由于投资支出数额较大，回收时间较长，因此在制定预算的时候要充分考虑各方面的因素，特别是要结合组织的长期发展战略来考虑。

4. 现金预算

现金预算是对组织在未来活动中现金流入与流出情况进行预测，它是以收支预算和投资预算为基础编制的。组织中有些用货币量表示的收入和支出，实际上还没有发生现金的流入和流出。如赊销所引起销售收入，在未收回账款之前，不能列为现金收入；同样，采用赊销的方式采购产品所引起的材料采购成本，在未向供应商付款之前，也不能列为现金支出。因此，现金预算所反映的是组织未来活动中的实际现金流量和流程。一个组织的销售收入再大，若不能及时将应收账款收回，或者组织的流动资金被大量的存货占用，那么该组织的现金流转仍有可能出现紧张局面。通过现金预算，可以帮助了解组织的现金周转情况，以便在现金不足时筹集资金，在现金多余时及时处理现金余额，并且提供现金收支的控制限额。

5. 预算汇总

预算汇总也就是财务报表预算，包括资产负债表预算和损益表预算。预算汇总可以从总体上反映组织在一定时期内的财务状况和经营成果，是控制组织的资金、成本和利润的重要手段。资产负债表预算是利用本期初的资产负债表，根据销售、生产、资本等有关预算数据加以调整，编制预计资产负债表，预测组织在计划期的财务状况。损益表预算是通过综合组织的各种预算，预计收入、支出和利润，编制预计损益表，反映组织在计划期的经营状况和经营成果。

预算汇总的编制要以组织目标和计划为依据。通过对预计资产负债表和预计损益表的分析，可以发现某些分预算中存在的问题，从而有利于及时采取调整措施。另外，通过将本期预算财务报表与上期实际发生的财务报表进行比较，可以发现组织的财务状况和经营成果有可能发生哪些不利的变化，从而及时采取控制措施。

二、财务比率分析

财务比率分析是指利用财务报表提供的数据，计算、比较财务指标的比率，来确定相对数差异，用于分析组织过去的财务状况和经营成果及未来前景。常用的财务比率可以分为盈利能力比率、负债比率、变现能力比率和资产管理比率。

1. 盈利能力比率

盈利能力比率就是企业赚取利润的能力。反映盈利能力的指标主要有销售净利率、销售毛利率、资产净利率和净值报酬率等。销售净利率是指净利与销售收入的百分比，它反映了每一元销售收入带来的净利润的多少。通过分析销售净利润的升降变化，可以促使组织在扩大销售的同时，注意改进经营管理，提高盈利水平；销售毛利率是毛利占销售收入的百分比，它表示每一元销售收入扣除销售产品或商品的成本后，有多少可以用于各项期间费用和形成盈利。毛利率是销售净利率的最初基础，没有足够大的毛利率便不能盈利；资产净利率是净利与平均资产总额的百分比，它表明了组织资产利用的综合效果。该指标值越高，表明资产利用效果越高，否则相反；净值报酬率是净利与所有者权益的百分比，它反映了所有者权益的收益水平。该指标值越高，说明投资带来的收益越高。

2. 负债比率

负债比率是指债务和资产、净资产的关系，它反映组织偿付到期的长期债务的能力。负债比率指标主要有资产负债率和产权比率。资产负债率是负债总额除以资产总额的百分比，它反映在组织总资产中有多大比例是通过借债获得的。资产负债率过高，一方面，会使组织面临沉重的还本付息压力；另一方面，会增加进一步筹资的资本成本。但资产负债率过低，财务杠杆的作用不能有效地发挥，不能实现投资收益最大化；产权比率是负债总额与所有者权益总额的比率，它反映由债权人提供的资本与所有者提供的资本的相对关系，反映组织的财务结构是否稳定。产权比率高，是高风险、高报酬的财务结构。反之，是低风险、低报酬的财务结构。

3. 变现能力比率

变现能力是组织产生现金的能力，它取决于可以在近期转变为现金的流动资产的数量。变现能力比率指标主要有流动比率和速动比率。流动比率是流动资产除以流动负债的比值。速动比率是从流动资产中扣除存货部分，再除以流动负债的比值。一般来说，组织的流动比率和速动比率越高，组织的短期偿债能力越强；反之，短期偿债能力则弱，这样会影响组织的信誉，甚至会因不能偿还到期债务而破产。因此，组织应保持一定数量的流动资产,但又要防止为了追求过高的流动性而导致资源的闲置,以避免失去应有的收益。通常认为,流动比率为1左右,速动比率为2左右比较合适。

4. 资产管理比率

资产管理比率是衡量组织在资产管理方面的效率的财务比率,主要包括存货周转率、应收账款周转率和总资产周转率。存货周转率是销售成本除以平均存货的比值。一般来讲,存货的周转速度越快,存货转换为现金或应收账款的速度越快。反之,变现能力则越差。通过存货周转率分析,可以从不同的角度找出存货管理中的问题,使存货管理在保证生产经营的同时,尽可能地少占用资金,提高资金的使用效率;应收账款周转率是销售收入除以平均应收账款的比值。一般来说,应收账款周转率越高,平均收账期越短,说明应收账款的收回越快。反之,组织的营运资金会过多地被应收账款占用,影响正常的资金周转。总资产周转率是销售收入与平均资产总额的比值,它反映资产总额的周转速度。一般来说,周转越快,说明销售能力越强。因此可通过薄利多销的办法,加速资产的周转带来利润绝对额的增加。总之,各项资产管理比率可用于衡量组织运用资产提高收入的能力,经常与反映盈利能力的指标结合在一起使用,可全面评价组织的赢利能力。

三、审计控制

审计是常用的一种综合控制方法。所谓审计是对反映组织资金运动过程及其结果的会计记录及财务报表进行审核、鉴定,以判断其真实性和可靠性,从而为控制和决策提供依据。根据审计主体的不同,可分为外部审计和内部审计。

1. 外部审计

外部审计是由非本组织成员的外部专门审计机构和人员,如国家审计部门、公共审计师事务所对本组织的财务报表、管理政策进行独立的综合评估。审计的目的是检查现有财务往来账目、经营和有关的财务计划、报告是否合法,组织所编制的财务报表是否符合公认的会计原则。

外部审计的优点在于审计人员与被审计单位之间不存在行政上的依附关系,是由独立机构和专门人员根据专业标准来审计的,因此在业务上具有较强的客观性、公正性。但是外部审计缺乏对被审计单位内部的组织结构、运营过程和财务流程的细致了解,会增加审计工作的难度。

2. 内部审计

内部审计是由组织内部的审计部门和有关人员进行的审计活动。审计的目的是保证组织系统的财务报表能准确、真实地反映组织的财务状况。

内部审计的优点在于审计人员对组织的具体情况更了解,从而审计工作能做得更深入、透彻。并且在审计期内能连续进行,可以及早发现问题,予以纠正。相对外部审计而言,内部审计的独立性较弱。

小平台

存货的控制很关键,耗工耗料生产出来的产品放在仓库等于闲置资金,还得承担仓储保管费用和损耗。特别是在产品生命周期短、技术更新节奏快、高通货膨胀的今天,存货管理有效与否,已成为企业成败的关键因素。有些产品,因为技术突破频繁和巨大的规模效益,价格迅速滑落,这使库存货品大幅贬值,即所谓的“精神贬值”。比如奔腾芯片问世后,486的芯片就大不值钱,库存过多,损失就会非常惨重。

本章小结

管理控制是指组织在动态的环境中,为了保证既定目标的实现,对组织内部的管理活动及其效果进行衡量、评价和采取相应纠正措施的过程。由于管理对象、管理环境和管理活动本身具有不完善的特征和多变因素,使得管理控制的必要性更加突出。为了保证对组织活动进行有效的控制,必须遵循重点性、及时性、准确性、灵活性、经济性、适应性等基本原则。管理控制是组织计划和目标实现的重要保证,也是改进工作的有效手段。

按照不同的分类标准,控制可分为不同类型。按照纠正措施的环节不同,控制可分为现场控制、前馈控制和反馈控制。按照控制对象的范围不同,控制可分为集中控制、分散控制和分层控制。

管理控制包括确定控制标准、衡量工作实绩和采取纠偏措施三个基本过程。控制方法主要有预算控制、财务比率分析和审计控制等方法。

星火燎原

1992年3月,萨姆·沃尔顿在与胃癌的折磨抗争了两年之后离开了人世。他或许是当代最值得钦佩的商业家,他从小镇折扣商店起家,最终成为在全美享有盛誉的零售业巨头。他一手创建的沃尔玛公司后来居上,不仅超越了统治美国零售业数十载的西尔斯公司，而且也超越了另一家成绩斐然的大型折扣商业企业卡马特。

1945年8月，沃尔顿“二战”退役后立即投身于他早已选定的事业——零售业之中。当时适逢一家从事零售业的连锁店企业招募连锁店经营人，沃尔顿马上买下了这家名叫本·富兰克林公司的企业的一份特许经营权，在阿肯色州的纽波特开设了第一家商店。借着战后美国经济蓬勃发展的势头，沃尔顿的事业不断壮大，到20世纪60年代初，他已从本·富兰克林公司买下了15份经营权，经营着15家商店。

1976年，沃尔顿中断了与本·富兰克林公司的授权经营合作，全身心地投入到沃尔玛公司的发展中去。他迅速将沃尔玛的折扣商店开设到阿肯色、密苏里、堪萨斯和俄克拉荷马等州的大小城镇。在这一时期内，沃尔顿的经营理念与他那些竞争对手们并没有多大区别，也是通过有吸引力的价格扩大销售量，销售量的扩大反过来促使价格进一步下降从而更富吸引力。但沃尔顿不同于竞争对手之处在于：他把注意力放在了小城镇上，而他的竞争对手们往往认为小城镇市场缺乏足够的购买力。

在20世纪80年代初期，沃尔顿建立了许多被称为“沃尔玛超级中心”的商店。这些超级中心的规模远远大于一般的沃尔玛商店，其中不仅有折扣商店的经营业务，而且还有仓储式食品销售业务。普通的折扣商店只经营日杂用品，而不经营不便保存的食品。因为折扣店的价格优势是建立在大量进货降低成本之上的，如果大量订购的食品不能很快卖出去，食品腐烂变质过期所造成的损失将增加成本，但沃尔顿的想法却别出心裁，他认为折扣店中出售的与其说是商品倒不如说是“诱饵”，因为许多美国人往往要一周才光顾一次折扣商店来购买日杂品，但他们几乎天天要去食品店，所以，如果将食品店业务与折扣店业务合并在一起，顾客肯定会选择这种购物时一举两得的商店。

在沃尔玛超级中心大获成功的基础上，萨姆·沃尔顿又开设了另一类新商店——萨姆批发商店。第一家萨姆批发商店出现在1984年，到1991年时已猛增至148家。这种批发商店主要建立在那些折扣商店几乎饱和的地区，它们提供的商品价格比这些普通折扣商店还要低。原来，萨姆批发商店只经营那些购买量大、周转快的商品。在这类商店里，商品的售价仅仅高于成本8%左右，大大低于一般折扣店的售价。有人称萨姆批发商店为“折扣商店的折扣店”。这些萨姆批发商店均建在大都市，而以前沃尔顿是极力回避大都市市场的。

沃尔玛的发展一日千里。到1975年，它拥有104家商店和6000名员工，年销售额2.36亿美元，利润600万美元。第二年，这些数字全部增加了，商店125家，员工7500名，年销售额3.4亿美元，利润1150万美元。1987年，沃尔玛被《财富》杂志评为全美十大最卓越的公司之一。而萨姆本人，1985年10月被《福布斯》杂志列为全美第一富豪，亦被《金融世界》评为1986年全美最佳主管和80年代最佳主管。在1980—1990年间，沃尔玛的销售额扶摇直上，一举成为美国最大的零售业企业。

1992年3月17日，沃尔顿从布什总统手中接过自由勋章，但他还没有来得及细细品味成功的喜悦，就在9天后与世长辞了。

沃尔顿之所以能取得巨大的成功，除了归功于培养雇员的归属感、进军小城镇战略外，成本控制也是一个重要的原因。沃尔顿对成本控制的要求是十分严格的，为了能以最低的价格吸引顾客，他竭尽全力将成本压缩至最低点。

沃尔玛公司的成本控制是从进货开始的。20世纪80年代沃尔玛扩张期，萨姆力求从交易中排除制造商的销售代理，直接向制造商订货，同时将采购价降低2%～6%。如果制造商不同意，沃尔玛就中止与其做生意。这样做的目的是为了减少进价，不必付给中间商佣金。由于沃尔玛令人羡慕的销售能力，各制造商都纷纷派销售主管赴本顿威尔商谈具体条件。

严把进货关之后，接下来的工作便是严把分销关。沃尔玛公司拥有设施先进的配送中心及庞大的运输车队，大大加强了公司经营的灵活性和自主性，加强了与供应商谈判的地位，且最终采用新技术和有效的管理大大降低了配送成本。通过沃尔玛公司商店所销售的3/4以上的商品均是由公司所辖的16个配送中心发送的，每个配送中心每天要为150～200家商店发送商品。配送中心的每座仓库都装备了最先进的光学扫描设备、条形码编码机、自动货物处理装置、计算机库存管理系统。每家商店都安装了卫星通信设备，商品信息可以在商店、配送中心及公司总部之间及时传递。总公司可以根据企业存货及销售状况准确地估算出需要再进多少货，配送中心可根据网络提供的信息判断该为哪个商店送去哪些货物。这样，只需36小时，由商店发出订单到接到货物并把货物摆上货架销售，一整套工作就完成了。通过这个高效率的分销系统，沃尔玛公司的分销费用仅占总销售额的3%，差不多只是其他连锁店的一半。

萨姆一直都很注意保持沃尔玛机构的精简，严格控制管理费。早在1960年，萨姆在只有5家分店时就规定，公司办公费用只能占营业额的2%，包括总公司和地区经理们的薪水、办公室的开支，以及配送中心和电脑系统的巨额投入。所有投入加起来只占营业额的5%，这样节省下来的钱，就是利润。萨姆指出："尽管精简不可避免地会牵涉裁员，但是公司最高管理层绝对有职责随时考虑这个问题，以确保这个公司有一个稳定的未来。"

（资料来源：蒋彬. MBA企业经营管理经典案例分析. 北京：时事出版社，1997）

练习题

1. 什么是控制？控制的必要性是什么？
2. 控制在管理中的作用是什么？

3. 计划和控制是如何相联系的？
4. 建立有效控制系统应遵循哪些基本原则？
5. 举例说明不同控制类型在管理活动中的应用。
6. 结合实际阐述管理控制的基本过程。
7. 比较不同控制方法的特点。

习 题 库

第一部分：习　题

一、是非题

1. 组织管理的过程就是实现目标的过程。（　）
2. 盈亏平衡分析法适用于风险型决策。（　）
3. 职能部门化更适合大型的或多元化经营的公司。（　）
4. 与内部提升相比，外部招聘费用高，且容易导致“近亲繁殖”。（　）
5. 好的管理者一定是好的领导者，好领导者不一定是有成效的管理者。（　）
6. 效价是指个人对通过某种行为会导致一个预期成果的可能性的估计。（　）
7. 决策就是要选择一个最好的方案去实现组织的目标。（　）
8. 管理幅度与管理层次呈反比例关系。（　）
9. 人员配备是组织职能的一个重要组成部分。（　）
10. 按照菲德勒的权变理论，在有利环境和最不利环境时，工作导向型领导方式较为有效。（　）
11. 关于工长对工人的管理，泰罗提出一种“职能工长制”。（　）
12. 目标管理的一个目的是让下属在目标的制定过程中参与进来，并明确组织期待他们完成些什么。（　）
13. 组织一定时期的目标应当为其所有的计划指明方向。（　）
14. 在管理决策中，通常不考虑决策本身的经济性。（　）
15. 斯隆是事业部制的创始人。（　）
16. 管理学中的人员配备，是指对全体人员进行恰当而有效的选拔、培训和考评。（　）
17. 适当的授权可以增加管理幅度。（　）
18. 人是“经济人”，对自己的付出往往估计很低，而对自己的所得估计较高。（　）
19. 领导即是领导者。（　）
20. 沟通的准确性与沟通双方的相似性之间有着直接的关系。（　）
21. 激励的基础是满足劳动者的生理需要。（　）

22. 前馈控制的基本目的是保证各种资源要素的合理投放。 ( )
23. 管理的有效性在于充分利用各种资源,以最少的消耗正确地实现组织的目标。 ( )
24. 科学管理对人性的假设是“社会人”的假设。 ( )
25. 企业中存在非正式组织是人际关系学说的基本要点之一。 ( )
26. 目标管理强调的是以成果为目标的管理。 ( )
27. 在计划中体现的灵活性越大,则所制订的计划越实际,越能保证得到切实完成。 ( )
28. 科学管理理论着重研究如何提高组织整体的生产率。 ( )
29. 一般环境是与实现组织目标直接相关的环境。 ( )
30. 决策是面向已经发生的事件。 ( )
31. 目标管理就是上级给下级制定目标,并且依照此目标对下级进行考核。 ( )
32. 梅奥通过“霍桑试验”得出职工是“经济人”。 ( )
33. 政策、程序和规章也属于计划范畴。 ( )
34. 决策过程中的限制性因素主要就是组织的外部环境。 ( )
35. 在矩阵结构中,组织成员有可能接受双重或多重领导。 ( )
36. 外部招聘费用高,但由于来源广泛,很容易确定某一职务的最佳人选。 ( )
37. 领导行为连续统一体理论认为有效地领导应根据下属的成熟程度以及情景需要采取不同的领导风格。 ( )
38. 赫茨伯格的激励理论认为生存、关系和成长需要决定着激励。 ( )
39. 建立标准是控制过程的第一个步骤。 ( )
40. 预算本身即为计划。 ( )
41. 测定领导风格的 LPC 问卷要求描述一个你最不喜欢的人。 ( )
42. 人们在心理上通常会低估他人的工作绩效,高估他人的得益。 ( )
43. 书面沟通最大的问题在于反馈慢。 ( )
44. 反馈控制可以避免时间的滞后性。 ( )
45. 根据弗洛姆期望理论,对工作的激励可表示为:激励力量=工作绩效×期望值。 ( )
46. 管理的对象是组织的全体成员。 ( )
47. 法约尔认为在企业绝大部分工作中都包含六种基本职能。 ( )
48. 前馈控制又称预防控制,也称前期控制。 ( )
49. 管理科学学说的主要目标是应用科学的方法来解决生产和作业管理的问题。 ( )
50. 水平沟通有助于增进独立部门之间的协调和合作。 ( )

二、单项选择题

1. 高层管理者的主要工作是(　　)。

A. 决策　　　　B. 控制　　　　C. 协调　　　　D. 领导

2. 有人说,管理工作就是"管人"(主要是对人实施管理),你认为这种看法(　　)。

A. 对

B. 不对,管理包括人、财、物、产、供、销的全面管理

C. 对,但有些不全面

D. 不对,管理是计划、组织、领导、控制

3. 在公司制企业中,总经理的职责被界定为执行董事会制定的政策。对总经理这样的管理者,下列何种说法最恰当?(　　)

A. 这样的管理者一定不拥有公司的股票

B. 这样的管理者只负责操作性的作业工作,不做任何决策

C. 这样的管理者主要负责管理决策

D. 这样的管理者负责公司所有经营管理问题的决策,但职工思想政治工作除外

4. 关于公司总经理与中层管理人员之间的区别,存在着以下几种不同的说法。你认为其中哪一种说法更为贴切?(　　)

A. 总经理比中层管理人员更需要环境洞察力

B. 总经理比中层管理人员更需要拥有发言权

C. 总经理比中层管理人员更需要掌握反映公司经营问题的信息

D. 总经理的行为比中层管理人员较少受约束

5. 管理学是一门软科学,人们对"管理"一词本身也有不同的理解。这里有两种不甚规范但耐人寻味的解释:一种是"管理就是你不管,下属就不理你";另一种是"管理就是先理(梳理)然后才能管"。对这两种解释,你的看法是(　　)。

A. 前者代表了典型的集权倾向,后者反映出一种民主的气氛

B. 两种解释都片面地强调了管理工作中的控制职能,只是思考和表达角度的不同而已

C. 后者更科学,因为强调了"理",但也有不妥,似乎"理"好了,就不需要管了

D. 前者可应用于基层管理,后者可应用于高层管理

6. 一项研究结果表明,一线管理者将80%的工作用于沟通。而在其所有的沟通活动中45%的时间用于"听",30%的时间用于"说",16%的时间用于"读",9%的时间用于"写"。根据这一研究结果,下列说法不正确的是(　　)。

A. 在沟通活动中,一线管理者45%的时间在接受信息,30%的时间在发送信息

B. 这一研究结果表明一线管理者的主要职能是领导,比如指导和指挥

C. 一线管理者进行口头沟通的时间比书面沟通的时间多了两倍多

D. 有效的沟通是一线管理者开展管理工作的基础

7. 管理学理论的构建者法约尔是(　　)。

A. 美国人　　B. 法国人　　C. 英国人　　D. 德国人

8. 泰罗对管理学理论的最大贡献是(　　)。

A. 创建了管理理论

B. 进行了动作研究

C. 提出了科学管理是管理双方的一次思想革命

D. 使美国的工厂效率更高

9. 管理理论中有一种理论称为“权变理论”,你认为,该理论是(　　)。

A. 权宜相变的理论　　B. 关于权利的理论

C. 关于领导的理论　　D. 关于权力变化的理论

10. 权变理论观点提出的根据是(　　)。

A. 安全人　　B. 社会人　　C. 自我实现人　　D. 复杂人

11. 通过市场调查发现,保健品市场的兴起是由于人们观念变化引起的,这一因素属于外部环境因素中的(　　)。

A. 经济因素　　B. 技术因素　　C. 社会因素　　D. 政治因素

12. 替代性产品在波特的行业竞争分析中对行业的影响体现在(　　)。

A. 冲击行业内的企业　　B. 妨碍行业竞争

C. 替换行业内的企业　　D. 确定了行业内企业产品的最高价格

13. 下列因素中,不属于企业在确定企业目标时所需要考虑的环境因素是(　　)。

A. 宏观经济景气　　B. 省、市领导班子的确定

C. 人口统计因素　　D. 国民消费水平

14. 根据产品生命周期理论,产品面临更为激烈的市场竞争是处于(　　)。

A. 投入期　　B. 成长期

C. 成熟期　　D. 以上三个时期差不多

15. 最近六年,机床行业中某类机床的市场年销量依次为5000台、6000台、7500台、9500台、9800台、9850台。由此可以看出该类机床产品现正处于其产品生命周期的(　　)。

A. 投入期　　B. 成熟期　　C. 成长期　　D. 衰退期

16. 一般来说,唱片公司所处的组织环境是(　　)。

A. 简单和稳定的　　B. 简单和动态的

C. 复杂和稳定的　　D. 复杂和动态的

17. 行为决策强调决策行为的直感性、模糊性和创造性,追求结果合理和满意,其假设基础是(　　)。

A. 理性人　　　　　　　　　　　　　B. 现实人
C. 感性人　　　　　　　　　　　　　D. 以上三个答案都不是

18. 非理性决策是(　　)。
A. 知识完备　　B. 价值观一致　　C. 择优　　D. 信息有限

19. 非确定型决策问题的主要特点在于(　　)。
A. 各方面所面临的自然状态未知　　B. 各自然状态发生的概率未知
C. 各方案在各自状态下的损益值未知　D. 各自然状态发生的概率已知

20. 乐观决策原则的理论基础是(　　)。
A. 假定未来状态中的最有利情况必然发生
B. 假定未来状态中的最不利情况必然发生
C. 假定未来状态中的最有利情况肯定不发生
D. 假定未来状态中的各种情况发生的可能性均等

21. 以下不是由于过分集权引起的是(　　)。
A. 降低决策质量　　　　　　　　　B. 降低企业员工的工作热情
C. 增加企业各部门之间的摩擦　　　D. 削弱了企业的应变能力

22. 战略决策是(　　)。
A. 实现企业家的意图　　　　　　　B. 外部环境的分析
C. 内部环境的分析　　　　　　　　D. 以上三个答案都不完整

23. 提出满意决策标准的管理学专家是(　　)。
A. 孔茨　　B. 罗宾斯　　C. 西蒙　　D. 菲德勒

24. 在下面的描述中,对决策的描述最为准确的是(　　)。
A. 决策是适应外部环境的一项工作
B. 决策是SWOT分析
C. 决策是组织外部环境、内部条件、决策人自我目标之间的动态平衡的过程
D. 决策是"运筹于帷幄之中,决战于千里之外"的工作

25. 某服装企业集团最初是靠接受一笔美国商人的格子牛仔裤生意起家的。当时许多厂家因为利润太低而不愿意生产,但该集团的决策者却决定以此为企业发展的起点。它说明(　　)。
A. 一个企业应该独树一帜接受人家不愿意接受的生意
B. 选择好第一笔生意对企业的发展有重大意义
C. 在许多情况下,市场机遇可能比利润更为重要
D. 这种决策只能在企业刚刚起步时才可使用

26. 在是否收购其他企业的决策中,管理者必须从多个角度出发全面分析拟购企业的目前状况及可能的发展空间等情况。这时管理人员需要的技能主要是(　　)。

A. 诊断技能　　　　　　　　B. 人际关系技能

C. 概念性技能　　　　　　　D. 技术技能

27. 相对于个人决策而言，群体决策既有优点，也存在着比较明显的缺点。因此，必须根据所做决策的具体情况，决定采用相应的决策方式。以下几种情况中，通常不采取群体决策方式的是(　　)。

A. 确定长期投资于哪一种股票　　　　B. 决定一个重要副手的工作安排

C. 选择某种新产品的上市时机　　　　D. 签署一项产品销售合同

28. 某企业在进行生产什么产品的经营决策时，预测到国民经济及本地区经济将会出现新一轮的高速增长。这样的话，你认为该企业应该经营的商品是(　　)。

A. 收入弹性大的商品　　　　B. 收入弹性小的商品

C. 价格弹性大的商品　　　　D. 价格弹性小的商品

29. 对于企业一些重要经营项目的决策一定要进行可行性分析，这是基本的要求，在对可行性分析的工作思路上，张经理认为可行性分析要从项目的不可行性分析入手；王经理则认为可行性分析的大部分工作就是分析可行性，在可行性分析的初级阶段千万不能引导大家思考项目的不可行性。你认为以下四种判断中判断正确的是(　　)。

A. 张经理主持分析论证的项目在实施过程中风险一定会更小些

B. 张经理和王经理的工作思路存在着差异，但不存在本质的差异

C. 对重大决策应采用张经理的工作思路，对一般性决策则应采用王经理的工作思路

D. 王经理的工作思路不符合科学的决策过程要求

30. 你正面临着是否购买某种奖券的决策。你知道每张奖券的售价以及该期共发行奖券的总数、奖项和相应的奖金额。在这样的情况下，该决策的类型是(　　)；加入各类奖项的数量信息以后该决策将变成一个风险性决策。

A. 确定型决策　　　　B. 风险型决策

C. 不确定型决策　　　D. 理性决策

31. (　　)沟通跨越了工作部门和组织层次。

A. 水平　　B. 斜向　　C. 上行　　D. 下行

32. 四海家政服务公司是N市一家新成立的面向城市居民家庭服务的企业。对于下面所列的各类信息，最有利于该公司决策层从中确定公司使命的是(　　)。

A. 一份关于N市历史演变的报告

B. 一份关于N市居民日常生活状况的调查报告

C. 一份关于N市产业结构的总结报告

D. 一份市领导关于N市建设规划的讲话稿

33. 在管理决策中，许多管理人员认为只要选取满意的方案即可，而无须刻意追求最优的方案。对于这种观点，以下最有说服力的解释是(　　)。

A. 现实中不存在所谓的最优方案，所以选中的都只是满意方案

B. 现实管理决策中常常由于时间太紧而来不及寻找最优方案

C. 由于管理者对什么是最优决策无法达成共识，只有退而求其次

D. 刻意追求最优方案，常常会由于代价太高而最终得不偿失

34. 相传英国有个名叫霍布森的商人，他在卖马的时候一直说，允许顾客任意挑选马匹，但需要符合一个条件，即只能挑选最靠近门边的那一匹。在此例中，顾客拥有的决策权限是(　　)。

A. 很大，因为他可以任意挑选马匹

B. 很小，因为他的决策前提受到了严格控制

C. 无大小之别，因为这里顾客只是在买马，而不是在作决策

D. 无法判断，因为决策权限大小取决于所作决策的类型与重要程度

35. 下列非正式组织的作用中，对组织管理工作最不利的是(　　)。

A. 不同正式组织的成员集中于同一非正式组织中

B. 在非正式组织中传播着小道消息

C. 非正式组织间有明显的竞争关系

D. 非正式组织中的核心人物具有相同或大于正式组织领导的影响力和号召力

36. 改革开放前我国大多数企业采用的组织形式是(　　)。

A. 直线制　　B. 职能制　　C. 直线职能制　　D. 事业部制

37. 某公司不同品牌产品由不同部门负责生产和销售。该公司是按(　　)划分组织部门的。

A. 企业职能　　B. 顾客特点　　C. 不同产品　　D. 不同区域

38. 大型跨国公司比较多地采用事业部制组织形式。你认为这种大公司一般应当按照(　　)标准来组建事业部。

A. 行业　　B. 地区　　C. 销售额　　D. 资产额

39. 对于业务广泛的中型公司，要应付复杂多变的环境，最合适的是(　　)。

A. 直线职能制　　B. 矩阵制　　C. 事业部制　　D. 委员会制

40. 在A公司的董事会上，组织的管理层次问题引起了各位董事的高度注意。他们普遍认为，公司的效率不高主要是公司的管理层次太多。在寻找减少管理层次的讨论中，你认为(　　)将会使组织的管理层次减少。

A. 下属水平下降　　B. 非管理事务增加

C. 计划较为抽象　　D. 信息手段改善

41. 在一个组织中，保证信息畅通的关键性因素是(　　)。

A. 计算机网络的建设　　B. 管理人员思想观念的一致

C. 管理人员的水平较高　　D. 管理的层次少

42. 企业组织中管理干部的管理幅度，是指它（　　）。

A. 直接管理的下属数量　　　　　　　　B. 所管理的部门（机构、单位）数量

C. 所管理的全部下属数量　　　　　　　D. B 和 C

43. 某油田作为一家法人企业，对从事施工作业的辅助生产单位，如钻井、机修、基建、运输等二级单位实行自主经营、独立核算、自计盈亏的管理体制。这些二级单位要向油田公司总部缴纳固定资产占用费和流动资金使用费，其水平与银行流动资金贷款利率相当。这些二级单位属于（　　）。

A. 成本中心　　　B. 费用中心　　　C. 利润中心　　　D. 投资中心

44. 确定合理的管理幅度是进行组织设计的一项重要内容。关于什么是合理的管理幅度，对于下列说法，你最赞同（　　）。

A. 管理幅度越窄，越易控制，管理人员的费用也越低

B. 管理幅度越宽，组织层次越少，但管理人员的费用会大幅度上升

C. 管理幅度应视管理者能力、下属素质、工作性质等因素的不同而定

D. 管理幅度的确定并不是对任何组织都普遍重要的问题，无须过多考虑

45. 汪力是一民营企业的职员，他工作中经常接到来自上边的两个有时甚至相互冲突的命令。以下哪种说法指出了导致这一现象的最本质原因（　　）。

A. 该公司在组织设计上采取了职能型结构

B. 该公司在组织运作中出现了越级指挥问题

C. 该公司的组织层次设计过多

D. 该公司组织运行中有意或无意地违背了统一指挥原则

46. 某公司总经理自创业以来一直都亲自主管营销工作。随着公司规模的扩大，他所直管的营销队伍从 5 人增加到了 80 多人。最近，总经理发现公司的营销人员有些散漫，对公司的一些做法有异议时也不像从前那样直接找总经理本人沟通，常常采取背后议论的方式。这种情况是以前所没有过的。对此，总经理感到比较困惑，但又找不到确切的原因。从管理的角度看，你认为产生这种状况的根本原因是（　　）。

A. 市场规模增长太快，营销人员太多，产生了鱼龙混杂的情况

B. 总经理对营销人员关心不够，致使营销人员内心产生了看法

C. 总经理直管营销队伍的方式已无法适应公司日益扩大的规模

D. 公司管理层次太多，阻碍了总经理与营销人员间的直接交流

47. 有一天，某公司总经理发现会议室的窗户很脏，好像很久没有擦过，便打电话将这件事告诉了行政后勤部负责人，该负责人立刻打电话告诉了事务科长，事务科长又打电话给公务班长，公务班长便派了两名员工，很快就将会议室的窗户擦干净。过了一段时间，同样的情况再次出现，这表明该公司在管理方面存在着（　　）问题。

A. 组织层次太多　　　　　　　　　　B. 总经理越级指挥

C. 各部门职责不清　　　　　　　　D. 员工缺乏工作主动性

48. 某公司经过多年的发展，已经成为拥有多家子公司和研究所的大型企业。公司所生产的产品涉及机械、电子、化工、轻工等多个部门，但在管理组织上，基本上还是沿用过去实行的集权的直线职能制做法。最近，公司领导越来越清楚地认识到这已经很难适应公司进一步发展的需要，为此决定进行改革。根据以上情况，你认为比较好的做法是(　)。

A. 精简产品和部门，集中发挥规模经济优势

B. 各产品和部门都实行承包并独立自主经营

C. 按产品实行分权管理，成为独立核算、自负盈亏的利润中心

D. 公司总部增设管理副职，加强领导班子建设

49. 某公司人力资源部在公司的快速发展时期，为公司人力资源的开发利用作出了重要贡献。有人说，这在相当程度上得益于人力资源部前几年在内部进行了较细致的专业分工，从而可以使有关人员快速熟悉专业，提高业务水平。但近来公司领导发现该部门工作效率、工作质量出现了滑坡，许多成员不满于单调乏味的工作，对此，你认为采取的最好办法是(　　)。

A. 严格内部规章制度，以改善工作作风和工作态度

B. 调整该部门领导班子，促其改变当前的工作面貌

C. 以工作丰富化为原则，进行工作和职务再设计

D. 调整该部门的工作目标，将部分职能分解出去

50. 祥龙公司原是一家以生产经营床上用品为主的大型企业。该公司生产的床单和枕巾从20世纪60年代开始就受到欢迎，但近年来效益持续下滑。据分析，困扰公司高层领导的问题主要是公司主要产品的市场需求发生了重大变化；公司在产品开发、制造、销售等环节中存在严重的沟通障碍；对主要竞争者的行为缺乏有效的反应。据此，当前公司高层管理部门首先应该采取的措施是(　　)。

A. 重新明确公司业务定位　　　　B. 进行组织机构调整

C. 加强公司产品开发能力　　　　D. 加强人力资源管理

51. 在人员的配备中，(　　)不是需要考虑的人员配备原则。

A. 公开招聘　　B. 因事择人　　C. 动态平衡　　D. 因才施用

52. 在企业人力资源管理过程中，针对某个空缺的职位，对申请者进行有效的甄选是非常必要的。对不同的职位，采用的甄选方法也有所区别：在以下几种常用的甄选方法中，选择高层管理者时最常用的是(　　)。

A. 笔试　　B. 工作抽样　　C. 面谈　　D. 履历调查

53. 用工作轮换法来培训管理人员的好处是(　　)。

A. 使受训者了解企业业务部门的业务内容和所需技能，并熟悉各部门的人员，建立

起良好的人际关系

B. 了解企业管理与运行的全貌及各部门在整体中的作用和彼此的协同关系

C. 培养出管理人员的协作精神与全局观念

D. A、B、C 都是

54. 某公司高层决策者对人力资源部提出目标,要求经过努力必须在一定时间内为公司各关键岗位提供合格的人才:对于这一要求,最有道理的评价是(　　)。

A. 时间不明确,在实际中难以操作

B. 关键岗位提法欠具体,范围认定困难

C. 合格人才的标准不清楚,须详加说明

D. 须综合考虑以上说法所反映的问题

55. 某公司新近从基层选拔了一批管理人员担任中层管理职务。上岗之前,公司委托你对他们进行培训,你认为,这种培训的重点应当放在(　　)。

A. 总结他们在基层工作的经验教训

B. 熟悉公司有关中层管理人员的奖惩制度

C. 促进他们重新认识管理职能的重点所在

D. 帮助他们完成管理角色的转变

56. 你刚刚晋升为车间主任。在你被提升之前,车间生产平稳发展,但现在产量下降,因而你想改变工作程序和任务分配方式,但是,你的下属不但不赞成你的设想,反而不断地抱怨说他们的前任主任在位时情况是如何如何的好。对于这种情况,你目前最好先采取的做法是(　　)。

A. 直接安排员工改变工作程序与任务分配方式,密切关注工作运行结果

B. 向员工清楚阐明改变的原因以及这一切改变对员工的利益所在,并关注员工的真实想法

C. 同员工一起讨论如何改变工作计划,征求他们对提高生产能力的意见

D. 将生产任务分解下达,让员工自己找出完成任务的有效办法

57. 保兰公司是一家生产普通建材的小企业,从总经理到普通员工都倾心于主业的发展。近年来公司发展迅速,又进入家具、化妆品、房地产等领域。为协调和规划公司多种业务的发展,贯彻持久有效的战略,公司决定立即成立“企划部”。从公司的历史和发展要求来看,你认为企划部部长的选聘最好采取(　　)。

A. 内部选拔

B. 外部选拔

C. 从内部物色有潜力的人,选送出去参加培训,回来再任用

D. 由现任总经理兼任

58. 领导者采取何种领导风格,应当视其下属的“成熟”程度而定。当某一下属不愿

也不能负担工作责任及学识和经验较少时,对这种下属应采取的领导方式是(　　)。

A. 命令型　　B. 说服型　　C. 参与型　　D. 授权型

59. 通过领导理论的学习,你可以得出的结论是(　　)。

A. 在领导工作中,对群众的关心与对工作的关心之间存在一定的矛盾

B. 在领导工作中,对群众的关心与对工作的关心之间不存在矛盾

C. 在领导工作中,对群众的关心与对工作的关心之间的矛盾难以协调

D. 在领导工作中,对群众的关心与对工作的关心之间的关系不易说清

60. 以下是实际所观察到的某些领导的行为表现:①自行做出并宣布决策;②强行推销自己的决策;③决定并允许提出问题;④提出可修改的讨论计划;⑤提出问题征求意见并决策;⑥规定界限但由集体决策;⑦允许下属在上级规定的界限内行使决策权。对这七种领导行为的最适当分类是(　　)。

A. ①②属于专制式,③④⑤属于参与式,⑥⑦属于民主式

B. ①属于专制式,②③④⑤属于民主式,⑥⑦属于放任式

C. ①②属于专制式,③④⑤属于民主式,⑥⑦属于放任式

D. ①②属于专制式,③⑥属于民主式,④⑤⑦属于放任式

61. 某公司总裁决定进一步采取授权行动,在公司内部推行民主管理。最近公司发文规定,在文件所列举的20种紧急情况下,一线经理有权自主采取行动,但须将进展情况和结果及时报告上级经理。对于这一安排,你认为下列描述中最贴切地表明公司显著增加了一线经理的决策权的是(　　)。

A. 这表明公司显著增加了一线经理的决策权

B. 公司有限度地扩大了一线经理的自主决策权

C. 如果不用报告上级经理,这种做法就是授权

D. 这不是真正意义上的授权,而只是一种工作落实

62. 商鞅在秦国推行变革。他在城门口立了一个木棍,声称能将木棍从南门移到北门的奖励500金,但没人去尝试。根据期望理论,这是由于(　　)。

A. 500金的效价太低　　B. 居民得到薪酬的期望太低

C. 居民对完成要求的期望太低　　D. 大家都不敢尝试

63. 北京某公司与一家美国公司合资,合资之后美方在公司实行一厂"一家人"的管理制度,即给予员工极高的待遇,如出差必乘飞机、住三星级饭店等,期望职工给予企业高回报。但实施的效果并不理想,员工没有把企业当做自己的家一样努力。最后美方不得不在经历了严重亏损后退资。这个事例说明了(　　)。

A. 激励制度不能脱离员工的现实情况

B. 这种制度只是保健制度,没有激励作用

C. 管理工作仅靠激励是不行的

D. 国别差异,用美国的理论不行

64. 公平理论进一步表明,管理人员应该懂得(　　)。

A. 满足是难以一概而论的　　B. 人贵有自知之明

C. 人无贵贱之分　　D. 好人难得好报

65. 马斯洛的需求理论具有较高的权威性,但也受到一些批评,主要是因为(　　)。

A. 人的需求情况和理论有很大区别

B. 理论建立在资本主义唯利是图的基础上

C. 理论建立在唯心主义基础上

D. 理论缺乏实证的基础

66. 中国企业引入奖金制度的目的就是发挥奖金的激励作用。但现在,许多企业的奖金变成了保健因素,这说明(　　)。

A. 双因素理论在中国不怎么实用

B. 防止激励因素向保健因素转化是管理者的重要责任

C. 保健和激励因素的具体内容在不同的国家是不一样的

D. 将奖金设计成为利益本身就是错误的

67. 激励理论中的双因素理论,涉及一个叫做“保健因素”的概念,它指的是(　　)。

A. 能影响和预防职工不满意感发生的因素

B. 能预防职工心理疾病的因素

C. 能保护职工心理健康的因素

D. 能影响和促进职工工作满意感的因素

68. 某企业原来采用的奖励制度具有这样的特点:工人超额完成定额任务受到的奖励幅度要小于没有完成定额受到的惩罚幅度。后来,对此奖励制度进行了改造,将工人超额完成任务的奖励幅度调整为大于没有完成定额任务所受惩罚的幅度。对于这两种做法,以下判断正确的是(　　)。

A. 后者更容易让人接受,因为它更多反映出强化的成分

B. 两者不会有什么明显差别,因为内含激励思想相同

C. 这是完全不同的激励措施

D. 后者只是前者的改进,效果比前者好

69. 一车间主任,对自己手下人常说一句话:“不好好干回家去,干好了月底多拿奖金。”可以认为,车间主任把他的手下都看成了(　　)。

A. 只有归属需要和安全需要的人　　B. 只有生理需要和归属需要的人

C. 只有生理需要和安全需要的人　　D. 只有安全需要和尊重需要的人

70. 马斯洛的“需要层次论”与赫兹伯格的“双因素理论”相比较而言(　　)。

A. 生理需要相当于保健因素

B. 生理和安全需要相当于保健因素

C. 生理、安全和社交需要相当于保健因素

D. 生理、安全、社交和尊重需要相当于保健因素

71. 从期望理论中得到的最重要的启示是(　　)。

A. 目标效率高低是激励是否有效的关键

B. 期望概率的高低是激励是否有效的关键

C. 存在着负效率,应引起领导者注意

D. 应把目标效率和期望概率进行优化组合

72. 需要层次理论认为人的需要分为5个层次,它们从低到高的顺序是(　　)。

A. 生理的、安全的社交或情感的、自尊的和自我实现的需要

B. 安全的、生理的、社交或情感的、自尊的和自我实现的需要

C. 自我实现的、自尊的、社交或情感的、安全的和生理的需要

D. 生理的、自尊的、安全的、社交或情感的和自我实现的需要

73. 某商场决定进行工资改革,售货员的工资由原来的固定工资改为按完成销售额的一定比例计提工资,从而达到激励员工的效果。这项改革利用了(　　)。

A. 双因素理论　　B. 期望理论　　C. 公平理论　　D. 强化理论

74. 洛克希德导弹公司的管理者常在政府宣布与该公司签订大笔军火合同之前就已开始招聘人员。这是一种(　　)。

A. 前馈控制行动　　B. 同步控制行动

C. 反馈控制行动　　D. 无效的管理行动

75. 为了消除腐败,某部门除了大力提倡工作人员严格自律之外,还一直实行着岗位轮换制度,规定处级以上干部在同一岗位工作不得超过5年。这种做法可以认为是一种(　　)。

A. 反馈控制　　B. 前馈控制　　C. 现场控制　　D. 间接控制

76. 下面所列举的不具有控制系统特征的事物是(　　)。

A. 人体　　B. 企业　　C. 恒温器　　D. 沙滩

77. 种庄稼需要水,但这一地区近年老不下雨,怎么办?一种办法是灌溉;另一种办法是改种耐旱作物。这两种措施分别是(　　)。

A. 纠正偏差和调整计划　　B. 调整计划和纠正偏差

C. 反馈控制和前馈控制　　D. 前馈控制和反馈控制

78. 古典管理理论在对人性的假设的问题上,把员工看成是(　　)。

A. 经济人　　B. 社会人　　C. 现实人　　D. 自我实现的人

79. 法约尔认为,无论对哪一件工作来说,一个下属人员只应接受一个领导的命令,其原则是(　　)。

A. 权力和责任　B. 纪律　C. 集中　D. 统一指挥

80. 人文主义的管理思想最早体现在(　　)。

A. 泰罗的科学管理运动　B. 梅奥的“霍桑试验”

C. 管理过程学派　D. 管理权变理论

81. 哪项实验是被后人誉为“泰罗制”的核心?(　　)

A. 霍桑试验　B. 生铁搬运试验

C. “熵”的试验　D. 从众试验

82. 法约尔的管理思想集中体现在(　　)一书中。

A.《工业管理与一般管理》　B.《科学管理原理》

C.《社会组织与经济组织理论》　D.《心理学与工业效率》

83. 20世纪初,泰罗(　　)一书的发表,是管理学成为一门独立学科的标志。

A.《工业管理与一般管理》　B.《科学管理原理》

C.《社会组织与经济组织理论》　D.《心理学与工业效率》

84. 在行为科学的发展历史中,一个里程碑的研究是(　　)。

A. 生铁搬运试验　B. 霍桑试验　C. “熵”的试验　D. 从众试验

85. 在管理学发展史上,被誉为组织理论之父的是(　　)。

A. 泰罗　B. 法约尔　C. 巴纳德　D. 韦伯

86. 通过“生铁搬运试验”,泰罗创立了(　　)。

A. 科学管理理论　B. 管理科学学派

C. 一般管理理论　D. 管理组织理论

87. 在管理学发展史上,巴纳德被誉为(　　)。

A. 科学管理之父　B. 经营管理理论之父

C. 组织理论之父　D. 现代管理理论之父

88. 决策理论学派的代表人物是(　　)。

A. 德鲁克　B. 西蒙　C. 巴纳德　D. 法约尔

89. 经验主义学派的代表人物是(　　)。

A. 德鲁克　B. 西蒙　C. 巴纳德　D. 法约尔

90. 对管理过程、管理职能的研究开始于(　　)。

A. 孔茨　B. 法约尔　C. 泰罗　D. 西蒙

91. 管理的核心是(　　)。

A. 配置资源　B. 协调指挥　C. 领导　D. 激励

92. 目标和计划是否能得到落实,关键在于(　　)。

A. 组织　B. 领导　C. 控制　D. 实施

93. 管理者统驭能力的核心是(　　)。

A. 决策能力　　B. 组织能力　　C. 协调能力　　D. 指挥和控制能力

94. 对各层次的管理人员都具有同等重要意义的管理技能是(　　)。

A. 概念技能　　B. 人际技能　　C. 技术技能　　D. 诊断技能

95. 在组织各项资源中,处于核心地位的是(　　)。

A. 人力资源　　B. 金融资源　　C. 物资资源　　D. 信息资源

96. 人类社会广泛存在的、最基本的社会组织类型是(　　)。

A. 经济组织　　B. 政治组织　　C. 科技文化组织　　D. 群众组织

97. 作为一般的管理者在组织系统内从事各种活动时的立场、行为和作用等一系列特性的归纳就是(　　)。

A. 管理者角色　　B. 管理阶层　　C. 管理者技能　　D. 管理者素质

98. 管理者在组织管理中的层次位置被称为(　　)。

A. 管理层次　　B. 管理阶层　　C. 管理幅度　　D. 管理者角色

99. 管理者统驭能力的基础是(　　)。

A. 决策能力　　B. 组织和协调能力　　C. 技术能力　　D. 指挥和控制能力

100. 巴纳德认为,正式组织的基础是(　　)。

A. 信息沟通　　B. 协作意愿　　C. 共同目标　　D. 领导和控制

101. 关于公司总经理与中层管理人员之间的区别,下列哪种说法更为贴切(　　)。

A. 总经理比中层管理人员更需要人际技能

B. 总经理比中层管理人员更需要自由行为权

C. 总经理比中层管理人员更需要掌握公司经营问题的信息

D. 总经理比中层管理人员更需要掌握概念技能

102. 按照组织成员的收益程度来划分,一般来说,政党属于(　　)。

A. 互益组织　　B. 工商组织　　C. 服务组织　　D. 公益组织

103. 一个总目标可以用不同的指标来全面地反映,说明了目标的(　　)。

A. 层次性　　B. 多样性　　C. 动态性　　D. 激励性

104. 面面俱到的目标会使组织无所适从,因此,目标的确定必须遵循(　　)。

A. 现实性原则　　B. 关键原则　　C. 协调性原则　　D. 权变原则

105. 具有极大的偶然性、不确定性且无先例可循的决策是(　　)。

A. 程序型决策　　B. 非程序型决策　　C. 确定型决策　　D. 高层决策

106. 各种可行方案的条件大部分是已知的,结果有多个,且每个结果发生的概率是已知的一种决策是(　　)。

A. 确定型决策　　B. 非确定型决策　　C. 风险型决策　　D. 非程序型决策

107. 决策过程中最为重要也是最为困难的环节是(　　)。

A. 识别问题　　B. 确定决策目标　　C. 选择满意方案　　D. 实施方案

108. 决定管理工作为什么做、做什么、谁去做、何时做、何地做以及如何做，这是哪项管理职能？（　　）

A. 计划　　B. 控制　　C. 领导　　D. 组织

109. 企业年度生产经营计划属于（　　）。

A. 综合计划　　B. 部门计划　　C. 项目计划　　D. 长期计划

110. 企业某新产品的研发计划属于（　　）。

A. 综合计划　　B. 部门计划　　C. 项目计划　　D. 长期计划

111. （　　）是一个组织所选择的服务领域或事业。

A. 宗旨　　B. 使命　　C. 目标　　D. 战略

112. （　　）是一个组织最基本的目标，也是这个组织何以存在的基本理由。

A. 宗旨　　B. 使命　　C. 目标　　D. 战略

113. 评价备选方案的关键在于（　　）。

A. 评价标准的选择　　B. 拟定备选方案

C. 实施方案　　D. 选择满意方案

114. 计划工作的基础是（　　）。

A. 决策　　B. 目标　　C. 评价　　D. 实施

115. 各种可行方案条件大都未知、结果有多个，每个结果发生的概率也是未知的一种决策是（　　）。

A. 确定型决策　　B. 非确定型决策　　C. 风险型决策　　D. 非程序型决策

116. 决策的一般过程开始于（　　）。

A. 确定决策目标　　B. 识别问题　　C. 确定决策标准　　D. 确定标准的权重

117. 在计划的表现形式中，计划和控制工作的连接点是（　　）。

A. 预算　　B. 规划　　C. 程序　　D. 政策

118. 一个企业在兼并过程中面临的裁员决策属于（　　）。

A. 程序型决策　　B. 非程序型决策　　C. 战略型决策　　D. 非确定型决策

119. 目标计划是否能够得到落实，关键在于（　　）。

A. 组织　　B. 领导　　C. 控制　　D. 实施

120. 计划工作的核心是（　　）。

A. 决策　　B. 目标　　C. 评价　　D. 实施

121. 我国关于开发振兴东北工业老区的决策属于（　　）。

A. 战术决策　　B. 激进决策　　C. 目标决策　　D. 战略决策

122. 西蒙决策模型提出了（　　）。

A. 有限理性条件下的令人满意准则　　B. 完全理性条件下的令人满意准则

C. 有限理性条件下的最优准则　　D. 完全理性条件下的最优准则

123. 根据 Y 理论,你认为持有此理论观点的管理者在为下属制订计划时,会倾向于(　　)。

A. 指令性计划　　B. 具体计划　　C. 综合性计划　　D. 指导性计划

124. 企业在每年的生产旺季需要征召季节工的决策属于(　　)。

A. 程序型决策　　B. 非程序型决策　　C. 战略决策　　D. 无须决策

125. 组织设计的最后一步是(　　)。

A. 确定组织结构　　B. 联成一体　　C. 配备职务人员　　D. 确定业务内容

126. 被许多组织广泛采用的一种部门化方法是(　　)。

A. 人数部门化　　B. 职能部门化　　C. 产品部门化　　D. 时间部门化

127. 针织服装商店设童装部、女装部、男装部,这种部门化的方法是(　　)。

A. 顾客部门化　　B. 产品部门化　　C. 职能部门化　　D. 地区部门化

128. 被各国各类组织广泛采用的组织结构形式是(　　)。

A. 直线制　　B. 直线职能制　　C. 职能制　　D. 事业部制

129. 对管理人员考评的最常见的方式是(　　)。

A. 自我考评　　B. 上级考评　　C. 同事考评　　D. 下级考评

130. "集中决策、分散经营"是下列哪种组织结构的基本思想?(　　)

A. 事业部制　　B. 职能制　　C. 直线制　　D. 直线职能制

131. 一个主管直接有效指挥和监督的下属数量,我们称之为(　　)。

A. 管理层次　　B. 管理幅度　　C. 管理阶层　　D. 管理权限

132. 一个冶炼厂,设立了熔炼、冲压、制管、精轧等车间和检验、包装、发运等部门,这种部门化的依据是(　　)。

A. 工艺流程　　B. 顾客　　C. 产品　　D. 职能

133. 一个组织的规章条例越多、越完善,则该组织结构的(　　)程度越高。

A. 正规化　　B. 复杂性　　C. 集权化　　D. 分权化

134. 制造企业将工程、会计、制造、人事和采购等专家分别组合到共同的部门中来建立工厂的组织结构,这种划分部门的依据是(　　)。

A. 职能　　B. 顾客　　C. 产品　　D. 人数

135. 在直线职能制垂直形态的组织系统基础上,再增加一种横向的领导系统,形成一种非长期固定性组织,这种组织结构形式被称为(　　)。

A. 事业部制　　B. 矩阵制　　C. 委员会制　　D. 网络制

136. 某公司有三级管理层:公司总部、产品部(共有 12 个产品)和各职能部门。由于公司的产品种类越来越多,总裁感到难以继续对所有的产品进行有效的领导。为此,提出以下组织变革方案,请你选出最可行的方案(　　)。

A. 在公司总部和产品部之间增加一个按产品大类组成的管理层

B. 更换一位能力更强的总裁

C. 淘汰几种产品

D. 各产品部实行自主管理

137. 事业部制的主要特点是(　　)。

A. 实行多种经营、分散经营风险　　B. 实行分权化管理

C. 增加管理幅度　　D. 增加管理层次

138. 许多从小发展到大的企业,在其发展之初通常采用的是直线制形式的组织结构,这种组织结构所具有的最大优点是(　　)。

A. 能够充分发挥专家的作用,提高企业的经营效益

B. 加强了横向联系,能够提高专业人才与专业设备的利用率

C. 每个下级能够得到多个上级的工作指导,管理工作细致深入

D. 命令统一、指挥灵活、决策迅速、管理效率较高

139. 下列哪种情形不应该考虑促进组织的分权?(　　)

A. 组织规模扩大　　B. 组织活动分散化

C. 组织环境复杂多变　　D. 维护政策与命令的一致性

140. 小陈是一家合资公司的职员,在日常工作中,他经常接到来自上边的两个,有时甚至相互冲突的命令。导致这一现象的本质的原因很可能是(　　)。

A. 该公司在组织设计上层次过多

B. 该公司在组织设计上采取了直线职能型结构

C. 该公司在运作上出现了越级指挥

D. 该公司在运作过程中有意或无意违背了统一指挥的原则

141. 进行组织设计的基本出发点是(　　)。

A. 确定业务内容　　B. 确定组织目标

C. 确定组织结构　　D. 配备职务人员

142. 权力与任务相符,这是授权时应遵循的(　　)。

A. 明确责任原则　　B. 不可越级原则

C. 责任的绝对性原则　　D. 适度原则

143. 下列哪个选项适合于缩小管理幅度?(　　)

A. 工作简单而稳定　　B. 工作内容相似程度较高

C. 管理者需要处理的非管理事务较多　　D. 工作的计划程度较高

144. 下属的能力和素质与管理幅度的关系是(　　)。

A. 正比关系　　B. 反比关系

C. 没有关系　　D. 可能成正比,可能成反比

145. 根据业务专业化原则,以对工作或任务的相似性为基础来划分部门,这种部门

化的方法是(　　)。

A. 产品部门化　　B. 职能部门化

C. 地区部门化　　D. 顾客部门化

146. 组织结构设计的首要任务是(　　)。

A. 确定管理层次　　B. 确定管理幅度

C. 确定管理权限　　D. 划分部门

147. 组织的分化程度反映了组织结构的(　　)。

A. 正规化　　B. 复杂性　　C. 集权化　　D. 分权化

148. 上层领导把原本属于中层领导的权力直接授予基层领导,这不符合授权的(　　)。

A. 责任的绝对性原则　　B. 责任的明确性原则

C. 适度原则　　D. 不可越级原则

149. 上级管理者可以把任务和权力分派给下级,但不可以把责任也分派给下级,对授权行为要形成一种约束机制,这是授权时应遵循的(　　)。

A. 明确责任原则　　B. 不可越级原则

C. 责任的绝对性原则　　D. 适度原则

150. 关于正式组织与非正式组织的描述,下列说法中不正确的是(　　)。

A. 前者是经过人为的筹划和设计而形成的,后者是自发和自然形成的

B. 组织成员形成非正式组织的心理需要,都是正式组织所不能满足的

C. 两者都有明确的组织目标

D. 非正式组织对于正式组织的影响具有两重性

151. 侧重于研究领导成功的经验与其本人的人格、才智、需要层次特点等的关系,这类领导理论是(　　)。

A. 领导特质理论　　B. 领导行为理论

C. 领导权变理论　　D. 领导艺术理论

152. 利克特认为最好的领导风格是(　　)。

A. 民主参与型　　B. 专职独裁型

C. 仁慈专制型　　D. 民主协商型

153. 团队型的领导风格是(　　)。

A. 1.9 型　　B. 9.1 型　　C. 5.5 型　　D. 9.9 型

154. 领导生命周期理论认为,当下级的平均成熟程度处于不成熟阶段时,最有效的领导方式是(　　)。

A. 命令型　　B. 说服型　　C. 参与型　　D. 授权型

155. 在管理方格图中,9.1 型的领导风格是(　　)。

A. 贫乏型　　B. 团队型　　C. 乡村俱乐部型　　D. 任务型

156. 接受者对所接受到的信息所做出的解释和理解的过程是(　　)。

A. 反馈　　B. 译码　　C. 媒介　　D. 编码

157. 勒温认为,把权力定位于领导者个人手中的领导者,其领导作风是(　　)。

A. 专制作风　　B. 民主作风　　C. 放任自流作风　　D. 仁慈作风

158. 在目标一致的基础上,由于看法、方法不一致而产生的冲突是一种(　　)。

A. 建设性冲突　　B. 破坏性冲突

C. 非现实性冲突　　D. 现实性冲突

159. 为发泄、释放自身的紧张情绪而与其他方发生的冲突是一种(　　)。

A. 非现实性冲突　　B. 现实性冲突

C. 建设性冲突　　D. 破坏性冲突

160. 冲突各方本着求同存异的精神,避免把意见分歧公开化以避免冲突的激化,这种处理冲突的方法是(　　)。

A. 妥协　　B. 不予理睬　　C. 和平共处　　D. 协商

161. 勒温认为,把权力定位于集体手中的领导者,其领导作风是(　　)。

A. 专制作风　　B. 民主作风　　C. 放任自流作风　　D. 仁慈作风

162. 通过讨论冲突的得失,使双方了解冲突带来的后果,帮助双方改变思想和行为,这种处理冲突的方法是(　　)。

A. 妥协　　B. 教育　　C. 和平共处　　D. 协商

163. 领导生命周期理论在分析四分图理论时加入的第三个因素是(　　)。

A. 领导者的成熟程度　　B. 被领导者的成熟程度

C. 环境的复杂程度　　D. 管理手段的现代化程度

164. 领导生命周期理论认为,当下级的平均成熟程度处于成熟阶段时,最有效的领导方式是(　　)。

A. 低工作、低关系　　B. 低工作、高关系

C. 高工作、高关系　　D. 高工作、低关系

165. 参与性的领导方式的特点是(　　)。

A. 低工作、低关系　　B. 低工作、高关系

C. 高工作、高关系　　D. 高工作、低关系

166. 由冲突双方的共同上级来裁决,这种处理冲突的方法是(　　)。

A. 第三者裁判　　B. 拖延　　C. 和平共处　　D. 教育

167. 在领导行为方格图中,任务型的领导是(　　)。

A. 1.1 型　　B. 1.9 型　　C. 9.9 型　　D. 9.1 型

168. 达到一定的工作成绩后获取适当报偿的可能性是(　　)。

A. 第一类期望　　B. 第二类期望　　C. 效价　　D. 激励程度

169. 领导生命周期理论认为，当下级发展到初步成熟阶段时，比较有效的领导方式是（　　）。

A. 说服型　　B. 参与型　　C. 授权型　　D. 命令型

170. 在管理方格图中，1.9 型的领导风格是（　　）。

A. 贫乏型　　B. 团队型

C. 乡村俱乐部型　　D. 任务型

171. 通过建立一定法规或以上级的命令限制冲突，它虽然可收效于一时，但并没有消除冲突的根源，这种处理冲突的方法是（　　）。

A. 压制冲突　　B. 第三者裁判　　C. 教育　　D. 重组群体

172. 人们通过努力达到一定工作成绩的可能性是（　　）。

A. 第一类期望　　B. 第二类期望　　C. 效价　　D. 激励程度

173. 传递者采取某种形式把他所要传达的信息变成对方所能理解的信息的过程是（　　）。

A. 译码　　B. 反馈　　C. 传播　　D. 编码

174. 按照管理职能在管理活动过程中的顺序来排列，管理职能可以排列成（　　）。

A. 计划—组织—领导—控制　　B. 组织—计划—领导—控制

C. 计划—领导—组织—控制　　D. 领导—计划—组织—控制

175. 控制过程的最后一项工作就是（　　）。

A. 确定控制标准　　B. 衡量实际工作

C. 分析衡量结果　　D. 采取管理行动

176. 在控制过程中，哪项工作的结果连接了其他管理工作与下一个控制工作，使整个控制过程呈现出一个不断循环的特点？（　　）

A. 采取管理行动　　B. 衡量实际工作

C. 分析衡量结果　　D. 确定控制标准

177. 企业根据在生产过程中的几个关键点对产品生产的情况进行抽查，发现产品质量出现异常就立即采取措施进行纠正，以保证产品符合质量要求，这种控制类型属于（　　）。

A. 同期控制　　B. 反馈控制　　C. 前馈控制　　D. 人员控制

178. 对工作人员和部门的业绩进行评定属于（　　）。

A. 前期控制　　B. 同期控制　　C. 反馈控制　　D. 不属于控制方法

179. 第一线的管理人员对下属人员进行监督指导，这种控制方法属于（　　）。

A. 前期控制　　B. 同期控制　　C. 反馈控制　　D. 不属于控制方法

180. 最主要也是最传统的一种控制方式是（　　）。

A. 前馈控制　　B. 反馈控制　　C. 同期控制　　D. 间接控制

181. 实施控制的第一步是(　　)。

A. 制定控制标准　　B. 衡量实际绩效

C. 分析衡量结果　　D. 采取管理行动

182. 通过对系统运行过程中的情况进行监督和调整来实现控制,这是一种(　　)。

A. 同期控制　　B. 反馈控制　　C. 集中控制　　D. 前馈控制

183. 五项修炼法的核心是(　　)。

A. 自我超越　　B. 改变心智模式

C. 共同愿景和团队学习　　D. 系统思考

184. 按制造、销售、财务等职能分部来管理有关地区业务的国际化组织结构形式是(　　)。

A. 职能分部　　B. 产品分部

C. 地区分部　　D. 矩阵结构

185. 按产品和地区结合起来设置分部的国际化组织结构形式是(　　)。

A. 职能分部　　B. 产品分部　　C. 地区分部　　D. 矩阵结构

186. 企业资源规划简称为(　　)。

A. MRP　　B. ERP　　C. MIS　　D. ERPⅡ

187. 管理信息系统简称为(　　)。

A. MRP　　B. ERP　　C. MIS　　D. ERPⅡ

188. 20 世纪 90 年代以来组织变革出现了一种技术,主张对企业的运作流程进行重新设计,其结果使企业组织呈现出与传统"科层制"完全不同的新特点。这种组织变革技术叫做(　　)。

A. 网络化　　B. 扁平化　　C. 虚拟化　　D. 企业再造

189. 管理幅度扩大、管理层次减少,反映了组织结构变化的哪一种趋势?(　　)

A. 网络化　　B. 扁平化　　C. 多元化　　D. 虚拟化

190. 管理者在顺序进行计划、组织职能之后,就要执行(　　)职能。

A. 控制　　B. 指挥　　C. 领导　　D. 协调

191. 领导作为一种影响力,其施加作用的方式或手段主要有(　　)。

A. 指挥、激励、命令　　B. 指挥、激励、沟通

C. 指挥、激励、命令　　D. 沟通、激励、命令

192. 威信实质上是管理者在领导过程中所形成的对下级的感召力,它不具有(　　)。

A. 隐含性　　B. 强制性　　C. 间接性　　D. 非强制性

193. 直线——职能制的缺点是(　　)。

A. 不能保证组织的统一指挥　　B. 下级没有充分的自主权

C. 政令难以统一　　D. 各职能部门之间不易协调

194. 根据控制的方式不同的分类，不在其中的是(　　)。

A. 集中控制　　B. 分散控制　　C. 分层控制　　D. 直接控制

195. 授权的缺点是(　　)。

A. 不利于组织目标的实现

B. 不利于领导者从日常事务中解脱出来，集中力量处理重要决策问题

C. 容易造成失控

D. 不利于培养、锻炼下级

196. 人员配备的激励原则是(　　)。

A. 通过科学选聘、合理组合，实现人员配备最优化

B. 通过人员配备，最大限度调动人员的积极性

C. 将奖励与惩罚挂钩，充分调动他们的积极性

D. 通过各种形式，不断提高人的素质，最大限度发挥人的潜能

197. 设 Z 为综合效应；X、Y 分别为单项力，则最佳组合效应为(　　)。

A. Z＜X＋Y　　B. Z＝X＋Y　　C. Z＞X＋Y　　D. Z＝X 或 Y

198. 组织结构的内容有(　　)。

A. 设计并建立组织结构　　B. 职权分配与授权结构

C. 人员配备与人力资源开发结构　　D. 职能结构

199. 管理者的基本业务素质包括(　　)。

A. 政治素质　　B. 文化素质

C. 一般业务素质和专门业务素质　　D. 身心素质

200. 现代管理者素质的核心是(　　)。

A. 决策能力　　B. 技术水平　　C. 科学知识　　D. 创新能力

201. 沃尔玛利用尖端的库存信息系统，以精确地把握当前销售趋势，从而在竞争中保持领先，这一影响因素属于(　　)。

A. 经济因素　　B. 技术因素　　C. 社会因素　　D. 政治因素

202. 环境不确定性中反映环境构成因素的数量和种类的维度是环境的(　　)。

A. 动态性　　B. 稳定性　　C. 简单性　　D. 复杂性

203. 下列因素中，不属于企业在确定企业目标时所需要考虑的环境因素是(　　)。

A. 宏观经济景气　　B. 省、市领导班子的确定

C. 人口统计因素　　D. 国民消费水平

204. 一般来说，玩具制造公司所处的组织环境是(　　)。

A. 简单和稳定的　　B. 简单和动态的　　C. 复杂和稳定的　　D. 复杂和动态的

205. 任务环境包括(　　)。

A. 顾客　　B. 全球化　　C. 经济条件　　D. 技术

206. 与组织目标的实现直接相关的环境要素是(　　)。

A. 一般环境　　B. 任务环境
C. 环境的复杂性　　D. 环境的动态性

207. 与组织目标的实现间接相关的环境要素是(　　)。

A. 一般环境　　B. 任务环境
C. 环境的复杂性　　D. 环境的动态性

208. 一般环境的社会文化条件包括(　　)。

A. 可支配收入的变化　　B. 立法者对商业的具体态度
C. 顾客的价值观和品位　　D. 技术的应用

209. 组织环境的要素数量较少,且不可预测的工作环境是一种(　　)的工作环境。

A. 简单的动态　B. 简单的稳定　C. 复杂的动态　D. 复杂的稳定

210. 如果组织环境的构成要素经常变动,我们就称之为(　　)环境;如果变化很小,则称之为(　　)环境。

A. 一般;任务　B. 简单;复杂　C. 动态;稳定　D. 内部;外部

三、多项选择题

1. 管理者在顺序进行计划、组织职能之后,就要执行(　　)职能。

A. 控制　B. 指挥　C. 领导
D. 协调　E. 沟通

2. 作为一种影响力,其施加作用的方式或手段主要有(　　)。

A. 指挥　B. 激励　C. 命令
D. 沟通　E. 控制

3. 威信实质上是管理者在领导过程中所形成的对下级的感召力,它具有(　　)。

A. 隐含性　B. 强制性　C. 间接性
D. 非强制性　E. 固定性

4. 直线——职能制的优点是(　　)。

A. 保证了组织的统一指挥　　B. 下级有充分的自主权
C. 强化了专业管理　　D. 各职能部门之间联系不紧密
E. 直线人员与参谋人员较好协调

5. 根据控制的方式不同,控制可以分为(　　)。

A. 集中控制　B. 分散控制　C. 分层控制
D. 直接控制　E. 间接控制

6. 授权的优越性有(　　)。

A. 有利于组织目标的实现

B. 有利于领导者从日常事务中解脱出来，集中力量处理重要决策问题

C. 有利于激励下级

D. 有利于培养、锻炼下级

E. 有利于上级集中控制

7. 人员配备的原则有(　　)。

A. 优化原则　　B. 激励原则　　C. 惩罚原则

D. 开发原则　　E. 直接原则

8. 设Z为综合效应；X、Y分别为单项力，则非最佳组合的效应包括(　　)。

A. Z＜X＋Y　　B. Z＝X＋Y　　C. Z＞X＋Y

D. Z＝X或Y　　E. Z＝0

9. 许多从小发展到大的企业，在其发展之初通常采用的是直线制形式的组织结构，这种组织结构所具有的最大优点是(　　)。

A. 能够充分发挥专家的作用，提高企业的经营效益

B. 加强了横向联系，能够提高专业人才与专业设备的利用率

C. 每个下级能够得到多个上级的工作指导，管理工作细致深入

D. 机构简单、指挥统一

E. 决策迅速、管理效率较高

10. 中国古代管理思想主要有(　　)。

A. 儒家　　B. 阴阳家　　C. 纵横家

D. 法家　　E. 道家

11. 战斗集体型和俱乐部型的领导风格是(　　)。

A. 1.9型　　B. 9.1型　　C. 5.5型

D. 9.9型　　E. 1.1型

12. 影响集权与分权的主要因素有(　　)。

A. 组织因素　　B. 环境因素　　C. 科学因素

D. 管理者与下级因素　　E. 结构因素

13. 管理学对人性假设的观点大体上有(　　)。

A. 经济人　　B. 社会人　　C. 自我实现的人

D. 复杂人　　E. 理想人

14. 法约尔认为，管理职能包括(　　)。

A. 计划　　B. 组织　　C. 指挥

D. 协调　　E. 控制

15. 贯穿在管理学发展过程中的主要线索有(　　)。

A. 理性主义线索　　B. 人文主义线索　　C. 管理过程线索

D. 综合分析线索　　E. 实证主义线索

16. 霍桑试验的主要研究包括(　　)。

A. 照明研究　　B. 福利研究　　C. 访谈研究

D. 小群体研究　　E. 从众行为研究

17. 在法约尔提出的 14 条管理原则中,目的性原则包括(　　)。

A. 秩序　　B. 人员的稳定　　C. 首创精神

D. 人员的团结　　E. 公平

18. 在法约尔提出的 14 条管理原则中,结构性原则包括(　　)。

A. 劳动分工　　B. 权力与责任　　C. 统一领导

D. 集中和等级制度　　E. 统一指挥

19. 属于管理者决策制定方面角色的是(　　)。

A. 企业家　　B. 驾驭混乱者　　C. 资源分配者

D. 谈判者　　E. 发言人

20. 在理解管理主体的含义时,我们应把握管理主体的哪些特点?(　　)

A. 阶层性　　B. 部门性　　C. 全员性

D. 协调性　　E. 权威性

21. 管理的目标具体来说可以包括(　　)。

A. 服务　　B. 效率　　C. 效益

D. 发展　　E. 资源配置

22. 管理技能是对管理能力的概括和总结,具体来说包括(　　)。

A. 技术技能　　B. 人际技能　　C. 概念技能

D. 决策技能　　E. 分析技能

23. 下列选项属于典型的无形资源的有(　　)。

A. 信息资源　　B. 关系资源　　C. 权力资源

D. 物质资源　　E. 金融资源

24. 一些资源具有复合性的特点,即这些资源既具有实体性又具有无形性,如下列选项中的(　　)。

A. 人力资源　　B. 形象资源　　C. 物质资源

D. 金融资源　　E. 关系资源

25. 组织资源的特性有(　　)。

A. 有限性　　B. 无限性　　C. 可控性

D. 不可控性　　E. 客观性

26. 在管理者角色中,明茨伯格把信息传递方面的角色概括为(　　)。

A. 监听者　　B. 传播者　　C. 发言人

D. 联络者　　E. 谈判者

27. 在管理者角色中,明茨伯格把人际关系方面的角色概括为(　　)。

A. 挂名首脑　　B. 领导者　　C. 联络者

D. 监听者　　E. 谈判者

28. 巴纳德认为,正式组织的基本要素包括(　　)。

A. 共同目标　　B. 协作愿望　　C. 信息沟通

D. 人际关系　　E. 规章制度

29. 目标的特性有(　　)。

A. 多样性　　B. 层次性　　C. 动态性

D. 激励性　　E. 唯一性

30. 按决策的重要程度不同,可以将决策分为(　　)。

A. 战略决策　　B. 战术决策　　C. 业务决策

D. 程序型决策　　E. 非程序型决策

31. 按决策的条件不同,可将决策分为(　　)。

A. 确定型决策　　B. 风险型决策　　C. 非确定型决策

D. 程序型决策　　E. 非程序型决策

32. 按决策的重复程度不同,可以将决策分为(　　)。

A. 确定型决策　　B. 风险型决策　　C. 非确定型决策

D. 程序型决策　　E. 非程序型决策

33. 战略计划具有的特点有(　　)。

A. 长期性　　B. 全局性　　C. 指导性

D. 可操作性　　E. 详尽性

34. 战术计划具有的特点有(　　)。

A. 具体性　　B. 全局性　　C. 指导性

D. 可操作性　　E. 详尽性

35. 完整的计划应该能够涉及以下哪些问题:(　　)

A. 原因目的　　B. 内容要求　　C. 部门人员

D. 时间地点　　E. 手段措施

36. 对计划结构完整性的评价主要是对计划结构的哪些特性的评价?(　　)

A. 覆盖面　　B. 时间跨度　　C. 责任的明确性

D. 控制操作程度　　E. 计划依据的资料

37. 对计划工作本身的评价又称为程序性评价,包括的方面有(　　)。

A. 计划的客观性　　B. 计划的完整性　　C. 计划的灵活性

D. 计划的经济性　　E. 计划的社会性

38. 目标确定的原则是(　　)。
A. 现实性原则　B. 关键性原则　C. 定量化原则
D. 协调性原则　E. 权变原则
39. 决策的特点有(　　)。
A. 目标性　B. 选择性　C. 科学性
D. 可行性和过程性　E. 普遍性
40. 下列属于部门计划的是(　　)。
A. 企业年度的生产经营计划　B. 企业销售部门的年度销售计划
C. 生产车间的生产计划　D. 企业某新产品的研发计划
E. 企业预算
41. 集体决策的优点是(　　)。
A. 能够提供更完整的信息　B. 能够产生更多的方案
C. 提高了对决策方案的接受性　D. 提高了决策合法性
E. 花费更多的时间
42. 集体决策的缺点是(　　)。
A. 容易形成群体思维　B. 决策成本较高
C. 责任不清　D. 可运用的知识、能力和信息等不够全面
E. 决策方案的接受性较差
43. 产品部门化的缺点是(　　)。
A. 部门之间的横向协调性较差　B. 各产品部门可能有各行其是的倾向
C. 一般管理费用可能增加　D. 某些管理工作可能重复
E. 弱化了各部门对其活动结果的责任
44. 直线制组织结构的特点是(　　)。
A. 结构简单　B. 权责分明　C. 指挥统一
D. 沟通方便　E. 要求管理者是全能型的,事必躬亲
45. 衡量集权和分权程度的标志主要有(　　)。
A. 决策的数量　B. 决策的范围　C. 决策的重要性
D. 决策的审核　E. 决策的质量
46. 部门化应注意以下哪些问题:(　　)
A. 整体协调　B. 精干高效　C. 分配合理
D. 稳定　E. 弹性
47. 下列描述正确的是(　　)。
A. 管理层次受管理幅度和组织规模影响
B. 管理层次与组织规模成正比

C. 在组织规模既定的情况下,管理幅度越大,管理层次越少
D. 在组织规模既定的情况下,管理幅度越大,管理层次越多
E. 在组织规模既定的情况下,管理幅度减少,管理层次增加
48. 合理的组织结构取决于各种权变因素,这些因素包括(　　)。
A. 组织战略　　B. 组织规模　　C. 组织技术
D. 组织环境　　E. 政府政策
49. 有效授权的原则有(　　)。
A. 适度　　B. 明确责任　　C. 不可越级
D. 责任的绝对性　　E. 责任的相对性
50. 确定管理幅度,需要考虑的因素有(　　)。
A. 组织规模与管理层次　　B. 管理者和下属的工作能力
C. 工作内容和性质　　D. 计划与控制的明确性和难易程度
E. 组织环境的稳定性
51. 在下列哪些情况下,可以考虑扩大管理者的管理幅度?(　　)
A. 工作内容和性质相近,标准化程度较高
B. 管理者非管理性事务较多
C. 下属能力较强、训练有素、经验丰富
D. 组织的地理空间分散
E. 组织环境不稳定
52. 下列哪些情形应该考虑促进组织的分权?(　　)
A. 组织规模扩大　　B. 组织活动分散化
C. 组织环境复杂多变　　D. 维护政策与命令的一致性
E. 培养后备的管理队伍
53. 矩阵制组织结构具有的特点有(　　)。
A. 加强了不同部门之间的横向联系和信息交流
B. 提高了资源的利用率
C. 成员的工作热情高、工作思路开阔
D. 成员可能产生临时观念、责任心削弱
E. 容易出现多头领导
54. 事业部制组织结构的特点有(　　)。
A. 提高了管理的灵活性和对市场的适应性
B. 决策的效率较高
C. 高层管理者易陷于事务堆
D. 各事业部之间的横向协调困难

E. 容易造成机构重叠、管理费用增加

55. 职能部门化的缺点是(　　)。

A. 可能出现本位主义

B. 部门间横向沟通有一定的困难

C. 可能使决策和执行变得更为缓慢

D. 不利于对组织整体通盘负责的高级人才的训练和培养

E. 不利于组织上层加强对组织整体活动的控制

56. 事业部制组织结构的优点有(　　)。

A. 提高了管理的灵活性和对市场的适应性

B. 决策的效率较高

C. 管理费用增加

D. 各事业部之间的横向协调困难

E. 容易造成机构重叠

57. 人员配备的过程包括的工作程序有(　　)。

A. 人员需要量的确定　　B. 人员的开发　　C. 人员的选配

D. 人员的考评　　E. 人员的培训

58. 领导双维理论包括(　　)。

A. 领导行为四分图理论　　B. 领导行为方格图理论　　C. 连续统一体理论

D. 勒温理论　　E. 领导生命周期理论

59. 领导权变理论主要包括(　　)。

A. 菲德勒模式　　B. 途径—目标理论　　C. 领导生命周期理论

D. 领导行为方格图理论　　E. 勒温理论

60. 领导行为理论主要包括(　　)。

A. 勒温理论　　B. 连续统一体理论　　C. 利克特理论

D. 四分图理论　　E. 方格图理论

61. 组织的职位特性相关的领导权力包括(　　)。

A. 法定权　　B. 强制权　　C. 奖赏权

D. 专长权　　E. 归属权

62. 统驭权包括(　　)。

A. 专长权　　B. 归属权　　C. 奖赏权

D. 法定权　　E. 强制权

63. 权力的两重性表现为(　　)。

A. 积极性　　B. 消极性　　C. 肯定性

D. 否定性　　E. 可接受性和不可接受性

64. 按沟通的渠道分，信息沟通可分为（ ）。

A. 正式沟通　B. 非正式沟通　C. 书面沟通
D. 口头沟通　E. 非语言沟通

65. 正式沟通的特点是（ ）。

A. 沟通方便、内容广泛　B. 方式灵活、速度快　C. 沟通过程难以控制
D. 信息易于失真　E. 能够提供正式沟通中难以获得的信息

66. 弗洛姆认为，激励程度取决于下列哪些选项的乘积？（ ）

A. 期望　B. 效价　C. 需要
D. 公平性　E. 动机

67. 公平理论认为，人们在心理或行为上将会采取哪些措施来减少不公平感？（ ）

A. 自我安慰　B. 给比较对象施加影响以改变其实际的付出或所得
C. 改变自己的付出或所得　D. 改变比较的对象
E. 调离工作单位

68. 从冲突的性质来分析，冲突有（ ）。

A. 现实性冲突　B. 非现实性冲突　C. 建设性冲突
D. 破坏性冲突　E. 群际冲突

69. 在马斯洛的需要层次中，属于高层次需要的是（ ）。

A. 生理需要　B. 安全需要　C. 社交需要
D. 尊重需要　E. 自我实现的需要

70. 双向沟通的优点是（ ）。

A. 信息有反馈　B. 准确性较高　C. 受者参与感强
D. 对传递者的压力和要求高　E. 比较费时

71. 非正式沟通的优点是（ ）。

A. 沟通方便、内容广泛　B. 方式灵活、速度快
C. 可以成为正式沟通的补充　D. 沟通过程比较难以控制
E. 信息往往不确切

72. 在马斯洛的需要层次中，属于低层次需要的有（ ）。

A. 生理需要　B. 安全需要　C. 社交需要
D. 尊重需要　E. 自我实现的需要

73. 罗宾斯认为，造成冲突的结构性因素包括（ ）。

A. 规模和权力　B. 参与和奖酬制度
C. 直线机构和参谋机构　D. 资源的相依性
E. 沟通

74. 下列关于冲突管理的表述，正确的是(　　)。

A. 由组织外部环境突变导致的冲突是难以避免和控制的

B. 以争夺组织内部资源为目的的部门冲突难以避免，但可以控制

C. 组织内部因技术分工而产生部门之间的职能成见所引发的矛盾冲突是难以避免，但可以不予控制的

D. 组织管理人员认知上的差异以及相互之间情感上的冲突，不必控制

E. 内部的现实性冲突是控制的主要目标

75. 非语言沟通具有以下特点：(　　)

A. 不同的非语言可以传递相同的或相似的信息

B. 矛盾的言语和非语言可能同时出现

C. 一种非语言往往可以传递多种不同意义的信息

D. 一种非语言只能传递一种意义的信息

E. 非语言通常作为言语的辅助内容

76. 罗宾斯将控制的对象归纳为(　　)。

A. 人员　　B. 财务　　C. 作业

D. 信息　　E. 绩效

77. 按照控制的时点不同，控制可以分为(　　)。

A. 质量控制　　B. 作业控制　　C. 前馈控制

D. 同期控制　　E. 反馈控制

78. 根据控制的方式不同，控制可以分为(　　)。

A. 集中控制　　B. 分散控制　　C. 分层控制

D. 直接控制　　E. 间接控制

79. 根据控制时对管理者素质的要求不同，控制可以分为(　　)。

A. 直接控制　　B. 分散控制　　C. 间接控制

D. 集中控制　　E. 分层控制

80. 下列选项中，属于定量控制标准的有(　　)。

A. 实物标准　　B. 价值标准　　C. 时间标准

D. 组织形象　　E. 行为准则

81. 下列属于反馈控制的有(　　)。

A. 年终考核　　B. 对各种财务报表的分析

C. 对产成品的质量检查　　D. 在生产过程中对产品质量的抽查

E. 对投入资源是否符合计划目标的要求进行检查

82. 彼得·圣吉提出的组织学习方法包括(　　)。

A. 自我超越　　B. 改变心智模式　　C. 建立共同愿景

D. 团队学习　　E. 系统思考

83. 虚拟运作的特点是(　　)。

A. 体现了从组织外部运筹资源的思路和能力

B. 突破了组织有型的、自然的界限

C. 体现了“合作竞争”的战略理念

D. 内部管理层级扁平化

E. 呈现出以信息网络为依托的网络化组织结构

84. 扁平组织的特点是(　　)。

A. 管理层次减少

B. 管理幅度扩大

C. 内部联系有一个系统的信息网络

D. 改变了传统的以直接监督控制为主的管理手段

E. 管理层次增加而管理幅度减少

85. 管理发展的总趋势可以概括为以下方面:(　　)

A. 管理理念的人本化　　B. 管理手段的柔性化

C. 管理运营的虚拟化　　D. 管理手段的刚性化

E. 中小企业的崛起

86. 学习的循环过程包括(　　)阶段。

A. 创造　　B. 整合　　C. 诠释

D. 行动　　E. 检视

87. 组织职能的基本内容有(　　)。

A. 设计并建立组织结构　　B. 职权分配与授权

C. 人员配备与人力资源开发　　D. 组织协调与变革

E. 有效的控制

88. 管理者的基本素质包括(　　)。

A. 政治素质　　B. 文化素质　　C. 基本业务素质

D. 身体素质　　E. 心理素质

89. 管理者的技能包括(　　)。

A. 技术技能　　B. 人际技能　　C. 概念技能

D. 领导技能　　E. 组织技能

90. 关于公司总经理与中层管理人员之间的区别,下列哪种说法最贴切?(　　)

A. 总经理比中层管理人员更需要人际技能

B. 总经理比中层管理人员更需要有技术技能

C. 总经理比中层管理人员更需要掌握公司各方面信息

D. 总经理比中层管理人员更需要掌握概念技能

E. 总经理比中层管理人员更需要了解具体问题

91. 按信息流向划分沟通可分为(　　)。

A. 上行沟通　　B. 下行沟通　　C. 平行沟通

D. 斜向沟通　　E. 正式沟通

92. 按决策问题具备的条件和决策结果的确定性程度决策可分为(　　)。

A. 确定型决策　　B. 风险型决策　　C. 不确定型决策

D. 非风险型决策　　E. 模糊型决策

93. 张某大学毕业应聘到一家合资公司工作,在日常工作中,他经常接到来自上边的两个或两个以上的有时甚至相互冲突的命令。导致这一现象的原因可能是(　　)。

A. 该公司在组织设计上层次过多

B. 该公司在组织设计上采取了直线职能型结构

C. 该公司在运作上违背了专业分工与协作原则

D. 该公司在运作过程中有意或无意违背了统一指挥的原则

E. 该公司在组织设计上采取了直线型结构

94. 领导方式的类型有(　　)。

A. 专断型　　B. 民主型　　C. 条件型

D. 放任型　　E. 任务型

95. 职权实质上是管理者在组织规定的范围内对下级行为所拥有的支配力,它具有(　　)等特点。

A. 明确性　　B. 间接性　　C. 强制性

D. 隐含性　　E. 直接性

96. 管理的二重性是(　　)。

A. 自然属性　　B. 科学属性　　C. 社会属性

D. 艺术属性　　E. 技术属性

97. 授权的原则有(　　)。

A. 依目标需要授权原则　　B. 适度授权原则　　C. 职、责、权、利相当原则

D. 职责绝对性原则　　E. 完全授权

98. 组织人员实现最佳组合的途径有(　　)。

A. 实现最佳年龄组合　　B. 实现最佳知识、技能组合　　C. 实现最佳性别组合

D. 实现最佳性格、气质组合　　E. 实现最佳学历组合

99. 按信息传递的途径划分沟通可分为(　　)。

A. 正式沟通　　B. 非正式沟通　　C. 组织内部沟通

D. 组织外部沟通　　E. 上下型沟通

100. 管理系统的构成是(　　)。

A. 管理目标　　B. 管理主体　　C. 管理对象

D. 管理机制与方法　　E. 管理环境

101. 当企业考察一国政府的稳定性及其经济发展水平时,企业是在考察该国的(　　)环境。

A. 社会文化　　B. 经济　　C. 技术
D. 政治法律　　E. 全球

102. 下列属于经济环境的有(　　)。

A. 汇率　　B. 价格指数　　C. 消费水平
D. 人口增长　　E. 产业结构

103. 政府对组织活动的作用包括(　　)。

A. 价格管制　　B. 市场准入　　C. 环境标准
D. 食品安全　　E. 政府采购

104. 以下与组织管理活动密切相关,对其产生直接影响的因素有(　　)。

A. 顾客　　B. 竞争者　　C. 法律法规
D. 金融机构　　E. 消费习惯

105. (　　)对组织的影响是间接的、长远的;(　　)对组织的影响是直接的,迅速的。

A. 经济环境;顾客　　B. 一般环境;任务环境
C. 社会文化环境;政府　　D. 供应者;政治法律环境
E. 金融机构;全球环境

四、名词解释

1. 管理
2. 组织
3. 人际技能
4. 概念技能
5. 管理职能
6. 决策
7. 风险型决策
8. 决策支持系统
9. 计划
10. 战略计划
11. 组织
12. 权责对等原则
13. 绩效管理

14. 影响力
15. 沟通
16. 领导
17. 激励
18. 动机
19. 控制
20. 前馈控制

五、问答题

1. 为什么管理对组织的成功起着重要的作用?
2. 有效果的组织一定是有效率的吗?
3. 管理者履行的基本职能是什么?
4. 管理者的基本素质是什么?
5. 管理者按层次划分为哪几类,按管理工作的性质与领域分为哪几类?
6. 管理的两重性分析。
7. 管理的职业特征是什么?
8. 组织高层管理人员掌握概念技能的意义是什么?
9. 什么是泰罗的科学管理理论主要思想和贡献?
10. 创造力的来源是什么?
11. 创造性思维的形式有哪些?
12. 定性决策方法有哪些?
13. 管理问题分析与确定的方法有哪些?
14. 管理理论的热带丛林时期主要有哪些学派?
15. 法约尔的五大管理职能是什么?
16. 如何理解不确定型决策的方法?
17. 解释决策理论学派。
18. 当代对领导方式研究的新成果有哪些?
19. 被管理者追随与服从心理分析是什么?
20. 解释决策的满意原则。
21. 解释当代决策理论。
22. 人员考核的内容有哪些?
23. 决策对计划有什么影响?
24. 为什么古典学者们主张职权应当与职责对等?
25. 管理组织设计程序是什么?

26. 组织文化是如何影响管理者履行管理职能的?
27. 简述人力资源的特点。
28. 简述人力资源管理职能。
29. 简述人力资源规划的作用。
30. 解释甄选决策矩阵。
31. 说明绩效管理的四个阶段。
32. “高—高”型是最有效的领导风格吗?
33. 领导者应具有的素质有哪些?
34. 在组织中,哪些沟通方法是人们最常使用的?
35. 倾听的四项基本要求是什么?
36. 请解释领导者的作用。
37. 请说明权力性影响和非权力性影响。
38. 列出5种你选择职务时最重要的标准(如薪酬、承认、挑战性等),按重要性排列。
39. 反馈控制的优缺点各是什么?
40. 管理者具有哪些行为控制的手段?
41. 怎样有效运用管理方法?
42. 进入20世纪七八十年代,管理理论出现哪些全新的发展趋势?
43. 不同时期人性假设的主要观点及其领导方式是什么?
44. 有哪些有效的激励方式与手段?
45. 简述中国管理思想的演进。
46. 阐述企业生存与企业社会责任的关系。
47. 阐述有关社会责任的两种对立的观点。
48. 影响管理道德的因素有哪些?
49. 比较分析社会义务、社会响应和社会责任。
50. 列举几种管理道德问题。

六、案例分析题

案例一:

张东升是平山矿业公司露天矿机维修钳工,正式技工学校毕业,今年38岁,正值年富力强。他干劲足,手艺精湛,人缘好,还带了三名学徒工,同事和上级都挺喜欢他。车间主任认为他是骨干,常让他代表自己去矿上或公司开干部会,大家都说李主任的接班人非他莫属。

今天是周一,张东升正赶上白班,忽然听说李主任心脏病犯了,已经住进职工医院。这回住院,人人都盼望他早日康复,以为又像往常那样,过几天就出院上班。不料傍晚传来消息，李主任病重，经抢救无效已在医院病逝。大家都很悲痛，纷纷去向李师母表示悼念和慰问。次日一早，分管人事的周副矿长来电话，要张东升暂时代理车间主任，行使权力，以不使工作受损；还特别关注车间正在抢修的一台装载机，问几时能修好，这可是矿上急活等着要用的装载机。张东升答应周四中午前一定修好交用。

星期三上午，周副矿长把张东升召去，正式通知他公司已任命他继任车间主任，并表示了祝贺和期望，然后张东升就匆匆赶回车间，参加突击抢修那台装载机去了。任务很重，他不放心，又跟着夜班工人继续干到晚上 9 点多，再三叮嘱夜班班长抓紧工作。周四清晨，张东升到班上特别早，发现昨晚矿上又有四辆自卸式载重卡车送来待修，而那台装载机还未修好。张东升赶忙把全车间白班职工召到一起，说明了面临的修车任务如何重要、迫切和艰巨，号召大家化悲痛为力量，群策群力，尽快完成任务。工人们纷纷表态要努力干活，如期修好这批车辆。

张东升略感松了一口气，就上去检查库存是否足以应付这批抢修任务。这时，露天采掘队来电话，说一台主力设备 32 吨自卸卡车在现场抛锚，要求派人去抢修。张东升知道如今人人手头的活都又多又紧，就自己背起工具箱，到现场去抢修了。

待他修好那台自卸卡车，回到车间，已经快中午了。他发现车间里乱糟糟一片：四辆待修自卸车中有三辆在停工待料，忙问这是怎么回事。工人们说已故李主任以前定下的规矩，备件要主任签过字才能领取。这时，矿上又有两台故障车送到待修。张东升刚办完接车手续，周副矿长又来电话要装载机了，听说还没修好，周副矿长老大不快，埋怨活抓得不紧，并强调这会给矿上带来很大损失。刚放下电话，公司常务副总经理又来电话，让张东升马上去总部出席紧急干部会议。

本来张东升知道自己被正式提升为车间主任，还挺高兴，也颇有信心当好这主任，如今想法好像有些变了。他怀疑这提升对自己究竟是不是一件好事，对能否胜任这主任一职，也变得不太有把握了。

根据案例分析：

1. 造成张东升被提升为主任后头几天混乱的最主要原因是(　　)。

A. 他还不具备担任基层管理干部所需的素质

B. 他还没有认清干部与工人所应担当角色的不同

C. 这一期间车间的任务恰好太多太重

D. 上级交给他的任务过多而帮助过少

2. 优秀基层干部的主要特征是(　　)。

A. 听从上级指示，坚决执行，任劳任怨

B. 跟群众打成一片，吃苦在前

C. 发挥好计划、组织、领导、监控等管理功能

D. 努力学习政治，有很强的进取心

3. 基层的和高层的管理工作在性质上的主要差别在于(　　)。

A. 基层管理干部被授予的权力较小,因而责任和风险也较小;高层管理工作则反之

B. 基层管理涉及工作较偏局部、短期和操作性,而高层管理则偏全局、长期和决策性

C. 以上两点都属于基层和高层管理的主要差别

D. 以上两点都不属于基层和高层管理的主要差别

4. 事已至此,张东升的当务之急是(　　)。

A. 从手下工人中挑选一两个能干而负责的人来充当自己的助手

B. 首先分清工作的轻重缓急,抓住主要矛盾

C. 先认真思考一下车间主任的工作要求,明确新岗位的责任与权力

D. 立刻向领导要求给予岗位指导和培训

5. 事到如今,张东升的直接上级应采取的首要措施是(　　)。

A. 减少机修车间的工作量,适当放宽完工期限

B. 对张东升进行上岗培训,并对他的工作给予指导和帮助

C. 马上打电话去鼓励他,增加其信心与责任感

D. 不必做什么特别的事,让他自行发展,逐渐成熟起来

案例二:

BTC是北京市建立最早、规模最大的民营企业之一。集团创始人在十几年的经营实践中,逐渐丰富了重大项目的决策经验,在国内率先做出引进先进建筑砌块技术设备,发展新型墙体材料等决策。

一、问题的提出

从1995年起,集团创始人就开始对国内外墙体材料进行比较研究,发现混凝土砌块在世界发达国家已被广泛应用,生产和应用技术都相当成熟。在美国、德国、日本等发达国家,混凝土砌块的使用率已超过50%,而我国的使用率还不足0.5%。

通过深入调查和科学论证,集团创始人坚信发展混凝土砌块既有良好的社会效益,也有广阔的市场前景;既符合国家的产业政策,又适合企业自身的发展需要。此想法立刻得到了有关部门领导的充分信任和大力支持。

二、决策内容和初步实施

1995年8月,BJY新建材有限公司正式成立。1996年3月,公司投资近千万美元一次购进世界著名的砌块设备制造商——美国贝赛尔公司4条最先进的砌块生产线。

2000年10月,由BJY新建材有限公司投资3570万元与山东临沂金田集团合作,建成了山东临沂金田贝斯特建材有限公司。该项目总投资7000万元,占地120亩,采用2条贝赛尔V3—12生产设备,年生产10万立方米混凝土承重空心砌块砖,以满足当地建材市场的需要。临沂地区土地厚度仅有3米,耕地面积稀少,而沙石资源丰富,从地域资源角度来看,是最适宜生产砌块砖的地区。

三、决策在实践中不断提升和发展

在习惯了小砖窑生产和乡村包工队作业的社会背景下，占用土地和污染环境的实心黏土砖仍在每日每时地生产着、使用着。集团创始人清楚地认识到，目前中国墙体材料改革的大幕才刚刚拉开，更艰巨的工作还在后头。他计划在北京、天津、南京、大连、重庆和其他适宜的地区布置10条生产线，决心在全国砖块市场上至少占有30%的份额。同时，在北京市政府的支持下，计划在北京建造一个几十万平方米的砌块建筑示范小区，现第一批样板工程已经竣工。但是，以一家私营企业的努力，实现墙体材料的更新换代，将是一个无限漫长的艰辛历程。集团创始人再次决策，把引进建筑砌块设备生产新型砌块砖，转移到引进相关技术生产砌块设备，这将使新型墙体材料的生产从一个企业逐步扩大到整个行业。由于进口砌块设备价格高昂，用它生产的砌块产品成本过高，不利于推广；而国产设备性能差，产品质量不能满足建筑需要，这些情况都严重制约着新型墙体材料的推广。有鉴于此，集团创始人通过科学分析和成本测算，决心引进美国最先进的砌块制造技术，实现砌块制造设备国产化，使砌块价格在墙体材料市场上更具竞争力。

1999年初，BTC投资集团与美国贝赛尔公司达成技术引进协议。1999年12月，BJY新建材有限公司与美国贝赛尔公司合资，在北京建立了北京贝赛尔金阳设备制造有限公司，总投资1000万美元，全面引进美国贝赛尔公司的砌块制造技术，并独立生产专业化砌块设备，为砌块设备国产化铺平了道路，使国产砌块设备价格比进口设备价格降低60%，从而使砌块砖的市场普及率提高到60%以上，砌块砖品种也将增加到100余个，进一步丰富了中国建材市场。从生产砌块砖到生产砌块设备，从引进砌块设备到砌块设备国产化，这一决策及实施将使中国的墙体改造事业进程速度加快3倍。

与此同时，集团创始人还在积极筹备成立中国砌块集团，全面推动混凝土砌块在中国的生产和应用，并为用户提供各种相关服务。

集团创始人在完成实业建设的同时，进一步提出了通过资本运营方式来解决墙体改造事业发展资金不足的问题。1996年，他同建设部、农业部、国家建材局、国家土地局等有关政府机构共同研讨，并向人民银行、国家计委的有关专家请教，取得广泛的共识。有关部门和专家一致认为：墙体改造事业是一项系统工程，采用国际成熟的产业筹资方式——成立产业投资基金，对新型墙体材料产业注入启动资金，是推动墙体改造事业的最佳方式。设立新型墙体材料产业投资基金，以基金组合的投资方式，向国内具有较强技术实力的机械制造企业注入资金，进行技术改造，迅速实现新型墙体材料生产设备国产化，降低新型墙体材料生产设备成本；向现有墙体材料企业投入资金，进行股份制改造，转换经营机制，盘活国有资产，提高建材企业效益，增加就业机会。这一设想将在推动我国墙体改造事业的同时，使新型墙体材料产业成为我国可持续发展的战略性产业。

根据案例分析：

1. 市场经济环境中，企业仅仅熟悉和适应市场，并以此为决策依据生产出市场所需的条件够吗？

2. 企业的重大决策需要获得政府部门的支持与配合吗？

3. 你认为集团创始人的整个决策方案中最精彩的一笔是什么，为什么？

案例三：

1998年底，广州某跨国石油公司在中国的业务进展不顺利。为降低成本，该公司力争1999年收支平衡，进行大规模的公司改革，并进行机构调整，其中的措施之一就是裁员。为了保证裁员工作的顺利进行，使得离开的人员对公司继续保持信任和归属感，也要使离开的人员正确理解此次裁员工作的必要性，不至于在社会上对公司造成不良影响，公司采取了积极的沟通方式——在公司的内部网络上发布"员工通信"，提前3个月把公司的改革信息循序渐进地传递给公司员工。

公司油品业务部门是公司在中国雇用员工人数最多的部门，约占总员工人数的70%。油品部门任何的改动对整个公司起着举足轻重的作用。从开始透露裁员苗头到真正实施历时3个月。这种消息大部分由公司东北亚集团上任才3个星期的油品部董事和行政管理以第一人称通报工作进展情况的方式来传递信息，其中该跨国公司董事会主席和油品业务首席执行官分别发布过机构调整和裁员的信息。当裁员的信息日趋明朗后，公司和行政管理的个人网页开通，其中有一个"公开论坛"，在这个论坛上，任何员工都可以匿名的方式不经审查地在该论坛上发表自己的意见。在论坛开通半个月后，即正式实施裁员的半个月前，由公共事务部针对员工提出过的和可能提出的疑问采用一问一答的文字形式在论坛上发表。

15天后，由各部门经理单独与每位员工见面，通知个人具体的去留安排。同时，公司成立转职中心，为员工提供心理辅导和再就业技能的培训服务，并备有电话、电脑和复印设备，供员工准备应聘资料，公司派一专人与其他外资公司和猎头公司联系，协助员工寻找新的工作。

根据案例分析：

1. 本案例中这家公司的沟通特点。

2. 对我们的启示。

案例四：

美国商用计算机和设备公司由于其最佳而又新颖的产品、富有想象力的销售办法和对各公司客户的优质服务，已发展到位于它经营领域的前列，每年销售额超过10亿美元，利润率高，股票价格节节上升。该公司已获得投资者的青睐，因为他们从中可得到的股息增长率快，利润高。然而公司总裁不久发现，一向运行良好的组织结构，现已不能适应该公司的需要。

多年来，公司是按照职能系列组织起来的，由几位副总裁分管财务、销售、生产、人事、采购、工程以及研究和发展，随着公司的发展，公司已把其产品系列扩大，从商用计算机扩展到电动打字机、照相复印机、电影摄影机和放映机、机床用计算机控制设备以及电动会计机。随着时间的推移，人们对以下情况感到关注：该公司的组织结构使总裁办公室以下的人员机构无法对公司的利润负责，无法适应目前在外国许多国家进行的业务的广泛性，并且似乎加固了阻碍销售、生产和工程各职能部门之间有效协调的"壁垒"。此外，有许多决定似乎除了总裁办公室以外，其他任何低于这一级的都不能作出。

因此，总裁将公司分成15个在美国和海外的各自独立经营的分公司，每个公司对利润负有全部的责任。然而在实行公司重组后，总裁开始感到对分公司不能实行充分的控制了。分公司在采购和人事职能方面出现了大量的重复，各分公司经理无视总公司的方针和策略，各自经营自己的业务，在总裁面前逐步显示出，公司正在瓦解成一些独立部门。

总裁眼见过几家大公司由于一家分公司的经理犯了错误使该公司遭受重大损失而陷于困境的事例，终于认识到他在分权方面已走得太远了。于是，他撤回了分公司经理的某些职权，并要求他们就下列重要事项决策应征得公司最高管理部门的批准，即：(1)超过1万美元的资本支出；(2)新产品的推行；(3)制定销售和价格的策略及政策；(4)扩大工厂；(5)人事政策的改变。

当分公司的一般经理们看到他们的某些自主权被收回时，他们公开抱怨公司的方针摇摆不定，一会儿分权，一会儿集权。总裁对自己处于这种情况感到忧虑。

根据案例分析：

1. 为什么总裁要重组公司？
2. 为什么总裁要重新控制公司？
3. 在总裁决定重新控制公司时，你认为应该怎么才能消除分公司经理的抱怨？

案例五：

高级经理人比我们大多数人睡得少，工作得久。例如，贝尔的CEO雷蒙德·史密斯一周工作70小时，平均每晚睡6.5小时；西南航空公司的CEO赫博·凯乐每周工作90小时，每晚睡5小时；微软的CEO比尔·盖茨一周工作60小时，每晚睡6小时；H. J. 亨氏的CEO托尼·奥雷里，一周工作80小时，每晚睡5小时。他们怎么能够做到呢？他们如此有精力……看上去有无穷无尽的精力使他们每天比大多数人工作得久而睡得少。

精力不仅对处于组织高层的经理人是重要的，各个级别的经理都处在要他们承担更多责任的不断增加的压力之下。公司业绩下滑，公司改组常常使他们肩负的担子倍加沉重。不断发展的经济全球化，使世界各地的贸易和经济交往的合作剧增，电子交流系统和声讯工具的开发使得经理人能与各地的同仁保持随时随地的联系。公共关系部经理帕姆·亚历山大的一天就很典型，刚在加利福尼亚参加完一个出版社的会议，又急匆匆地赶到机场搭班机去伦敦参加另一个出版社的会议。

精力旺盛的人看上去对未来更乐观。威斯康星州立大学的运动心理实验室主任威廉·摩根认为，外倾性格特征很明显的人在遇到精力一类的问题时比较占优势。他发现，到他的实验室接受试验的人被要求完成比较紧张的联系时，外倾性格的人把实验描述得比较容易，不那么艰难，而内倾性格的人正相反。由于性格外向，外倾性格的人也更愿意得到来自他周围的人的支持。

然而，许多外向性格的人可能也不具备那些非常成功的经理人的精力。普通人如何增加他们的精力，使他们也能通过每天多于一点的方式得到每周“多出来的一天”，用于工作或闲暇？你可能不太愿意把你的睡眠减得太少。虽然有些人可能天生就有少睡的功能，但睡眠试验揭示出人们一天需要8小时的睡眠，即使把他们从收音机、电视机、钟表、窗户等其他一些东西隔绝开，他们也能判断出究竟是白天还是黑夜，几点钟了。匹兹堡大学医学院教授、睡眠研究专家获莫西·芒克认为，有些人确实可以做到一晚上只睡6小时(宁愿在白天有20来分钟的小憩)。若再削减睡眠时间，可能真的就会影响经理完成工作的精力了。因为缺少睡眠会影响记忆力及瞬时判断，但常常没有人意识到所发生的一切。饮食影响人的精力的强弱。油腻的食物难以消化，而且把血液从人的大脑中带走，引起瞌睡。酒精也被认为影响了人的精力，它使人体从重要的流动状态中脱水因而打乱了睡眠。理想状态是，人的3/2的饮食应该由复杂碳水化合物组成(即谷类、水果、蔬菜)，碳水化合物增加了大脑中含于血液中的复合胺的程度，复合胺是一种天然镇静剂。如果你在白天感到紧张，一顿含有碳水化合物的午餐会帮你镇定不少，但是，如果你已经身心放松了，你则可以来一份有4盎司的蛋白质的午餐，保证你在白天剩余的时间内精力充沛。

体育锻炼也对增加精力有用。运动心理学家詹姆斯·劳恩建议日常100次的胃部运动(先跪坐在腿上，然后身体往地板上躺，膝盖仍紧挨地板，肩膀略微抬起)对你有帮助。劳恩说，这个姿势对体形和呼吸系统的功能有增强作用，进而对增加精力有好处。再有，经常变换速度地跑步或转圈跑，让你的心脏时而跳得快，时而跳得慢，经常这样训练，那么，就会增加你的精力。劳恩用这种方法帮助滑冰运动员丹·杰森提高了速度；网球运动员杰姆·克莱尔，维卡罗，拳击运动员雷恩·迈悉尼增加了精力，降低了疲劳。所有的这些建议仍旧不能解释为什么有的CEO，像赫伯·凯乐，既抽烟，又吃油炸鸡，还是精力充沛，当然，瓦尔德·特吉也是这样。赫伯·凯乐精力充沛，工作持久，他还常常有时间参与社会活动，确实不可思议。也许他和像他一样的经理人生就精力过人，而其他人只得通过饮食和锻炼达到。

根据案例分析：

1. 为什么外向性格的人似乎更有持续不断的精力？
2. 一名精力旺盛的经理会不会由于过重的压力而屈服于消极的结果？为什么？
3. 组织能为其员工提供哪些增强精力的措施？
4. 每周工作60小时或60小时以上的人可能付出的代价是什么？

案例六：

乔伊思·海恩斯刚从大学毕业，就进入到她当总经理的父亲达德利·海恩斯时装有限公司工作。这是一家在新英格兰地区有30家妇女时装商店的连锁公司。50年前，乔伊思·海恩斯的祖父创办了这家公司，凭借过去20年中她父亲和祖父从事妇女时装及其买卖的魄力和知识，这家公司从康涅狄格州的哈特福德的一家商店发展到规模相当大而且有高额利润的连锁商店。达德利·海恩斯先生很像他的父亲。他知道他做了些什么和怎样去做。他为自己能够牢牢地控制着采购、广告业务和商店管理而自豪。他商店中的每个经理和公司的副总经理以及总部工作人员每隔一周在哈特福德同总经理会晤一次。在平时，海恩斯先生每星期都要用2～3天的时间巡视商店并同商店经理们一起工作。

然而，最令他烦恼的是信息沟通和激励问题。他感到，在他主持的会议上，所有的经理和工作人员都听得非常认真。不过从他们的所作所为来看，他开始怀疑他们是否听过或者是否认真听过他的讲话。他发现，他的许多政策并没有在商店中得到严格遵循。他往往不得不重写广告稿。一些商店的员工已经加入店员协会。他不断地听到一些他所不愿听到的话，其中有些汇报提出，众多的职员，甚至一些经理都感到，他们不知道海恩斯公司的意图是什么，并且相信，如果他们有机会在总部同海恩斯先生本人和副总经理沟通信息的话，可能会干得更出色。他对其总部的许多主管和商店中的大多数店员正在机械地工作，没有表现出真正的想象力和干劲非常反感。同时，他也担心公司优秀人才的流失，到竞争对手公司中去任职。

当他的女儿在他办公室担任特别助理时，他说："乔伊思，我对公司的前景非常担忧。很明显，信息沟通和激励机制是我所面临的两个问题。我知道你在校时学了一些管理课程。我已经听你说过信息沟通中的问题、障碍以及沟通技术等等；从你这里听到了诸如马斯洛、赫茨伯格、弗洛姆、麦克利兰等之类的专家。你认为，这些人对激励问题极为精通。但是，我怀疑这些心理学代表人物是否熟悉企业经营，并且我认为，我也知道激励人们的因素主要是金钱、好的老板以及良好的工作环境，可是我怀疑你所学到的那些东西能否帮助我更好地进行信息沟通。我希望你能做到这一点，因为你在大学念书，这可花了我一大笔钱呢。你能提出些什么建议？"

根据案例分析：

1. 你将怎样分析信息沟通中的问题，在此案例中你发现沟通存在什么问题？

2. 当你所学到的激励理论和信息沟通理论可能应用于海恩斯时装公司时，你会提出怎样的建议？

案例七：

微软，这个世界上规模最大并且最具赢利能力的软件公司，被誉为美国国内最好的拥有1.5万人规模的企业。仅仅在1996年这一年，该公司1.5万名员工创造的收入超过

50 亿美元。也许留给世人印象更深的是这样一个事实：自从比尔·盖茨在 1974 年创建微软公司以来，由于想吸引和保留有才能的员工，盖茨实施了职工优先认股权，因此使得超过 2000 多人的员工变成了百万富翁。而盖茨自己则是美国国内最富有的人，被估计拥有超过 60 亿美元的财产。然而微软成功的秘诀是什么呢？

就员工个体的水平而言，盖茨的企业经营哲学很显然是将重点放在他所招募和精选的人员上。微软公司前往国内大学学院中最好的软件系，在那里招募那些愿意努力工作，富有想象力，创造力以及冒险精神的人才，为此花了很多的时间。而这正是盖茨自己和微软公司所珍视的工作价值观。员工们被期望能够长时间工作，通常一周的工作时间要达到 60～80 小时。同时他们也被期望能够成为其所从事的特定软件工程领域的专家，能够及时掌握本公司以及他们竞争对手们所从事的最新的资讯和最先进的技术发展的知识。盖茨和他的员工在不同的项目中频繁接触，从而能够经常地检测他们的知识，以确定他们能够跟上最新潮流。如果他们不了解最新行情，他们将会因为没有去及时获取信息而失去盖茨的信任。

除了职工优先认股权，盖茨通过提供最新技术、灵活(虽然较长)的工作时间和甚至在大楼内设有大学校园形式的健身房来激励他的员工们。另外，盖茨所用的激励员工的方法是与微软公司将团队及协作精神作为组织过程的基础紧密相关的。

在微软，一个程序员组的人数可以少至 5～6 人，并且不同的程序员组开发各自特定的软件应用程序。通常是由一个项目经理组织管理许多小的程序员组从事大项目的不同部分的程序。例如，超过 300 个员工以小组的形式合作开发微软 98 视窗操作系统，为使该系统能够相对于苹果公司的用户界面友好的操作系统更具有竞争力。采用产品小组形式的作用是使得成员之间互相协作，集思广益，融技术和资源为一体；这种分小组的形式也使得在小组成员中产生强烈的交互作用，往往带来重大的突破，而这一切都促使微软能够快速开创出自己的新产品。除此之外，团队成员之间还能够互相学习和互相控制行为举止。

就企业的水平来看，盖茨通过使他的企业结构尽可能的平坦来使他和员工们之间的距离达到最小——也就是说，使组织的等级制度的级别数达到最小。此外，他还谋划出这些小组在微软中的结构位置和职权下放以及授权每个小组都可自己做出重要的决策，为的是提供给小组最大的自主自治权，使其能在工作上自由发挥创造和冒险。盖茨之所以能够对下级委以那么多的职权是因为他很关注招募合适的员工，同时也由于他定期地评估每个小组的表现以确信所有的小组成员都能熟练掌握他们的项目，具有较好的状态。

根据案例分析：

1. 比尔·盖茨的组织方式中最基本的要素是什么？
2. 在微软继续发展的过程中，你认为可能会出现哪些组织上的问题？

案例八：

Dee Ward Hock创造了一个自1970年以来以大约10000%的速度飞速发展的组织。这个组织现在仍以每年大约20%的速度增长，它在全世界范围内近200个国家有业务，而且该组织正在为大约5亿客户服务，年销售额超过1万亿美元！而这个组织就是VISA国际。

从一开始，Hock就期望能建立一种以分散权力，鼓励多元化和创造性为经营原则的企业。"在VISA国际，我们尝试建立一种无形的组织结构，并已使之保持这种状态，我们认为有形的应该是经营结果而非管理结构本身。"Hock说。

Hock相信，以前那种为了支持工业革命而逐渐形成的"命令+控制"的组织形式已不再有效了。当他的地位达到能够影响一个组织的完整构想的时候，他就会建立一个更具流动性以及更加民主的组织。而他在VISA就是这样做的。这是一家营利性的、非股份制的会员制企业。同时，其所有权的形式是不可转让的参与权。Hock以他自己的主张建立了VISA，即：高度的分权和高度的合作。而旨在做出决策和为企业运营提供动力的管理职权被推向企业的外围，推向企业的会员们。这些会员就是那些发行VISA卡的金融机构。

VISA成员之间有一种奇特的关系：他们是必须相互合作的竞争对手。他们通过追逐对方的顾客来相互竞争。比方说，在某些社区可能会有六家以上的银行同时在相互竞争着发行VISA卡，而且他们必须相互合作。为了系统的正常运行，加入VISA会员的业主必须同时能够接受在任何地方的任何银行所发行的任何一种VISA卡。因此，银行必须遵守某些准则，诸如标准的VISA卡外观设计，或者是加入共同的票据结算中心来处理所有商业银行的交易业务。

"所有的成员都能够自由地创造、定价和销售自己的产品并且为客户提供服务，但他们都要以VISA的名义。"Hock说，"同时，在那些狭窄但却对整体成功至关重要的银行业务中，他们将会进行强有力的合作。"

在Hock建立的VISA组织结构中权力和职责的分配被尽量下降到最基层。"如果组织的某些功能可能有更外围的机构来实现，那么就不应该通过组织的整体来实现；而且那些比较次要的部门所能够行使的权力就不应该赋予更高级的部门。"此外，Hock说VISA并不需要一个命令链。"权力应当是自下而上的，而非自上而下的。美国联邦政府体制就是这样的：权力是由人民到地方，再到州，最后才到联邦政府。在VISA这样一个与联邦政府具有相同构成的组织中，会员银行会将代表派驻一个全国性的系统，然后再到地区性的，而最终是一个国际性的委员会。虽然我们的系统看上去有些等级森严，但是VISA的等级体系不是一个命令链。相反，每个层面的委员会都会成为一个让成员们提出并且辩论共有问题，以最终达到某种共识和决议的论坛。"

Hock称VISA是个由"生物概念"为基础建立的组织——能够自动进化、自我创新和自行管理的企业。他把公司看作一个活生生的证据来证明大型企业组织在没有高压和集权的情况下也能保持高效运作。“VISA 有一种 Jefferson 式的民主作风，也具有自由市场和政府特许经营的成分。这几乎包括了所有你所能想到的组织要素，但是它却又完全不属于其中的某一种。就好像人体、大脑和生物圈一样，基本上都是自我管理的。”这样的组织能够适应变化的情况并且做出反应，同时还能保持整体的凝聚力和目标的一致性。Hock 进一步把 VISA 描述成一个以协调为产品的企业，一个展示如何在未来经营网络化企业的典范。“VISA 的内在核心本质就是 21 世纪的企业原型。”

根据案例分析：

1. 案例描述的是一个什么样的组织？
2. 你认为是什么因素导致管理层采取这种方式？
3. 这种方式的优点和局限性是什么？

案例九：

2003 年 2 月，高级工程师李之亮出任江华钢铁厂厂长。该厂是一家较为大型的企业，该厂实行党政分开，由厂长全面主持企业的生产经营活动。企业内部管理体制设置两大系统：直线指挥系统和职能系统。在直线指挥系统内，职权按厂部、车间、工段、班组层层分授，逐级下达指令，实行分级管理。在职能系统内，职能管理人员充当直线指挥人员的参谋，各职能部门或单位对下级机构进行业务指导，然而无权直接指挥。相应的权责关系则以制度形式予以确认。该厂汇编成册的《部门及岗位责任制》计有两千多条、近百万字，管理工作趋于程序化、规范化和制度化。日常工作中，下级通常只接受其直接上级的指令，上级不可以越级指挥，但可以越级调查；下级也不越级请示，但可以越级投诉。每个人只有一个直接的上级，而每个上级直接管辖的下属为 3～9 人。归厂长李之亮本人直接领导的只有 9 人，包括 4 位副厂长、2 位顾问以及计划经营科科长、质量管理科科长、办公室主任各 1 人。此外，专设 3 个“厂长信箱”，随时了解职工的意见和建议。

经李之亮提议，该厂规定：科长、车间主任以上的干部每天要深入现场，但在现场时间不超过 2 小时。李之亮本人每天大约用 1 个半小时的时间到现场察看，除了紧急的安全和质量问题外，不发表任何意见。他不赞成管理人员“顶班上岗”。认为“工人身上有多少油，自己身上也有多少油”的管理者未必就是称职的管理者。有两位车间主任，每天提前进厂生炉子，然后成天在现场干活。下班以后工人们都走了，他们还逐一熄灯、关门。活没少干，任职的管理工作却没有搞好。李之亮提议将此两人免职。有人说：“这样的好同志，为什么还要免职？”李之亮回答说：“这样的同志可以当班组长、工人，甚至可以评劳动模范，却不是称职的车间主任。”

忙于应付开会，是企业管理人员深感头痛的事情。李之亮对此也作了改革。全厂必须召开的 15 个例会，事件、地点、出席人员都是通过制度固定下来的。全厂性工作会议统一由厂办安排。一般会议不超过 2 小时，每人发言不超过 15 分钟。李之亮本人每周仅召集两次会议：一次是厂长办公会，一次是总调度会；此外就是参加每两周一次的党委常委例会。

李之亮尽管领导6000多职工的企业，工作千头万绪，但他基本上是按时上下班，很少加班加点。每逢出差在外，他就委托一位副厂长代行职权，他本人不作“遥控”。他认为，企业不能过分强调个人的作用，不能只依靠个人位置、关系和经验来管理，而要重视发挥领导班子的整体功能，要更新管理观念和方法，促成管理的现代化。用他的话来说：“事必躬亲是小生产的领导方式，在现代化大生产中要力求避免”；“我30%的精力用来处理眼前的事，70%的精力用来处理长远的事。”厂里曾委派一位中层管理人员去日本监造主机，行前又明确授权让他购买主机控制台用的配件。那人到日本以后，却接连就价格、手续、归期等事项挂国际长途向厂里请示。李之亮的答复是：“将在外，君命有所不受。你是全权代表，可以做主，不要遇事请示，那里的事你可以定夺。今后再挂电话来，电话费由你自己付。”

根据案例分析：

1. 该厂的管理层次共有几级？李之亮的管理幅度为多少？该厂采用的是什么样的一种组织结构形式？这种组织结构形式有何特点？

2. 为什么说事必躬亲的管理人员未必是称职的管理人员？你认为作为车间主任的主要职责是什么？

3. 设立厂长信箱了解职工的意见和建议，属于哪一种沟通方式？

4. “日常工作中，下级通常只接受其直接上级的指令，上级不可以越级指挥，但可以越级调查；下级也不越级请示，但可以越级投诉。每个人只有一个直接的上级。”该厂的这些规定，是否正确，为什么？

5. 案例最后一段说明了什么问题？

案例十：

1. 松下公司的电器产品在世界市场上早就闻名遐迩，被海内外企业界誉为“经营之神”的公司创始人松下幸之助，也因畅销书《松下的秘密》而名扬全球。现在，松下电器公司已被列入世界50家最大公司的排名之中，由此可见它的实力之雄厚、企业王国之庞大。1990年，由日本1500多名专家组织评选的该年度日本“综合经营管理最佳”的15个公司，其中松下电器公司名列榜首。人们对该公司经营管理水平和社会形象予以高度评价，而作为该公司最高顾问的松下幸之助更是备受推崇。

2. 贫民出身的松下幸之助，刚踏入社会时是在一家自行车商行当学徒，当时每天的收入大约相当于0.25美元，生活之艰辛可想而知。美国著名科学家发明电灯的消息传到日本时，松下幸之助受到很大鼓舞。于是他决定辞去原来的有固定收入的工作，和妻子两个人在没有资金、工作经验几乎是零的情况下，着手创办新企业。1918年，松下电器公司正式成立。他的第一项产品是双插座接合器，制造工厂就在他家的客厅。这种电器可用螺丝固定在日光灯插座上，使得日本式房屋一个插座可同时插上两个插头，方便了广大居民，故生意十分兴隆。在不到10年时间，松下电器公司的业务就一跃而起，成为日本电器行业的领导者。松下公司之所以能有今天，是和松下先生管理有方、经营得法分不开的。

3. 若把松下电器公司与差不多同时创办的美国通用汽车公司、电报电话公司等加以比较，就会发现这些公司因缺乏活力而落在松下公司之后。可以说，松下电器公司获得成功的一个重要因素是“精神价值观”在起作用。松下幸之助规定公司的活动原则是：“认清实业家的责任，鼓励进步，促进全社会的福利，致力于世界文化的繁荣发展。”松下先生给全体员工规定的经营信条是：“进步和发展只能通过公司每个人的共同努力和协力合作才能实现。”进而，松下幸之助还提出了“产业报国、光明正大、友善一致、奋斗向上、礼节谦让、顺应同化、感激报恩”七方面内容构成的“松下精神”。在日常管理活动中，公司非常重视对广大员工进行“松下精神”的宣传教育。每天上午8时，松下公司遍布各地的8.7万多名职工都在背诵企业的信条，放声高唱《松下之歌》。松下电器公司是日本第一家有精神价值观和公司之歌的企业。在解释“松下精神”时，松下幸之助有一句名言：如果你犯了一个诚实的错误，公司是会宽恕你的，把它作为一笔学费；而你背离了公司的价值规范，就会受到严厉的批评，直至解雇。正是这种精神价值观的作用，使得松下公司这样一个机构繁杂、人员众多的企业产生了强劲的内聚力和向心力。见过松下电器的人知道“NATIONAL”，它不仅是松下公司电器产品商标，而且成为日本产品形象和经济起飞的象征。

4. 与此同时，松下电器公司建立的“提案奖金制度”也是很有特色的。公司不仅积极鼓励职工随时向公司提建议，而且由职工选举成立了一个推动提供建设的委员会，在公司职员中广为号召，收到了良好的效果。仅1985年1月到10月，公司下属的技术工厂仅有1500名职工，而提案多达7.5万多个，平均每人50多个。1986年，全公司职工一共提出了663475个提案建议，其中被采纳的多达61299个，约占全部提案的10%。公司对每一项提案都予以认真地对待，及时、全面、公正地组织专家进行评审，视其价值大小、可行性与否，给予不同形式的奖赏。仅1986年一年，松下电器公司用于奖励职员提案的奖金就高达30多万美元。当然，这一年中合理化提案所产生的效益则远远不止30万美元。正如松下电器公司劳工关系处处长阿苏津所说：“即使我们不公开提倡，各类提案仍会源源而来，我们的职工随时随地在家里、在火车上，甚至在厕所里都在思索提案。”

5. 松下幸之助经过常年观察研究后发现：按时计酬的职员仅能发挥工作效能的20%～30%，而如果受到充分激励则可发挥至80%～90%。于是松下先生十分强调“人情味”管理，学会合理的“感情投资”和“感情激励”，即拍肩膀、送红包、请吃饭。

——拍肩膀。车间里、机器旁，当一个员工兢兢业业、一丝不苟操作时，常常会被前来巡视的经理、领班们发现。他们先是拿起零件仔细瞧瞧，然后会对着你的肩膀轻轻拍几下，并说上几句“不错”、“很好”之类赏识的话。

——送红包。当你完成一项重大技术革新，当你的一条建议为企业带来重大效益的时候，老板会不惜代价地重赏你。他们习惯于用信封装上钱款，个别而不是当众送给你。对员工来说，这样做可以避免别人，尤其是一些“多事之徒”不必要的斤斤计较，减少因奖金多寡而滋事的可能。

——请吃饭。凡是逢年过节，或是厂庆，或是职工婚嫁，厂长、经理们都会慷慨解囊，请员工赴宴或上门贺喜、慰问。在餐桌上，上级和下属可尽情唠家常，谈时事，提建议，气氛和睦融洽，它的效果远比站在讲台上向员工发号施令好得多。

6. 更令人叫绝的是，为了消除内耗，减轻员工的精神压力，松下公司公共关系部还专门开辟了一间“出气室”，里面摆着公司大大小小行政人员与管理人员的橡皮塑像，旁边还放上几根木棒、铁棍，假如哪位职工对自己某位主管不满，心有怨气，你可以随时来这里，对着他的塑像拳脚相加棒打一顿，以解心中积郁的闷气。过后，有关人员还会找你谈心聊天，沟通思想，给你解惑指南。久而久之，在松下公司就形成了上下一心、和谐相容的“家庭式”氛围。在与国内外同行的竞争中，松下公司的电器产品总是格外受人青睐。

根据案例分析：

1. 管理技能的运用体现在哪里？
2. 企业文化功能是如何发挥的？
3. 上述案例给我们哪些启示？

案例十一：

成荣是成荣肥料公司的董事长兼总经理，他单枪匹马闯下了今天的事业，他控制公司达 30 年之久，即使在公司日益扩大的今天，他仍然事必躬亲处理所有的事务，下属只是他可以随意支配的助手。最近，成荣发现公司员工并不欣赏他的管理作风，同时，61 岁的他对自己严格要求的每周工作 70 小时的工作时间也有吃不消的感觉。去年，他终于决定让下属分担一些责任。他打算逐渐放弃自己的管理角色，于是他邀请了一些顾问，为公司拟定了专门的管理制度。顾问们建议他从内部提拔三位资深经理以使他卸下一部分重任，退居咨询和顾问的地位。成荣还接受了顾问们的建议，从外部请来了袁平担任管理发展部经理。此外，顾问们还告诉成荣，经理们对于如何经营自己的部门必须提出更多的创意，对于他们的管理能力也有必要加强。整个授权计划进行得很顺利，经理们的责任日益加重。

袁平积极地开展了训练计划，教授一些员工沟通和作决策的技巧。成荣批准他邀请国内知名专家们作专题演讲，收到了很好的效果。

三位得到提拔的新经理都已在成荣公司服务多年，他们起先对成荣是不是会百分之百支持授权政策心存怀疑，因为他们认为成荣独揽大权已成习惯。然而，真正使他们信服的还是成荣的行动。当经理们谈论道打算在自己的责任范围内实行某些改变时，成荣很高兴经理们能够迅速承担起责任。成荣虽然还以主席的身份参加高层主管会议，但是他一再声明会在“几个月后”退出这类会议。

然而，在新经理们开始执行其变革计划后不久，成荣开始担心那些新经理的所作所为了。顾问们告诉他，他们的行为并没有超出其职权范围，因此成荣才打消了干预的念头，直到他听说营销经理张浩计划把产品直接销给零售商。

事情发生在一次会议上，张浩还没有解释清楚他的计划，就被成荣厉声打断了：“你不能这样做！上一次我们的尝试几乎把公司弄垮了。”

张浩平静地回答说：“那是几年前的事情，我刚才说过，依现在的市场情况和我们的能力，如果要打算拓展产品的销路，不仅应该这么做，而且势在必行。”

成荣直截了当制止张浩继续说下去，他不愿意听任何解释，迈开大步走出会议室，留下其他人面面相觑，不知如何是好……

根据案例分析：

1. 你认为成荣面临的主要问题是什么？

2. 你对成荣的授权计划有什么好的建议？

案例十二：

某机械设备厂上半年出现严重的亏损，年底还要还清一大笔银行的贷款。在实行了两个多月的节约计划失败以后，总经理袁斌决定紧急裁减百分之十的员工，并要求在各部门和各工厂将裁员的名单在一周内上交总公司。该公司的阀门厂厂长方明认为裁减计划不适合阀门厂，为此他与总经理袁斌发生了冲突。

方明：“我认为我们厂应免于裁员。哪个单位亏损就让哪个单位裁员，这样才显得公平。”

袁斌：“这次裁员是强制性的措施，任何部门和单位都不能够例外。”

方明：“可是我们厂完成的销售额超过预期的百分之五，利润也达到指标。我们的合同订货量很大，需要扩大生产能力。”

袁斌：“我知道你们过去的成绩不错，但你要认识到你们的业绩是和公司其他单位提供的资源以及密切合作分不开的；况且如果每一个厂长或部门经理都像你这样找出各种理由，公司的减缩计划就不能成功。”

方明：“但你的裁员计划会毁掉我们阀门厂。我不想解雇任何人，你要裁员就从我开始吧。”

方明和袁斌不欢而散。袁斌在考虑解聘方明，但又觉得无法向董事会解释原因，为此他感到处于两难的境地。

根据案例分析：

1. 你认为方明和袁斌的冲突是什么原因造成的？

2. 如果袁斌既不想让方明离开公司，又要推动公司裁员计划的实施，你有什么好的建议？

案例十三：

1977年，技术专家史狄夫·渥兹尼克和销售天才史狄夫·雅可布创立了苹果计算机公司，公司很快就取得了非凡的成功。但是，成功没能持续很久，部分原因是IBM个人计算机的问世。

在20世纪80年代早期，一些观察家们认为，苹果计算机公司需要更加严格的控制和更为专业化的管理方法。百事可乐公司的约翰·斯科利被请到苹果公司来做指导。

为控制公司，斯科利采用了降低成本的方法来改善盈利状况，并与此同时增加了研究和开发费用以便使公司能保持技术上的领先地位。可后来，斯科利却受到指责，说他研究和开发费用投入不够，广告费用投入过多。为减少重复环节，降低损益平衡点以及部门间的摩擦，苹果公司重组了公司。为提高效益和效率，苹果公司引入了新的汇报程序。此外，在控制库存方面也做了大量的工作，而库存问题又往往是个人计算机公司要面对的主要问题。这些措施，连同苹果公司将Macintosh引入IBM占主导的商务公司这样一个成功的战略，以及桌面印刷的普及，使苹果公司改变了面临财务危机的现状。

根据案例分析：

1. 计划和控制二者之间的关系如何？
2. 何种计划可用于组织的控制？

案例十四：

波音公司管理层准备开发波音777。波音认为它决不能按常规来经营公司。时间不同了，开发过程也必须改变。波音777项目必须在成本上有效率，以便与空中客车公司竞争。同时，它必须面向客户，以满足航空公司不断提出的要求。对公司的150个座位的7J7喷气机的市场反映不佳，20世纪80年代一直卖不出去。公司为此极其失望，至今仍然受到此事的困扰。

高级主管们简短地说明了他们对波音777的要求：

为了开发一种真正品质超群的飞机，我们有责任共同努力，设计、生产并向外界介绍一种比机组人员、乘务人员、维护人员乃至乘客与货物托运人所期待的还要好得多的飞机。简言之，这种飞机在行业中要有最大的可靠性，对顾客最有吸引力，便于驾驶，各部分都性能良好。

为实现这一雄心勃勃的目标，管理层承诺，在设计中使用最新的计算机辅助设计技术。同时，使用尖端制造技术以提高质量降低成本。比方说，使用激光束排列大部件以避免花费很大的返工。然而最有意义的变化是运用团队，并把顾客引入设计步骤之中。由于这一做法，波音可以知道航空公司对飞机设施的要求，这使得波音能够把飞机上的许多设施标准化，因而省掉许多添置适应顾客要求的设施的花费。

随着开发的启动，波音建立了240个代表公司各部门的团队，其成员来自工程师、机械师，营销和人事部门，供货商和顾客。在各团队之中以及他们之间，从前不在一起工作的员工不得不相互进行坦白的沟通，他们还必须与来自顾客的团队成员进行沟通。然而对某些人来说，学习与他人齐心协力一同工作而不只是维护自己的势力范围是有困难的。许多人对是否与他人分享信息和失误踌躇不决。例如，当被问及成本，财务经理觉得难以向提问者直截了当地和盘托出。高级管理人员也担心，太多的人知道设计与计划的详情，容易将情报泄露给竞争对手。

波音针对开发中的问题，将不同部门的员工组合在一起，以这样的方式，他们更为有效地处理了开发中出现的问题。例如，他们知道了，在机身拼接之前安装电线、输送管、电子管和绝缘部件要比在此后装更好也更快。一旦机身各部分拼接完成，把电路连接起来就很容易，这样就不必用许多人各干各地一次性安装各种内置部件。

早期证据显示波音777项目将会使波音获得巨大成功。它的成本有高度竞争力，这主要是由于传统的生产时间从18个月削减到了10个月。而且事实表明它恰到好处地满足了顾客的需要。联合航空公司已经订购或表明意向要购买68架波音777，其他的航空公司正排队等着签订订购合同。

根据案例分析：

1. 你觉得高层管理人员对于团队，尤其是团队中来自顾客，又在设计中极为活跃的成员，可能向竞争对手泄密的担心有没有道理？

2. 使用团队的优点是什么？

案例十五：

联合邮包服务公司(UPS)声称拥有“运输行业中最快捷的服务”。他们可能会做到。几十年来，UPS作为公司效率的典范，做出了很多努力。管理当局系统地训练员工，使他们尽可能有效率地工作。就拿一个运输司机的工作来说——司机与运输卡车之间配合相当默契。

UPS的3000名工程师对司机的行驶路线进行了时间研究，并对每种送货、暂停和取货活动都设立了标准。工程师们记录了每一秒钟的活动，如关灯、塞车、绕行、按门铃、步行、上楼梯和休息喝咖啡的时间，甚至是上厕所的时间都记录标准。所有信息数据输入计算机，从而确定每个司机每天的详细时间标准。

为了达到每天取送400个包裹的目标，司机们必须依照工程师设定的程序操作，当接近发送站时，他们松开安全带，按喇叭，关发动机，拉起紧急制动，把变速器推到一挡上，为送货完毕的起动做好准备。然后，司机从驾驶室出来到地面上，右臂夹着文件夹，右手拿着包裹，右手拿着车钥匙。他们看一眼包裹上的地址并记在脑子里，然后以每秒3英尺的速度快步走到顾客门前，为了避免浪费时间，先敲门再找门铃。送货完毕后，他们在回卡车的路上完成登记工作。

对效率的执着追求给公司和员工都带来丰厚的回报。UPS作为美国最大的运输公司，每天运送1000万包裹，年收入达196亿美元，两倍于它的竞争对手——联邦快递。国际卡车司机兄弟会成员的运输工人们，每年有4万～5万美元的收入，他们很满意公司的高收入和利润共享计划。但是UPS也面对工作体系本身的挑战。白热化的竞争不断增加对利润的压力，同时雇员们对工作压力的抱怨不断增加。

过去，UPS的高人力成本可以被服务价格的提高部分抵消。但是目前，一些没有工会维护的公司，比如快车道包裹服务公司已经在不断加剧的竞争中固化了快递业的价格水准。为了维持利润率，UPS寻求提高效率的办法，却遭到工人的反对。其中包括增加工作量的问题，而更重要的是UPS雇用了一批新的雇员，雇用了具有更高的技能和高等学历的雇员来从事日益复杂的投递工作。UPS在引进新技术之后，司机们必须理解一系列数据和营业系统。更多的包裹有不同的投递要求和时间约束。这些受过良好教育的工人更难容忍公司的工作准则。因此工会开始要求减少司机们承受的组织监督，较大的工作量和工作压力。为了强调这种要求，工会声称UPS的员工在全美91%的公司中最大的工作压力下工作，因而工作使工人焦虑，恐惧和过于紧张。基于管理当局过多地使用临时工，追求高生产率和工作压力，UPS工人在1997年用罢工以示抗议。

UPS管理当局考虑修改长期组织策略。例如，公司把阿拉巴马州全部业务作为试点，赋予员工更多的自由和责任，减少了许多精确的绩效衡量。允许投递工人自行决定自己的工作原则，以此取代由管理者或计算机指令投递工人何时投递什么包裹管理形式。

根据案例分析：

1. UPS在管理中运用了什么管理理论？
2. 试分析这种管理理论在UPS的具体运用。

案例十六：

在中国市场，提起富士康，相信其知名度一点也不亚于一个电影明星，然而这个家喻户晓的名字却总是以“血汗工厂”的形象出现在人们的心里，似乎美誉度与其完全沾不上边，这是富士康心中无法言喻之殇。为何这家解决了中国数百万人就业问题的全球最大代工企业却在公众心中没有留下好印象呢？

回顾富士康近几年的新闻，多数都是与其劳工管理问题相关的负面新闻，如“血汗工厂”调查案以及员工“13跳”事件，这些都使民众毫不怀疑地认为富士康就是一个缺乏社会责任感的企业，是一家只懂得赚钱却不值得被社会尊重的“血汗工厂”。然而，当我们揭开这层面纱来看富士康的真实面目时，我们发现它并非像如评论中的那样不堪。富士康在企业环境管理方面花了不少工夫：较早引进ISO14064标准，对企业温室气体排放做了全面的排查；并连续几年参加了碳信息披露项目（CDP）；产品达到ROHS、WEEE、REACH指令和法规要求；加强供应商管理，推行绿色伙伴认证和审核制度等。由此看来，富士康在环保方面的工作是很值得认可的。同时，对于慈善事业富士康也是频频参与，2007年郭台铭曾捐赠北京道培医院150亩地兴建医疗机构，捐赠台湾大学150亿台币，用于抗癌及治疗的医学领域。给深圳龙华医院捐赠700万元和一辆救护车及一批医疗设备，向深圳市第二人民医院捐2000万元。除此之外，在参与助学方面富士康也不甘落后，太原理工大学百年华诞之际，捐款500万元设立了“富士康”奖学奖教基金，并从2001年起，连续10年，每年出资100万元人民币在山西设立“富士康”奖学金、奖教金、学生助学金。在清华、复旦等学校捐资设立教育基金，总额达到3000万元；还在清华大学捐赠了3亿元人民币成立了清华富士康纳米研究中心……据统计，这些年来郭台铭的捐款数超过4亿元人民币。而当汶川地震及玉树地震爆发之时，郭台铭与富士康也在第一时间分别捐出了6000万元与3000万元的善款。

然而，这一系列的善举似乎并未使公众因此对富士康“血汗工厂”的印象有所改变。在“13跳”事件之后虽然富士康也进行由军事化管理向“柔性富士康”的转变，包括近两年作为加薪先锋持续上涨员工工资。但当我们通过网络、媒体等各个信息渠道查阅富士康的信息时，大部分却都被负面新闻和批判之声覆盖。

根据案例分析：

1. 富士康的社会责任体现在哪些方面？
2. 从社会责任的角度，分析富士康如何树立好的社会形象？

第二部分：参考答案

一、是非题

1. √　2. ×　3. ×　4. ×　5. √　6. ×　7. ×　8. ×　9. ×
10. √　11. √　12. √　13. ×　14. ×　15. √　16. ×　17. √　18. ×
19. ×　20. √　21. ×　22. √　23. √　24. ×　25. √　26. √　27. ×
28. ×　29. ×　30. ×　31. √　32. ×　33. √　34. ×　35. √　36. ×
37. ×　38. ×　39. √　40. √　41. ×　42. ×　43. ×　44. ×　45. ×
46. ×　47. √　48. √　49. √　50. √

二、单项选择题

1. A　2. B　3. D　4. C　5. B　6. A　7. B
8. C　9. D　10. B　11. C　12. A　13. B　14. C
15. C　16. B　17. B　18. D　19. B　20. C　21. C
22. D　23. C　24. C　25. C　26. C　27. D　28. A
29. C　30. C　31. B　32. B　33. C　34. B　35. D
36. A　37. C　38. B　39. C　40. D　41. D　42. D
43. C　44. C　45. D　46. C　47. D　48. C　49. C

50. B 51. A 52. D 53. D 54. D 55. D 56. B
57. C 58. C 59. C 60. A 61. D 62. C 63. B
64. A 65. A 66. B 67. A 68. C 69. C 70. B
71. B 72. A 73. B 74. A 75. A 76. D 77. A
78. A 79. D 80. B 81. B 82. A 83. B 84. B
85. D 86. A 87. D 88. B 89. A 90. B 91. A
92. D 93. A 94. B 95. A 96. A 97. A 98. B
99. B 100. A 101. D 102. A 103. B 104. B 105. B
106. C 107. A 108. A 109. A 110. C 111. B 112. A
113. A 114. B 115. B 116. B 117. A 118. B 119. D
120. A 121. D 122. A 123. A 124. A 125. B 126. B
127. A 128. B 129. B 130. A 131. B 132. A 133. A
134. A 135. B 136. A 137. B 138. D 139. D 140. D
141. B 142. D 143. C 144. A 145. B 146. D 147. B
148. D 149. C 150. C 151. A 152. A 153. D 154. A
155. D 156. B 157. A 158. A 159. A 160. C 161. B
162. B 163. B 164. A 165. B 166. A 167. D 168. B
169. A 170. C 171. A 172. A 173. D 174. A 175. D
176. A 177. A 178. C 179. B 180. B 181. A 182. A
183. D 184. A 185. D 186. B 187. C 188. D 189. B
190. C 191. B 192. B 193. B 194. D 195. C 196. B
197. C 198. D 199. C 200. D 201. B 202. D 203. B
204. B 205. A 206. B 207. A 208. C 209. A 210. C

三、多项选择题

1. A. C 2. A. B. D 3. A. C. D
4. A. C 5. A. B. C 6. A. B. C. D
7. A. B. D 8. A. B. D 9. D. E
10. A. D. E 11. A. D 12. A. B. D
13. A. B. C. D 14. A. B. C. D. E 15. A. B. C. D. E
16. A. B. C. D 17. A. B. C. D 18. A. B. C. D
19. A. B. C. D 20. A. B. C 21. A. B. C. D
22. A. B. C 23. A. B. C 24. A. B
25. A. C. E 26. A. B. C 27. A. B. C

28. A. B. C　29. A. B. C. D　30. A. B. C
31. A. B. C　32. D. E　33. A. B. C
34. A. D. E　35. A. B. C. D. E　36. A. B. C. D
37. A. B. C　38. A. B. C. D. E　39. A. B. C. D. E
40. B. C　41. A. B. C. D　42. A. B. C
43. A. B. C. D　44. A. B. C. D. E　45. A. B. C. D
46. A. B. C. D. E　47. A. B. C. E　48. A. B. C. D
49. A. B. C. D　50. A. B. C. D. E　51. A. C
52. A. B. C. E　53. A. B. C. D. E　54. A. B. C. D
55. A. B. C. D　56. A. B　57. A. B. C. D. E
58. A. B　59. A. B. C　60. A. B. C. D. E
61. A. B. C　62. A. B　63. A. B
64. A. B　65. A. B. E　66. A. B
67. A. B. C. D. E　68. C. D　69. C. D. E
70. A. B　71. A. B. C　72. A. B
73. A. B. C. D　74. A. B. C. D. E　75. A. B. C. E
76. A. B. C. D. E　77. C. D. E　78. A. B. C
79. A. C　80. A. B. C　81. A. B. C
82. A. B. C. D. E　83. A. B. C. D. E　84. A. B. C. D
85. A. B. C　86. A. B. C. D　87. A. B. C. D
88. A. B. C. D. E　89. A. B. C　90. C. D
91. A. B. C. D　92. A. B. C　93. B. C. D
94. A. B. D　95. A. C. E　96. A. C
97. A. B. C. D　98. A. B. D　99. A. B
100. A. B. C. D. E　101. B. D　102. A. B. C. E
103. A. B. C. D. E　104. A. B. D　105. A. B. C

四、名词解释

1. 管理——在特定的环境下，对组织所拥有的资源（人力、物力、财力、技术、时间、信息）进行有效的计划、组织、人员配备、领导、控制、决策、激励与创新，以便达成既定的组织目标的过程。

2. 组织——是对完成特定使命的人们的系统性安排。

3. 人际技能——是指与人事关系处理有关的技能，即理解、激励他人并与他人共事的能力。

4. 概念技能——是指综观全局、认清为什么要做某事的能力。

5. 管理职能——基本职能(即计划、组织、领导与控制)以及派生职能(即决策、协调与创新)。

6. 决策——是决策者为达到某种预定目标,运用科学的理论、方法和手段,制定出若干行动方案,对此作出一种具有判断性的选择,予以实施,直到目标实现。

7. 风险型决策——是指虽然未来事件的自然状态不能肯定,但是发生概率为已知的决策,又称随机决策。

8. 决策支持系统——是“一个交互式的基于计算机的系统,它利用数据库(DB)、模型库(MB)和方法库(AB)以及很好的人—机对话部件和图形部件,帮助决策者进行半结构化和非结构化决策的所有过程”。

9. 计划——是指为了实现决策所确定的目标预先进行的行动安排。

10. 战略计划——是指应用于整体组织的、为组织未来较长时期(通常为5年以上)设立总体目标和寻求组织在环境中的地位的计划。

11. 组织——有确定的目标,有精心设计的结构和协调的活动性系统,是社会实体,与外部环境相联系。

12. 权责对等原则——组织中每个部门和部门中的每个人都有责任按照工作目标的要求保质保量地完成工作任务,同时,组织也必须委之以自主完成任务所必需的权力。

13. 绩效管理——是以最大的绩效为目标,通过对员工的工作表现/行为和工作业绩/效果进行评价和分析,改善员工的组织行为,充分发挥员工的潜能和积极性,更好地实现企业的各项目标。

14. 影响力——是一个人在与他人交往中,影响和改变他人心理和行为的能力。

15. 沟通——是指可理解的信息或思想在两个或两个以上人群中的传递或交换的过程,目的是激励或影响人的行为。

16. 领导——是通过影响他人来实现群体或组织目标的过程。

17. 激励——是指通过影响人们的内在需求或动机,从而加强、引导和维持行为的活动或过程。激励的本质就是激发人的动机。

18. 动机——就是个体通过艰苦努力实现组织目标的愿望,而这种努力又能满足个体的某些需要。

19. 控制——是监视各项活动以保证它们按计划进行并纠正各种重要偏差的过程。

20. 前馈控制——是在企业生产经营活动开始之前进行控制,目的是防止产生问题而不是问题出现时再补。

五、问答题

1. 为什么管理对组织的成功起着重要的作用?

答：因为管理是保证组织活动、实现组织目标的手段。可以说，任何组织，小至家庭大至国家都需要管理。设计和管理一个组织，特别是大型的复杂组织，必须要有系统的高水平管理技术。任何管理工作都是在某一特定组织中进行的，是为特定组织服务的。管理的载体是组织，管理不能脱离组织而存在，管理者都是在某一特定组织中工作的，同样组织中必定存在管理。

2. 有效果的组织一定是有效率的吗？

答：效率和效果是互相联系的。组织可能是很有效率的，但却是无效果，那种要把错事干好的组织就是如此；当然，在更多的情况下，高效率还是与高效果相关联。

3. 管理者履行的基本职能是什么？

答：基本职能即计划、组织、领导与控制。

4. 管理者的基本素质是什么？

答：政治与文化素质、基本业务素质、身心素质。

5. 管理者按层次划分为哪几类，按管理工作的性质与领域分为哪几类？

答：按层次划分：高、中、基层管理者；按工作的性质与领域分：综合管理者、职能管理者。

6. 管理的两重性分析。

答：由生产过程本身决定的：管理具有组织协调生产力与协调生产关系两重功能，从而使管理具有两重性：管理的自然属性和社会属性。

7. 管理的职业特征是什么？

答：参与社会分工(职业结构)；利用专门的知识与技能(内在属性)；创造物质财富和精神财富(社会属性)；获取合理的报酬(生活来源)；满足物质生活和精神生活需求；统一的道德标准。

8. 组织高层管理人员掌握概念技能的意义是什么？

答：概念技能能帮助高层管理人员提高对复杂环境和管理问题的观察、理解和处理问题能力；对全局性的、战略性的、长远性的重大问题处理与决断能力；对突发性紧急处境的应变能力。

9. 什么是泰罗的科学管理理论主要思想和贡献？

答：泰罗的科学管理理论主要思想和贡献包括：管理的中心问题是提高生产力；工时研究与劳动方法的标准化；管理职能与作业职能分离；实行“例外原则”；实行差别计件工资制。

10. 创造力的来源是什么？

答：创新精神、知识经验与技能、创造性思维与创造方法、勤奋工作、激励、环境。

11. 创造性思维的形式有哪些？

答：发散性思维、收束性思维、灵感思维。

12. 定性决策方法有哪些？

答：头脑风暴法、认知冲突法、征询法、提喻法、方案提前分析法。

13. 管理问题分析与确定的方法有哪些？

答：信息搜集方法：访谈、资料检索、现场调查；观察法：动态观察、全面观察、深入观察；分析方法：因果分析、比较分析、归纳、演绎法。

14. 管理理论的热带丛林时期主要有哪些学派？

答：管理过程学派、经验学派、行为科学学派、社会系统学派、决策理论学派、数理学派、交流中心学派。

15. 法约尔的五大管理职能是什么？

答：即指计划、组织、指挥、协调和控制。

16. 如何理解不确定型决策的方法？

答：乐观法、悲观法、平均法、后悔值法。

17. 解释决策理论学派。

答：该学派认为决策是管理者的主要任务，因而应集中研究决策问题。管理人员存在"有限的理性"和"满意原则"，即认为管理者的理性是有局限的。决策要科学化，即决策时要以充足的事实为依据，采取严密的逻辑思维方式，按照事物的内在联系对大量的资料和数据进行系统分析和计算，遵循科学程序，作出正确决策。

18. 当代对领导方式研究的新成果有哪些？

答：领袖魅力型领导、变革型领导、后英雄时代领导。

19. 被管理者追随与服从心理分析是什么？

答：正统观念、追逐利益、恐惧心理、理性服从、情感因素、自我实现。

20. 解释决策的满意原则。

答：决策遵循的是满意原则，而不是最优原则。在现实生活中，由于种种情况决定了决策者无法作出最优决策，只能作出相对满意的决策。

21. 解释当代决策理论。

答：核心内容是：决策贯穿于整个管理过程，决策程序就是整个管理过程。

22. 人员考核的内容有哪些？

答：德、能、勤、绩。

23. 决策对计划有什么影响？

答：决策是选择组织生活方向、内容以及方式。决策是计划的前提，决策为计划的任务安排提供了依据。在实际工作中，决策与计划相互渗透，有时甚至是不可分割地交织在一起。

24. 为什么古典学者们主张职权应当与职责对等？

答：职权与权责要对等。如果有责无权，或者权力范围过于狭小，责任方就有可能会因缺乏主动性、积极性而导致无法履行责任，甚至无法完成任务；如果有权无责，或者权力不明确，权力人就有可能不负责任地滥用权力，甚至于助长官僚主义的习气，这就影响到整个组织系统的健康运行。

25. 管理组织设计程序是什么？

答：(1)确定管理组织的目标；(2)生产资源规划；(3)操作层的组织设计；(4)管理层的组织设计；(5)决策层的组织设计；(6)组织设计的评价；(7)组织设计的优化调整；(8)组织设计方案决策。

26. 组织文化是如何影响管理者履行管理职能的？

答：通过故事、仪式、物质象征和语言。

27. 简述人力资源的特点。

答：(1)人力资源使用的时间性；(2)人力资源的消费性；(3)人力资源的自我开发性。

28. 简述人力资源管理职能。

答：(1)不断探索人与事的对立统一的规律、矛盾和运动的规律；(2)能动地推进人与事的发展；(3)实现人与事之间的优化配合

29. 简述人力资源规划的作用。

答：(1)确保企业发展中人力资源的需求；(2)使人力资源管理活动有序化；(3)提高人力资源的利用效率；(4)有利于协调人力资源管理计划；(5)使个人行为与组织目标相吻合。

30. 解释甄选决策矩阵。

答：管理者需要采取一些方法对申请者进行甄选，以确保最合适的候选人得到这一职位，此方法称为甄选过程。甄选是一种预测行为，它设法预见聘用哪一位申请者会确保工作成功，即按照组织用以评价人员绩效的标准衡量能把工作做好。产生四种可能结果：

接受	拒绝
正确的决策	错误的拒绝
错误的接受	正确的决策

31. 说明绩效管理的四个阶段。

答：(1)确定绩效目标；(2)不断提出信息反馈和评价；(3)准备绩效评价的讨论/面谈；(4)实施绩效评价。

32. “高—高”型是最有效的领导风格吗？

答：“高—高”是团队型管理，即领导者通过协调和综合工作相关活动而提高任务效率与工作士气，是最佳的管理者工作。

33. 领导者应具有的素质有哪些?

答:(1)进取心;(2)领导愿望;(3)诚实与正直;(4)自信;(5)智慧;(6)与工作相关的知识。

34. 在组织中,哪些沟通方法是人们最常使用的?

答:沟通方式有口头、书面、非语言、电子媒介。

35. 倾听的四项基本要求是什么?

答:四项基本要求即专注、移情、接受和对完整性负责的意愿。

36. 请解释领导者的作用。

答:(1)指挥作用;(2)协调作用;(3)激励作用;(4)互惠效应。

37. 请说明权力性影响和非权力性影响。

答:权力性影响分为:(1)传统因素;(2)职位因素;(3)资历因素。

非权力性影响既没有正式的规定,也没有组织授予的形式,属于自然性影响力,是靠领导者自身的威信和以身作则的行为来影响他人的。

38. 列出5种你选择职务时最重要的标准(如薪酬、承认、挑战性等),按重要性排列。

答:自我肯定、薪酬、得到他人认可、挑战性、兴趣。

39. 反馈控制的优缺点各是什么?

答:缺点是无法改变已经存在的事实。优点是通过总结过去的经验和教训,为未来计划的制订和活动的安排提供借鉴。

40. 管理者具有哪些行为控制的手段?

答:(1)甄选;(2)目标;(3)职务设计;(4)定向;(5)直接监督;(6)培训;(7)传授;(8)正规化;(9)绩效评估;(10)组织文化。

41. 怎样有效运用管理方法?

答:加强管理方法的科学依据;要弄清管理方法的性质和特点;研究管理者与管理对象的性质与特点;了解与掌握管理环境的因素;注意管理的综合运用。

42. 进入20世纪七八十年代,管理理论出现哪些全新的发展趋势?

答:(1)非理性主义倾向与企业文化;(2)战略管理思想;(3)企业再造理论;(4)学习型组织理论。

43. 不同时期人性假设的主要观点及其领导方式是什么?

答:先后经历了“经济人”假设——采取一种注重物质刺激,并实现严格监督控制的领导方式;“社会人”假设——采取一种重视人际关系,满足社会心理需要,鼓舞员工士气的领导方式;“自我实现人”假设——采取采用一种注重对工作本身的满意,鼓励贡献,实行自我控制的领导方式;“复杂人”假设——管理者综合考虑经济、社会、自我实现等多种需要,按现代管理理念,对员工实行科学管理,采用系统的、权变的领导方式。

44. 有哪些有效的激励方式与手段?

答：按照激励中诱因的内容和性质，可以将激励的方式与手段大致划分为三类：物质利益激励（奖酬激励、关心照顾、处罚），社会心理激励（目标激励、教育激励、表扬与批评、感情激励、尊重激励、参与激励、榜样激励、竞赛/竞争激励），工作激励（工作适应性、工作的意义与工作的挑战性、工作的完整性、工作的自主性、工作扩大化、工作丰富化、及时获得工作成果反馈）。

45. 简述中国管理思想的演进。

答：中国作为世界伟大的文明古国，有着璀璨的历史文化遗产，包括丰富多彩的管理思想。由于受当时生产力发展水平的限制，这些管理思想零星分散，至今未能形成独立的科学体系，但其演变过程还是清晰的。主要包括：早期的中国古代管理思想的三大流派即儒、法、道家，其主要内容：统驭之术、用兵之策、经营之道、用人策略等；近代管理思想主要是：民族特色与西洋市场结合的经营思想；当代中国管理思想主要是改革开放后探索与创新，即社会主义市场经济的集权与分权、经济与社会并重的管理思想。从1994年开始，中央确立了国有企业改革的目标模式是建立现代企业制度。随着改革开放实践的深入，正在探索并逐步建立具有中国特色的社会主义企业管理理论。

46. 阐述企业生存与企业社会责任的关系。

答：企业承担一定的社会责任，虽会在短期内给增加经营成本带来一定的影响，但无疑有利于企业自身良好形象的树立，形成企业的无形资产，进而形成企业的竞争优势，最终给企业带来长期的、潜在的利益。可以说，企业生存和社会责任不是相互冲突，而是相辅相成的一个过程。企业要承担社会责任，才能实现真正意义上的生存和发展。

47. 阐述有关社会责任的两种对立的观点。

答：对于社会责任的认识，有两种不同的观点主导着这个思想：古典或纯粹的经济学观点认为管理的唯一社会责任就是利润最大化。社会经济学观点认为，利润最大化是当今企业的第二位目标，企业的第一位目标是获得社会的认同，保证自身的生存。

48. 影响管理道德的因素有哪些？

答：一个管理者的行为是否合乎社会伦理规范，是管理者的个人道德观、组织结构设计、组织文化和道德问题强度这些变量之间复杂相互作用的结果。

49. 比较分析社会义务、社会响应和社会责任。

答：社会义务是指企业参与社会活动所履行的经济上和法律上义务。社会响应是指企业在社会活动中适应不断变化的社会环境的能力。社会责任综合并超越了社会义务和社会响应的概念，还包括了企业具有追求对社会利益的贡献和不损害社会利益的道德力量，这一力量使得企业从事有助于改善社会的事情，而绝不只限于法律要求必须做的或因为重要的社会需要而有选择地做事情。

50. 列举几种管理道德问题。

答：美国学者戴维·J. 弗里切(David J. Fritzsche)把管理的伦理问题总结为5大类：贿赂、胁迫、欺骗、偷窃和不公平歧视。

六、案例分析题

案例一：

根据案例分析：

1. 造成张东升被提升为主任后头几天混乱的最主要原因是(B)

A. 他还不具备担任基层管理干部所需的素质

B. 他还没有认清干部与工人所应担当角色的不同

C. 这一期间车间的任务恰好太多太重

D. 上级交给他的任务过多而帮助过少

2. 优秀基层干部的主要特征是(C)

A. 听从上级指示，坚决执行，任劳任怨

B. 跟群众打成一片，吃苦在前

C. 发挥好计划、组织、领导、监控等管理功能

D. 努力学习政治，有很强的进取心

3. 基层的和高层的管理工作在性质上的主要差别在于(C)

A. 基层管理干部被授予的权力较小，因而责任和风险也较小；高层管理工作则反之

B. 基层管理涉及工作较偏局部、短期和操作性，而高层管理则偏全局、长期和决策性

C. 以上两点都属于基层和高层管理的主要差别

D. 以上两点都不属于基层和高层管理的主要差别

4. 事已至此，张东升的当务之急是(B)

A. 从手下工人中挑选一两个能干而负责的人来充当自己的助手

B. 首先分清工作的轻重缓急，抓住主要矛盾

C. 先认真思考一下车间主任的工作要求，明确新岗位的责任与权力

D. 立刻向领导要求给予岗位指导和培训

5. 事到如今，张东升的直接上级应采取的首要措施是(B)

A. 减少机修车间的工作量，适当放宽完工期限

B. 对张东升进行上岗培训，并对他的工作给予指导和帮助

C. 马上打电话去鼓励他，增加其信心与责任感

D. 不必做什么特别的事，让他自行发展，逐渐成熟起来

案例二：

根据案例分析：

1. 市场经济环境中，企业仅仅熟悉和适应市场，并以此为决策依据生产出市场所需

的条件够吗？

不够，还要有长远眼光。

2. 企业的重大决策需要获得政府部门的支持与配合吗？

非常需要。

3. 你认为集团创始人的整个决策方案中最精彩的一笔是什么，为什么？

设立新型墙体材料产业投资基金，以基金组合的投资方式，向国内具有较强技术实力的机械制造企业注入资金，进行技术改造，迅速实现新型墙体材料生产设备国产化，降低新型墙体材料生产设备成本；向现有墙体材料企业投入资金，进行股份制改造，转换经营机制，盘活国有资产，提高建材企业效益，增加就业机会。

案例三：

提示：沟通特点是：多种渠道、多种方式及时沟通。“Open Door”，说明其沟通是开放型的，即“所有管理者办公室的门都是绝对敞开的，任何职工在任何时候都可以直接进来，与任何级别的上司平等交流”。该公司上级和下级之间沟通的方式各种各样，可从视听到面对面、一对一地交谈，同一条信息可以从不同的渠道得到，信息的反馈也可以从不同的渠道及时得到。他们采取这样的方式取得了满意的效果。“抱怨是一件积压已久的事，如果每星期、每天都有与老板平等对话的机会，任何潜在的不满和抱怨还没有来得及充分积蓄就被扼杀在摇篮里了”。启示是：多种渠道、多种方式及时沟通可以处理各种疑难和棘手问题，如辞退员工问题。

案例四：

根据案例分析：

1. 为什么总裁要重组公司？

可以通过分析公司原先的组织结构及其存在的问题来说明总裁要重组公司。

2. 为什么总裁要重新控制公司？

可以通过分析公司在成立 15 个分公司后出现了哪些问题来说明总裁要重新控制公司。

3. 在总裁决定重新控制公司时，你认为应该怎么才能消除分公司经理的抱怨？

在总裁决定重新控制公司时必然会遇到阻碍，如何消除阻碍，关键是通过管理沟通，使分公司的经理们认识到公司面临的问题，从而统一思想认识，减少变革的阻力。

多年来，公司是按照职能系列组织起来的。随着产品系列的不断扩大，一向运行良好的组织结构，现已出现了诸多弊端：决策权过于集中，各职能部门间协调低效、下属机构无法对公司的利润负责，阻碍了业务的发展。因此，公司必须进行组织变革，总裁将公司分成 15 个在美国和海外的各自独立经营的分公司，每个公司对利润负有全部的责任，这种组织结构其实就是事业部制的组织结构，各个事业部（分公司）作为独立核算的单位，在经营上拥有很大的自主权，总公司运用利润指标对其进行控制，每个事业部是一个利润中心。

从实际来看，公司总裁在组织变革时，也就是由原来的直线职能制转向事业部制的过程中，出现的主要问题是，(1)总裁对分公司不能实行充分的控制了，如各分公司经理无视总公司的方针和策略，各自经营自己的业务；(2)各事业部之间的横向协调困难了；(3)管理成本提高，资源浪费，如：分公司在采购和人事职能方面出现了大量的重复。

面对公司重组中出现的上述问题，总裁撤回了分公司经理的某些职权，并要求他们就下列重要事项决策应征得公司最高管理部门的批准，即：(1)超过 1 万美元的资本支出；(2)新产品的推行；(3)制定销售和价格的策略及政策；(4)扩大工厂；(5)人事政策的改变。这样势必涉及分公司的利益问题。

因此，在对一些重要的权力进行重新集权时，总裁有必要进行有效的沟通，使分公司的经理能够理解公司的意图，从而减少阻力。

由上述分析我们可以看出，组织结构的设计和变革过程中考虑的比较多的一个问题是集权和分权的问题，也就是权限的划分。事业部制的基本思想是“集中政策，分散经营”，对于一些重要权力比如采购、预算、人事任免等必须集中，从而能够加强公司对各事业部的控制权；同时我们也看出，任何变革，都将涉及部门的利益问题，所以，为了减少变革的阻力，管理沟通是必要的。

案例五：

根据案例分析：

1. 为什么外向性格的人似乎更有持续不断的精力？

外向性格的人通常对人友好、乐观；因此，他们也比较容易得到身边的人的支持。而且，他们对待困难重重的任务也比内向性格的人乐观。

2. 一名精力旺盛的经理会不会由于过重的压力而屈服于消极的结果？为什么？

每一个经理人对他所能承受之重都有限度。成功的人往往是意识到自己的局限性的人。有规则的锻炼和合理的饮食有助于减轻压力过大的负面效应。

3. 组织能为其员工提供哪些增强精力的措施？

教育员工一定要养成合理的饮食习惯，注意锻炼身体，有些人还没有意识到油腻的食物和酒精多么有害。组织可以为职工举办一些有关食物营养的讲座，并在工作场所添置一些健身器材。

4. 每周工作 60 小时或 60 小时以上的人可能付出的代价是什么？

一个代价就是，对家庭承担的责任相应的就减少了。这还可能牵涉到睡眠减少，锻炼减少，饮食粗陋；另外，花在家庭和与朋友会面的时间也会相应的减少。结果，你可能会在进一步工作的时候无精打采。如果一个人没有足够的时间完成应该做的事情，那么，他的工作的满意程度和承担的责任都会因此大打折扣。

案例六：

根据案例分析：

1. 你将怎样分析信息沟通中的问题，在此案例中你发现沟通存在什么问题？

2. 当你所学到的激励理论和信息沟通理论可能应用于海恩斯时装公司时，你会提出怎样的建议？

提示：

可以结合管理沟通的要求来分析此案例中沟通存在的问题并提出相应的建议。

可以结合有效激励的要求，来为海恩斯提出有关激励方面的建议，在分析时请注意思考为什么"许多主管和商店中的大多数店员正在机械地工作，没有表现出真正的想象力和干劲"，为什么公司优秀人才可能流失。

案例七：

根据案例分析：

1. 比尔·盖茨的组织方式中最基本的要素是什么？

比尔·盖茨的组织方式中最基本的要素是人力资源的管理，团队合作，激励制度，评估制度，授权制度。组织的基础是组织中的人，微软在挑选雇员的时候，就非常注重对方是否能长时间地努力工作，是否有想象力，是否有创造性，是否敢于冒险，等等。员工必须能够成为他们将要工作和竞争领域内的专家，愿意长时间工作。团队合作也很重要，因为微软正是采用团队和小组的方式促成新项目的开发的，利用团队可以使员工储存他们的资源和技能，团队成员互相合作互相学习。这种灵活的制度可以视为微软迅速、容易地开发出新产品的法宝。

微软用股票期权和利润激励员工。企业提供最新的科学技术条件，灵活的工作作息制，并在微软的"校园里"摆设健身房。比尔·盖茨本人当然很擅长评价员工的成就并及时地反馈给员工。他经常会见不同项目的员工，确保他们拥有最新的信息，使他们的工作达到预期的目标。盖茨定期地评价每个团队的绩效，使他们一直处在技术尖端的位置。授权也是盖茨组织行为的基本要素，因为他只是一个人，不可能事必躬亲。他雇用能够做出重大决定的人到微软工作，并授予他们"自治"的权力。他鼓励创新。组织结构尽可能地扁平化，保留最小的等级级数。这种结构使得微软能够成为世界软件公司中的巨无霸并因此获利丰厚。

2. 在微软继续发展的过程中，你认为可能会出现哪些组织上的问题？

在继续发展过程中，它将面临的困难是如何保持产品制造的组织结构。再者，员工人数的增加使得比尔·盖茨能否像现在这样近距离地管理团队也成为问题。为了使团队能够有效率、有效果地运作，他必须更多地授权。来自于计算机、互联网行业的激烈竞争也使微软面临革新和创造的挑战。最后，更多的计算机公司的出现，其中一些公司的壮大，使得微软在招聘有创造力、想象力的员工方面也可能面临危机。

案例八：

根据案例分析：

1. 案例描述的是一个什么样的组织？

发展的组织。

2. 你认为是什么因素导致管理层采取这种方式？

以前那种为了支持工业革命而逐渐形成的“命令＋控制”的组织形式已不再有效了。当他的地位达到能够影响一个组织的完整构想的时候，他就会建立一个更具流动性以及更加民主的组织。

3. 这种方式的优点和局限性是什么？

“VISA 有一种 Jefferson 式的民主作风，也具有自由市场和政府特许经营的成分。这几乎包括了所有你所能想到的组织要素，但是它却又完全不属于其中的某一种。就好像人体、大脑和生物圈一样，基本上都是自我管理的。”这样的组织能够适应变化的情况并且做出反应，同时还能保持整体的凝聚力和目标的一致性。Hock 进一步把 VISA 描述成一个以协调为产品的企业，一个展示如何在未来经营网络化企业的典范。

高度的分权和高度的合作。而旨在做出决策和为企业运营提供动力的管理职权被推向企业的外围，推向企业的会员们。这些会员就是那些发行 VISA 卡的金融机构。这也是其积极性。

案例九：

根据案例分析：

1. 该厂的管理层次共有几级？李之亮的管理幅度为多少？该厂采用的是什么样的一种组织结构形式？这种组织结构形式有何特点？

(1) 企业内部管理体制设置两大系统：直线指挥系统和职能系统。在直线指挥系统内，职权按厂部、车间、工段、班组层层分授，逐级下达指令，实行分级管理。在职能系统内，职能管理人员充当直线指挥人员的参谋，各职能部门或单位对下级机构进行业务指导，然而无权直接指挥。相应的权责关系则以制度形式予以确认。显然，这种组织结构属于直线职能制。一般来说，直线职能制的组织结构的优点在于能够发挥专业管理的作用，同时又保持了集中统一的指挥。但在实际工作中，要避免过多强调直线指挥，而对参谋职权注意不够的倾向。(2)管理层次是指组织内从最高一级主管到最低一级的各个组织等级，是一个组织纵向的等级数。该厂在直线指挥系统内，职权按厂部、车间、工段、班组层层分授，逐级下达指令，实行分级管理。其等级数为 4。(3)管理幅度是指一个管理人员能直接有效地指挥下级人员的数目，在新钢厂，归厂长李之亮本人直接领导的人，包括 4 位副厂长、2 位顾问以及计划经营科科长、质量管理科科长、办公室主任各 1 人，因此，管理幅度为 9 人。

2. 为什么说事必躬亲的管理人员未必是称职的管理人员？你认为作为车间主任的

主要职责是什么？

事必躬亲的管理人员未必是称职的管理人员，这里涉及管理主体的阶层性。不同层次的管理者所分担的责任和所发挥的作用是各不相同的。在该厂，车间主任显然属于中层管理者，他们的主要职责应该是组织分解和落实高层确定的任务和目标，在部门和专业范围内调配资源，并对下面工段的工作作必要的检查和监督。管理人员"顶班上岗"，"工人身上有多少油，自己身上也有多少油"的管理者未必就是称职的管理者。因为这将影响他们真正发挥自身的管理职责。

3. 设立厂长信箱了解职工的意见和建议，属于哪一种沟通方式？

设立厂长信箱了解职工的意见和建议，从沟通的渠道来看属于正式沟通，从沟通的方向来看属于上行沟通，从沟通的媒介来看属于书面沟通，以书面的方式提建议比口头的方式来看，来的正规些。该厂的内部沟通呈现出这样几个明显的特点：

(1) 制度化的沟通渠道。比如，专设 3 个"厂长信箱"，随时了解职工的意见和建议。通过这样的渠道下级可以越级投诉。再比如厂长、科长、车间主任以上的干部都被规定每天要深入现场察看，这样，上下之间的双向沟通的渠道就得到了制度的保证。再比如，全厂必须召开的 15 个例会，事件、地点、出席人员都是通过制度固定下来，全厂性工作会议统一由厂办安排。这样的例会可以是下行沟通的渠道，也可以是平行沟通的渠道。

(2) 健全的沟通网络。从上述分析可看出，该厂的沟通网络非常的健全。从正式沟通到非正式沟通，从上下沟通到平行沟通，保证了组织内信息沟通的通畅，使各项工作和活动能够有序地展开。

4. "日常工作中，下级通常只接受其直接上级的指令，上级不可以越级指挥，但可以越级调查；下级也不越级请示，但可以越级投诉。每个人只有一个直接的上级。"该厂的这些规定，是否正确，为什么？

"日常工作中，下级通常只接受其直接上级的指令，上级不可以越级指挥，但可以越级调查；下级也不越级请示，但可以越级投诉。每个人只有一个直接的上级。"该厂的这些规定体现了统一指挥和授权的不可越级的原则。

5. 案例最后一段说明了什么问题？

厂长认为企业不能过分强调个人的作用，不能只依靠个人威信、关系和经验来管理，而要重视发挥领导班子的整体功能，要更新管理观念和方法，促成管理的现代化。这揭示了现代管理是一种科学管理，而要避免人格化的倾向。当然，管理又是一门艺术，管理艺术涉及许多方面，比如授权艺术。王厂长所引用的"将在外，君命有所不受"说明了授权的明确责任的原则。

案例十：

根据案例分析：

1. 管理技能的运用体现在哪里？

2. 企业文化功能是如何发挥的?

3. 上述案例给我们哪些启示?

提示:

管理的三种技能尤其是人际技能和技术技能得到有效的体现。

企业文化体现在它的精神价值观的作用,使得松下公司这样一个机构繁杂、人员众多的企业产生了强劲的内聚力和向心力。见过松下电器的人知道"NATIONAL",它不仅是松下公司电器产品商标,而且成为日本产品形象和经济起飞的象征。

上述案例给我们的启示:一是充分发挥企业中下层员工的积极性;二是塑造良好的适合国情的企业文化,是企业长足发展的重要条件。

案例十一:

根据案例分析:

1. 你认为成荣面临的主要问题是什么?

成荣的管理风格是事必躬亲处理所有的事务,在管理中,他更多地依靠个人的经验。如果说,在他单枪匹马创业的初期,这种管理方式的问题还不至于十分明显的话,那么,在公司日益扩大的今天,这种管理方式和管理风格却暴露出诸多问题。首先,他的精力有限,要做到有效地处理每一件事,几乎变得心有余而力不足。其次,个人的经验,在变化的环境下是否还依然有效,也是一个主要的问题。比如,对营销经理张浩依据现在的市场情况和公司的能力而计划把产品直接销给零售商的做法,成荣就是凭着个人以往的经验予以坚决反对,而根本听不进张浩对这个计划的说明。最后,成荣的这种管理作风,严重伤害了各级主管经理的工作积极性和创造性的发挥。因此,对于成荣来说,面临的主要问题一个是真正有效地授权,另外的一个问题是逐渐放弃自己的管理角色,在这个过程中,并不意味着成荣彻底放弃作为董事会主席的身份,而是要改变自己的独揽大权、武断管理作风。

2. 你对成荣的授权计划有什么好的建议?

对成荣来说,加强公司的管理制度建设是非常重要的。在公司日益扩大的今天,要摆脱原先家族式的、凭个人经验管理的模式,就需要根据经营目标,实行专业化管理。这需要合理的组织结构和科学的管理制度来保障。在制度的保障下进行有效的授权,对于成荣来说,授权不是太多,而是太少,下级管理者并不能在他的专业和职权范围内有效地行使权力;另外,授权时要注意向下级受权者明确所授事项的责任、目标和权力范围,使之在规定的范围内有最大限度的自主权。不然的话,成荣的授权便成了"叶公好龙",没有真正的意义。

案例十二:

根据案例分析:

1. 你认为方明和袁斌的冲突是什么原因造成的?

2. 如果袁斌既不想让方明离开公司,又要推动公司裁员计划的实施,你有什么好的建议？

提示：

参照冲突的类型分析方明和袁斌的冲突原因。在分析时注意：在目标一致的基础上，由于看法、方法不一致而产生的冲突，它的发生和结果，对组织是有积极意义的。但即使是建设性冲突，如果冲突水平过高，或者不善处理的话，它也会向破坏性冲突转变。

案例十三：

根据案例分析：

1. 计划和控制二者之间的关系如何？

计划和控制是一个问题的两个方面。管理人员首先要制订计划，然后计划又成为评定行动及其效果是否符合需要的标准。计划越明确、全面和完整，控制效果也就越好。没有计划就无法衡量行动是否偏离计划，更谈不上纠正偏差。因此，计划是控制的前提。

2. 何种计划可用于组织的控制？

苹果公司也可采用业务预算、财务预算、专门预算、亲自观察、报告、比率分析法和管理审计等形式对组织运行进行控制。

案例十四：

根据案例分析：

1. 你觉得高层管理人员对于团队，尤其是团队中来自顾客，又在设计中极为活跃的成员，可能向竞争对手泄密的担心有没有道理？

2. 使用团队的优点是什么？

提示：1. 有，但可以进行控制，同时，风险对于收益来说，是微小的。

2. 早期证据显示波音 777 项目将会使波音获得巨大成功。它的成本有高度竞争力，这主要是由于传统的生产时间从 18 个月削减到了 10 个月。而且事实表明它恰到好处地满足了顾客的需要。联合航空公司已经订购或表明意向要购买 68 架波音 777，其他的航空公司正排队等着签订订购合同。

案例十五：

根据案例分析：

1. UPS 在管理中运用了什么管理理论？

2. 试分析这种管理理论在 UPS 的具体运用。

提示：运用了科学管理理论。具体运用，如 UPS 的 3 000 名工程师对司机的行驶路线进行了时间研究，并对每种送货、暂停和取货活动都设立了标准。工程师们记录了每一秒钟的活动，如关灯、塞车、绕行、按门铃、步行、上楼梯和休息喝咖啡的时间，甚至是上厕所的时间都记录标准。所有信息数据输入计算机，从而确定每个司机每天的详细时间标准。

案例十六：

根据案例分析：

1. 企业社会责任可以体现为对投资者的责任、对员工的责任、对客户的责任、对竞争者的责任、对政府的责任和对社会公众的责任。

虽然富士康在环境里、慈善事业方面体现一个企业应有的社会责任感 ，但企业最起码的社会责任是保证员工的健康和工作安全，许多国际组织在企业劳工标准方面包括强迫劳动、工作时间、工资报酬、健康与安全等作了相应的规定。随着新生代农民工的出现，劳工的心理健康问题越来越突出。如果企业忽略了对员工的社会责任，那么做再多的善举也是徒劳。

2. 履行企业社会责任，要注意均衡，不要厚此薄彼，否则就会因“短板效应”吃亏——风险往往会出现在企业社会责任最薄弱的环节。俗话说，好事不出门恶事行千里，人们一旦发现了富士康在劳工方面的弱项，就会忘掉富士康在环境管理及赈灾、助学等方面所付出的努力。这就是企业社会责任的“短板效应”——企业在社会责任方面的表现很多时候不取决于企业的强项，而取决于企业的“短板”。因此，企业应履行社会责任，发挥优势，修补短板。

参考文献

[1] 景泽京. 管理学. 北京：清华大学出版社，2010
[2] 郝云宏. 管理学. 杭州：浙江工商大学出版社，2010
[3] 梅宪宾. 管理学原理. 长春：吉林大学出版社，2010
[4] 谭力文，刘林青. 管理学. 北京：科学出版社，2009
[5] 徐泓. 管理学概论. 哈尔滨：黑龙江大学出版社，2009
[6] 王筱萍，薛耀文. 管理学基础教程. 北京：清华大学出版社，2009
[7] 陈卫中. 管理学基础. 北京：北京理工大学出版社，2009
[8] 卜庆军. 管理学. 北京：经济科学出版社，2009
[9] 赵丽芬. 管理学概论. 上海：立信会计出版社，2009
[10] 苗雨君. 管理学. 北京：清华大学出版社，2009
[11] 林志扬. 管理学原理. 厦门：厦门大学出版社，2009
[12] 罗珉. 管理学原理. 北京：科学出版社，2009
[13] 杨孝海. 管理学. 成都：西南财经大学出版社，2008
[14] 池丽华，伊铭. 现代管理学. 上海：上海财经大学出版社，2008
[15] 芮明杰. 管理学原理. 上海：上海人民出版社，2008

后　　记

参与本书编写执笔人有：黄国庆(第一、四、五、六、七、八、十二、十三章)，巢莹莹(第二、三、九、十、十一章、各章导读、习题库)。全书由袁远教授统纂定稿。孙伟立、邹宏两位老师也参与了部分文字的整理工作。

在本书编写过程中，我们参考了不少相关的书籍和资料，在此谨向作者致以衷心的感谢。

清华大学出版社对本书的出版给予了真挚的支持和帮助，在此表示谢忱。

管理学是一门与时俱进的学科，由于编写人员的理论水平和实践基础有限，本书的谬误和不妥之处在所难免，恳切有关专家和使用本教材的师生提出批评和改进意见。

若承蒙各位教师使用敝书，我们将提供教学课件，来函邮箱地址：glxgltz@126.com。

编著者

2010 年 7 月